KB175189

한국 고대무역사 연구

윤 재 운

景仁文化社

머리말

'少年易老 學難成'이란 말이 요즘처럼 와 닿는 적이 없다. 한국 고대의 무역 나아가 아시아, 세계의 고대무역에 대해 공부해 보자고 마음 먹었던 것이 엊그제 같은데 벌써 많은 시간이 지나가고야 말았다. 무역이란 주제를 선택하게 된 동기는 고려대학교 대학원 김정배선생님의 수업시간에서 해외문화와의 교류에 대한 내용을 접하면서부터이다. 무역을 통해 이루어지는 사람의 이동과, 물품의 교류, 각종 기술과 문화의 교류 등의 역동성은 나에게 강한 인상으로 남았다.

이후 관련 연구성과와 자료들을 검토하면서 의외로 무역에 관한 연구성과가 없다는 것을 알 게 되었다. 그래서 불가피하게 자료가 상대적으로 많은 장보고시대를 석사학위논문의 주제로 선택하게 되었다(1996, 「9세기전반의 신라의 私貿易에 관한 一考察」 『史叢』 45). 처음 계획으로는 석사학위논문을 쓰고, 삼국시대나 국가성립기로 연구의 대상시기를 확대해 보려고 했으나 여의치 않았다. 하지만 중국 및 일본 등의 자료를 보면서 발해에 관한 내용을 정리만 해두고 검토를 뒤로 미루어 놓은 것은 또 하나의 인연을 맺게 된 계기가 되었다.

박사과정 진학 후 미루어두었던 발해사 연구에 매진하였다. 이어 2년의 노력 끝에 간신히 한 편의 연구성과를 발표할 수 있게 되었다(2001, 「渤海의 王權과 對日貿易」 『韓國史學報』 11). 이를 발판으로 박사학위논문을 제출하였다(2002, 『남북국시대 무역연구』). 본서는 2002년 8월에 통과된 이 논문을 기본으로 하면서, 그 후에 쓴 약간의 논문을 더한 것이다(2004, 「삼국시대의 무역」 『한국무역의 역사』와 2005, 「남북국시대의 네트워크」 『韓國研究センター年報』 5, 九州大學 韓國

iv

研究センター). 이후 (재)해상왕장보고기념사업회의 후의와 최광식 선생님의 도움으로 전공과 관련된 해외 각 지역을 답사할 수 있는 기회를 얻어 직접 가볼 수가 있었다.

벌써 학위논문을 제출한 지도 4년이 지났지만, 그 뒤에 직장을 잡게 되면서 의도했던 대로 충분히 고치지는 못했다. 하지만 시간이 더 간다한들 고칠 시간은 점점 더 없을 것 같다. 따라서 미숙하나마 현재 상태에서 일단 할 수 있는 한 수정을 해서 내기로 마음을 먹었다.

이 작은 연구성과나마 낼 수 있게 된 데에는 많은 분들의 도움이 있었다. 먼저 한국 고대사를 전공할 수 있게 學恩을 베풀어주신 김정배·최광식 선생님 두 분께 진심으로 감사를 드린다. 두 분은 왕성한 대외활동의 와중에서도 항상 따뜻한 격려를 아끼지 않으셨고, 연구에 전념할 수 있는 자리까지 마련해 주셨다. 아울러 연구의 시각을 넓히는데 도움을 주신 고려대학교 한국사학과의 박용운, 조광, 최덕수, 정태헌, 이진한 선생님께도 감사의 마음을 전하고 싶다.

학위논문의 심사를 맡아주시고 논문의 완성도에 많은 도움을 주신 김문경, 노태돈, 정운용 선생님께도 사의를 표하고 싶다. 연구 내외적으로 여러 면에서 많은 도움을 주신 정운용·박경철 선생님의 은혜도 빠질 수 없을 것이다. 그리고 따뜻한 정과 두터운 의리를 일깨워주신 고려대학교 사학과의 한국사전공 여러 선후배님들의 은혜도 잊을 수가 없다. 이 연구를 진행할 수 있게 도움을 주신 서암학술장학재단, (재)해상왕장보고기념사업회의 후의에도 감사를 드린다.

마지막으로 저를 세상에 있게 해주신 부모님의 은혜도 잊을 수가 없다. 특히 올해 4월에 이 책의 출간과 그렇게 기다리시던 손자의 출생을 보지 못하고 돌아가신 아버님의 영전에 이 책을 바치고 싶다. 아울러 언제나 사랑으로 별 볼일 없는 사위를 감싸주시는 장인, 장모님과 나의 영원한 동반자인 아내에게도 감사를 드린다.

2006년 12월 미근동 사무실에서

<목 차>

표 차례

그림 차례

서 론

　교역이란 좁은 의미로는 물물교환을 뜻하지만 넓게는 상거래와 물
물교환을 포함하는 무역과 같은 뜻으로 사용하기도 한다. 교역이 이
루어지는 것은 각 지역별로 생산되는 자원과 물품, 기술이 서로 다르
기 때문이며 교역활동은 일정한 조직을 배경으로 전개된다. 한편 고
대사회에서 교역 활동은 물자교류라는 단순한 차원을 넘어 정치 권력
의 성장을 비롯하여 문화 변천의 중요변수로 작용하기도 한다.[1]

　우리 역사에서 대외교역이 나타나는 시기는 이미 고조선 단계로까
지 올라간다.[2] 그러나 본격적인 교역은 고대국가가 성립한 이후 국가
의 주도로 조공무역이 이루어지면서부터였다고 할 수 있다.[3] 삼국시
대의 무역에서 그나마 연구가 활발했던 것은 가야와 백제사이다. 가
야사의 전개는 남부 해안의 가락국과 같은 소국의 형성에서 시작되
어, 북부 내륙의 대가야와 같은 영역국가로 종말을 고하였다. 가야문
화가 남부의 해안지역에서 시작되었던 배경을 설명하는 요인으로 근
래에 주목되기 시작한 것이 해상교역과 철생산이었다.[4] 아울러 백제

---

1) 李賢惠, 1994,「三韓의 對外交易體系」『李基白先生古稀紀念 韓國史學論叢』
　　上 ; 1998,『韓國 古代의 생산과 교역』, 一潮閣, 264쪽.
2)『管子』揆道篇(吾聞海內玉幣有七筴 … 發朝鮮之皮)과 輕重甲篇(桓公曰 四
　　夷不服 … 發朝鮮不朝 … 一豹之皮 然後八千里之 發朝鮮可得而朝)에 고조
　　선의 특산물에 대해서 언급하고 있다. 『管子』가 쓰여진 것은 기원전 4세
　　기이지만, 이 기록의 무대는 기원전 7세기이므로 적어도 기원전 7~4세
　　기 무렵에 고조선이 존재하여 중국과 교역을 했음을 알 수 있다.
3) 李賢惠, 1994, 앞의 글.

사의 전개과정에서도 무역이란 관점에서의 분석이 일부 이루어졌다.

이러한 국가 주도의 공무역에서 남북국시대에는 사무역5)이 성행하게 된다. 이 시기의 이와 같은 해상무역의 성행은 한국 전근대사를 통틀어 매우 특이한 양상이며 또한 정치세력의 변동과도 깊은 관계가 있는 문제이다. 또한 이 시기는 유럽에서 동아시아에 이르기까지 해상과 육상을 통한 중세의 세계무역이 형성되기 시작하는 시기로서 발해와 신라도 세계무역의 한 부분을 담당하고 있었다.

처음으로 남북국시대의 해상활동에 주목하였던 것은 1920년대 일본인 학자들이었다. 특히 일본인들이 이 주제에 관심을 갖게 된 것은, 두 가지로 정리할 수 있다. 첫째로는 일본에서는 明治時期 이래 대외팽창 분위기와 관련하여 대외관계사 연구가 활성화되어 있었다는 것과, 또 하나는 일본 승려 圓仁의 9세기 전반기의 여행기로 유명한『入唐求法巡禮行記』가 전해지고 있었던 때문이 아니었을까 한다.

이시기 이들의 연구는6) 대체로 신라 말기 신라인들의 중국, 일본을 무대로 한 활발한 해상활동에 대해 단편적인 사실들을 지적하는 정도에 머물고 있다. 그러나 당시 신라의 항해술, 조선술 등이 일본에 비해 월등하였음을 인정하고 있다.

같은 시기에 金庠基에 의해 羅末의 해상무역 발전의 원인과 성격이

4) 이영식, 2005,「가야사 연구의 성과와 전망」『한국고대사입문』2 - 삼국시대와 동아시아, 신서원, 212쪽.

5) 본격적인 사무역이란 해상세력이나 상인들에 의해 행해진 무역을 의미한다. 사무역의 시작은 삼한시기까지 거슬러 올라갈 수 있다. 하지만 양적으로나 질적으로나 사무역이 성행한 것은 남북국시대부터라고 할 수 있다.

6) 岡田正之, 1923,「慈覺大師の入唐紀行就いて」『東洋學報』13-1 ; 內藤雋輔, 1927,「朝鮮支那間の航路及び其の推移に就いて」『內藤博士頌壽紀念史學論叢』(1961,『朝鮮史研究』, 京都大學 東洋史研究會에 재수록) ; 內藤雋輔, 1928,「新羅人の海上活動に就いて」『大谷學報』9-1(1961,『朝鮮史研究』, 京都大學 東洋史研究會에 재수록) ; 今西龍, 1933,「慈覺大師入唐求法巡禮行記を讀みて」『新羅史研究』, 國書刊行會 ; 內藤雋輔, 1955,「唐代中國における朝鮮人の活動に就いて」『岡山史學』1(1961,『朝鮮史研究』, 京都大學 東洋史研究會에 재수록).

종합적으로 분석되었다.[7) 그에 의하면 한국 고대의 무역형식에는 대개 두 가지가 있는데 그 하나는 조공이라 하여 선진적인 대륙국가와의 사이에 공식으로 물품 교환이 행해지던 공적인 것이고, 또 하나는 경제발전의 필요에 의하여 때로는 금령이 있음에도 불구하고 행해진 민간의 사사로운 교역 즉 사적인 것을 들 수 있다고 한다. 조공무역에서 민간무역이 왕성하게 된 요인은 사회경제적으로는 통일 이후 신라의 비약적인 산업발달, 경주귀족과 지방 소귀족, 호족 등의 생활수준 향상에 따른 물품 수요의 증대와 정치적으로는 羅末의 정치적 혼란과 그로 인한 국가의 통제력 이완 등을 들고 있다.

이러한 원인 분석은 대단히 적확한 것이라 할 수 있지만 신라 통일 이후 사회적 생산력발전의 내용을 밝힐 수 있는 농업, 수공업, 국내 상업 등에 대한 연구가 전무하다시피 하였던 당시의 연구 수준에서는 피상적인 지적에 그칠 수밖에 없었다.

이후 E. O. Reischauer[8)에 의해『入唐求法巡禮行記』의 체계적인 분석이 이루어졌다. 그에 의하면 9세기 전반기는 세계 해상무역시대의 초기 단계로서 신라인들의 해상활동은 그들이 바로 이러한 세계 해상무역에 참가하고 있음을 의미한다고 한다. 즉 당 후반기 중국의 2대 무역항인 揚州와 廣東에는 이슬람 무역상인의 대규모 사회가 존재하고 있었다. 이 당시 세계무역을 주도했던 이슬람 상인들은 인도, 말레이반도 등을 거쳐 중국의 남부인 양주에까지는 도달하였지만, 중국동부·신라·일본간의 무역은 대부분 신라인들에 의해 장악된 것으로 보았다. 당시의 세계무역에서 신라인들이 행한 역할은 지중해연안에서 유럽상인들이 그 주변 영역에서 하였던 것과 같은 것이었다고 한다.

김상기의 연구가 무역 발전의 내재적 요인 및 해상세력과의 정치적 관계 등 一國史的 관점에 기초해 있다면, 이 연구는 신라 무역사를 세

---

7) 金庠基, 1933·1934,「古代의 貿易形態와 羅末의 海上發展에 對하여」『震檀學報』1·2 ; 1948,『東方文化交流史論攷』, 乙酉文化社.
8) E. O. Reischauer, 1955, Ennin's Travels in T'ang China, Ronald Press Company ; 조성을 옮김, 1991,『중국 중세사회로의 여행』, 한울.

계 중세무역사의 한 부분으로 위치 지운 것으로 새롭게 의미를 부여
한 것이라고 할 수 있다.

국가간 교역의 성격을 구명하는데 필요한 것 중의 하나가 무역품이
어떠한 것이었는가 하는 것이다. 무역품의 종류나 시기별 특징은 무
역의 성격을 구명하는데 중요하기 때문이다. 여기에 대해서는 日野開
三郎[9]의 자세한 분석이 있다. 이 논고에서는 조공은 그 자체가 官貿
易의 일종이므로 朝貢品, 回賜品과 민간무역에 있어서의 수출입품과
는 일치하는 것이 많을 것이라는 가정하에 중국과 한국간의 朝貢品,
回賜品을 중심으로 무역품을 분석하였다. 그 결과 수출품은 대부분
自國産이었지만 중국에서의 수입품 가운데는 중계무역을 통해 南海品
이 들어오고 있음을 알 수 있다. 수출품·수입품은 대부분 생필품과
는 거리가 먼 사치품이 주종을 이루고 있는 특색을 보이고 있다. 이
점은 생필품이 무역에서 중요한 비중을 차지하고 있던 중세 유럽과
비교해 볼 때, 무역이 경제 전반에서 가지는 비중이나, 무역을 통한
상인층의 정치사회적 성장이라는 측면 등에서 자연히 상당한 한계를
가질 수밖에 없었을 것으로 생각된다.

해상무역을 이야기할 때 빼놓을 수 없는 것이 항로이다. 남북국시
대 항로에 대해서는 여러 논문에서 조금씩 다루고 있지만[10] 내용은
內藤雋輔의 것과 다르지 않다. 즉 한국과 중국 간 항로에는 老鐵山水
路經由航路와 黃海橫斷航路, 東中國海斜斷航路가 이용되었다. 이 가운
데 조선술과 항해술 등의 발달이 뒤따라야만 이용이 가능했던 동중국
해사단항로가 이 시기에 많이 이용되기 시작하였다는 것이다. 한국과
일본간의 항로에 대해서는 東海北部橫斷航路, 東海北部斜斷航路, 東海

9) 日野開三郎, 1960·1961, 「羅末三國の鼎立と對大陸海上交通貿易」『朝鮮學
報』16·17·19·20 ; 1984, 『日野開三郎東洋史學論集』9, 三省堂.
10) 日野開三郎, 1960·1961, 위의 논문 ; 孫兌鉉, 1980, 「古代에 있어서 海上交
通」『韓國海洋大學論文集』15 ; 孫兌鉉·李永澤, 1981, 「遣使航運時代에
關한 研究」『韓國海洋大學論文集』16 ; 金井昊, 1992, 「海流와 韓中航路」
『張保皐 해양경영사연구』, 도서출판 李鎭.

縱斷航路, 沿海州航路 등으로 나누어 고찰하고,[11] 최근에 신라 하대의 해양활동능력 즉, 조선술·항해술·항로에 대해 전반적인 검토를 한 윤명철의 논문이 있다.[12]

남북국시대 조선술에 대해서는 金在瑾의 일련의 논고가 있다.[13] 당시의 무역선은 원양항해에서 비바람을 막고 荷主나 상인들을 수용하기 위한 선실이 구비된 樓船型 선박이었으며, 또한 황해 연안의 수심이 얕은 지리적 조건에 부합한 平底船이며, 역풍을 이용할 수 있을 정도의 돛대를 2개 이상 가진 多橋船으로 동시기의 중국선에 비해서 하등 손색이 없는 원양무역선이며, 그것은 우리나라의 舟船이 크게 개량, 발달되는 계기가 된 것으로 볼 수 있다고 하였다.

남북국시대 무역사에서 가장 풍부한 연구주제가 장보고 관련 연구이다. 그에 관해서는 그의 출신성분·성장과정·청해진의 설치·중앙정계로의 진출과 몰락이라는 이 시기 등장하는 새로운 정치세력의 한 유형으로서의 성격을 구명하는 정치사적 접근과, 그가 행한 무역의 성격은 어떠한 것인가 하는 경제사적 접근이 행해지고 있다.

우선 정치사적인 의미에 주목하여, 그의 출신신분에 대해서는 김상기가 海島 출신으로 완도가 고향이었을 것이라는 견해[14]를 피력한 이래 대부분의 연구자들이 이 견해를 따르고 있다. 그러나 김광수는 장보고가 가진 출중한 무예라든지 張氏 족보 등을 근거로 이 지역의 토호로서 대중국무역에 참여하여 온 가계 출신으로 보고 있다.[15] 해도출신의 평민이든 토호든지 간에 신라의 골품제사회에서는 새로운 유형의 정치세력이었던 것만은 분명하다.

---

11) 尹明喆, 1999,「渤海의 海洋活動과 동아시아의 秩序 再編」『高句麗研究』6.
12) 尹明喆, 2000,「新羅下代의 海洋活動研究 - 해양환경 및 대외항로를 중심으로 -」『國史館論叢』91.
13) 金在瑾, 1984,『韓國船舶史研究』, 서울大學校出版部 ; 金在瑾, 1985,「張保皐時代의 무역선과 그 航路」『張保皐의 新研究』, 莞島文化院.
14) 金庠基, 1933·1934, 위의 논문.
15) 金光洙, 1985,「張保皐의 政治史的 位置」『張保皐의 新研究』, 莞島文化院.

設鎭의 목적에 대해서는 해적의 소탕과 해적에 의한 奴隷掠賣防止
였지만 중국과 일본의 교통의 요충지였던 완도에 設鎭한 것은 중국과
일본과의 무역에 유리하였기 때문이라는 견해16)와, 해적은 서남해
연안지대나 혹은 도서지역에 기반을 둔 해상세력으로서 이들 신라 현
지의 군소해상세력가의 무역활동은 재당 신라인의 해상활동에 방해
가 되었고, 장보고는 이들 군소 해상세력을 자신의 통제 아래 두는 한
편 재당신라인사회와 유기적인 연결을 꾀함으로서 나·당·일 삼국
무역을 장악하겠다는 포부17)였다는 견해가 있다. 한편 청해진 設鎭
과 관련하여, 淄靑節度使의 추천이 있었을 것이라는 최근의 견해가
있다.18) 즉 海運押新羅渤海兩蕃使는 황해 해상무역을 원활하게 수행
해서 교역규모가 커지면 커질수록 그를 통한 稅收가 증대되어 재정이
튼튼해지므로 황해 해상무역을 적극적으로 전개하기 위하여 나당일
삼국항로의 주요거점에 무역기지를 둘 필요성을 느꼈을 것이다. 이런
필요성 때문에 신라정부는 당에서 활동 중이던 장보고가 신라로 진출
하여 청해진을 중심으로 무역기지를 확보하는데 어떤 형태로든지 지
원을 아끼지 않았을 것이라는 것이다.

장보고의 세력기반은 크게 두 가지로 나눌 수 있다. 중국·일본에
이주하여 활동하고 있었던 신라사람들과 국내에서는 신라조정이 주
었다고 하는 '卒萬人'이다. '卒萬人'은 장보고 지배하의 청해진 인근 島
民을 의미하는 것으로 보인다. 한편 장보고에게 주어진 '大使'라는 직
함의 성격에 대해서는 당의 절도사와 같은 의미로, 당의 절도사와 같
은 군사적 조직체계를 갖추었던 것 같고, '卒萬人'도 民兵的 조직으로

16) 藤間生大, 1966,「東アジア世界形成の端緖」『東アジア世界の形成』, 春秋
   社 ; 浦生京子, 1979,「新羅末期の張保皐の擡頭と反亂」『朝鮮史硏究會論
   文集』16 ; 金光洙, 1985, 위의 논문.
17) 李永澤, 1979,「張保皐海上勢力에 관한 考察」『韓國海洋大學論文集』14 ;
   李基東, 1985,「張保皐와 그의 海上王國」『張保皐의 新研究』, 莞島文化院.
18) 민성규·최재수, 2001,「唐나라의 貿易管理制度와 黃海海上貿易의 管理機
   構」『해상왕 장보고의 국제무역활동과 물류』, 해상왕장보고기념사업회,
   156~159쪽.

보아야 한다는 주장이 있다.[19)]

청해진의 성격에 대해서는 무역을 목적으로 하고 있다는 설[20)]과 군사적인 성격을 강조한 설[21)]로 나누어 볼 수 있다. 그런데 사실상 장보고는 상인, 군인, 정치가라는 복합적인 성격을 띠고 있다. 그의 이러한 복합적인 성격은 당시 시대상황으로 보아 당연한 것으로 보인다. 당시 동북아시아의 왕조들이 붕괴되어 가는 상황에서 지방사회에 대한 통제력을 상실하여 해양에서는 많은 해적들이 날뛰고 있었다. 그러므로 무역 경영자는 독자적인 무장을 통해 무역의 조건을 스스로 마련하여야만 하였고, 또한 잉여생산물이나 수공업 생산자의 대부분이 지배권력 층에 집중되어 있는 사회경제구조 하에 있었다. 따라서 무역품을 확보하기 위하여 정치권력에 접근하거나 정치세력화 하는 현상이 나타나는 것은 어쩌면 당연하다고 할 수 있다. 그러므로 그가 상인인가 아니면 군인, 정치가인가를 둘러싼 논란 자체가 무의미하다고 생각된다. 이와 관련하여 필자는 청해진의 성격을 청해진 설치 이전과 이후로 나누어 중국 藩鎭과의 성격을 비교 검토하였다.[22)]

장보고의 몰락에 대해서는 장보고가 당시의 골품제사회에서 새로운 유형의 인물이었고 그 점이 한편으로는 그를 몰락시킨 원인이었다는 것에 대부분의 연구자가 동의하고 있다. 이외에 장보고의 몰락은 골품체제를 유지하고자 하였던 보수적인 중앙귀족과 장보고의 독점적 해상세력권에 반발하던 무주지방의 호족들에 의한 합작,[23)] 또는 골품제의 배타성과 잠재적 군사력에 뒷받침된 장보고의 독립적인 국제해상무역의 독점에 대한 중앙정부의 반감과 장보고 세력 자체내의 분열로 보기도 한다.[24)]

---

19) 浦生京子, 1979, 위의 논문 ; 李永澤, 1979, 위의 논문 ; 金光洙, 1985, 위의 논문 ; 李基東, 1985, 위의 논문.
20) 藤間生大, 1965, 위의 논문 ; 浦生京子, 1979, 위의 논문.
21) 方東仁, 1985,「淸海鎭의 戰略上 位置」『張保皐의 新研究』, 莞島文化院.
22) 尹載云, 1999,「新羅下代 鎭의 再檢討」『史學研究』58·59합집.
23) 浦生京子, 1979, 위의 논문 ; 金光洙, 1985, 위의 논문.

다음으로 경제사적 의미에서 장보고가 행한 무역의 성격은 어떠한
것이었나 하는 것인데 현재까지의 연구를 통해서 살펴보면, 그의 교
역범위는 중국의 山東半島에서 淮南까지, 일본의 大宰府를 포함하는
것으로 동아시아를 상대로 신라 자국의 물품만이 아니라 일본과 중국
의 물품도 중계하였던 것으로 보인다.25) 또한 신라귀족들이 사용한
南海品도 장보고의 무역에 의한 것이 아닌가 하는 견해26)도 있는데,
남해무역을 주도했던 이슬람상인들이 대거 남중국에 진출해있던 상
황에서 장보고가 직접 남해품을 구입하여 무역할 수 있는 소지는 얼
마든지 있었다 하겠다.

신라 말에는 중앙정부의 지방사회에 대한 통제력이 약화되고 사무
역이 성행하면서 각 연해안에는 무역을 통한 크고 작은 해상세력들이
존재하고 있었다. 특히 청해진 혁파 후 각지에서 독자적인 지배권을
확보할 정도로 성장하고 있었던 것으로 보인다. 신라 말의 해상세력
을 다룬 연구 성과들27)은 대부분 지방 세력들의 정치적 성장배경을
무역에서 찾는, 즉 정치사적 입장에서의 접근이기 때문에 실제 그들
이 행한 무역의 구체적 성격은 어떠한 것이었는지는 알 수 없다.

이외에 무역형태와 관련한 연구는 藤間生大와 Hugh R. Clark을 들
수 있다. 藤間生大는 동아시아세계 형성의 지표로서의 나말무역사를
검토하였다. 즉 동아시아세계의 통상무역은 당사국간의 우연적인 통

---

24) 李永澤, 1979, 위의 논문.
25) 藤間生大, 1966, 위의 논문.
26) 浦生京子, 1979, 위의 논문.
27) 金庠基, 1960, 「羅末地方群雄의 對中通交－특히 王逢規를 중심으로－」
　　『黃義敦先生古稀紀念史學論叢』(1989, 『東方史論叢』, 서울대학교 出版部
　　에 재수록) ; 朴漢卨, 1965, 「王建世系의 貿易活動에 對하여－그들의 出身
　　究明을 中心으로－」『史叢』10 ; 朴漢卨, 1985, 「羅州道大行臺考」『江原史
　　學』1 ; 朴漢卨, 1989, 「羅末麗初의 西海岸交涉史研究」『國史館論叢』7 ;
　　文秀鎭, 1987, 「高麗建國期의 羅州勢力」『成大史林』4 ; 鄭淸柱, 1991, 「新
　　羅末 高麗初의 羅州豪族」『全北史學』14 ; 具山祐, 1992, 「羅末麗初의 蔚山
　　地域과 朴允雄」『韓國文化研究』5.

상무역으로 끝나는 것이 아니라 동아시아에 있어서 일정한 국제질서
와 불가분의 관계를 전개되면서 그것을 무대로 상업자본을 형성시키
고 또한 그것을 통하여 동아시아세계를 일환으로 하는 유기적인 관계
를 형성해 나갔던 것이라 한다.[28] 이러한 시각은 李基東에 의해 받아
들여지고 있다.[29] 한편 Hugh R. Clark은 중세 세계무역사의 일환으로
서의 나말무역사를 검토하였다. 8~10세기 당시 세계 중세무역사에서
남해무역과 동북아시아의 북해무역의 연결자로서의 신라무역사를 부
각시키고 있다.[30] 이와 관련하여 필자는 한국 고대의 무역형태를 사
신 왕래를 통한 공무역, 사절단으로 간 사람들에 의해 행해지는 것과
해상세력이나 지방 세력에 의한 사무역 등으로 나누어 보기도 하였
다.[31]

　남북국시대 무역에서 중요한 주제 가운데 하나가 발해의 무역이다.
우선 발해의 대일무역에 관한 연구 성과는 주로 일본 학계에 의해 주
도되었다. 東野治之[32]・高瀨重雄[33]・石井正敏[34]・浜田耕策[35] 등에
의해 주도된 연구의 공통점은 다음과 같다. 고대일본의 대외관계에서
중국과의 사이에 신라가 일본의 遣唐使가 파견되지 않은 시대에는 이
를 돕는 역할을 했고, 신라가 일본의 의도대로 되지 않게 되자 이번에
는 발해가 일본과의 사이에 중계지로서의 역할을 수행했다는 것이다.

28) 藤間生大, 1966, 『東アジア世界の形成』, 春秋社.
29) 李基東, 1991, 「9~10世紀에 있어서 黃海를 무대로 한 韓中日 三國의 海上
　　活動」 『震檀學報』 71·72.
30) Hugh R. Clark, 1993, 「한반도와 남중국간의 무역과 국가관계」 『장보고 해
　　양경영사연구』, 도서출판 李鎭.
31) 尹載云, 1999, 「韓國 古代의 貿易形態」 『先史와 古代』 12.
32) 東野治之, 1984, 「日羅間における渤海の中繼的役割」 『日本歷史』 483.
33) 高瀨重雄, 1986, 「古代の日本海交通-とくに日本と渤海の交流」 『季刊 考
　　古學』 15 ; 임상선 편역, 1990, 『발해사의 이해』, 신서원.
34) 石井正敏, 1987, 「八・九世紀の日羅關係」 『日本前近代の國家と對外關係』,
　　吉川弘文館.
35) 浜田耕策, 1983, 「新羅の中・下代の內政と對日外交-外交形式と交易をめ
　　ぐって-」 『學習院史學』 21.

그러나 이러한 견해들은 신라나 발해가 어떠한 생각을 가지고 대일외교를 전개했는가하는 상호관계의 관점이 빠져 있다. 아울러 그들의 견해가 8세기의 신라와 일본 관계의 본질을 정치의 긴장과 경제(교역)의 융성이라는 다른 원리에서 구하고 국가간의 국제정치와 경제가 각기 별개의 논리로 움직인다라고 보는 점에 종래 견해의 특징이 있다. 즉 고대사회라는 非市場社會에 대하여 근대시장경제원리에 의해 행해진 경제관계의 시점을 전제로 해석했지만 이는 근대적인 국가간의 경제관계를 소박하게 고대사회에 투영하기 위한 것이다. 非市場社會에서 인간행동의 동기나 사회적 관계를 규정하는 원리는 이른바 경제적 요인과는 다른 영역에 관련될 가능성을 고려에 넣을 필요[36]가 있다. 증여나 교환을 넓은 의미로 교역이라고 본다면 교역과 정치는 별개의 논리가 아니라 일체인 것이 분명하다. 오히려 발생론적으로 본다면 교역은 각각이 뛰어난 정치적 행위였다.

한편 森克己[37]는 8세기의 무역을 '平安京貿易'에서 '大宰府貿易'으로 이행하는 것으로 설명하였다. 평안경무역은 발해 사절에 대한 공적·국제적 무역인데 반하여, 대재부무역은 민간무역의 정부 관리라는 완전히 성격을 달리하는 교역이라고 한다. 즉 京師(平城京·平安京)에서의 교역은 왕권이 직접 관리하고, 왕권의 관리 하에 재분배되는, 왕권이 직접 개입하는 극히 정치성이 강한 교역인 것이다. 이에 반해 대재부교역은 9세기 이후에 현저해진 새로운 형식의 교역으로, 중앙 정부의 감독 하에 대재부가 관리하는 교역이다. 이는 물품을 가져오는 신라·발해의 신분 계층이나 물품 구입에 참여할 수 있는 일본 측 계층에도 명백한 차이점이 보이고 있다고 한다. 이에 대해 李成市는 경사교역이 대재부무역으로 계기적으로 발전하지 않았다는 森克己의 설을 부정하였다. 즉 발해와 일본과의 교역이 기본적으로 경

---

36) Karl Polany, 1977, The Livelihood of Man, Academic Press ; 朴賢洙譯, 1983, 『人間의 經濟』 I, 도서출판 풀빛, 141~144쪽.
37) 森克己, 1975, 『續日宋貿易の硏究』, 國書刊行會.

사교역이었던 것은 발해의 국가 존립과 관계되는 발해 측의 사정에 의한 것이었다고 설명하고 있다.[38]

한국학계의 연구는 최근에야 나타나고 있다. 그것도 무역에 초점을 두기보다는 사신왕래를 통해 본 외교관계의 부수적인 것으로 약간의 언급이 있다. 李炳魯는 8세기말에서 9세기 초에 걸쳐 장보고를 중심으로 한 해상세력이 신라·당·일본을 포함하여 형성한 하나의 무역권을 '환동아시아해무역권'으로 정의하였다.[39] 그리고 『續日本後紀』의 분석을 토대로 당시 일본과 발해·신라 사이의 외교관계와 무역에 대해 서술하였으며,[40] 장보고 사후 '신라상인'의 존재 양상에 대해 자세히 검토하였다.[41] 朴眞淑은 일련의 논문에서 시기별로 발해와 일본과의 외교관계를 검토하면서 부분적으로 무역에 대해서 언급하였다.[42] 이외에도 채태형,[43] 전영률,[44] 방학봉[45] 등도 부분적인 언급을 하였다. 특히 전영률은 발해와 일본간의 무역형태를 다음과 같이 분류하였다. 왕실간의 공무역, 사신이 개인의 명의로 선물을 주고받는 형식의 무역, 사절단이 사관에서 일본 측 관리들과 개인 상인을 상대로 하여 진행하는 사무역 등으로 나누었다.

이러한 발해에 관한 기존의 연구성과들은 발해의 대일무역을 전기

---

38) 李成市, 1997, 『東アジアの王權と交易』, 靑木書店, 173쪽.
39) 李炳魯, 1995, 「9世紀초기의 '環지나海무역권'의 고찰」『日本學誌』15, 啓明大學校 國際學硏究所 日本硏究室.
40) 李炳魯, 1998, 「"續日本紀'에 나타난 韓國古代史像」『韓國古代史硏究』14.
41) 李炳魯, 1996, 「고대일본열도의 '신라상인'에 대한 고찰」『日本學』15, 東國大學校 日本學硏究所.
42) 朴眞淑, 1997, 「渤海 文王代의 對日本外交」『歷史學報』153 ; 朴眞淑, 1998a, 「渤海 宣王代의 對日本外交」『韓國古代史硏究』14 ; 朴眞淑, 1998b, 「渤海 康王代의 對日本外交」『忠南史學』10 ; 朴眞淑, 1999, 「渤海 大彝震代의 對日本外交」『韓國古代史硏究』15 ; 朴眞淑, 2001, 『渤海의 對日本外交硏究』, 충남대학교 박사학위논문.
43) 채태형, 1997, 「발해의 수상운수」『발해사연구논문집』2.
44) 전영률, 1997, 「발해의 대일관계」『발해사연구논문집』2.
45) 방학봉, 1989, 「발·일무역에 대한 역사적 고찰」『발해사연구』, 정음사.

와 후기로 나누어[46] 전기에는 군사적·정치적 성격의 교섭, 후기는 경제적·문화적 성격이 강한 교섭으로 이해하였다. 그러나 이성시도 지적하였듯이 이는 발해의 국가적 전략 또는 발해의 관점이 누락된 것이라고 생각된다.

다음으로 발해의 대중국무역에 대해서는 ① 조공 사절이 나라의 특

---

46) 한국학계와 중국학계는 발해사의 시기 구분을 주로 신라와의 관계에 초점을 두어 나누었다. 한규철은 ① 발해건국기로서 대조영이 통치하던 20여 년간의 남북우호기(698~713), ② 발해의 왕권확립기에 있었던 60여 년간의 남북대결기(713~785), ③ 발해왕권 동요와 신라귀족항쟁기에 있었던 30여 년간의 남북교섭기(785~818), ④ 발해의 영토 확장 정책과 신라와 당의 밀착으로 전개되기 시작한 발해중흥기의 남북대결기(818~911), ⑤ 거란의 부흥과 당의 멸망, 그리고 신라의 후삼국분열로 이어지면서 형성된 발해 멸망전의 남북교섭기(911~926) 등으로 나눈다(韓圭哲, 1994, 『渤海의 對外關係史』, 신서원, 95~96쪽). 송기호도 남북국의 관계라는 측면에서 다섯 시기로 나눈 적이 있다. ① 대조영시대(698~719)로서 당의 세력을 경계하여 신라에 의지하던 때, ② 2대왕 대무예시대부터 3대왕 대흠무시대 중반까지(719~762)로서 상호 교류하던 때, ③ 대흠무시대 중반부터 9대왕 대명충 시대까지(762년경~818) 다시 반목하던 때, ④ 10대왕 대인수 시대부터 14대왕 대위해 시대까지(818~906)로서 다시 반목하던 때, ⑤ 마지막 왕 대인선 시대(906~926)로서 거란의 진출에 대항하고자 신라·고려와 연계 또는 반목하던 때가 그것이다(宋基豪, 1989, 「발해사 연구의 문제점-발해와 신라의 외교관계를 중심으로-」『韓國上古史의 제문제』, 민음사). 陳顯昌은 ① 대조영~무왕대로 초보적 발전 시기, ② 문왕시대로 노예사회에서 봉건사회로 발전해 가면서 강대했던 시기, ③ 문왕 이후~간왕대로 왕족간 치열한 권력쟁탈기, ④ 선왕 이후 몇 십 년간으로 번영·중흥의 시기, ⑤ 그 후 점점 쇠약해지는 시기 등으로 나누었다(陳顯昌, 1983-2, 「渤海國史槪要(二)」『齊齊哈爾師範學院報』, 109쪽). 陽保隆은 ① 고왕·무왕·문왕 시기로 각 방면에서 부단하게 확대·상승해 가는 시기, ② 성왕~간왕대의 25년간으로 상대적으로 정체해 있던 시기, ③ 선왕대의 중흥기, ④ 대이진 이후 40~50년간 해동성국의 전성기, ⑤ 14대왕 대위해~말왕 대인선까지의 멸망기 등으로 나누었다(陽保隆, 1988, 『渤海史入門』, 淸海人民出版社, 4쪽). 한편, 일본학계는 발해와 일본간의 외교사절의 왕래에 초점을 맞추어 1~5차까지 대일사절단을 전기, 6차 이후를 후기로 나누어 보고 있다.

산물 등을 獻上하고, 回賜로서 헌상품 보다 몇 배 내지 등가의 물품이
지불되는 교역 및 사절의 수행원과 鴻臚館에서 행해지는 교역, ② 산
동지역의 靑州·登州에서 행한 互市交易, ③ 사절단에 수반한 무역을
목적으로 하는 수령 그룹이 入港地에서 행하는 교역 등으로 나누어
살펴 본 馬一虹의 연구가 있다.[47] 이외에 남북국시대의 遣唐使에 대
해 실증적으로 검토한 연구[48]가 있다.

지금까지 한국 고대 무역의 연구 성과를 시기별·주제별로 살펴보
았다. 대체로 일본학계의 연구는 전근대 대외관계사연구의 발전에 따
라 새로운 시각과 방법론의 개발이 있었다고 보여지지만, 국내 연구
의 경우 김상기의 고전적 연구를 답습하고 있는 것이 아닌가 한다. 그
러므로 국내에서는 무역사연구라기 보다는 정치사적 입장에서의 접
근이 훨씬 많은 비중을 점하고 있음을 알 수 있다. 기존의 연구 성과
에서 부족한 부분은 다음과 같다고 생각된다.

첫째, 한국전근대에 남북국시대만큼 해상교역에 기초한 해상세력
의 형성이라고 하는 것은 매우 예외적인 현상이므로 동아시아적, 아니
면 세계사적인 요인을 아울러 고찰하여야 한다는 것이다. Reischauer,
Clark가 제기한 중세 세계무역사와의 관련성, 藤間生大 등 일본 학자
들이 제기한 동아시아 무역권의 일환으로서의 동아시아 무역사와의
관련성에 대한 구명 없이는 이 시대 무역사의 성격은 제대로 해명될
수 없을 것이다. 따라서 新羅史, 渤海史, 日本史, 중국사 같은 一國史
的인 시각을 탈피해야 보다 당시의 역사적 진실에 가까워지리라 생각
된다. 즉 신라나 발해만의 입장이 아닌 종합적·거시적인 시각이 필
요하다고 볼 수 있다.

둘째, 무역사도 대외관계사의 일환이므로 대외관계사에 대한 이론
의 정립이 필요하다는 것이다. 최근 들어 국제관계를 단순한 교섭의
역사라는 차원을 벗어나 새로운 시각에서 이론을 정립해야 한다는 주

---

47) 馬一虹, 1999,「渤海と唐の關係」『アジア遊學』6.
48) 權悳永, 1997, 『古代韓中外交史 − 遣唐使研究 −』, 一潮閣.

장들이 나오고는 있지만 아직까지 구체적인 성과가 제시된 단계는 아니다. 이와 관련하여 최근 일본학계에서 제기되고 있는 '아시아교역권론'이 주목된다. 본서에서는 기존에 간헐적으로 국내학계에 제기되었던 여러 무역관련 이론과 아시아교역권론의 검토를 통해 남북국시대 무역에 관한 하나의 이론의 제시를 시도해 보고자 한다.

셋째, 한국전근대에서 가장 일반적인 형태의 무역은 조공무역이었다. 장보고를 비롯한 해상세력이 행한 무역도 실제 내용은 사무역이었지만 무역사절을 '遣唐買物使' '廻易使', 상선을 '交關船'이라 하여 공무역의 외피를 빌리고 있는 것도 당을 중심으로 한 조공무역체계가 흔들리고 있는 상황에서였다는 것을 생각하면 유의하여야 할 점이다. 따라서 조공무역에 대한 보다 분명한 성격구명이 급선무가 아닌가 한다.

넷째, 무역활동의 주체에 대한 분석이 필요하다고 생각된다. 앞서의 문제제기와 관련되는 사항이지만 해상세력과 중앙 귀족 혹은 왕권과의 관계가 어떠한 것이었는가를 파악하는 것이 중요하다고 보여 진다. 사무역이 9세기에서 10세기 초에 걸쳐 번성했지만 전근대 무역의 기본형태는 조공무역이었기 때문에, 조공무역을 했던 왕권과 중앙 귀족과의 관계를 이해하여야만 할 것이다.

다섯째, 무역이 국내생산체계와 경제에 미친 영향을 살펴보아야 할 것이다. 잉여생산물이 특정의 지배계급에게 집중되어 있는 사회에서 무역품의 조달체계(상품생산과 유통)라는 것은 경제를 포함하여 정치와도 밀접한 상관성을 가지고 그 변화를 초래하였을 것이기 때문이다.

이 글에서는 기존 연구의 한계를 극복하기 위해서, 우선 자료에 있어서는 각종 무역품과 고고학 발굴자료, 주변 나라들의 관련 자료와 연구성과를 적극 활용하고자 한다. 그리고 연구방법론에 있어서는 무역에 대한 역사적·구조적 접근을 통해 무역사에 대한 인식의 지평을 확대할 필요가 있다고 생각된다. 남북국시대 무역의 역사적 의의를 신라와 발해의 무역주도권 경쟁 과정을 통해 종합적·구조적으로 파악하고자 한 것이 본 연구의 특징이라 할 수 있다.

본서에서는 '네트워크'라는 개념을 경제적 域圈간의 사람·물자의 이동 체계를 가리키는 것[49]으로, '貿易網'이라는 개념은 기존 연구성과들에서 交易體系·交易網 등으로 쓰이던 개념으로 신라나 발해 같이 국내에 한정된 경우만을 '貿易網'으로 사용하고자 한다.

본서에서는 우선 삼국시대의 무역을 시기별·국가별로 무역의 주도권의 변천에 주목하면서 논지를 전개해 나가고자 한다. 2장에서는 南北國時代 貿易의 주체에 주목하여 논의를 전개하고자 한다. 이를 통해 무역의 형태에 대한 분석을 시도해 보고, 남북국시대의 무역네트워크에 대한 검토를 하고자 한다. 전근대에 있어서 무역의 주체는 통치체제와 밀접한 관련을 가지며, 나아가서는 국가기구 혹은 관료가 상인의 역할을 대행하는 경우가 많았다. 시기가 올라갈수록 이러한 경향은 두드러진다고 할 수 있다. 따라서 8세기까지는 국가와의 관계 속에서 무역의 주체를 고찰하는 것이 유효하리라 생각된다.

무역주체와 국가의 관계를 기준으로 하여 신라와 발해 국내의 무역 발전의 배경을 살펴보면서, 동아시아의 선진국 唐에서 일어난 安史의 亂이 신라·발해를 비롯한 동북아시아 무역에 어떠한 영향을 끼쳤는가를 살펴 볼 것이다. 다음으로 청해진의 설치를 계기로 활성화된 私貿易의 양상에 대해 살펴보고자 한다. 특히 청해진의 설치를 계기로 동북아시아 무역권의 주도권이 발해에서 신라로 넘어가는 과정과 이에 대한 발해의 대응 전략 그리고 청해진의 혁파가 국내외 무역에 끼친 영향 등에 대해 검토 하고자 한다. 그리고 마지막으로 교환수단과 국가재정과의 관련여부 등의 검토를 통해 南北國時代 무역이 전개되어온 과정과 그 특성을 해명해 보려는 것이 본서의 목적이다.

---

49) 浜下武志, 1997, 『朝貢システムと近代アジア』, 岩波書店.

三國時代의 貿易

1. 삼국시대 무역형태와 구조

1) 무역형태

삼국시대 무역의 중요 대상은 중국과 倭(일본), 西域 등이 있었다. 그 가운데서 가장 큰 비중을 차지하던 것은 대중국무역이었다. 고구려·백제·신라 삼국이 중국산 물품을 획득하는 방법으로 두 가지 경로를 상정할 수 있다. 그 하나는 朝貢과 册封이라는 형식을 통해 이루어지는 무역이다. 그 구체적인 형태는 조공을 하고 官爵과 印綬를 받는 것이었다. 다른 하나는 조공사절을 가장하거나, 이를 수행한 私商人의 출입을 통해 물품거래가 이루어지는 경우이다.[1] 하지만 삼국시대 전기(기원전 1세기~기원후 3세기까지)의 주요 무역상대국이었던

---

1) 李賢惠, 1994, 「三韓의 對外交易體系」 『李基白先生古稀紀念 韓國史學論叢』, 一潮閣 ; 1998, 『韓國古代의 생산과 교역』, 一潮閣, 265~280쪽.

漢나라의 경우는, 공·사무역을 엄밀히 구별하기 어렵다.[2] 즉 漢·魏
대에는 조공사절을 가장하거나, 이를 수행한 이민족 사상인의 출입이
빈번하였던 것이다. 이후 삼국시대 후반(기원후 4세기~7세기)가 되
면, 공무역과 사무역의 구별이 전 시기보다는 명확해 지게 된다.

조공무역의 구체적 내용은 어떠했을까. 한나라의 경우를 통해 살펴
보면 다음과 같다. 조공이란 황제의 德化에 감읍하여 신하의 예를 행
하는 의식이다. 따라서 조공을 바치는 자는 신하로서의 의무가 따르
고, 황제는 이에 세금을 부과할 권리가 생기는 것이다. 그리하여 신속
한 조공자는 정해진 기일에 자신 또한 대리인을 시켜, 통솔하고 있는
호구수와 영토를 그린 圖籍을 제출하고, 세금의 형태로 토산 方物을
바쳐야 하였다.

이민족의 조공은 실상 '重賞'을 목적으로 한 것이다. 특히 '詣闕'할
경우 '薄來厚賜'해야 함은 물론 조공사절의 호송과 숙박에 따른 경비
까지 부담했으므로 가능한 '詣府' '詣郡'하도록 하였기 때문에 대부분
의 조공은 邊郡縣이나 해당 領護官府에서 이루어졌다. 예군(부)에 따
른 廻賜의 구체적 내용은 印綬衣幘의 사여를 통한 互市 등 군(부)내에
서의 교역허가였던 것으로 보인다. 따라서 조공은 무역거래의 허가요
건이자, 그에 따라 사여된 인수의책이 호시에의 출입증과 같은 것이
었다.

호시는 정기시가 아니라 일정한 기일에 개설된 임시시장이었다. 때
문에 별도의 호시가 마련되지 않더라도 군현 내 여러 시장에서 호시
의 기능을 수행하였다고 여겨진다. 호시교역은 매우 활발했던 것으로
여겨진다. 이곳에 주변민족의 특산물이 모여들었고 여기에 원거리 무
역을 행하던 민간상인과 조공사절을 사칭한 사상인의 출입이 빈번하
였기 때문이다. 『한서』 지리지에 낙랑으로 들어 온 '內郡賈人'의 존재
나, 삼한과 왜지에서 조공과 무역 업무를 담당한 이른바 '使譯'층이 호
시무역에 참여한 민간상인들로 생각된다.[3] 호시교역의 예로는 幘溝

---

2) 全海宗, 1970, 『韓中關係史研究』, 一潮閣, 100쪽.

濊를 들 수 있다. 즉 현도군이 군의 동쪽경계에 작은 성을 쌓고 朝服, 衣幘을 그곳에 두어 해마다 고구려인이 와서 가져가게 하였다는 일명 책구루라는 장소가 있는데 이를 호시의 일종으로 볼 수 있을 것이다. 『삼국지』 동이전 고구려조의 기록에 의하면 고구려와 현도군과의 사이에 조공관계가 단절된 상태에서도 책구루를 통한 교역은 이루어지고 있었다. 그러므로 호시라는 중계지점을 두고 이루어지는 대군현 무역은 조공무역보다는 정치적인 의미가 훨씬 약화된 자유로운 형식의 물자무역이었다고 하겠다. 낙랑군에서도 조공을 장려할 목적으로 호시가 개설되었을 것으로 추정되고 있으나 무역형태상 호시에서의 무역과 조공무역은 차이가 있으며[4] 호시가 낙랑, 대방군의 경계에도 설치되어 삼한인들이 이곳에 왕래했었는지는 알 수 없다.

2) 무역품

삼국시대의 무역품에 관한 기록은 그다지 많이 남아 있지 않다. 『삼국사기』나 중국 기록에 남아있는 내용들의 대부분이 거의가 '방물(方物 : 특산품)'을 바쳤다거나 '사절단을 파견했다'이기 때문이다. 따라서 이하에서는 얼마 안 되는 자료에 나와 있는 주요 물품과, 고고학 발굴성과를 통해 나온 유물 등을 통해 삼국시대 무역에 관한 편린을 살펴보고자 한다.

① 철

고구려는 일찍부터 중국을 비롯한 대륙 여러 나라들에 철을 대량으로 수출하였다. 특히 철은 선비족을 비롯한 유목민족들이 절실히 요구하는 물건이었다. 본래 고구려는 말 사육을 자기 사회 재생산구조

---

3) 尹龍九, 1999, 「三韓의 朝貢貿易에 대한 一考察－漢代 樂浪郡의 교역형태와 관련하여－」『歷史學報』162, 7~8쪽.
4) 權五重, 1992, 『樂浪郡研究』, 一潮閣, 160쪽.

의 기반으로 영위하는 유목민족이 아니었던 만큼 철에 버금가는 전략자원인 말 공급 기반 확보에 대한 관심은 대단하였다고 보여 진다. 따라서 고구려는 국초부터 그 우월한 철 생산력을 매개로[5] 漢 세력의 철 유출 방지 노력에도 불구하고[6] 그것의 획득에 관심이 깊은 스텝(steppe) 제세력과[7] 馬鐵交易을 행하였으리라[8] 추정된다.

당시 鮮卑는 好馬[9]를, 契丹은 契丹馬[10]를, 地豆于는 名馬를 산출하고 있었다. 대체로 이 말들은 스텝 지대의 말들로서 서구의 말보다 외모는 볼품이 없지만, 그 강인성과 지구력에 있어서는 가히 '神馬'라 호평을 받을 만한 것이었다.[11] 특히 거란의 말은 소형인 까닭에 평야 지대인 화북 지방에는 적합하지 않고, 오히려 숲이 울창한 산림 지대에서 주행하기에 좋았다.[12] 이 점에 비추어, 광개토왕이 노획한 말들은 이후 고구려의 기병전력 조성에 큰 보탬이 되었을 것이다. 또 고구려는 송화강 유역의 안정적 경영을 기함과 동시에 초원길(steppe-road) 동쪽 일부를 확보, 내륙아시아를 포함한 여러 유목문화권과의 교류를 촉진하며, 전략물자인 말 공급 기반의 확대를 목적으로 명마를 산출하는 地豆于로 진출하고자 하였던 것으로 추정된다.

고구려는 이 스텝마들을 처음에는 馬鐵交易을 통해서, 또 이들 이

---

5) 李龍範, 1966,「高句麗의 成長과 鐵」『白山學報』1, 86쪽 ; 朴京哲, 1988,「高句麗 軍事力量의 再檢討」『白山學報』35, 158~159쪽.

6) 塞外民族에 대한 鐵供給 문제를 보는 漢族의 입장은 "加以開塞不嚴禁網多漏精金良鐵皆爲有"(『後漢書』卷90, 列傳80 鮮卑傳)에 잘 나타나 있다.

7) 당시 steppe 세력의 鐵에 대한 관심과 그 획득을 위한 노력에 대해서는, 護雅夫, 1981,「鍛治の謎」『騎馬民族國家』, 講談社, 120~127쪽 ; 內田吟風, 1975,「烏丸・鮮卑の源流と初期社會構成」『北アジア史研究 ; 鮮卑・柔軟・突厥篇』, 東朋社, 43~44쪽 참조.

8) 松田壽男, 1979,「絹馬交易に關する史料」『內陸アジア史論集』(第一), 國書刊行會, 4~5쪽.

9) 『後漢書』卷20, 列傳10 祭肜傳.

10) 『唐會要』卷72, '諸蕃馬印'條.

11) 神馬當從西北來 (『史記』卷123, 列傳63 大宛傳).

12) 李在成, 1996,『古代 東蒙古史研究』, 法仁文化社, 54쪽.

종족을 힘으로 제압한 이후에는 공납이나 부등가 교환을 담보로 하는
교역의 형식을 가지면서 경제외적 강제가 개입된 사실상의 공납을 통
해서 다수 확보할 수 있었을 것이다.13)

한편 변·진한 지역에서 생산된 철은 板狀鐵斧나 鐵鋌의 형태로 주
변국과 한군현에 공급하거나 대내적으로도 유통되고 있었다. 판상철
부는 鐵斧로 쓰였으며 중간소재로 활용되었을 가능성도 있다고 한
다.14) 이에 비해 철정은 삼국시대와 일본 古墳時代에 출토되는 쐐기
형태(楔形)의 철판을 지칭한다. 이것은 양 측선이 평행하거나 좁아지
다가 칼날부 가까이에서 급격하게 벌어지며 칼날부가 직선형이다. 따
라서 쇠도끼로서의 기능을 할 수 없으므로 철기의 중간소재이면서 화
폐로 쓰였다고 한다.15)

② 유 리

유리제품은 크게 유리장식품과 유리용기로 대별할 수 있다. 일반적
으로 유리생산은 구슬을 비롯한 장식품에서 시작하여 제조법과 기법
의 발달에 따라 각종 형태의 용기제작으로 발돋움하게 된다. 이것은
우리나라에도 적용된다.

우리나라 곳곳에서 발견되는 장식용 유리제품은 두 가지 특징을 가
지고 있다. 첫째는 형태의 다양성이다. 관옥(管玉 ; 통형 구슬)을 비롯
해 환옥(丸玉 ; 둥근 모양 구슬), 환옥(環玉 ; 고리모양 구슬), 화형옥
(花形玉 ; 꽃잎 모양 구슬), 각형옥(角形玉 ; 모난 구슬) 등 형태가 다
종다양할 뿐만 아니라, 雲珠·杏葉, 팔찌, 腰佩 등에 여러 가지로 이용
되고 있다. 이것은 용도의 다양성과 제작기술의 숙련성을 의미한다.

둘째로 여러 계통 유리의 복합적 존재양상이다. 납-바륨계 유리가
대부분이지만 군곡리 패총 출토의 초록색 투명 사각 관옥은 소다계

13) 박경철, 2003, 「高句麗 異種族支配의 實相」『韓國史學報』 15.
14) 宋桂鉉, 1995, 「洛東江下流域의 古代 鐵生産」『伽倻諸國의 鐵』, 신서원,
    135~139쪽.
15) 東潮, 1995, 「弁辰과 加耶의 鐵」『伽倻諸國의 鐵』, 신서원.

유리로 밝혀졌다. 한편 경주시 조양동 목곽묘와 제주시 용담동 옹관
묘 출토의 남색 구슬은 산화칼륨을 14.5%, 그리고 서울 석촌동 적석총
부근에서 채집한 갈색 구슬은 산화칼륨을 6.95% 함유하고 있어 칼륨
(포타슘)계 유리에 속하는가 하면, 공주 무령왕릉 출토의 동자상은
알칼리계 유리에 속한다.

이와 같이 다른 계통 유리가 공존하는 현상은 생산지나 원산지가
다르다는 것을 말한다. 납-바륨 유리와 칼륨계 유리는 중국산이거나
중국 소재를 수입하여 제작한 것이고, 소다계 유리는 서방 로만글라
스의 수입품일 것이다. 또한 보편적인 남색·녹색 계열의 구슬 외에
동남아시아에서 성행한 적색이나 적갈색 계열의 小玉과 금박구슬이
나타난 것은 동남아시아와의 교류관계를 시사해준다.16)

신라 적석목곽분 출토 유리제품들은 알칼리 성분의 후기 로만글래
스(Roman glass)이다. 지금까지 알려진 왕릉급 무덤의 출토품들은
황남대총 남분에서 5개, 황남대총 북분에서도 5개, 서봉총에서 3개,
천마총에서 2개, 금관총에서 2개, 경북 월성군 안계리 4호분에서 1
개, 경주 월성로 가-13호분에서 2개 등이며, 그밖에 경주 이외 지역
출토품으로는 합천 옥전 M1호분 고분의 1개를 더할 수 있다. 이들은
모두 器形도 다양하고, 유리의 질도 뛰어나 동양삼국에서 단연 으뜸
의 수장품으로 꼽히고 있다. 대부분 지중해 동안 유역에서 4세기를
중심연대로 늦어도 5세기 전반에 걸쳐 유행했던 물건들이다. 이들 작
품의 분포상황을 보면 거의가 지중해 연안에서 북상하여 흑해와 코카
서스지역, 남시베리아와 카자크 초원 등 스텝지역과의 관련이 두드러
짐을 알 수 있다.17)

특히 금령총과 합천 옥전에서 각각 출토된 유리잔들의 경우, 로마
의 식민지였던 쾰른(KÖln)의 특산품인 斑點紋碗의 양식과 동일하여
흥미를 끌고 있다. 이것들은 지중해 동안에서 제작된 작품일 수도 있

16) 정수일, 2001, 『씰크로드학』, 창작과비평사, 233~235쪽.
17) 李仁淑, 1993, 『韓國의 古代琉璃』, 도서출판 창문, 22~41쪽.

겠으나, 직접 쾰른→동유럽→흑해→스텝루트를 거쳐 신라에까지
전해졌을 가능성도 완전히 배제할 수 없을 것이다.[18]

③ 도자기

도자기는 비단과 함께 중국 문물을 대표하는 것으로 중국과 주변국
의 교류의 상징으로 여겨져 왔다.[19] 따라서 우리나라에서도 삼국시대
의 유물에서부터 중국제의 청자가 발견되고 있다. 그런데 이러한 중
국제의 청자는 삼국 중에서도 특히 백제 지역에서 많이 출토되고 있
다. 따라서 아래에서는 백제지역에 남아있는 중국 도자기를 중심으로
살펴보겠다.

백제가 무역대상국으로 삼았던 중국의 각 나라를 중국 도자기를 중
심으로 살펴보면, 3세기에서부터 수나라가 중국을 통일하기 전까지는
남조·북조 모두와 무역을 했으며, 이후에도 수·당을 상대로 꾸준한
무역을 했던 것으로 보여 진다.

백제지역에서 출토된 중국산 도자기는 백제가 중국 동진과 공식적
으로 외교하던 때는 물론, 그 이전에 제작된 서진대의 도자기부터 당
대에 생산된 도자기까지 무역되어 왔다. 이들 대부분은 백제 왕실 중
심의 외교 산물인 측면이 강하여 백제의 故土 중에서도 수도가 자리
한 곳을 중심으로 확인되었다. 이는 문헌에 기록된 백제와 중국간의
빈번한 교류관계 기사를 충분히 뒷받침하는 증거이기도 하다. 특히
최근 발굴조사를 통해 알려진 부여 부소산성과 익산 왕궁평성에서 출
토된 중국도자들은 백제의 꾸준한 대중국 관계는 물론 다각화된 외교
루트를 통한 무역도자기로서의 면모도 아울러 엿볼 수 있다.[20]

이와 반면에 삼국시대 신라의 경우는 황남대총 북분에서 출토된 중
국 절강성 德淸窯계 黑褐釉盤口甁이 유일하다. 그러나 이후 신라후기

18) 권영필, 1997, 『실크로드 미술―중앙아시아에서 한국까지―』, 열화당, 157쪽.
19) 三上次男, 1977, 『陶磁の道』.
20) 李蘭英, 1998, 「百濟지역 출토 中國陶瓷硏究―古代의 交易陶瓷를 중심으
로―」『百濟硏究』28.

에는 여러 유적에서 중국 도자기가 출토되었다.[21] 이는 신라는 6세
기 대에 비약적인 영토확장을 통해 대중국·대일본 루트를 확보하기
전까지는 지리적인 위치 때문에 무역이나 대외교섭에 제한을 받는 처
지였기 때문으로 생각된다.

〈표 1〉백제지역 출토 중국도자기[22]

	유 물	출 토 지	시 대	비 고
1	黑褐釉 錢文 陶器片	서울 몽촌토성		西晉의 298年銘塼 伴出
2	黑褐釉 錢文 陶器片	충남 홍성 신금성		
3	青瓷羊形器	강원 원성 법천리 석곽묘		322년 이전 작품
4	黑釉盤口瓶片			4세기 후반~5세기 초의 德淸窯産
5	青瓷耳附壺片	서울 몽촌토성		南朝의 越州窯계통
6	青瓷접시		한성 시대	
7	黑褐釉 硯片			
8	青瓷四耳壺	서울 석촌동 3호분 동쪽 고분		
9	青瓷盤口壺·黑釉盤口壺片	서울 석촌동 고분		4세기 중반
10	青瓷天鷄壺	傳 충북 청주		358년 이전 작품
11	青瓷盤口壺	충남 천원 화성리 백제 고분		341~348년 이전 작품
12	青瓷耳附盤口壺片·黑褐釉壺片	전북 부안 죽막동		
13	青瓷硯	傳충남지역 출토		南朝의 越州窯계통
14	白磁盞 6개	공주 무령왕릉	웅진 시대	
15	青瓷 六耳罐			

---

21) 신라후기의 유적에서 나온 중국 도자기는 다음 장인 남북국시대의 무역
　　에서 다룰 것이므로 여기서는 일단 생략한다.
22) 李蘭英, 1998,「百濟지역 출토 中國陶瓷研究－古代의 交易陶瓷를 중심으
　　로－」『百濟研究』28에 나오는 〈표 1~4〉 내용을 정리한 것임.

16	黑釉 四耳 盤口瓶			德淸窯産
17	靑瓷四耳罐	익산 입점리고분		5세기 후반
18	靑瓷耳附罐片	부소산성 남문터		
19	兩耳罐 A			
20	盌 A	東門址 판축 柱孔內		683년 이전
21	盌 B			
22	盌 C			
23	兩耳罐 B	軍倉址 동편 土壙		683년 이전
24	多足形 벼루	부소산 광장 부근	사비 시대	
25	靑瓷獸足形 벼루			7세기초
26	靑瓷耳付壺片	부소산성 남문지		
27	靑瓷耳付壺片			
28	靑瓷耳付罐			
29	靑瓷耳付罐	부소산성 동문지		
30	靑瓷耳付壺片			
31	靑瓷耳付罐	부소산성 남문지		5세기말~6세기초

④ 견직물

삼국시대에는 이미 직조법이 크게 발달하여 국내의 특산품을 수출하기도 하였으며 발달한 양잠법과 직조법 등을 일본에 전해주기도 하였다.

먼저 고구려에서는 일찍부터 직조업이 발전하였다. 『위서』에 "옷은 布와 비단 및 가죽으로 만든다"[23)]는 기록 등으로 보아 견직물, 마직물, 모직물을 제직하였음을 알 수 있고, 이는 평안남도 남포시 용강군 대안리 제1호 묘의 벽에 그려져 있는 여성이 옷감을 직조하는 모습의 機織圖를 통해서도 확인된다. 비록 고분벽화가 심하게 손상되어 있으나 직기의 모습과 직물을 제직하는 사람이 검은 옷을 입은 여인인 것까지 확실하며 직조하는 모습이 벽화에 그려져 있다는 것은 당시 직조업이 일상생활과 밀접하게 연관되어 널리 보급되어 있었다는 것을

---

23) 『魏書』 卷100, 列傳88 高句麗.

말해준다.[24] 그리고『한원』에 五色錦, 雲布錦, 紫地纈紋錦 등을 제직하였다는 기록과,『수서』에 해마다 한 사람의 세금으로 포 5필과 곡식 5섬씩을 징수하였다는 기록 등으로 보아 錦과 같은 고급 견직물은 관청 궁정수공업에서 제직되었지만 마직물은 농민들의 가내수공업으로 제직되었음을 짐작할 수 있다.

백제에서도 직조기술은 발전하였다. 백제왕이 남녀 노예 1,000명과 가는 베(細匹) 1,000필을 바쳤다는 광개토왕릉비의 기록을 통해서 백제에서도 일찍부터 제직이 발전하였음을 알 수 있다.[25] 그리고 대다수 농민들은 직조수공업에 종사하였으며 조세와 공물을 포, 비단, 명주실, 쌀 등의 알곡과 직조품들로 징수하였다[26]고 하므로 견직물과 마직물의 직조기술이 상당 수준이었으며 관청수공업과 민간수공업을 통해서 이루어졌음을 짐작할 수 있다.

위와 같이 이루어진 제직기술과 직조품은 일본 및 중국으로 전래·수출되었으며, 중국과의 무역에 관한 기록으로는『삼국사기』에 무왕 38년(637) 당나라에 철갑옷을 등을 보내고 그 답례품으로 錦袍와 채색비단 3,000단을 받은 기록과,『위서』에 北魏에 錦과 포를 보낸 기록, 그리고『唐書』에 백제가 당과의 무역에서 고급비단, 정밀하게 짠 베천, 수산물, 과하마, 각종 무기 등을 수출하였다는 기록 등이 있다.

일본과의 무역을 보면 전지왕 14년(418)에 일본으로 사신을 파견하여 白錦 10필을 주었고, 찾아오는 일본사신에게 오색 綵絹 1필을 주었으며,『일본서기』에 雄略天皇 7년(463) 백제의 錦部 正安那가 도일하여 일본하내 도원에서 韓錦을 제직하여 日本錦部連의 시조가 되었다는 기록이 있다.

신라에서도 견직물과 마직물의 제직이 발달하였다. 시조 혁거세거

24) 홍희유, 1989,『조선상업사』, 과학백과사전종합출판사, 25~27쪽.
25) 손영승·조희승, 1990,『조선수공업사』, 공업종합출판사, 142쪽.
26)『隋書』卷27, 百濟本紀5 武王 38년.

서간 17년(기원전 41)에 왕과 왕비가 6부를 순행하며 백성들에게 농사와 양잠을 장려하였으며, 파사이사금 3년(기원후 82)에도 농사와 양잠을 장려한 기록으로 보아 건국초기부터 견직업의 장려가 있었던 것으로 보인다. 신라에서 생산된 직물은 자가 수요 및 조세, 공물용으로만 사용된 것이 아니라 화폐의 역할도 겸하였으며, 7세기 중엽에는 해마다 풍년이 들어 곡식 값이 떨어지는 관계로 수도 경주 도성안의 시장물가가 포 1필 값이 벼로 30섬 또는 50섬이나 되었다는 기록이 있다. 이것은 포가 농민들의 가내수공업으로 직조되어 상품으로 활발하게 유통되었음을 의미한다.[27] 신라의 견직물은 국외로 수출되기도 하였다. 흘해이사금 20년(329)에는 견 1460필을 일본에 수출하였고, 진덕왕 4년(650)에는 왕이 新羅錦에 오언시 太平頌을 써서 당나라에 선물로 주었으며, 진덕왕 5년(651)에는 당나라에 사신을 파견하여 金總布를 선물하기도 하였다.[28]

⑤ 담비가죽

고구려는 말갈로부터 군사력 징발 외에도 양질의 '담비가죽(貂皮)'을 공납이나 교역을 통해 획득하였다. 이 초피는 거란이나 庫莫奚에서 생산되는 文皮에 비해 중국에서 매우 고가로 거래되는 품목이었다.[29] 따라서 고구려는 잉여분의 담비가죽을 중원 방면에 轉賣함을 통하여 상당한 경제적 이익을 볼 수 있었다. 室韋의 담비가죽[30] 역시 이런 방식으로 활용되었을 것이다.

뿐만 아니라, 492~499년경 문자왕대에 거란인들이 고구려의 비호 아래 북위의 변경민들을 노략질한 사건[31]은 고구려가 자기들의 지배

---

27) 홍희유, 1989, 앞의 책, 26쪽.
28) 권영숙, 2002, 「고대 복식과 직물」『강좌 한국고대사』6 - 경제와 생활-,
    가락국사적개발연구원, 406~409쪽.
29) 李在成, 1996, 앞의 책, 139쪽의 註64.
30) 『魏書』卷100, 列傳88 失韋條.
31) 李在成, 1996, 위의 책, 178~179쪽.

하에 있는 거란인들의 군사력을 이용한 인신약취를 통하여 人身賣買
나 자신들의 영농에 종사시킴을[32] 통하여 상당한 이익을 챙기고 있었
음을 엿보게 해준다.

⑥ 구리거울(銅鏡)

동경이란 동판의 표면을 잘 다듬고 문질러 얼굴이 비치게 하는 것
인데, 특히 동양에서는 그 뒷면에 갖가지의 아름다운 무늬나 吉祥語
등을 새겨 장식하는 까닭에 그것이 거울로서의 기능을 상실한 후대에
와서도 금속공예적인 측면에서 주조기법이나 장식기법 뿐만 아니라
무늬에서 나타나는 사상적인 의미나 銘文帶에서 보이는 글자나 자구
에 대하여서도 주목을 받게 된 것이다.[33]

조공무역 즉 공무역을 통해 우리나라에 수입된 물품 가운데 가장
많이 남아 있는 것이 동경이다. 중국에서는 실용품으로 사용되던 동
경이 삼한 지역에서는 細文鏡을 대신하여 臣智들의 권위를 상징하는
물건으로 상당기간 선호되고 있었기 때문에 동경이 조공무역의 중요
무역품을 차지하고 있었던 것이다.[34]

철기를 비롯한 한문화의 유입을 불러온 삼한시대 이후에는 위만의
세력과 한반도 북쪽에 들어온 낙랑을 비롯한 한사군의 설치 등 철기
의 공급과 함께 무역의 범위와 계층이 확대되어 漢鏡의 유입이 용이
해진 것을 간과할 수 없을 것이다. 이와 관련하여 낙랑고분에서 한경
의 출토가 다른 유물에 비해 월등히 많은 것은 동경 자체의 전파가 용
이했던 것으로 보는 견해[35]도 제기되었다. 한편 철기의 보급은 금속
공예 기법의 발달을 불러오게 되고 그와 함께 한경을 쉽게 모방하여
제작하는 능력을 발휘하게 된다. 그밖에도 지배계층의 구조적 변화를
들 수가 있을 것이며 정치적으로 사회변혁을 불러오면서 차츰 동경은

---

32) 李在成, 1996, 앞의 책, 154쪽의 註111.
33) 李蘭暎, 2003, 『高麗鏡 硏究』, 도서출판 신유, 10쪽.
34) 李賢惠, 1998, 위의 책, 269쪽.
35) 高久建二, 1999, 『樂浪古墳文化硏究』, 學硏文化社.

실용구로서의 성격을 지니게 되었다. 이러한 한경은 우리나라의 경우 거의 모든 시기에 걸쳐 방제경으로 만들어지고 있다.[36)

이상의 주요 무역품들 외에도 백제가 당에 수출했다고 하는 明光 鎧·칠갑·彫斧 등을 무역품으로 들 수 있다. 그 가운데 명광개는 갑 옷에다 황색칠을 한 백제의 특산품이었다.[37) 이와 함께 중국에서는 도서, 각종 문화용품 들도 적지 않게 수입하였다. 이외에 고구려와 신 라도 각종 불교관련 용품이나 사치품, 문화용품 등을 중국에서 수입 하였다.

2. 4세기 무역체계의 변화

1) 樂浪·帶方郡 중심의 동아시아 해상무역체제

동아시아 국제무역이 활성화되기 시작한 것은 漢이 위만조선을 멸 하고 그 중심지인 대동강 하류지역에 낙랑군을 설치하면서부터였다. 원래 漢은, 국경 밖 오랑캐의 침략을 막아주고 남쪽 君長들의 천자 알 현을 방해하지 않는다는 약속을 조건부로 하여 위만조선을 外臣國으 로 공인해 준 바 있었다. 그러나 위만조선은 이 약속을 지키지 않았으 며, 남쪽 여러 나라의 천자 알현을 방해했다. 그리하여 한은 기원전 109년에 위만조선을 공격하여 1년 만에 멸망시키고, 여기에 낙랑군 을 설치하여 남쪽 韓·濊·倭와의 무역 중개역할을 맡게 하였다. 한 반도와 일본 규슈 및 관서지방에 이르는 연안의 무역항로를 따라서 貨泉·大泉 및 五銖錢 등의 고대 중국 화폐가 발견되고 있는 것은, 낙

---

36) 李蘭暎, 2003, 위의 책, 88~89쪽.
37) 洪思俊, 1972, 「文獻에 나타난 百濟産業」『百濟硏究』3, 49~50쪽.

랑군 설치 이후 동아시아 국제무역이 얼마나 활성화되었는가를 반영하는 것이다.[38]

<표 2> 남한 출토 중국화폐

유 적	화폐종류 / 수 량	시 기
서울 풍납동	오수전(五銖錢) 1	
삼천포 늑도(勒島)	반양전(半兩錢) 1	전한대(前漢代)
창원 다호리(茶戶里) 1호분	오수전(五銖錢) 3	기원전 1세기 후반
성산패총(城山貝塚)	오수전(五銖錢) 1	
해남 군곡리패총(郡谷里貝塚)	화천(貨泉) 1	
여천 거문도(巨文島)	오수전(五銖錢) 980	기원후 1세기
제주 산지항(山地港)	오수전 4, 화천 11, 화포(貨布)1, 대천오십(大泉五十) 2	기원후 1세기
김해 회현리패총(會峴里貝塚)	화천 1	
경산 임당동(林堂洞) A-1 121호분	오수전 1	기원전후
임당동 E 132호분	오수전 1	기원전후

그런데 이후 낙랑군에 대한 漢의 통제력이 약화되고 남쪽의 韓濊의 세력이 강성해지면서, 2세기 후반 경에는 낙랑군의 민들이 한국으로 대거 유입되는 상황이 벌어지게 되자, 한때 낙랑군의 역할은 위협을 받게 되었다. 이에 요동지방에서 독자세력을 구축해오던 공손씨는 3세기 초에 낙랑군의 남부에 대방군을 별도로 설치하여 강력한 對韓 통제정책을 추진해 나갔다.

> 1-1. (후한의) 桓帝・靈帝의 말기에(146~185) 韓濊가 강성하여 郡縣이 통제하지 못하자 많은 백성들이 韓의 나라로 들어갔다. 建安 중에(196~220) 公孫康이 屯有縣 이남의 황폐한 지역을 나누어 帶方郡을 만들고 公孫模・張敞 등을 보내어 遺民을 불러 모아

---

38) 姜鳳龍, 2002, 「고대 동아시아 海上交易에서 百濟의 역할」『韓國上古史學報』 38, 77쪽.

군대를 일으켜서 韓濊를 정벌하자, 옛 백성이 차츰 돌아오고 이
후 倭와 韓이 드디어 帶方郡에 복속되었다.[39]

위 사료에서 보이듯이 후한 말기 중국 정세의 혼란상황에서 중국
군현의 통제력이 약화되고 한·예가 강성해지면서 낙랑군은 지배 인
구가 격감되는 등 거의 제 기능을 상실하고 있었다. 이에 공손강은 낙
랑군을 나누어 대방군을 설치하고 태수를 파견하여 군현을 재정비하
면서 한·예 세력을 통제하려고 하였다. 대방군의 설치시기는 대략
공손강이 공손탁의 뒤를 이은 204년에서 조조의 오환정벌이 이루어
져 서변의 위협이 높아지는 시기인 207년 사이로 추정된다.[40]

그러나 공손씨 정권의 낙랑군·대방군 경영의 목표는 군현기반의
복구에 있었던 것이다. 따라서 사실상 낙랑군·대방군을 통한 주변
제종족에 대한 통제력에는 일정한 한계를 가질 수밖에 없었을 것으로
보인다. 더구나 과거 낙랑군이 주변지역에 미쳤던 영향력은 곧 漢의
중앙 정부의 정치적 권위와 중원지역과 연결되는 교역체계를 배경으
로 한 것이었다. 그런데 요동의 지방군벌에 불과한 공손씨 정권은 이
러한 메리트를 제공해 줄 수 없었기 때문에 이미 그 자체가 한계성을
갖고 있었다. 따라서 공손씨 정권아래에서 낙랑군·대방군은 과거와
같은 주변 제종족에 대한 강력한 영향력을 회복하지는 못하였다고 보
인다.

물론 공손씨 정권의 주변세력에 대한 통제력이 漢대에 비하여 약화
되었다가 하더라도 고구려나 한반도의 제세력 및 왜 등이 중원과의
직접 연결이 불가능한 상황에서 공손씨 정권의 영향력을 받고 있었음
은 부정할 수 없을 것이다.[41]

---

39) 桓靈之末(146~185) 韓濊彊盛 郡縣不能制 民多流入韓國 建安中(196~220)
   公孫康分屯有縣以南荒地爲帶方郡 遣公孫模·張敞等 收集遺民 興兵伐韓濊
   舊民稍出 是後倭韓遂屬帶方(『三國志』卷30, 韓傳).
40) 임기환, 2000, 「3세기~4세기초 위(魏)·진(晉)의 동방정책-낙랑군·대
   방군을 중심으로-」『역사와 현실』36, 7쪽.

이후 얼마 안 되어 238년에는 공손씨가 위에게 토벌되어, 낙랑과 대방군에 대한 관할권은 위에게로 돌아갔다. 위는 낙랑과 대방을 통해 한·왜를 강력하게 통제함과 동시에 중국의 선진문물을 보급하는 교량역할을 활발하게 전개해 나갔다.

> 1-2. 왜인은 帶方郡 동남쪽 바다 가운데 있다. … (중략) … 대방군에서 倭에 이르는 (노정은 다음과 같다) 해안을 따라 韓國을 지나 동남쪽으로 가면 왜의 북쪽 狗耶韓國에 이르고, 다시 바다를 건너면 對馬國에 도착한다.[42]
>
> 1-3. 景初중에, 明帝가 몰래 대방태수 劉昕과 낙랑태수 鮮于嗣를 보내어 바다를 건너가 2군을 평정하였다. 韓의 여러 나라의 臣智에게 邑君의 印綬를 더해 주고 그 다음 사람에게는 邑長을 주었다. 그 풍속이 衣幘를 좋아하여 下戶도 군에 나아가 朝謁할 적에 모두 의책을 빌려 입으며, 스스로 인수와 의책을 입은 자가 천여인이다.[43]

사료 1-2에는 魏관할 하의 낙랑·대방군에서 왜의 여인국인 邪馬臺國에 이르는 연안 무역항로가 자세히 기술되어 있는데, 이는 당시 동아시아 해상무역이 크게 활성화되고 있었음을 반영한다.

사료 1-3에 나오듯이 위는 공손씨 정권에 대한 정벌전의 일환으로 낙랑·대방군도 접수하게 되는데, 군사행동 자체는 별도로 이루어지고 있었다. 낙랑군·대방군이 공손씨 정권의 배후 기지라는 점에서 이에 대한 정벌이 동시에 이루어지게 됨은 당연하지만 이후 위는 공손씨 정권과는 다른 입장에서 주변세력에 대한 통제력의 회복에 적극

---

41) 임기환, 2000, 위의 논문, 9~10쪽.

42) 倭人 在帶方東南大海之中 依山島爲國邑 … 從郡至倭 遁海岸水行 歷韓國 乍南乍東 到其北岸狗耶韓國 七十餘里 始渡一海 千餘里至對馬國(『三國志』 卷30, 魏書30 烏丸鮮卑東夷傳30 倭人傳).

43) 景初中 明帝密遣帶方太守劉昕·樂浪太守鮮于嗣越海定二郡 諸韓國臣智加賜邑君印綬 其次與邑長 其俗好衣幘 下戶詣郡朝謁 自服印綬衣幘千有餘人(『三國志』 卷30, 韓傳).

제1장 三國時代의 貿易 33

적으로 나서게 된다.

그런데 위의 對韓·對倭 정책은 차이가 있었다. 먼저 위는 倭 女主
卑彌呼에게 왜국 사회의 외교적 대표권을 공인해 줌으로써, 그 영도
력을 후원해 주었다. 238년에 왜의 비미호에게는 대방태수를 시켜
'親魏倭王'의 작호와 이를 공인하는 金印紫綬를 전하게 하였으며, 비
미호의 사신들에게는 率善中郞將·率善校尉 등의 작호와 이를 공인
하는 銀印靑綬를 내렸다.[44] 이러한 작호와 인수 혹은 衣幘 등은 낙
랑·대방을 통한 對韓貿易權을 공인해 주는 의미가 있는 것이다.

그러나 위는 낙랑·대방군과 맞닿아 있던 한국 사회에 대해서는 오
히려 분열정책을 펴나갔다. 사료 1-3에 나오듯이 인수를 차고 의책
을 착용한 자가 천여인이라는 것을 보면 이런 정책은 일단 한의 여러
국가에게 호응을 얻었던 것으로 보인다. 왜냐하면 공손씨 정권이 낙
랑군·대방군을 차지하고 있을 때에는 중원지역과의 교섭이나 교역
이 단절됨으로써 한의 제국가들이 본래 낙랑군·대방군에 요구하고
있는 목적을 채울 수 없었지만, 이제는 낙랑군·대방군을 통하여 다
시 중원지역과 연결됨으로써 이전의 교역체계를 다시 부활할 수 있게
되었기 때문이다.

이 점에서 볼 때 위의 동방원정은 단지 배후의 위협세력을 제거함
에 그치지 않고 만주와 한반도 제세력에 대한 또 다른 실리적 목적이
있었음을 간취할 수 있다. 즉 위의 중앙정부가 변방 군현조직을 회복
함과 함께 주변 제국가와의 교류·교역체계를 직접 장악하려는 태도
였다. 삼한의 경우 인수와 의책을 착용한 자가 천여인이라는 기록을
보면 위는 중원과 한지역과의 교역망을 회복하면서 이를 이용하여 삼
한 지역에 대한 분열책을 동시에 진행시킨 것으로 보인다. 이에 따라
한 지역에서 세력 확장을 꾀하던 백제국이나 목지국 등의 반발을 초
래할 가능성이 높아지게 되었을 것으로 추정된다.

이런 사정으로 마한과 변한·진한 등은 왜와 소규모의 직교역을 하

---

44)『三國志』魏書 東夷傳 倭人條.

는데 그치고 있었다. 그 중 변한의 철은 한·왜 뿐만 아니라 중국에까지 널리 알려진 주요 무역품이자 그 자체가 화폐로도 활용되었던 것으로 보아, 國간의 무역에서도 꽤 각광 받고 있었던 것으로 보인다. 3세기 단계까지는 마한보다는 오히려 가야와 신라가 왜의 주요 무역 파트너로서 서로 경쟁적인 관계에 있었던 것으로 보인다.

이후 신라는 가야에 대한 영향력을 확대하고 왜와의 무역을 주도했던 것으로 보인다. 『삼국사기』에 전하는 왜인 瓠公의 신라 도래설화나 『삼국유사』에 전하는 신라인 연오랑·세오녀의 왜 도래설화 등은 초기단계에 신라와 왜 사이의 교류가 비교적 활발하였음을 엿보게 한다. 뿐만 아니라 3세기 말 혹은 4세기 초에 이르면, 신라는 浦上八國의 난에 직면하여 난관에 빠진 金官國의 구원 요청을 받아들여 원군을 보냄으로써 가야에 대한 영향력을 확대해갈 기회를 잡게 되었다. 이에 따라 한국 사회의 중심축을 이루고 있던 마한은, 낙랑·대방군으로부터 견제를 받고 가야·왜와의 관계에서는 신라에게 주도권을 빼앗겨, 이래저래 국제무역관계에서 소외·고립되어 가고 있었던 것이다.[45]

2) 目支國의 쇠퇴와 백제의 부상

전술했듯이 막다른 길에 다다르게 된 마한은 결국 낙랑·대방에 대한 도발행위를 일으켰다. 246년경에 마한이 감행한 岐離營 공격 사건이 그것이다.

백제는 목지국 주도의 기리영 공격에 가담하지 않고 오히려 친낙랑·대방정책을 취함으로써, 점진적인 세력 확대를 꾀하면서 낙랑·대방과의 전쟁으로 실세한 목지국의 마한 영도권을 탈취하려 하였다. 백제의 의도는 적중하였고, 결국 백제는 3세기 후반 경에 마한을 병탄하고 범마한권의 영도 국가로 떠오를 수 있었다. 대개 백제 責

---

45) 姜鳳龍, 2002, 위의 논문, 78~79쪽.

稽王(286~298) 대의 일로 추정된다.[46]

이후 백제는 平州와 東夷校尉를 신설하여 강력한 동방정책을 추진한 晋의 강력한 동방정책에 위협을 받게 되었다. 서진의 동방정책의 기조는 위의 그것과 별반 다르지 않았다. 다만 274년에 幽州를 분할하여 平州를 설치함과 함께 동이교위를 둔 점은 주목된다. 물론 평주 설치 이후에도 동방정책의 중심은 여전히 衛瓘이나 張華가 활동한 유주였다. 따라서 평주자사가 겸임하였던 동위교위의 기능도 마찬가지 상황이었다. 기록상 동이교위의 설치는 이미 위 초기로 올라가지만 실질적인 기능은 거의 수행하지 못하였는데 진대 초에도 마찬가지였다. 그런데 泰康 6년(285)에 부여가 선비 모용씨에 의해 격파되자 何龕으로 동이교위를 교체하고 부여의 복구를 추진케 하면서[47] 동이교위[48]의 역할이 본격화되었다. 특히 요동에서의 선비 모용씨의 남하가 두드러지면서 동이교위는 과거 선비를 감호하던 오환교위의 역할까지 겸하는 등 그 활동의 폭이 확대되었다.

이후 동방정책의 중심은 이전의 '유주-낙랑·대방·현도'의 체계에서 동위교위가 직접 통괄하는 체계로 바뀌게 되었다. 이제 현도·낙랑·대방군은 이전의 중개 기능조차 상실한 것으로 보인다. 이는 한 대 동방정책의 중심이 낙랑·현도군이었던 것과는 달리 위·진대에 유주나 평주의 동이교위가 주도하게 된 것은 지방제도와 관련이 있다. 즉 한 대의 군현중심 체제와는 달리 위·진대에 州刺史의 지방관으로서의 성격이 강화되었기 때문이다. 따라서 261년에 낙랑군(혹은 유주)을 통해 위와 교섭하였던 한의 세력은 285년경부터는 직접 동이교위를 매개로 진의 중앙정부와 교섭이 이루어지고 있었다. 이후 낙랑군·대방군의 군현 기능은 급격히 쇠퇴해 갔다.[49]

---

46) 姜鳳龍, 2002, 위의 논문, 82쪽.
47) 『晉書』 卷89, 夫餘傳.
48) 동이교위에 대해서는 權五重, 1992, 위의 책 참조.
49) 임기환, 2000, 위의 논문, 24~25쪽.

<표 3> 『晉書』에 보이는 대중국 교섭

연 대			본 기	마 한 조	진 한 조
咸寧	2년 (276)	2월	東夷8國 歸化		
		7월	東夷17國 來附		
	3년 (277)	是歲	東夷3國 來附	復來	
	4년 (278)	3월	東夷6國 來獻	又請來附	
		是歲	東夷9國 來附		
太康	원년 (280)	6월	東夷10國 歸化	其王頻遣使入貢方物	其王遣使 獻方物
		7월	東夷20國 朝獻		
	2년 (281)	3월	東夷5國 朝獻	其王頻遣使入貢方物	復來朝貢
		6월	東夷5國 來附		
	3년 (282)	9월	東夷29國 歸化 獻期方物		
	7년 (286)	8월	東夷11國 來附	又頻至	又來
		是歲	馬韓等 11國 遣使來獻		
	8년 (287)	8월	東夷2國 來附	又頻至	
	9년 (288)	9월	東夷7國 詣校尉來附		
	10년 (289)	2월	東夷11國 來附	又頻至	
		是歲	東夷絶遠20餘國 來獻		
太熙	원년 (290)	5월	東夷7國 朝貢	詣東夷校尉何龕上獻	
永平	원년 (291)	是歲	東夷17國 詣校尉來附		

『진서』에 보이는 서진과 마한의 잦은 교섭은 고고학적 실물로서 뒷받침되고 있다. 중서부지방의 마한지역에서는 서진 물품이 상당수 발견되는데 漢代 유물이 영남지방에 편중되어 발견되는 현상과 대조적이다.

국립중앙박물관에 소장되어 있는 청자 虎子는 서진제로 판단되는

데 개성출토로 전해지고 있다. 역시 국립중앙박물관소장 전 熊川 출토 서진제 청자 唾壺도 주목된다. 발굴품으로는 서울 몽촌토성에서 출토된 錢文陶器를 비롯한 施釉陶器片, 홍성 신금동에서 출토된 시유도기편이 있다. 최근에 서울 풍납토성 내부에 대한 조사가 이루어지면서 전문도기를 비롯한 각종 시유도기류의 출토량이 증대하고 있다. 특히 경당지구에서는 전문도기를 포함한 대형의 시유도기류가 완형과 편을 합해 모두 수십 개체분에 달함으로써 청자류를 압도하여 풍납토성 내부에서 전문도기를 비롯한 시유도기의 사용량이 막대하였음을 보여준다.

시유도기는 일반적으로 器高 80cm, 口徑 40cm, 底徑 30cm 전후의 크기에 타원형의 동체, 말린 입술, 평저, 청회색, 벽심, 흑갈색유, 구연부에 달린 4개의 귀(耳), 동체에 시문된 線文과 鋸齒文 등을 특징으로 하며 시기적으로는 서진, 지역적으로는 浙江·江蘇 일대를 중심 무대로 한다.

전문도기는 시유도기의 일종으로서 罐, 혹은 甕의 어깨 부위에 錢文을, 복부 이하에는 格子文을 타날한 후 시유한 것이다. 시유도기가 남중국을 무대로 일상생활에서 널리 사용되었음에 비해 전문도기의 출토예는 중국에서도 드문 편이다. 전문도기의 시기는 서진, 지역은 남중국으로 수렴되는 점에 특징이 있다.[50]

그밖에 풍납토성 경당지구 101호 수혈출토 오수전도 이 시기에 해당할 가능성이 크다. 익산 삼기면 연동리 태봉사 출토 동경은 연대에 대해서 후한[51]과 서진,[52] 魏鏡설[53] 등이 있으나 서진설이 타당한

50) 권오영, 2001, 「백제국(伯濟國)에서 백제(百濟)로의 전환」 『역사와 현실』 40, 40~43쪽.
51) 金貞培, 1986, 『韓國古代의 國家起源과 形成』, 고려대학교 출판부, 232~233쪽.
52) 洪思俊, 1960, 「全北 益山出土 六朝鏡」 『考古美術』 1-1 ; 柳佑相, 1966, 「胎峰寺出土 晉鏡에 대한 小考」 『湖南文化研究』 4.
53) 朴淳發, 2001, 「馬韓 對外交涉의 變遷과 百濟의 登場」 『百濟研究』 33.

듯하다.

　이상에서처럼『진서』의 관련기사나 서진대 물품의 존재양상을 볼 때 3세기 후반 백제를 중심으로 한 마한지역의 세력이 적극적으로 원거리 무역을 실행하였음이 분명하다. 3세기 후반이라는 시점은 백제국이 대외교섭에서 여타의 마한제국을 압도하는 우월성을 보였다는 점이 특징이면서 내부적으로는 권력의 강화가 급속도로 이루어지고 있었다. 그 표상은 몽촌토성과 풍납토성에서 볼 수 있다. 특히 규모면에서 한반도 최대의 성곽인 풍납토성은 몽촌토성과는 달리 평지에 축조된 판축토성이기 때문에 동원된 인력과 물자의 양이 막대하였음이 분명하다. 이러한 성곽을 축조할 수 있을 정도의 기반을 갖추었다는 것은 백제국의 권력집중도가 여타 마한제국에 비해 탁월하였음을 보여준다. 이제부터는 마한의 구성분자로서의 백제국이 아닌 초월적 백제로 상승하였음이 분명하다. 이러한 정치권력의 성장이 대서진 교섭의 원인인지, 결과인지는 보다 면밀한 검토가 필요하지만 상호 작용을 일으켰음에 틀림없다.

〈그림 1〉 서울 풍납토성 출토 鐎斗　　　　〈그림 2〉 서울 몽촌토성 출토
錢文陶器片

　서진물품의 유입은 백제국 지배세력의 위세품으로써 활용되었을

뿐만 아니라 백제국의 물질문화 전반에 큰 영향을 끼쳤을 것으로 보인다. 서진의 銅器와 陶器, 磁器는 백제토기의 기종과 기형, 기법에 밀접히 연관된 것으로 보인다. 즉 시유도기는 백제의 대응 출현과 밀접한 관련이 있을 것이다. 아울러 백제토기의 주요 특성 중의 하나인 肩部 文樣帶도 서진 도자기에서 유래하였다고 판단된다.[54]

한편 중국에서 전문도기의 출현이 錢에 대한 과도한 욕망에서 비롯되었다고 보고 백제지역에서 전문도기와 錢文瓦當까지 출현하는 현상은 물질적 측면은 물론이고 정신적 측면까지 중국의 영향을 받을 정도로 밀접한 교섭이 이루어진 증거로 보기도 한다.[55]

진과 마한·진한과의 활발한 교섭은 291년을 끝으로 더 이상 관련 기사가 보이지 않는다. 291년 8왕의 난으로 시작된 진 중앙의 혼란이 지방은 물론 주변 이민족의 동향에도 상당한 영향을 미쳤던 것이다. 특히 요동지역에서 선비족의 득세에 따른 동이교위의 약화는 이를 매개로 하는 진과 삼한과의 교섭로의 단절을 의미하였다.

그러나 진 중앙정부의 정치적 권위와 교역체계가 무너지는 상황은 오히려 마한과 진한 내의 정치적 변화를 초래할 계기가 되었다. 責稽王 때만 하여도 대방과 우호적인 관계를 맺고 있던[56] 백제가 汾西王 7년(304)에는 낙랑군과 대립하는 상황으로 바뀐 것이다.[57] 285년 이래 변군으로서 본래의 기능을 상실하기 시작한 낙랑군·대방군은 중원과 요동지역으로부터의 지원을 잃게 되면서 급속도로 쇠퇴해 갔다. 따라서 양군은 이민족의 통제나 교역 창구로서의 기능을 더 이상 발휘할 수 없었던 것이고, 고구려나 백제의 성장에 따라 그 소멸만을 기다리고 있는 상황이었다.

한편 관구검의 공격으로 타격을 입었던 고구려는 그동안 국력을 회

54) 권오영, 2001, 위의 논문, 48~50쪽.
55) 門田誠一, 2001,「百濟と南北朝時代の中國との交涉」『古代の河內と百濟』, 144쪽.
56) 『三國史記』卷24, 責稽王 卽位年條.
57) 『三國史記』卷24, 汾西王 7年 春二月條.

복한 후 요동의 정세가 혼란한 틈을 타서 중국 군현에 대한 대대적인 공세를 취하게 된다. 302년 현도군에 대한 공세를 시작으로 311년에는 요동과 낙랑군을 잇는 요충지인 서안평을 공취하였고, 이어서 313년부터 315년까지 낙랑군·대방군·현도군을 차례로 복속하였다. 이로써 중국세력 동방 정책의 전진기지로서의 邊郡은 사라지게 되었다. 그리고 이것은 이후 중국세력과 동이세력과의 관계가 이제는 국가 대 국가의 새로운 외교교섭 단계로 접어 들어가게 됨을 뜻하는 것이기도 하다.58)

그런데 낙랑·대방군을 축출하는 과정에서 고구려와 백제의 대외적 관심사는 엇갈렸다. 먼저 고구려의 주요 관심사는 대륙으로 진출하려는 데에 두어졌다. 이러한 고구려의 관심사는, 미천왕이 302년에 현토군을 공격하고, 311년에 요동으로 통하는 길목인 서안평을 공격하였으며, 그 여세를 몰아 낙랑과 대방을 공략하여 이를 축출했던 일련의 과정에서 엿볼 수 있다. 즉 고구려는 교역거점의 확보라는 차원보다는 대륙진출을 위한 배후의 위협세력을 정리한다는 의도가 더 강하게 작용하였다고 할 수 있다.

이와 달리 백제의 주요 관심사는 낙랑과 대방이 수행해 오던 동아시아 국제무역의 중개를 대신 주도하려는 데에 두어졌다. 그리고 이를 실현한 것은 346년에 즉위한 근초고왕이었다. 근초고왕은 수차례 신라와 사신을 교환했으며,59) 366년에는 가야의 卓淳國을 통해서 왜국과도 통교관계를 공식 개설하여,60) 선진문물의 제공자역을 자임하였다. 이는 가야에 영향력을 확대하면서 대 왜 교역을 주도해 오던 신라에게 커다란 위기감을 불러일으키게 하였다. 그리하여 신라는 367년에 백제가 왜에 보내는 사신선을 약취하여 신라의 물건인양 왜에 제공하려다가 들통 나는 어이없던 일을 저지르기도 했는데,61) 이는

58) 임기환, 2000, 위의 논문, 30~31쪽.
59) 『三國史記』 卷24, 近肖古王 21년·23년조.
60) 『日本書紀』 卷9, 神功紀 46년 3월조.
61) 『日本書紀』 卷9, 神功紀 47년 4월조.

당시 초조해하던 신라의 모습을 엿볼 수 있게 하는 대목이다.

이에 백제와 가야와 왜의 관계는 더욱 공고해져 갔고, 신라의 외교적 소외·고립화는 더욱 심화되어 갔다. 이를 바탕으로 백제는 369년에 가야 7국을 평정하고 서남해지방 해로의 요지인 침미다례를 점령하여[62] 연안항로상의 요충지를 선점하였다. 그리고 역시 연안항로의 요충지인 옛 낙랑·대방의 땅을 두고, 선비족의 침입을 받아 수세에 몰려 있던 고구려와 일대 격전을 치렀다. 이러한 군사 대결에서 백제가 결정적 승기를 잡게 된 것은, 백제 근초고왕과 태자 근구수가 3만의 정병을 이끌고 평양성으로 진군하여 대적하는 고구려의 고국원왕을 전사시킨 371년 평양성 전투에서부터였다. 이로써 백제는 낙랑·대방군의 고지에 대한 주도권을 거머쥐게 되었으며, 마침내 낙랑·대방군이 주도해 오던 동아시아 국제교역을 대신 주도할 수 있게 되었다.

근초고왕은 '백제를 매개로 하는 동아시아 교역체계'를 구축하고 이를 성공적으로 운영해 갔다. 이런 맥락에서 『송서』와 『양서』 등에 나오는, 백제가 遼西郡·晋平郡의 2군을 점거하고 여기에 百濟郡을 설치했다는 기사는[63] 백제가 당시 중국 대륙에 해양 거점을 두었던 사실의 반영으로 볼 것이다.

백제와 동진과의 관계는 특히 각별하였다. 근초고왕은 372년 정월에 처음 東晋에 사신을 파견하여 외교관계를 개설하였고,[64] 같은 해 6월에는 동진으로부터 '鎭東將軍 領樂浪太守'를 제수받기도 하였다.[65] 이는 백제가 동진의 對韓·倭 교역의 중개역을 공식 위임받게 된 것을 의미하는 것이다.

백제와 동진과의 교역은 매우 활발하게 이루어졌던 것으로 보인다. 풍납토성에서 동진 계통의 鐎斗가, 그리고 석촌동 고분에서 동진의 청자와 배젓는 노가 출토된 것이야말로, 백제와 동진 사이의 활발한

---

62) 『日本書紀』卷9, 神功紀 49년조.
63) 『宋書』卷97, 列傳57 東夷 百濟條 ; 『梁書』卷54, 列傳48 東夷 百濟條.
64) 『晉書』卷9, 簡文帝 2년 春正月條.
65) 『晉書』卷9, 簡文帝 2년 6월조.

문물교류의 실상을 잘 반영해 준다.

  이렇게 되자 가야와 왜의 대중국교역은, 이전에 낙랑·대방을 통해서 이루어졌듯이 이제는 백제를 통해서 이루어지게 되었다. 특히 왜왕은 낙랑과 대방이 축출된 이후 왜국 사회를 영도해 가는데 긴요하게 쓰이던 선진문물의 공급이 단절되어 곤란을 겪고 있던 차에, 백제가 교역 중개활동을 재개하자 이를 적극 환영하였을 것이다. 그리하여 백제는 일본열도에도 해양 거점을 개설하고 왜왕과 긴밀한 교역관계를 맺어갔던 것으로 보인다. 369년에 백제의 근초고왕이 왜왕에게 보냈다는 七支刀는 그 대표적인 물증이 되겠다.[66]

  백제의 대가야 무역 또는 왜와의 무역을 주도한 사람으로『日本書紀』에 보이는 木羅斤資가 주목된다. 즉『일본서기』신공 49년조에 백제의 가야정벌을 지원한 ‘倭將’ 목라근자라는 사람이 보이는 데, 그 註에 목라근자는 “백제의 장군이다”라고 하였으며, 이 때의 전공으로 인하여 그의 아들인 木滿致가 “任那에 專權할 수 있었다”고 한다. 따라서 왜군의 주요 지휘관인 목라근자는 실제로는 ‘백제의 장군’이라고 할 수 있으며, 그의 가문은 가야 경영과 깊은 관련을 맺고 있음을 알 수 있다.

  특히 5세기 후반의 인물인 목협만치가 일본으로 건너가 蘇我氏 가문을 태동시켰다고 할 때, 그의 조상인 목라근자를 왜인이라 하면서도 백제장군이라고 하는 다른 기록이『일본서기』에 남게 된 것은 당연한 일인 것일 것이다. 또 다른 측면에서 살펴본다면 목라근자가 백제와 왜 사이를 오가며 일종의 중개 역할을 수행하였기 때문에 그의 국적에 관한 모순된 기록이 나온 것이 아닌 가도 생각된다. 즉 백제 근초고왕의 가야 정벌 당시 목라근자가 왜군 동원의 지대한 역할을 수행하였고 실제 왜군을 이끌고 왔으므로, 백제인임에도 불구하고 그 출신을 왜인이라고 하는 기록이 나왔다고 할 수 있다.

  어쨌든 이후 목씨 가문은 목라근자의 아들인 목만치대에 와서는 백

---

66) 姜鳳龍, 2002, 위의 논문, 83~85쪽.

제 중앙정계에 진출하여, 久爾辛王母와 相淫할 정도로, 그 영향력을 깊숙이 미치는 신진 귀족으로 등장하게 되었다. 이러한 목만치의 세력기반은 백제의 대왜창구인 己汶지역을 포함한 지역으로 보인다. 516년 백제가 기문에서 왜의 物部連 등을 맞아 입국시키는 임무를 木刕不麻甲背에게 맡긴 것은, 섬진강 유역의 기문이 본디 목씨가의 세력권이었던 것으로 볼 여지가 있기 때문이다. 이는 그 3년 전인 513년 기문의 영유권을 둘러싸고 백제와 가야연맹의 일원인 伴跛國이 분쟁을 빚었고 왜세력까지 개입했던 점에 비추어 볼 때 더욱 그 같은 생각이 드는 것이다. 특히 이 문제에 왜세력이 개입하게 된 데는 목씨계로서 대화정권의 호족인 소아씨의 연고권 주장이 깔려 있었으리라고 믿어지기 때문이다. 결국 목씨 가는 섬진강 유역의 대왜교역창구를 매개로 일본열도와의 부단한 상업무역으로써 성장하였고, 또 백제왕실과 왜를 이어주는 교량 역할을 했다고 판단된다.[67]

한편 4세기당시 백제의 활발한 해상무역을 보여주는 근거로 전라북도 扶安 竹幕洞 제사유적이 주목된다. 죽막동 제사유적은 변산반도의 서쪽 끝 해안절벽 위에서 발견되었다. 절벽 끝에서 위도를 바라보며 서 있던 수성당 뒤편의 시누대숲 속에는 삼국시대의 토기와 함께 석제 모조품이 깔려 있었고, 주변의 경작지에서도 삼국시대의 토기와 후대의 기와편 등이 수습되었다. 이들 유물을 통해 이 유적은 바다와 관련된 제사행위가 이루어진 신앙유적으로 볼 수 있다.

〈그림 3〉 전북 부안 죽막동 제사 복원 그림

---

67) 李道學, 1991, 「百濟의 交易網과 그 體系의 變遷」 『韓國學報』 63, 83~85쪽.

〈그림 4〉 부안 죽막동 출토 5~6세기의 제사토기

지리적으로 보았을 때, 삼국시대부터 유적 주변에 상당한 정치적, 군사적 거점을 가지고 있었던 것으로 보이며, 항해술이 발달하지 않았던 당시에 이곳을 지나던 선박들이 항해상의 지표로 이용할만한 해안선상의 높은 산과 수많은 섬들을 가지고 있다. 또한 삼국간의 해상왕래선상에 위치해 있어 수많은 삼국의 선박들이 지나다녔을 것이다.

제사행위가 가장 활발히 행해졌던 것으로 추정되는 삼국시대의 祭場은 발굴구역 20×15m내의 평탄면 일부를 이용했을 것으로 추정된다. 제사의 대상은 해양신일 것으로 추정된다. 그 가운데서도 航海神과 관련이 있을 것으로 보인다.

토기가 4세기 중반부터 삼국 말인 7세기 전반에 속하는 것들이 뒤섞인 채로 출토되었는데, 이는 백제 근초고왕대 이래 국가제사의 제장이었음을 말해주고 있는 것이다. 그리고 금속유물이 대부분 무기와 마구류가 출토되고 있는 것을 볼 때, 군사적 성격을 지니는 제사의례의 장소임을 알 수 있다. 또한 통일전쟁 직후에는 유물이 전혀 보이지 않는데 이는 백제를 멸망시킨 신라가 이곳을 국가제사 체계 안에 재편성시키지 않았기 때문이다.

그리고 출토유물을 통해 볼 때, 제사는 고려시대~조선시대를 걸쳐 현재까지 이어져 내려오고 있는 水聖堂祭로 보아, 이 지역에서 살던 사람들이 항해의 안전과 豊漁, 마을의 안녕을 빌었던 것으로 추정되고, 또 수성당의 상량문 기록으로 보아 19세기 중반까지는 분명한 祭

堂을 갖고 제사를 행했다고 할 수 있다.[68]

　이처럼 백제의 근초고왕은 중국대륙과 한반도, 그리고 일본열도의 요소요소에 해양거점을 확보하고 이를 통해 동북아 해상무역을 주도해 갔던 것이니, 그 규모와 체계성, 그리고 적극성의 측면에서, 항로의 길목을 장악하고 중개무역을 일삼던 이전의 위만조선과 낙랑·대방군의 그것을 크게 능가하는 것이었다. 그리고 그 위력은 그의 왕자인 근구수왕대까지 지속되었다.

3) 신라의 국가성장과 무역

　신라는 경주분지에 자리 잡고 있던 斯盧國이 주변의 국들을 흡수·통합하면서 성립된 국가였다. 『삼국지』 권30, 동이전 한조에 의하면 적어도 3세기 전반까지만 하더라도 사로국은 진한을 구성하는 12개 국 가운데 하나에 지나지 않았다. 이러한 사로국의 정치적인 위상에 큰 변화가 초래된 시기에 대해서는 대체로 3세기 후반에서 4세기 중반에 걸치는 시기가 아니었을까 한다. 이하에서는 먼저 사로국이 속해 있었던 진한의 교역상황에 대해 간략히 살펴 본 후, 사로국에 의한 진한의 재편과정과 신라의 국가성장 또는 발달과장에 있어서의 무역에 대해서 언급하고자 한다.

　진한 시기의 교역은 무엇보다도 교통로 내지는 교역로의 개척을 필수로 한다. 진한 시기의 무역은 國과 국 사이에서 이루어졌을 뿐만 아니라 다른 정치체와의 사이에서도 이루어졌다. 따라서 國과 國을 연결하거나 다른 정치체를 연결하는 교통로가 먼저 개척되었을 것이다. 육상교통로는 주로 저지대와 지구대를 따라서 개척되었을 것으로 추정되며 해안지방의 경우 육상 루트는 해안 저지대를 따라 형성되었을

---

68) 河孝吉, 1998, 「韓國 西海岸一帶의 海洋信仰」 『扶安 竹幕洞 祭祀遺蹟 研究』, 國立全州博物館 ; 崔光植, 1998, 「百濟의 國家祭祀와 竹幕洞 祭祀遺蹟의 性格」, 위의 책.

것이다. 전자의 경우 함남지역과 한강유역을 연결하는 루트인 추가령
지구대가 그 예가 될 것이며 동해안의 경우 태백산맥이 해안을 따라
가파르게 달리고 있기 때문에 해안 저지대 교통로가 일찍부터 형성되
었을 것이다. 함경도 지역의 濊세력들은 이 추가령지구대를 이용하여
한강유역의 마한세력과 교역을 하거나 또는 동해안 저지대 루트를 이
용하여 낙동강 유역으로 와서 철을 교역해 갔을 것이다.

   이 시기에는 내륙 교통로 외에 강을 이용한 루트도 적극 이용되었
을 것이다. 강을 이용한 교통로의 중심지는 대체로 강 지류가 만나는
지점과 강 하구와 바다가 만나는 지점이었다. 강 지류가 만나는 경우
로는 남한강과 북한강이 만나는 한강 중류지역과 낙동강과 황강이 만
나는 낙동강 중류지역을 들 수 있다. 그리고 강 하구와 바다가 만나는
곳으로는 낙동강 하구의 김해지방, 영산강 하구의 영암지방, 금강 하
구의 군산 지방, 한강 하구 등을 들 수 있다.

   중국 군현과의 교역이나 중국 본토 및 왜와 교역은 바다로 통하는
원거리 교역로를 통해 이루어졌다. 중국 군현과의 교역은 대동강 유
역에서 출발하여 서해안과 남해안을 거쳐서 낙동강 유역에 이르는 루
트가 주로 이용되었다. 이 루트는 섬을 징검다리로 하는 연안항로였
다. 늑도 유적에서 나온 다양한 물품들은 이 지역이 교역에서 징검다
리 역할을 한 것을 보여주는 것이라 하겠다. 그리하여 이 루트는 중국
군현과 왜가 교역할 때도 활용되었다.

   진한에서 초창기 교역의 모습을 개략적으로 보여주는 것이 다음의
기사이다.

   1-4. 나라에서 철이 나온다. 韓·濊·倭가 모두 와서 사간다. 여러 시
        장에서 사고 팔 때 철을 사용하는데 중국에서 철을 사용하는 것
        처럼 한다. 또한 (낙랑·대방) 두 郡에도 (철을) 공급한다.[69]

---

69) 國出鐵 韓濊倭皆從取之 諸市買皆用鐵 如中國用鐵 又以供給二郡(『三國志』
    卷30, 魏書 東夷傳 韓條).

이 기사에서 다음과 같은 사실을 알 수 있다. 첫째는 진한에 시장이 설치되어 있었다는 것이다. 이 시장은 각 국마다 설치되어 있었을 것이다. 둘째는 이 시장에서 물건을 사고 팔 때 철을 사용하였는데 이 철은 화폐처럼 교환수단으로 사용되었다는 것이다. 셋째는 변한과 진한의 철은 한·예·왜가 모두 와서 수입해 갔으며 중국 군현에도 공급되는 중요한 물건이었다는 사실이다. 이는 철이 당시 중요한 교역품으로서 기능을 하였음을 알게 한다.

이처럼 교역에 사용된 철이 이른바 鐵鋌일 것이다. 이 철정은 고분에서는 板狀鐵斧의 형태로 나오는 철소재인데 기원전 1세기경의 다호리 1호 목관묘에서 판상철부 다발묶음이 출토되었고, 기원후 1세기대의 사라리 130호 목관묘에서 70매, 기원후 2~3세기 경의 김해 양동리 162호·235호 목곽묘에서는 30~40매가 출토되었다. 이들 판상철부는 10매 단위로 부장된 점에서 미루어 볼 때 화폐 대신의 거래수단으로 사용되었을 가능성이 크다.

이 철정은 『일본서기』에

> 1-5. 당시에 백제 초고왕이 매우 기뻐하면서 후하게 대접하였다. 그리고 5색 綵와 絹 각 1필, 角弓箭과 철정 40매를 예물로 주었다.[70]

이라 한 기사에도 보이는데 백제는 왜에서 온 사신에게 비단과 각궁전과 더불어 철정 40매를 주었다. 이는 철정이 교역에 사용된 것을 보여주는 예가 된다.

교역 가운데 중국 군현과의 교역은 공적인 교역과 사적인 교역으로 나누어 볼 수 있다. 공적인 교역에서는 중국 군현이 수여한 印綬와 衣幘이 교역을 할 수 있는 信標로 기능을 하였다. 그런데 『삼국지』 동이전에는 각 정치체마다 특산품이 기록되어 있다. 이러한 특산품은 중

---

70) 時百濟肖古王深之歡喜而厚遇焉 仍以五色綵絹各一匹及角弓箭幷鐵四十枚 幣爾波移(『日本書紀』 卷9, 신공기 46년조).

국 군현과의 공식적인 교섭에 사용된 물품들이었을 것이다. 한편 倭
의 邪馬臺國이 魏와 교섭할 때 生口와 斑布 그리고 短弓矢와 같은 무
기류도 공식적인 교섭에서 예물로 사용하고 있다. 이런 경우로 보아
진한의 경우도 생구나 포와 같은 물품을 사용하지 않았을까 한다.

반면에 중국 군현은 주변국의 군장들에게 작호를 수여하면서 인수
와 의책을 사여하고 동시에 賜物도 주었다. 중국 군현이 진한 제국의
군장들에게 邑君이나 邑長의 爵號를 주면서 함께 준 사물로서 볼 수
있는 것이 威信財이다. 위신재는 지배자들이 자신의 권위를 상징하기
위해 사용하는 물건인데 자체적으로 생산한 것도 있지만 외국에서 받
은 것도 있었다. 이 위신재 가운데 중국산은 공적인 교역에서 주어졌
을 가능성이 크다.

위신재로는 먼저 漢式鏡을 들 수 있다. 이 한식경은 영천 어은동,
경주 조양동 5호분, 김해 양동리 고분군, 창원 다호리 유적 등에서 출
토되었다. 그리고 천안 청당동 유적에서 출토된 청동제 曲棒形帶鉤와
金箔製 유리구슬과 같은 위신재도 중국과의 교역에서 수입된 것으로
추정되고 있다. 이외에 다양한 견직물도 賜物로 주지 않았을까 생각
된다.

중국 군현과의 교역에는 공적인 교역과 더불어 사적인 교역도 행해
졌다. 사적인 교역의 모습은 다음의 사료에 보인다.

> 1-6. 그 풍속이 衣幘을 좋아하여 하호들이 군현에 이를 때는 모두 의
> 책을 빌려 입고 왔다. 스스로 印綬와 의책을 착용한 자가 천여명
> 이었다.[71]

이상에서 보이듯이 군현에 출입하는 자의 수가 그만큼 많았음을 보
여줌과 동시에 사적인 교역도 활발히 이루어졌음을 보여주는 것이기
도 하다. 이러한 사적인 교역에서 수출한 물품으로는 일차적으로 철

---

71) 其俗好衣幘 下戶詣郡朝謁 皆假衣幘 自服印綬衣幘 千有餘人(『三國志』卷
    30, 魏書 東夷傳 韓條).

을 들 수 있을 것 같다. 그리고 廉斯鑡 설화에서 중국인들이 대규모로
벌목하러 온 것에서 미루어 볼 때 목재도 중요한 교역품의 하나가 아
니었을까 한다. 이외에 진한에서 생산된 견직물이나 綿布 등도 교역
되었을 가능성이 크다.

반면에 진한이 중국 군현에서 수입한 물품이 무엇이었는지는 고고
학 자료에서 찾아 볼 수밖에 없다. 고고학 자료로 볼 때 중국에서 수
입한 물품으로는 먼저 생활용기로서의 灰色陶器를 들 수 있다. 회색
도기인 낙랑도기는 기원전 1세기를 전후하여 대동강 유역을 중심으로
본격적으로 제작·보급되었는데 기원 전후한 시기에 남한지역에서는
아직 자체 생산이 이루어지지 않았다고 한다. 따라서 이 시기의 회색
도기는 낙랑으로부터의 수입품이었을 것이다.

한편 전남 거문도와 제주도 산지항에서는 수십 내지 수백 매의 王
莽錢이 발견되었고, 또 해남 군곡리 패총과 마산 성산패총 및 창원 다
호리 유적에서도 확인되었다. 이 왕망전은 新나라 왕망 때에 대량으
로 발매되고 정책적으로 중국 이외의 지역에도 통용이 강요되었다고
한다. 이 왕망전 역시 중국으로부터 수입되거나 교역과정에서 유입된
것으로 보인다.

한편 이 시기에는 왜와의 교역도 활발히 이루어졌다. 왜와의 교역
은 교통로 상에서 볼 때 낙동강 하구를 비롯한 남해안 지역이 중심이
되었다. 이 시기의 왜는 철을 수입해 갔다. 이외에 왜의 각 지역에서
출토되는 한반도계 유물 가운데는 교역을 통해 전해진 것도 적지 않
았을 것이다. 반면에 진한이 왜로부터 수입한 물품은 상대적으로 많
이 발견되지 않는다. 왜로부터 수입한 물품은 항아리·廣形銅矛·야
요이식 토기 등이 있다.

마지막으로 살펴 볼 것은 교역을 누가 관장하고 통제했는가 하는
문제이다. 교역에 대한 통제 및 감시는 정치권력의 성장과도 깊은 관
계를 가진다고 할 수 있다. 이는 교역이 가져다주는 경제적 이익이 적
지 않았고 이러한 이익을 누가 챙기느냐는 정치적 힘을 강화하는 것

과 직결되기 때문이다.

진한이 교역을 어떻게 감시·통제하였는가를 보여주는 직접적인 자료는 없다. 이는 당시 진한과 비슷한 발전단계에 있었던 것으로 추정되는 倭의 경우를 통해 추론해 볼 수 있다. 왜에서 대외교역을 감시·감독하는 기구로는 一大率이 있었다. 일대솔은 여왕국 이북에 특별히 설치한 것이었는데 그가 근무하는 곳이 伊都國이었다. 이 이도국에는 왜의 여왕이 중국 군현이나 제한국에 파견한 사신들이 머물렀던 곳이고 동시에 중국 군현에서 왜에 파견한 사신들이 최종 목적지인 야마대국으로 가기 전에 먼저 머물렀던 곳이다. 이들이 이곳에 머물러 있는 동안 또 야마대국까지 가는 도중에 공적인 교역 외에 사적인 교역도 행해졌던 것이다. 일대솔은 외국에서 파견되어 오는 사신들을 응대하고 또 이들과 교역을 하는 제국을 총괄하고 검찰 하는 임무를 맡았던 것이다. 이 일대솔을 임명한 것은 당시 일본의 맹주국인 야마대국이었으므로 일대솔의 설치는 야마대국이 대외교역권을 장악하였음을 보여주는 것이라고 하겠다.

변한의 경우 이 시기의 맹주국은 狗倻國이었으므로 구야국이 대외교역과 관련한 감시 기구들을 관장한 것으로 볼 수 있다. 진한의 경우 주도권을 가진 세력이 누구인지는 분명하지 않으나 2세기 이후에 오면 경주지역에서 출토되는 유물이 다른 지역보다 우월하므로 斯盧國이 진한의 주도권을 장악했을 가능성이 크다. 따라서 대외교역과 그 감시기구는 사로국에서 관장하지 않았을까 한다.[72]

이상에서 살펴보았듯이 선진지역인 낙랑·대방 두 군을 중심으로 하여 진행되어 왔던 기존의 교역망의 혼란을 가져왔다. 이는 필연적으로 정치적인 변동을 불러일으키는 가장 중요한 요인으로 작용하였다. 기왕의 교역체계에서 유리한 위치를 차지하고 있던 세력과 그렇지 못한 세력간에 교역주도권을 놓고 극심한 대립 갈등이 일어났을

72) 노중국, 2002, 「辰·弁韓의 政治·社會구조와 그 운영」『진·변한사연구』, 경상북도, 268~277쪽.

것으로 추정되며 이것이 결국 삼한사회 전반에 걸치는 정치적 통합운
동으로 나아가게 하였을 것이다.

3세기 중엽까지만 하더라도 삼한 제국과 중국군현과의 교역 등에
는 일반적으로 해로가 중요한 수단이 되었었다. 하지만 신라에 의한
鷄立嶺이나 竹嶺의 개통[73]은 육상교통로의 중요성이 보다 커졌음을
의미한다. 이는 그 동안 변진 지역에서 진행된 일련의 교역주도권을
둘러싼 정치적인 대립이 일단락된 결과라 생각된다. 이제는 해상중심
교역 일변도에서 벗어나 육상교통의 중요성이 새롭게 부각되어 갔으
니 그를 주도한 것이 바로 사로국이었다. 변진의 내륙과 낙동강 상류
지역을 장악하는 정치적인 승리자가 바로 사로국이었던 것이다.

육상교통로의 중요성이 부각되게 된 사정은 교역수단의 변화에서
도 찾아 볼 수 있다. 기왕의 교역에서 해상교통에 절대적으로 의존하
지 않을 수 없었던 것은 철이 중요한 교역의 매개물이었던 데서 기인
한 결과였다. 철은 중량이 많이 나가므로 육상교통의 중요한 수단인
도로나 우마차 등이 발달하지 않은 상태에서는 일시에 다량의 이동이
란 불가능하다. 그에 비하면 해상교통은 다량의 철을 한꺼번에 이동
시킬 수 있다.

그러던 것이 金銀이 교역상에서 중요한 위치를 차지하게 되면서[74]
양상이 바뀌게 되었다. 금은은 철과는 달리 소량으로도 고가의 가치
를 지닌다. 따라서 이제는 교역활동에서 해상에만 절대적으로 의존할
필요가 없게 되었다. 또 한편으로 원거리 상업 활동도 가능하게 하였
다. 해로를 통한 상업 활동의 주된 대상지는 원칙적으로 낙랑·대방
두 군이었으나, 그것이 소멸된 시점에서는 보다 원거리까지의 상업
활동이 필요하였고 육로를 통한 원거리 교역을 가능하게 한 것은 금
은의 사용에 기인한 바가 컸다고 보여 진다.

---

73)『三國史記』卷2, 阿達羅尼師今條.
74) 十一年 春二月 下令 農者政本 食惟民天 諸州郡修完堤防 廣闢田野 又下令
禁民間用金銀珠玉(『三國史記』卷1, 逸聖尼師今).

물론 기존의 해상교통로를 장악하고 철을 중요한 교역수단으로 삼아 왔던 금관국 중심의 교역권이 일시에 소멸된 것은 아니며 그 명맥은 한동안 유지되었던 것 같다. 아마도 이 기간에 금관국(구야국)을 중심으로 한 재편이 이루어져 보다 강고한 정치적 결합체로서 가야세력이 성립되지 않았을까 싶다. 그러나 이들은 변화된 교역체계에 적극적으로 대처하지 못하였던 탓에 사로국 중심의 교역권에 비하여 이후 발전이 뒤떨어지게 된 것으로 추정된다.[75]

4세기 단계에 왜가 신라를 자주 침략하였다. 이때 왜가 신라를 침략한 주요한 이유 가운데 하나는 금은을 획득하기 위해서였다고 추정된다. 이에 신라는 왜의 동향에 민감하게 반응하면서 외교활동을 전개하였다. 360년대에 고구려가 백제를 압박하자 백제는 가야세력과 왜, 동진과 통교하고 나아가 신라와 화친조약을 체결하여 대응하였다. 이때 신라는 고구려의 직접적인 침략위협을 받지 않았지만, 그러나 백제와 화친하면 그의 침략위협을 받지 않았지만, 그러나 백제와 화친하면 그의 침략위협을 걱정하지 않고 군사력을 왜의 침략에 집중시킬 수 있었을 뿐만 아니라 백제와의 우호를 과시함으로써 왜의 침략의지를 약화시키는 부수적인 효과도 기대할 수 있었기 때문에 백제의 요구에 응하였던 것이다. 신라와 백제의 관계는 373년 독산성주의 망명사건을 계기로 소원해졌다. 371년 평양성 전투에서 백제에게 대패한 고구려는 백제를 협공하기 위하여 신라와의 연결이 절실한 상황이었다. 이에 따라 고구려는 신라가 백제와 소원해진 틈을 타서 신라에 접근하였다. 이때 신라 역시 백제가 가야세력·왜와의 유대관계를 강화하는 움직임을 보이자 그들 연합세력을 견제하기 위하여 고구려와의 연결이 필요한 상황이었다. 이에 두 나라는 377년 무렵에 화친조약을 체결하였던 것으로 보인다. 이럼으로써 고구려와 신라가 한편이 되고 여기에 백제-왜-가야 연합세력이 맞서는 국제질서가 성립되었다.

---

75) 朱甫暾, 1996,「麻立干時代 新羅의 地方統治」『嶺南考古學』19, 16~23쪽.

4세기 중·후반에 고구려와 백제가 신라를 서로 연합세력으로 끌어들이려고 노력하였던 현실은 신라가 경상도지역을 대표하는 강력한 국가체로 성장하였음을 전제하는 것이다. 이는 4세기 전반에 신라가 가야세력을 압도함으로써 가능하였다. 280년대에 한군현의 韓지역에 대한 통제력이 약화되면서 구야국(금관가야) 중심의 교역체계가 상당히 위축되었다. 이 틈을 타서 사로국이 낙동강방면으로 진출하여 구야국을 압도하고 낙동강 수로를 통제하였다. 변한의 중심체였던 구야국의 약화는 3세기 말이나 4세기 초반에 경남 해안지역에 위치한 포상팔국의 반란을 초래하였고 반란을 진압하는 와중에서 가야세력에 대한 신라의 정치적 간섭이 더욱 강화되었다. 이후 가야세력은 신라의 압력을 견제하기 위해 왜나 백제와의 연결을 적극 모색하였고, 왜 역시 새로운 교역루트의 개척을 위하여 금관가야 이외의 가야세력이나 백제와의 연결을 도모하였다. 이런 측면에서 4세기 후반의 국제관계는 포상팔국의 난 이후 신라의 가야세력에 대한 압박, 이에 대한 가야세력, 왜의 외교적 대응에서 연원하였다고 할 수 있다.

신라는 이처럼 4세기 전반부터 낙동강 수로를 이용한 중계무역을 통해 경제적인 부를 축적하였다. 나아가 4세기 후반~5세기에 걸쳐 신라의 핵심지배세력인 훼부 소속 김씨왕실은 사훼부를 통합하여 그들의 권력기반을 확장한 다음 부체제 운영에서 국왕의 정치적 영향력을 더욱 확대하는 방향으로 집권력을 강화하였고, 다른 한편으로 지방민을 효율적으로 요역에 징발하거나 그들에게서 여러 가지 물자를 수취하는 통치시스템을 보다 체계화하였다. 4세기 후반 대외교섭에서 공식적으로 '신라'라는 국호를 사용한 점, 大首長을 의미하는 麻立干을 왕호로 사용한 점, 그리고 핵심지배세력이 대형의 적석목곽분을 무덤으로 조영하였던 측면 등은 신라가 4세기 후반부터 국제정세에 능동적으로 대처하여 내부의 통합을 제고시키면서 성장하였던 사실을 대변해주는 주요 징표들로서 주목된다고 하겠다.[76]

---

76) 전덕재, 2000, 「4세기 국제관계의 재편과 신라의 대응」『역사와 현실』36.

4) 加耶에서의 무역체계의 변천

일반적으로 가야의 전신인 변한의 중심세력은 김해 狗倻國으로 간주되고 있다. 이러한 김해세력이 경주세력과 함께 경상도 일대의 유력한 양대 세력의 하나로 부상할 수 있었던 배경을 든다면 일반적으로 알려져 있듯이 김해의 지리적 특성과 경상도 지역의 철자원이라는 두 가지 요소로 집약된다. 즉 당시의 가장 인기 있는 무역품이 철이었고, 경상도 지역에서는 당시의 기술개발에서 개발이 용이한 철자원이 풍부하게 생산되고 있었다는 것이 기본적인 요인이다. 이에 못지않게 주목되는 것은 김해의 지리적 위치가 낙동강 중상류 각지로 통하는 관문인 동시에 서해 및 일본열도를 연결하는 해로상의 요지라는 점이다.[77]

가야지역에서 출토된 유물 중에서 창원 다호리 1호분에서 출토된 성운문거울 [星雲文鏡]과 五銖錢, 김해 패총에서 출토된 王莽錢, 창원 성산 패총에서 나온 오수전, 김해 양동리 162호분에서 출토된 후한시대의 내행화문 거울 [內行花文鏡]과 사유조문 거울 [四乳鳥文鏡], 양동리 322호분에서 출토된 銅鼎, 함안 사내리 고분에서 출토된 前漢鏡을 본뜬 소형 청동거울 [倣製鏡], 김해 대성동 23호분에서 나온 방격규구사신 거울 [方格規矩四神鏡] 등은 낙랑과의 교역을 입증해 주는 것들이다.

반면에 김해 지내동 옹관묘에서 부장된 垈狀口緣土器나 김해 부원동 패총에서 나온 二段口緣壺形土器, 창원 삼동동 2호 석관묘에서 나온 청동 화살촉 [銅鏃], 김해 양동리 200호분에서 출토된 폭넓은 청동투겁창 [廣形銅鉾], 고성 동외동 패총의 폭넓은 청동투겁창, 김해 예안리 31호분에서 출토된 內彎口緣壺, 김해 대성동 13호분에서 나온 바람개비형 청동기 [巴形銅器], 벽옥제 돌화살촉(碧玉製石鏃), 18

호분에서 나온 가락바퀴식 모양 석제품 [紡錘車形石製品] 등의 왜계 문물은 왜와의 교역 또는 밀접한 연관성을 보여주는 것들이다.

3세기까지의 가야는 낙랑으로부터 무기나 귀중품 등을 사다가 낙동강 수로를 거슬러 올라가면서 경상 내륙 지역 곳곳에 팔든지 또는 쓰시마와 이키를 거쳐 규슈 등의 왜 지역에 팔아서 막대한 중개무역 이익을 보았고, 그러한 교역은 그들의 철 생산과 더욱 큰 규모로 이루어졌을 것이다.[78]

이러한 기준에서 변한사회 내에서의 김해지역의 비중과 위치를 조명해 볼 필요가 있다. 먼저 교역 가치가 높은 특정자원의 독점이라는 측면에서『삼국지』의 기록을 보면 "나라에서 철이 나오는데, 韓·濊·倭가 모두 와서 취한다"라고 하여 철을 생산하는 국들이 진한인지 변한인지 또는 양쪽 모두인지 불확실하다. 다만 "여러 시장에서 철을 사용하는데, 중국에서 철을 사용하는 것처럼 하고, 두 郡에 공급한다"라는 설명을 통해 철을 매개로 주변 여러 세력 사이에 철 이외에도 여러 가지 물자가 상호 교역되었던 상황을 보여준다.

다음으로 지리적인 여건들을 살펴보면 변한의 국들이 분포되어 있는 지역은 경상남도 해안 일대와 낙동강 중하류 연안으로 대별된다. 이 가운데 경남 해안 일대의 국들은 서해, 남해, 일본열도를 연결하는 해로상의 중심부에 위치하면서 교역물자의 운송 부담을 줄여 줄 수 있다는 점에서 김해지역과 거의 동일한 조건을 가지고 있었다. 동래, 김해지역이 일본열도와 거리 면에서 상대적으로 가깝고, 대한해협을 건너는 출발지점이 되기는 했으나 마산, 고성, 사천, 하동 등지가 倭 또는 중국 군현과 접촉하는 데 지리적으로 특별히 불리하거나 소외되었을 이유는 없다. 그리고『삼국지』기록에서도 보이듯이 낙랑, 대방군 지역으로부터 김해에 이르기까지는 선박들이 해안선을 따라 연안 항해를 하였다. 그러므로 경남 해안 일대의 국들은 모두가 지리적으

---

78) 김태식, 2002,『미완의 문명 7백년 가야사』2 - 가야 사람들은 어떻게 살았나-, 푸른 역사, 89~92쪽.

로 외부세력과의 접촉이 용이한 개방 상태에 놓여 있었던 셈이다. 이
같은 상태라면 경남 일대의 국들은 모두가 지리적으로 외부세력과의
접촉이 용이한 개방 상태에 놓여 있었던 셈이다. 즉 철자원과 지리적
인 조건만으로는 고성, 사천, 마산, 동래 등 경남 해안 일대의 변한 소
국들이 김해중심의 무역체계의 하부단위로 편제되어야 할 필요성은
희박하다.

이러한 관점에서 『삼국사기』의 浦上八國의 加羅 침략 기사를 보면
경남 해안 일대의 국들은 3세기 이후가 되면 오히려 구야국에 대해
경쟁적인 세력으로 부상하고 있음을 알 수 있다. 포상팔국 가운데 위
치비정이 가능한 것은 창원의 骨浦, 고성의 古史浦國, 사천의 史勿國
등이나 이들은 명칭 자체에서 암시되듯이 해상교통의 중요지점에 위
치한 경남 해안일대의 변한 국들로 추정되며, 이들이 김해세력에 도
전하였다는 것은 시사하는 바가 적지 않다.

그러나 변한 세력들 가운데서도 낙동강을 통해 남해안과 연결되는
江岸 좌우의 세력들 즉 양산, 밀양, 창녕, 합천, 고령, 성주 일대의 국
들은 남해안 세력과는 사정이 달랐을 것이다. 이들이 대외접촉을 위
해 해안으로 출로를 모색한다면 하구의 김해라는 관문을 거칠 수밖에
없으며, 상대적으로 김해와 같은 교역지에 대한 의존도가 높았을 것이
다. 그러므로 3세기 구야국 수로 집단의 세력기반과 활동성격은 이
와 같이 변한사회의 일부지역에 국한된 것으로 생각된다. 비록 구야
국이 다른 국들에 비해서는 상대적으로 우세한 세력이라는 것은 인정
될 수 있으나, 변한사회 전체를 포괄하는 존재로 확대 해석하기는 어
렵다.

이와 같은 상황은 곧 3세기 변한사회의 특성을 반영하는 것으로서
대외적인 교역주체가 다원화되어 있었음을 뜻한다. 3세기 후반 쯤에
보내는 遣使 행렬에서 변한이 빠진 것도 마한, 진한과는 달리 변한사
회에는 다수의 국에 대해 대외적 교역활동을 장악하는 조직체가 존재
하지 않았던데 한 원인이 있었다고 생각된다.

이러한 교역중심지의 다원화추세는 제철기술이 확산되면서 철원료의 공급량이 증가하고 이를 보급하는 공급원이 늘어남에 따라 점차 가속화되었을 것이다. 3세기 단계에 포상팔국으로 표현된 해로상의 국들이 구야국에 대해 위협적인 존재로 대두하는 것도 이 같은 상황 속에서 해석될 여지가 크다.[79]

변한사회의 성격은 3세기 후반~4세기 대를 거치면서 중요한 변화를 겪었을 것으로 보인다. 그러나 3세기 후반에서 4세기 중엽에 이르기까지 문헌상으로는 자료의 공백 상태가 지속되다가, 360년 이후가 되면서 구체적인 변화내용이 기록으로 나타나기 시작한다.

313년과 314년에 걸친 낙랑, 대방군의 축출은 한반도 및 일본열도 내의 세력들에게는 대중국 무역의 일차적 구심점의 소멸을 뜻한다. 특히 변한지역에서 중국 군현은 다량의 철을 사가는 수요자인 동시에 중요무역품의 공급주체로 기능하였다. 그러므로 중국 군현 축출로 이 지역에 유입되던 중국계 물자가 크게 감소하였으리란 추정은 어렵지 않다. 이러한 특정무역품의 공급단절과 무역상대의 소멸은 전반적으로 이 지역의 무역활동 자체를 후퇴시키는 계기가 되기에 충분하다.

이러한 상황은 고고학 자료를 통해 알 수가 있다. 1~3세기간의 경남 일대의 분묘에서 풍부하게 발견되는 유리제 장신구들이 4세기 대에 들어오면 일정기간 사라지거나 크게 감소한다. 반면에 4세기후반~4세기전반 경상도 고분에서는 북방계 甲胄가 부장되기 시작한다.[80] 문헌기록상으로는 아직 신라와 고구려의 접촉관계는 보이지 않지만 경주 월성로 고분에서는 고구려계 綠釉토기가 출토되어 양국의 통교 가능성을 시사한다.

이와 같이 지배계층의 분묘 부장품의 종류가 바뀐다는 것은 국제간

---

79) 李賢惠, 1998, 위의 책, 299~302쪽.

80) 4세기 전반 내지는 그 이전으로 편년되는 경주시 정래동고분에서 출토된 短甲과 경주시 월성로 29호분 출토 단갑은 이 시대 새로이 등장하는 북방계 무기로서 이와 동일한 계통의 투구가 김해 예안리에서 발견되었다.

에 거래되던 물품, 무역루트, 무역상대자의 변화를 의미한다. 즉 중국
계 물자의 공급단절과 북방계 유물의 등장은 소극적이나마 고구려 및
신라를 통해 유입되던 새로운 무역품과 이를 매개로 재구성된 새로운
무역루트의 출현을 암시한다.

문헌기록상으로도 무역관계의 변화를 간접적으로 반영하는 자료가
있다. 『삼국사기』 신라본기에 4세기에 들면서 왜의 신라 침략 기사가
중단되고 신라와 交聘하거나, 신라에 청혼하여 응락을 받는 등, 기원
후 345년까지 약 반세기 동안 양자 사이에 우호적인 관계가 지속되었
다. 그리고 『일본서기』에도 신공기 원년과 5년조에 倭와 신라가 처음
직접 통교한 내용이 실려 있다.

4세기 전반대의 변화는 중국계 물자를 대신하는 새로운 무역루트의
출현과 고구려-신라-倭라는 무역루트의 개척, 그리고 이로 인한 가
야사회의 무역활동 위축으로 집약된다. 중국 군현 축출 이후 帶方故
地를 두고 고구려와 대립하던 백제는 『삼국사기』의 기록에 의하면
366년 신라에 來聘하고, 368년 신라에 良馬를 보내는 등 신라와 우호
적인 관계를 지속하기 위해 노력하였다. 그러나 근초고왕이 전남지역
의 마한 세력에 대한 정복을 발판으로, 가야지역의 진출을 시도하고,
對倭 무역루트 확보에 관심을 나타내기 시작하면서 신라와 경쟁적인
관계에서 대립하였다.[81]

백제와 신라의 대립 구조 하에서 나타나는 가야세력의 추이를 보면
처음 백제가 왜와 연결되는 과정에서 매개세력으로 등장하는 것은 김
해의 구야국이 아니라 卓淳國이다. 그리고 백제·왜가 신라, 가야를
공격할 때 거점으로 삼은 곳도 탁순국이다. 탁순국의 위치에 대해서
는 대구,[82] 칠원[83] 등 경상 내륙지방에 비정하는 견해도 있으나, 문
헌기록상 탁순국은 한반도 남부와 일본열도를 연결하는 해로상의 중

---

81) 李賢惠, 1998, 위의 책, 303~305쪽.
82) 末松保和, 1949, 『任那興亡史』, 47쪽.
83) 津田左右吉, 1913, 「任那彊域考」 『朝鮮歷史地理』 11, 151쪽.

요지점이 되어야 한다는 점에서 일단 그 타당성을 결여하고 있다. 반면 창원설[84]의 경우 이곳은 동래, 울산과 함께 조선시대 倭館이 두어진 三浦 중의 하나인 內而浦가 위치했던 곳으로 해로 교통상 남해안으로부터 일본열도에 이르는 중요 출발지점의 하나로서 탁순국에 비정해도 무리가 없을 듯하다.

이와 같이 탁순국을 경남 창원 일대로 비정할 경우, 무역문제에서 가야세력권이 서로 다른 입장으로 나누어졌음을 알 수 있다. 즉 서부 경남 해안지역과 김해세력권과의 구분이 그러하다. 그러므로 백제·왜의 공격대상이 된 7국은 경남 일대의 다른 국들과 달리 그 대부분이 김해의 세력기반으로서 이들은 신라중심의 무역기반과 밀접한 관계에 있었다고 생각된다.

이와 같이 370년대까지도 김해의 세력은 낙동강 하류 일대의 중요국들을 무역기반으로 하여 고구려-신라계의 무역권에 동참하면서 이전시대의 독자성과 선진성을 유지하였던 것으로 생각된다. 그러나 이러한 김해의 무역기반은 369년 백제·왜의 도전을 계기로 새로운 전기를 맞게 되고, 이 지역을 통해 남해안 및 일본열도로 통하는 무역루트를 장악하려던 신라의 시도도 일시 위축된 것으로 생각된다.

이후 신라는 결국 백제와 대립관계에 있던 고구려군을 끌어들임으로써 낙동강 하류 연안의 가야 각국에 대한 무역권 확보에 일단 성공하였다. 4세기말엽에 이르면서 낙동강 東岸토기군의 존재가 출현하고, 이로 인해 김해, 부산 지역이 동안권에 흡수되어 지역적 특성을 상실한다는 사실, 그리고 성주지역의 토기와 묘제가 모두 낙동강 동안의 대구지역과 동일계통으로 나타나는 것 등은 모두 김해의 세력기반이 와해되면서 이 지역의 무역권이 재편되는 현상을 반영하는 것이다.

반면 신라계와 백제계 무역루트가 경쟁하는 이러한 와중에서도 마산, 고성, 사천, 진주 등지의 경남 해안 일대의 국들은 여전히 독립성

---

84) 今西龍, 1970,『朝鮮古史の硏究』, 349~352쪽 ; 金廷鶴, 1983,「加耶史의 硏究」『史學硏究』37, 50쪽.

을 유지하면서 백제, 왜, 신라 및 낙동강 서안 일대의 가야 각국들과 독자적인 무역활동을 진행하면서 개별적인 세력중심지로 발달하고 있었다. 이는 곧 가야세력권 내에 백제-가야-왜라는 독자적인 무역 루트가 공존하였음을 의미한다. 이러한 상황은 이후 고구려의 압력이 가중되고 고령세력의 주도하에 경상 내륙지방의 가야 각국들이 결집함으로써 새로운 형태의 역학관계를 형성해 나갔다.85)

결국 3세기대의 狗邪國은 남해안 지역에서 關門社會(Gateway community)와 같은 기능을 발휘하면서 물자의 集散과 보급을 통해 영향력을 행사할 수 있게 되었지만 4세기대에 들어와서 낙랑·대방군의 축출로 변진의 철과 중국산 물자를 매개로 하는 구야국 중심의 국제무역 체계가 후퇴되고 고구려-신라-가야-왜로 연결되는 새로운 무역루트와 창원의 탁순국을 매개로 백제-가야-왜를 중심으로 하는 새로운 교역루트가 개척되었다고 할 수 있다.

3. 5~6세기 동아시아의 정세변화와 무역

1) 고구려의 반격과 백제의 시련

백제의 해양강국으로의 부상은 고구려의 일시적인 후퇴와 신라의 어쩔 수 없는 묵인 하에서 가능한 것이었으므로, 만약 고구려의 반격이 가해지고 신라가 이를 부인하는 행동 표시를 할 때는 의외로 쉽게 무너질 수도 있는 취약성을 내포하고 있었다.

소수림왕대부터 준비된 고구려의 대반격은 광개토왕대부터 대대적으로 시작되었다. 먼저 동북과 서북으로 비려와 거란족을 정벌한 연

---

85) 李賢惠, 1998, 위의 책, 314~315쪽.

후에, 남으로 백제를 향한 공격 자세를 취하였다. 백제와 가야와 왜의 무역망에 포위되어 고립무원의 상태에 빠져있던 신라의 내물왕은 392년에 왕족인 實聖을 고구려에 인질로 보내는 質子외교를 통해서 외교적 고립 상황에서 벗어나고자 했다. 이어 396년에 남으로 백제를 공략하기 시작하여 58성 700촌을 점령하는 대전과를 거두었다.

이렇게 되자 백제 주도의 해양무역망을 통해 경제적 이익을 취해오던 왜는 기왕의 무역 질서가 붕괴되는 것을 원치 않았고, 또한 고구려의 남진과 신라의 대고구려 결탁의 추세를 지켜보면서 군사적 위협 상황을 심각하게 받아들이고 있던 차에, 왕자까지 동원하여 상황의 심각성과 위험성을 실감나게 설득해 오는 백제의 적극적인 외교공세에 설복당하여, 결국 백제의 정치·군사적 연대 제의를 기꺼이 받아들였다.

이를 계기로 백제와 왜는 일종의 군사적 동맹관계로까지 발전하였다. 두 나라는 적대해 오던 신라를 대대적으로 공격하는 한편, 고구려에 대해서도 바다를 통해 공격을 감행함으로써, 중국─백제─가야─왜로 이어지는 이전의 해양무역질서를 회복하려 하였다.

413년에 왕위 오른 장수왕은 평양천도를 계기로 본격적인 남하정책을 펼쳐 나갔다. 그리하여 급기야 475년에 고구려는 백제 수도 한성을 공격하여 함락시키기에 이르렀고, 백제는 금강 변에 위치한 웅진으로 천도해 갔다. 이로써 고구려는 신라와 가야지역을 군사적으로 점령함에 이어 백제와 왜를 압도하기에 이르렀던 것이다. 4세기 후반에 고구려의 기세를 꺾고서 동북아 국제 해양무역을 주도하려던 백제의 꿈과 야망은 이렇게 허무하게 무너져 갔다.

한편 고구려의 반격을 받아 백제 주도의 국제무역망이 무너져 가자, 그간 백제를 통해서 간접적으로 중국의 선진문물을 공급받아오던 왜는 백제 주도의 반고구려 국제연대에는 동참하되, 한편으로 백제를 통하지 않는 대중국 직교역을 시도하기도 하였다. 즉 3세기의 전설적 여왕 卑彌呼의 이름이 『삼국지』에 명기된 후에 중국사서에 사라졌던 왜

왕의 이름이 5세기에 들어 재등장한 것에서 이러한 흐름을 읽을 수 있
다.『宋書』·『南齊書』등의 중국 사서에 등장하는 讚·珍·濟·興·武
등의 '倭五王'이 그것이다.[86] 왜의 이러한 대중국무역의 독자적 시도는
영산강유역에 집중되어 있는 장고분을 통해서도 알 수 있다.

2) 해양강국 재건을 위한 백제의 노력

고구려의 한성점령은 한반도 연안항로의 경색을 더욱 부채질했고,
당연히 동북아 국제무역은 더욱 위축되었다. 그리고 이로 인해 여러
국가들은 엄청난 경제적 손실을 감수할 수밖에 없었다. 자연히 반고
구려 여론은 더욱 확산되어 갔다.

그러나 한성을 빼앗기고 웅진으로 천도한 백제는 당분간 충격에서
벗어나지 못하고 반고구려 국제연대망의 구축이라는 자신의 역할을
제대로 수행하지 못했다. 무령왕은 501년에 즉위하자 먼저 동성왕을
죽인 苩加의 세력을 타도하고, 투항하는 백가를 백강에 던져 버렸
다.[87] 그리고 왕 4년에 麻那君을, 그 이듬해엔 아들 斯我君을 왜에 파
견하여[88] 왜와의 관계 복원에 적극성을 보였다. 509년에는 왜가 사신
을 보내왔으며, 이후에 양국간의 사신·학자·장군의 왕래가 빈번하
게 이루어졌다.[89] 508년에는 탐라와도 처음으로 통교관계를 개설했
다.[90] 이로써 무령왕은 우선 남방의 항로만은 완전 정상화시킬 수 있
었다.[91]

이를 바탕으로 무령왕은 고구려와의 전투에서 우위를 점하게 되었
으며,[92] 중국 남조의 梁과도 자신감 넘치는 통교를 전개해 나갈 수

---

86) 姜鳳龍, 2002, 위의 논문, 85~87쪽.
87)『三國史記』卷26, 武寧王 卽位年條.
88)『日本書紀』武烈紀 6·7년조.
89)『日本書紀』繼體紀 3년, 6년 4월·12월, 7년 6월조.
90)『日本書紀』繼體紀 2년 12월조.
91) 姜鳳龍, 2002, 위의 논문, 92~93쪽.

있었다. 즉 521년에 무령왕은 梁에 표문을 올려 고구려를 여러 차례 무찔렀음을 과시하였고, 이에 근거하여 『梁書』에는 "백제가 다시 강국이 되었다"[93]고 적고 있다.

웅진천도 이후 백제는 한성 함락으로 인한 경제적 손실과 왕실의 권위 회복을 위한 방편의 하나로 대중국 교섭을 적극적으로 시도하였다. 당시 일본열도와 남중국과의 교섭은 '북구주－한반도의 서남해안－발해만－산동반도－남경'으로 이어지는 항로를 이용하였다고 한다. 따라서 백제 또한 對南朝 교섭에 있어서 이 항로를 이용하였으리라 짐작된다. 그러나 이 항로는 고구려연안을 통과하는 연안항로였으므로, 백제의 남조교섭은 고구려의 위협을 받을 수 있는 상황이었다. 실제 476년 "3월에는 사신을 宋에 보내어 조공하려고 하였는데, 고구려가 이 길을 막아서 이루지 못하고 돌아왔다"와 484년에는 "7월에 내법좌평 沙若思를 시켜 南齊에 가서 조공하게 하였는데, 若思가 서해중에 이르러 고구려병을 만나 가지 못하였다"라는 기사에서 보이듯이, 백제는 고구려 수군의 대중국 항로의 차단으로, 국제적 고립의 위기에 직면하기도 하였다.

그러나 백제는 478년 왜왕 武의 상표문에 보이듯이, 백제에 도착한 倭使를 '舫'이라고 표현된 대형 선박을 이용하여 劉宋으로 보낼 정도의 수송능력과, 또 488～490년 해전에서 알 수 있듯이 北魏선단을 격파할 정도의 뛰어난 해상전 능력을 갖추고 있었다. 따라서 백제는 중국 남조정권과 활발하게 교섭을 진행하게 된다.

백제와 중국 남조와의 활발한 교섭은 문헌이나 고고학 자료를 통해 알 수 있다. 먼저 문헌에서는 성왕이 梁에 사신을 파견하여 毛詩博士, 涅槃經 등의 經義에 밝은 학자 및 工匠·畵師를 요청하여 실현된 것이라든지, 그 뒤 講禮博士를 청하자 陸詡가 백제로 온 사실 등은 양과의 관계가 긴밀하였음을 짐작하게 한다. 고고학 자료에서도 보이는

---

92) 『三國史記』 卷26, 武寧王 즉위년 11월, 2년 11월, 7년 10월, 12년 9월.
93) 『梁書』 列傳 諸夷 百濟條.

데, 무령왕릉의 구조와 그 부장품이 양나라 문화의 영향을 받은 것과, 익산 입점리 고분군에서 남조의 청자가 출토된 점에서도 입증이 된다. 금강 하구에 위치한 입점리 지역은, 그 지리적 위치로 보아 수도의 관문을 방어 방비하는 것 외에 대중국 무역 기지로서의 역할도 하였으리라 짐작된다.

〈표 4〉 웅진시대의 대중관계

번호	연도	기 년		주요내용	출 전
		백 제	중 국		
1	476	문주왕 2년	원휘 4년	조공(송)	삼국사기
2	480	동성왕 2년	건원 2년	조공(남제)	南史
3	480			봉책(남제)	
4	484	동성왕 6년	영명 2년	기타 청구(남제)	삼국사기
5	484			허가(남제)	
6	484			조공(남제)	
7	486	동성왕 8년	영명 4년	조공(남제)	
8	488	동성왕 10년	영명 6년	전쟁(위)	
9	490	동성왕 12년	영명 8년	전쟁(위)	南齊書
10	490			관작청구(남제)	
11	490			봉책(남제)	
12	490			봉책(남제)	
13	495	동성왕 17년	건무 2년	관작청구(남제)	
14	495			봉책(남제)	
15	502	무령왕 2년	천감 1년	봉책(양)	梁書
16	512	무령왕 12년	천감 11년	조공(양)	
17	521	무령왕 21년	보통 2년	조공(양)	
18	521			봉책(양)	
19	522	무령왕 22년	보통 3년	조공(양)	册府元龜
20	524	성왕 2년	보통 5년	봉책(양)	梁書
21	534	성왕 12년	중대통 6년	조공(양)	

해양강국을 재건하려는 백제의 꿈은 무령왕대에 이루어졌다. 신라·가야·왜, 그리고 중국 왕조와의 연맹관계를 회복·강화하고, 고구려를 군사적으로 압도하면서, 서해와 남해의 연안항로를 재개시킬 수 있었던 것이다. 이로써 백제는 다시 강국이 되었음을 국제적으로 공인 받고 동아시아 국제무역을 주도적으로 운영해 갈 수 있었다. 그리고 이런 추세는 성왕 대까지 이어졌다. 그렇지만 이것은 오래가지 못하였다. 곧 바로 신라의 도전이 이루어졌던 것이다.

이즈음 신라 역시 비약적인 발전을 거듭하였으며, 특히 532년에 금관가야를 복속시켜 해양문화와 해양진출의 맛을 실감하던 중이었다. 그리하여 백제와 신라는 서로 라이벌 관계를 강하게 의식하면서도, 연안항로의 경색 국면 타개라는 공동의 관심사를 실현하기 위해 의기투합하여 고구려의 공격에 힘을 합쳤다.

마침내 551년에 백제와 신라 군대의 고구려 공격에 의해 백제는 한강하류지역을, 신라는 한강상류지역을 장악하였다. 그러나 진흥왕의 공격에 허를 찔린 백제는 성왕이 554년의 관산성(오늘의 충청도 옥천) 전투에서 전사했으며, 한강하류 지역도 신라차지가 되었다. 신라의 한강유역 점령과정과 의미에 대해서는 절을 바꾸어 다시 살펴보겠다. 이를 바탕으로 신라는 중국과 연결할 수 있는 해양 통로를 확보하였으며, 삼국 통일의 주인공이 될 수 있는 중요한 계기를 마련하였다. 이후로 백제는 다시 좌절에 빠졌고, 결국 멸망에 이르게 되었다.

3) 신라의 동해 제해권 확보와 한강유역 점령

앞서 살펴보았듯이 신라의 질적 변화는 4세기부터 이루어진다고 할 수 있다. 그러나 이와 같은 질적 변화가 정치체제에 반영되어 왕을 중심으로 하는 고대국가의 체제가 완성된 것은 中古期라고 할 수 있다. 중고기란『삼국유사』에서 법흥왕대부터 진덕여왕대에 이르는 약 140년간을 지칭한 용어인데, 이 시기는 흔히 고대국가의 성립기라 부르

고 있다.94) 이 중에 고대국가의 체제의 근간이 완성된 시기가 지증왕
대와 법흥왕대이다. 물론 이후 진흥왕·진평왕·선덕여왕·진덕여왕
에 이르기까지 끊임없이 정치제도는 보완·정비되고 무열왕과 문무
왕대에는 또다시 커다란 변화를 겪게 되지만, 중고기 정치체제의 근
간은 법흥왕대의 율령으로 일단락된다고 할 수 있다.

　법흥왕대에는 지증왕대의 업적을 토대로 병부의 설치, 율령의 반
포, 불교의 공인, 상대등의 설치, 금관가야의 병합, 연호의 사용 등 국
가체제의 정비와 왕실의 권위를 높이는 일련의 정책을 실시하였다.
이들 정책의 의의를 한마디로 요약하자면 신라가 대내적으로는 왕권
이 확립되고, 대외적으로는 중국과 대등한 국가임을 내세우면서도 또
삼국을 통일할 수 있는 사상적 기반을 마련해 주었다는 점이다. 이후
이를 기반으로 진흥왕대(540~576)에는 정복국가로 발전하고 있다.
이는 고구려가 소수림왕대의 대내적인 정비단계를 거쳐 광개토왕·
장수왕대에 이르러 광범위한 영역을 확보하여 동아시아의 강자로 등
장하는 것과 비슷하다.95)

　신라는 지리적 위치 때문에 삼국 가운데 대중국 교섭이 가장 늦었
으며, 고구려의 안내로 대중국 교섭이 시작될 수밖에 없었다. 신라가
처음으로 前秦과 교섭할 시기인 내물왕(356~402) 때는 고구려의 광
개토왕(391~413) 때여서 그 정치적 간섭을 받고 있어, 고구려 사신
을 따라 당시 서역문물의 집합소인 장안에 갈 수 있었다.96) 신라는
전진과의 교섭 이후 법흥왕 8년(521)의 양나라와의 교섭까지 140여
년간 중국과 교섭이 없었으며, 그 후 진흥왕 25년(564) 이후 진나라
와의 계속된 교섭까지 중국과의 관계가 없었다.

　이상에서 5~6세기 신라의 정치적인 상황에 대해서 간단히 살펴보

94) 金哲埈, 1990, 「韓國古代國家發達史」『韓國古代史研究』, 서울대 出版部,
　　51쪽.
95) 이우태, 1997, 「신라의 융성」『한국사』 7-삼국의 정치와 사회Ⅲ 신
　　라·가야-, 국사편찬위원회.
96) 申瀅植, 1991, 「新羅와 西域」『新羅文化』 8, 121쪽.

았고, 다음으로 무역에 관련된 중요한 사건을 검토해 보겠다. 신라의 영토확장 또는 대외교섭의 루트 확보는 크게 세 가지로 나누어 볼 수 있다. 즉 동해안지역으로의 진출을 통한 동해해상권의 장악, 한강유역의 점령을 통한 황해해상권의 장악, 가야지역으로의 진출을 통한 對倭 교섭루트의 확보 등이다.

먼저 들 수 있는 것이 동해안 지역의 점령과 울릉도의 복속을 통한 동해해상권의 장악이다. 고구려에 예속되어 魚鹽을 바쳤던 東濊가 신라에 의해 위협을 받자 고구려는 어염 등의 해산물의 확보라는 측면의 문제 못지않게 동해 제해권의 안정적 확보의 필요성을 느끼게 되었다. 신라 눌지왕대 이후 고구려 장수왕과 문자왕의 통치 시기가 되면서 고구려의 동해안 진출이 본격화되고, 울진·영해·영덕 지역까지 그 세력을 확장하고 있었던 것은 바로 여기에 연유하는 것이다. 이를 통해 동해안 지역은 5세기 내내 고구려의 영향력 아래 놓여 있었던 것으로 파악할 수 있다.

이러한 상황은 6세기 대에 접어들어 신라가 급속하게 성장하면서 다시 커다란 변화를 겪게 된다. 신라는 경주의 지역적 위치가 동해 바닷가에 가까이 있었기 때문에 왜구의 침입에 대한 적절한 대응, 나아가 동해안 제해권의 확보를 위한 노력을 기울이지 않을 수 없었다. 그렇기 때문에 암각화에 나타나는 해양문화의 기반을 갖고 있었던 집단이 활동할 공간이 마련되었고, 이를 바탕으로 하여 석탈해의 등장이 가능하였다. 이러한 해양 및 어로문화의 기반을 수용한 신라는 동해안 지역으로의 진출에 일찍이 관심을 기울여 지증왕대에 오면 삼척에 悉直州, 강릉에 阿瑟羅州 설치, 阿尸村에 소경을 설치하고 이사부로 하여금 우산국을 정벌함으로써 동해의 제해권과 동해안 지역을 확보하였다.

신라의 동해안 제해권의 확보에 있어서 중요한 사건은 지증왕대의 이사부에 의한 우산국정복 사건이다. 이에 관련된 자료는 다음과 같다.

1-7. 우산국이 귀부하여 해마다 토산물을 바치기로 했다. 우산국은 溟
州의 바로 동쪽 바다 가운데 있는 섬으로 혹은 울릉도라고도 한
다. 면적은 사방 100리 인데 지세가 험한 것을 믿고 항복하지 않
다가 伊湌 異斯夫가 何瑟羅州의 軍主가 된 뒤 우산인들이 어리석
고 사나우므로 위력으로써 복속시키기는 어려울 것으로 생각하고
계략으로 복종시키기로 했다. 곧 나무로 사자를 만들어서 전선에
나누어 싣고 그 나라 해안에 이르러 거짓말로 "너희들이 항복하
지 않는다면 이 맹수를 풀어 모두 밟아 죽일 것이다"고 하였다.
그 나라 사람들이 무서워서 곧 항복하였다.[97]

1-8. 우산국이 가장 왕성했던 시절은 우해왕이 다스릴 때였으며, 왕은
기운이 장사요, 신체도 건장하여 바다를 마치 육지처럼 주름잡고
다녔다. 우산국은 작은 나라지만 근처의 어느 나라보다 바다에서
는 힘이 세었다. 당시 왜구는 우산국을 가끔 노략질하였는데 그
본거지는 주로 대마도였다. 우해왕은 군사를 거느리고 대마도로
가서 대마도의 수장을 만나 담판을 하였고, 그 수장은 앞으로 우
산국을 침범하지 않겠다는 항서를 바쳤다. 우해왕이 대마도를 떠
나 올 때 그 수장의 셋째 딸인 풍미녀를 데려와서 왕비로 삼았다.
우해왕은 풍미녀를 왕후로 책봉한 뒤 선정을 베풀지 않았을 뿐 아
니라 사치를 좋아했다. 풍미녀가 하는 말이면 무엇이든 들어주려
했다. 우산국에서 구하지 못할 보물을 풍미녀가 가지고 싶어 하
면, 우해왕은 신라에까지 신하를 보내어 노략질을 해 오도록 하였
다. 신하 중에 부당한 일이라고 항의하는 자가 있으면 당장에 목
을 베거나 바다에 처넣었으므로, 백성들은 우해왕을 매우 겁내게
되었고 풍미녀는 더욱 사치에 빠졌다. "망하겠구나" "풍미 왕후
는 마녀야" "우해왕이 달라졌어" 이런 소문이 온 우산국에 퍼졌
다. 신라가 쳐들어오리라는 소문이 있다고 신하가 보고를 하였더
니, 우해왕은 도리어 그 신하를 바다에 처넣었다. 왕의 마음을 불
안하게 하는 자는 죽였다. 이를 본 신하는 되도록 왕을 가까이하
지 않으려 했다. 풍미녀가 왕후가 된 지 몇 해 뒤에 우산국은 망하
고 말았다.[98]

---

97) 于山國歸服 歲以土宜爲貢 于山國在溟州正東海島 或名鬱陵島 地方一百里
恃嶮不服 伊湌異斯夫爲何瑟羅州軍主 謂于山人愚悍 難以威來 可以計服 乃
多造木偶師子 分載戰船 舐其國海岸 誑告曰 汝若不服 則放此猛獸踏殺之
國人恐懼則降(『三國史記』 卷4, 智證王 13년 6월).

1-7에 의하면 우산국은 면적이 사방 100리에 불과하지만 지세가 험난하였고 사람들은 용맹하여 신라의 최전방을 지키고 있던 하슬라주 군주의 위력으로도 복종시키기가 어려웠기 때문에 결국 계략으로 복종시켰다고 했다. 신라의 동해안지역 장악은 삼국통일의 역량확보에 기반이 되었으며, 당시 하슬라주의 군주는 최전방의 군사집단이요 최정예부대의 지휘자였을 것이다. 신라의 최전방 군사력으로써 우산국을 정벌하기에 용이하지 않았다는 것은 우산국의 군사력과 문화가 상당히 높은 수준이었음을 알 수 있다.

1-8은 우해왕과 왕비인 풍미녀에 관한 설화이다. 이 설화가 오늘날까지 전해져 온 과정도 불분명하고 또 그 내용도 많이 윤색된 것 같은 느낌이 든다. 그러나 여기에서 주목되는 것은 첫째 우산국에 관한 설화가 울릉도에서 오늘날까지 전하고 있는 점이고, 둘째 우산국과 왜구의 본거지인 대마도의 관계 설정-혼인동맹에 대한 점이다. 전자는 우산국의 존재에 대해서 울릉도민의 자긍의식 발로의 소산으로 간주할 수 있으며, 후자는 해상세력 국가인 우산국과 대마도-왜국의 혼인동맹을 상징하고 있는 우해왕과 풍미녀의 혼인과정을 밝혀주고 있다는 점이다.[99]

이 설화에서 엿볼 수 있는 것은 당시의 우산국이 대마도를 정벌하는 등 동해안 지역의 해상권을 장악하고 있었다는 것이다. 이런 점에서 삼척, 강릉 등 동해안에 면한 지역을 확보한 신라의 지증왕으로서는 동해안 제해권을 확보하지 않는 한 동해안 지역을 안정적으로 유지할 수 없다고 판단하였을 것이며, 이로 인해 결국 우산국의 정벌에 나서게 되었을 것이다.

신라는 우산국정벌을 통해 동해의 제해권을 장악함으로써 이후 법흥왕대의 沙伐州 군주 파견, 금관국 복속, 진흥왕대의 한강유역·낙동

98) 울릉문화원, 1997, 『鬱陵文化』 2, 146~148쪽.
99) 김윤곤, 1998, 「우산국과 신라·고려의 관계」『울릉도·독도의 종합적 연구』, 영남대학교 민족문화연구소, 30쪽.

강 유역의 확보·안변에 比列忽州 설치·가야 정벌·북한산비·함흥 지역의 황초령비·마운령비 등 진흥왕 순수비의 설치와 같은 비약적인 발전을 이룩할 수 있었다.[100]

신라무역사에서 또 들 수 있는 중요한 사건은 한강유역 점령이다. 신라가 한강유역을 점령한 진흥왕(540~576)이 등장할 무렵 고구려는 왕위계승 문제로 왕실의 내분이 일어나 국내정세가 불안한 시기였다. 한편 이 무렵 백제는 聖王이 수도를 熊津에서 사비로 천도하고, 밖으로 梁에서 새로운 문물을 흡수하였으며, 倭와도 친선을 두터이 하였다. 그리고 신라와는 가야지역의 주도권을 둘러싸고 미묘한 신경전을 벌이기도 하였으나 전반적으로 고구려의 남하에 공동으로 대응하는 관계를 유지하고 있었다. 이러한 대내정비와 신라와의 친선을 바탕으로 고구려에게 빼앗긴 한강 유역의 땅을 회복하려는 계획을 추진하였다.

먼저 신라는 백제와 고구려 사이의 군사 충돌을 틈타 백제와 고구려 영역을 잠식하였던 것으로 보인다. 진흥왕 11년(550) 백제와 고구려가 道薩城(천안 또는 증평 근처)과 金峴城(전의)에서 공방전을 벌이고 있는 틈을 타서 이사부가 두 성을 빼앗았다.[101] 550년 1월 백제의 고구려 도살성 공격 및 3월 고구려의 백제 금현성 공격과 관련된 『삼국사기』 기사에 신라의 움직임은 언급되어 있지 않다. 그러나 백제와 고구려 사이의 도살성·금현성 전투에서 두 나라 군세가 쇠진한 틈을 타서 이 두 성을 차지했다는 것은 백제와 고구려 사이에 벌어진 일련의 충돌에 신라도 개입되어 있었음을 의미하는 것이다.[102] 이는 모두 한강유역으로 진출하는 요충지가 되는 곳으로 이 지역의 확보를 위해 고구려와 백제가 공방을 벌이는 동안 신라가 이를 모두 차지했던 것으로 보인다.

---

100) 金晧東, 2001, 「삼국시대 新羅의 東海岸 制海權 확보의 의미」 『大丘史學』 65, 33~35쪽.

101) 『三國史記』 卷4, 眞興王 11年條

102) 鄭雲龍, 1996, 『5~6世紀 新羅 對外關係史 硏究-高句麗·百濟·伽倻關係를 中心으로-』, 고려대학교 사학과 박사학위논문, 125~126쪽.

그러나 신라의 이러한 행동에 대해 고구려·백제는 별다른 조처를 취하지 않은 것으로 나타나 있는데, 백제의 입장으로는 곧 벌어질 한강유역에 대한 신라와의 합동 공격을 위해 이를 묵인한 것이 아닌가 생각되며, 고구려는 당시 왕위계승을 둘러싼 내분과 대외적으로 돌궐의 흥기로 인한 상황 때문에 적절한 조치를 취하지 않은 것으로 여겨진다.

어쨌든 진흥왕 12년(551) 신라와 백제는 한강유역의 공격에 나서게 된다. 신라는 거칠부 등 여덟 장수를 보내 竹嶺 이북 高峴 이내의 10개 군현을 탈취하였고, 백제는 평양을 격파하였다. 이번 군사행동에서도 역시 백제가 고구려의 평양을 먼저 공파하자, 신라는 그 승세를 타고 죽령 이북의 10개 군현을 공략한 것이다.

6세기 전반 고구려의 군사적 압박을 극복한 신라 세력의 팽창을 상징적으로 보여 주는 것이 551년 이전에 세워진 것으로 파악되는 丹陽新羅赤城碑이다. 이 비가 있는 적성산성은 남한강의 상류·하류 방면 및 죽령·벌령 등을 공제할 수 있는 수륙 교통의 요충에 자리 잡고 있다. 또 산성의 동단은 산의 정상부로부터 완만하게 뻗어 내려가는 능선에 해당되며, 성외부에서 가장 쉽게 성벽으로 접근할 수 있는 곳으로 죽령 방면의 교통로와 연결된다.[103]

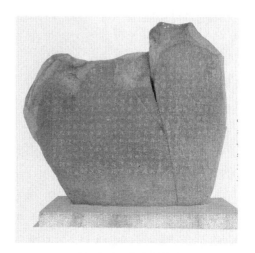

〈그림 5〉 단양적성비

---

103) 車勇杰·趙詳紀, 1991, 『丹陽 赤城 地表調查報告書』, 충북대학교 박물관, 25쪽.

이 비는 신라가 6세기 전반의 어느 시기엔가 죽령을 넘어 고구려가 차지하고 있던 단양 지역을 공취하고 적성산성을 경영했음을 알려준다. 이는 곧 신라가 영월-단양-충주로 이어지는 고구려의 작전선을 차단하며 중원지방을 위협할 수 있게 되었다는 것을 보여준다.[104]

그리고 백제가 공취한 지역에 대해『일본서기』흠명천황 12년조에 漢城・平壤 등의 6개군을 취하였다고 했으니 이는 한강 하류지역으로 현재의 서울을 포함한 지역일 것이다. 이로써 백제는 고구려에게 빼앗겼던 한강유역의 옛 땅을 되찾게 된 것이다.

나제 동맹군이 한강 유역에 진출함으로써 고구려의 對羅濟 전선은 중원 고구려비의 건립 이후 최대로 북상되었다. 고구려의 입장에서는 더 이상 나제동맹군의 고구려에 대한 군사적 압력을 방치할 수 없는 상황이 도래한 것이다. 더욱이 陽原王 8년(552)부터 벌어진 서부 및 북부 국경선 방면에서의 거란・돌궐과의 압력과 분쟁으로 고구려는 더욱 여력이 없었다.

『삼국유사』권1 진흥왕조에 "이전에 백제가 신라와 더불어 군사를 합쳐 고려를 정벌하려고 도모하였다. 이에 대해 진흥왕이 말하기를 나라의 흥망은 하늘에 달렸는데 만약 하늘이 아직 고구려를 싫어하지 않는다면 내가 어찌 바랄 수 있겠는가 이에 이런 말을 고구려에 통보하니 고구려가 그 말에 감격하여 신라와 통호하였다. 그런 까닭에 (백제군이) 침공해 왔다"라고 나온다. 그런데 위의『삼국유사』기사는 신라와 백제와의 전쟁의 원인으로 신라가 고구려와 통호하였기 때문이라 하였다. 고구려는 신라와 밀약 혹은 묵시적 동의에 힘입어 나제 동맹 파기 행위와 함께 한강 유역 장악 의도를 현실화하려 하였다.

『삼국사기』에 따르면 551년 신라와 백제의 동맹군이 고구려를 공격하여 한수 유역을 분할 점령하였으며, 2년 뒤인 553년 신라는 백제가 차지한 한강 하류 지역을 점령하였다. 그에 대한 보복으로 554년 백

---

104) 朴京哲, 2000,「中原文化圈의 歷史的 展開-그 地政學的・戰略的 位相 變化를 中心으로-」『先史와 古代』15, 288쪽.

제는 대가야군 및 왜와 합세하여 신라에 대한 전면적인 공격에 나섰다. 결국 554년 나·제 간의 관산성(지금의 옥천) 회전은 나제동맹 와해의 결정적 계기가 되었던 것이며, 이후 신라의 한강 유역 영유는 부동의 기정사실이 되었다.[105]

새로이 확보한 한강유역을 통치하기 위해 신라는 이 지역에 新州를 설치하고, 진흥왕 16년(555)에는 왕이 친히 북한산에 순행하여 강역을 확정지었는데, 현재 서울에 있는 진흥왕의 북한산비는 이 때에 세운 것이다.

동왕 18년에는 신주를 폐하고 北漢山州를 두었으며, 동왕 29년에는 北漢山州를 폐하고, 南川州(이천)를 설치하였다가 眞平王 16년(594)에는 남천주를 폐하고 다시 북한산주를 두었다.

이렇게 자주 州를 폐하고 설치한 것은 주의 州治를 옮긴 데 지나지 않는데, 이는 신라가 이 지역을 통치하기 위해 매우 고심하고 있었다는 증거로 생각된다. 신라로서는 한강유역을 실질적인 중심지로 육성하고자 했던 것이며, 이는 고구려가 이 지역을 남진 정책의 기지로 삼았던 것과 마찬가지로 신라도 북진정책의기지로 삼으려 했던 것으로 보인다.

한편 백제는 신라에게 빼앗긴 한강 유역을 회복하기 위해 끊임없이 신라를 공격하였고, 고구려도 잃어버린 한강 유역을 다시 찾기 위해 여러 차례 신라의 북변을 침입하였다. 그 중 에서도 가장 유명한 것이 영양왕 때 온달 장군의 출정이다. 온달은 자청하여 군대를 이끌고 오면서 맹세하기를 "鷄立峴과 竹嶺이서의 땅을 우리에게 귀속시키지 않으면 돌아오지 않겠다"며 비장한 각오로 출발하였으나, 阿旦城(단양의 영춘면) 싸움에서 적의 화살에 맞아 전사하였다.

신라의 한강 유역 점령은 경제적·군사적 팽창의 계기가 되어 대가야정벌로 결실을 맺었다. 더구나 한강 유역은 신라의 삼국통일과정에 있어서 최후로 당군을 축출시킨 곳으로 신라는 한강유역 경영에 큰

105) 朴京哲, 2000, 앞의 논문.

비중을 두었다.

무역과 관련한 한강유역의 점령의미는 바다를 통한 對中國 통로의 확보라는 점이다. 그러므로 고구려나 백제는 이 지역을 상실한 후 당 항성을 통해 신라의 대중통로의 차단을 시도했던 것이다.

> 1.-9. 8월에 백제가 고구려와 공모하여 당항성을 막고 신라의 대당통 로를 끊으려 하여, 왕이 당 태종에 위급함을 알렸다.[106]

위의 기사에서 당항성의 중요성을 살필 수 있으며, 이와 비슷한 내 용이 『舊唐書』에도 나타나 있다. 이와 같은 대중통로의 확보는 고립 에 빠진 신라로 하여금 외교적 활동을 통해 국가를 수호할 수 있게 하 였다. 그러므로 백제는 항상 서해안 일대를 봉쇄하여 신라인의 대중 교섭을 저지하려 했던 것이다.

결국 진흥왕 14년(553)의 한강유역 확보는 신라의 중국관계 나아 가 무역에 있어서 획기적인 전환점이 되었다. 진흥왕 재위 25년에 북 제에 조공하여 책봉을 받은 이후 26년부터는 陳나라에 매년 入朝함으 로써 조공관계가 성립되었다. 그리하여 진흥왕 때만도 북제에 3회, 진에 6회 사절을 파견하였으며, 진평왕 때에도 2회의 조공사절단이 진에 파견되었다.

한편 國人의 추대로 왕이 된 진평왕은 수나라와의 외교관계를 맺기 전인 재위 15년까지 位和府·船府·調府·乘府·領客府 등 5개의 중 앙부처를 신설하여 왕권강화를 적극적으로 추진하였다.[107] 무엇보다 도 진평왕은 상대등 노리부와 병부령 김후직 등 친위세력을 중심으로

---

106) 八月 又與高句麗謀 欲取堂項城 以絶歸唐之路 王遣使 告急於太宗(『三國史 記』 卷5, 善德王 11年).

107) 李基白, 1974,「禀主考」『新羅政治社會史研究』, 一潮閣, 141쪽 ; 李晶淑, 1986,「新羅 眞平王代의 政治的 性格」『韓國史研究』52, 19~22쪽 ; 金杜 珍, 1990,「新羅 眞平王代 初期의 政治改革」『震檀學報』69, 19~21쪽 ; 李 明植, 1990,「新羅中古期의 王權強化過程」『歷史敎育論集』13·14, 325쪽.

眞智系를 견제하면서 자신의 세력을 강화시켰으며, 재위 16년 이후 적극적인 親隋정책을 추진하였다. 이 가운데 선부는 배에 관한 일을 관장하는 부서로 한강유역의 확보를 기반으로 한 신라의 해외진출의 적극적인 의지를 보여주는 것이라고 생각된다. 이러한 진평왕때의 활발한 해외교류의 일단을 보여주는 에피소드가 다음 사료에 보인다.

1-10. 9년 7월에 大世와 仇柒이라는 두 사람이 해외로 갔다. 대세는 내물왕의 7세손으로 이찬 冬臺의 아들인데, 자질이 준수하여 어렸을 때부터 큰 뜻을 가지고 교류를 하던 淡水스님과 말하기를, "신라의 산골 속에서 일생을 보낸다면, 저 바다의 넓음과 숲의 큼을 알지 못하는 연못 속의 물고기·새장 안의 새와 무엇이 다르겠는가! 내 장차 배를 타고 바다로 가서 오·월(중국 남부지방)로 들어가 스승을 찾고 명산에서 道를 구하려 한다. 만일 보통사람을 면하여 신선을 배울 수 있다면 바람을 타고 상공 밖으로 날아갈 터이니, 이야말로 천하의 장관일 것이다. 그대는 나의 뜻을 따르겠는가"라 하였다. 담수는 그 말에 동의하지 않았다. 마침 구칠이라는 사람을 만나니 (사람됨이) 절도가 있었다. 드디어 그와 더불어 남산에 있는 절에 놀러갔다. 갑자기 비바람이 몰아쳐 낙엽이 마당의 고인 물 가운데 떴다. 대세가 구칠에게 말하였다. "내 그대와 함께 서쪽으로 갈 뜻이 있으니 지금 각기 잎새 하나씩을 취하여 이를 배라고 하여, 누가 먼저 가고 뒤에 갈 것인지를 해보자" 조금 있다가 대세의 잎이 먼저 앞에 왔다. 대세가 웃으며 "내가 먼저 갈 것이다"라 하였다. 구칠이 화를 내면서 "나 또한 남자인데 못할 것이 무엇이냐"고 하였다. 대세가 (비로소) 그와 더불어 갈 수 있음을 알고, 가만히 자기의 뜻을 말하였다. 구칠이 이에 "이야말로 나의 소원이다"고 하고, 드디어 서로 벗을 삼아 남해에서 배를 타고 떠나간 후 간 곳을 알지 못하였다.[108]

---

108) 九年 秋七月 大世仇柒二人適海 大世奈勿王七世孫 伊湌冬臺之子也 資俊
逸 少有方外志 與交遊僧淡水曰 在此新羅山谷之間 以終一生則 何異池魚
籠鳥 不知滄海之浩大 山林之寬閑乎 吾將乘桴泛海 以至吳越 侵尋追師 訪
道於名山 若凡骨可換 神仙可學則 飄然乘風於沉寥之表 此天下之奇遊壯觀

위의 사료에 따르면 진평왕대에 대세와 구칠이라는 사람이 큰 뜻을 가지고 중국남부지방인 오·월로 갔다고 한다. 이 기록은 한강유역의 점령을 통해 대중국 교섭의 루트 확보를 바탕으로 한 신라인의 해외 진출 의지를 보여주는 사건이라 생각된다.

이후 신라가 대중국교섭에서 고구려·백제에 비해 우위를 점하였음은 당으로 파견한 사절단의 회수를 통해서도 알 수 있다. 즉 진평왕 43년(621)에 당에 처음으로 사절단을 파견한 이래 진평왕 54년(632)까지 12년간 8회에 걸쳐 사절이 파견되었으며, 선덕왕 16년간(632~647)에 10회, 진덕왕 8년간(647~654)에도 9회, 그리고 무열왕 8년간(654~661)에도 6회, 문무왕 8년간(고구려 정벌까지)에도 3회의 사절단이 파견되었다. 당의 건국에서 고구려정벌이전까지 신라의 사절파견회수는 총 37회로, 같은 기간 고구려의 25회(영류왕 재위기간 15회, 보장왕 재위기간 10회), 백제의 22회(무왕 재위기간 15회, 의자왕 재위기간 7회)를 크게 상회한다.

5~6세기 신라 무역사에서 마지막으로 살펴볼 사건은 가야지역으로의 진출이다. 6세기에 들어오면 가야를 둘러싼 국제관계가 크게 변하였다. 한강유역을 잃은 백제는 그 보상을 낙동강유역의 가야 땅에서 찾으려 하여 이 지방에 대한 적극적인 진출을 꾀하게 된다. 그리고 이와 같은 백제의 움직임은 신라를 자극하게 되었다. 더욱이 백제가 신라를 견제할 목적으로 가야에 대한 강한 야욕을 품고 있던 왜를 끌어들이게 되자 가야 여러 나라는 또 다시 격렬한 국제관계의 소용돌이 속에 빠지지 않을 수 없게 되었다.

백제의 적극적인 가야진출에 대해 가야 여러 나라의 맹주인 대가야가 반발한 것은 당연한 일이었다. 법흥왕 9년(522) 대가야왕이 신라

也 子能從我乎 淡水不肯 大世退而求友 適遇仇柒者 耿介有奇節 遂與之遊 南山之寺 忽風雨落葉 泛於庭潦 大世與仇柒言曰 吾有與君西遊之志 今各取 一葉 爲之舟 以觀其行之先後 俄而大世之葉在前 大世笑曰 吾其行乎 仇柒勃 然曰 子亦男兒也 豈獨不能乎 大世知其可與 密言其志 仇柒曰 此吾願也 遂 相與爲友 自南海乘舟而去 後不知其所往(『三國史記』 卷4, 眞平王 9年).

에 사신을 보내 혼인을 요청한 것은 바로 백제를 견제하려는 목적으로 신라에 접근하기 위함이라 생각된다. 신라는 이 제의를 받아들여 이찬 比助夫의 누이동생을 대가야에 보냈다.

그 이후 이찬 비조부의 누이와 함께 가야지역으로 파견된 신라인 從者 100명의 공복公服이 문제가 되어 대가야와 신라 사이의 관계가 악화되자, 신라는 한 때 동맹을 파기하고 왕녀를 돌려보낼 것을 요구하는 지경에 이르렀다.[109] 이러한 요구는 대가야에 의해 거부되지만 신라는 이를 빌미로 8개의 성을 함락시켰다. 이렇게 가야의 동남부지역에 대한 압력을 가중시킨 신라는 법흥왕 19년(532)에 드디어 김해의 금관가야를 병합하게 된다.[110]

신라의 금관가야 정복 당시 주목되는 점은, 투항한 금관국의 지배계층을 상당히 우대하는 조처를 취했다는 것이다. 『삼국사기』에서는 금관국의 왕인 仇亥에게 본국의 땅을 식읍으로 하사하여 그 지배권을 허용한 것처럼 기록하였으나, 실상은 『삼국유사』[111]에 나오는 대로 구해의 형제인 脫知에게 금관국의 지배를 맡기고 구해를 비롯한 그의 가족들은 경주로 이주시킨 것이 사실일 것이다. 신라가 이러한 선택을 한 것은 복속 지배층의 최고지배자를 본래의 지배기반으로부터 유리시켜 더 이상 위협세력으로 존재하는 것을 허용하지 않으려는 의도에서라고 볼[112] 수도 있다.

하지만 더 중요한 것은 낙동강과 남해안의 교통상의 요충지이자 對倭 무역창구인 김해 금관가야의 지배층을 포섭하려는 의미가 더 컸을 것으로 생각된다. 과거 신라에 복속된 여러 군장들에게 저택과 전장

---

109) 『日本書紀』 卷17, 繼體天皇 23년 3월.
110) 『三國史記』 卷4, 법흥왕 19년.
111) 仇衡王 金氏 正光二年卽位 治四十二年 保定二年壬午九月 新羅第二十四 君眞興王 興兵薄伐 王使親軍卒 彼衆我寡 不堪對戰也 仍遣同氣脫知爾叱 今 留在於國 王子上孫卒支公等 降入新羅 王妃分叱水爾叱女桂花 生三子 一世宗角干 二茂刀角干 三茂得角干 開皇錄云 梁中大通四年壬子 降于新 羅(『三國遺事』 卷2, 紀異2 駕洛國記).
112) 이우태, 1997, 앞의 책.

을 하사하여 경주에 머무르게 한 경우는 있었다. 하지만 금관가야의 마지막 왕이었던 구해의 아들 武力과 그의 아들인 舒玄, 그리고 그 아들 김유신 등처럼 신라의 지배층인 진골에 편입된 경우는 없었다.

무역루트로서의 가야의 위치에 대해서는 한반도-일본으로 이어지는 루트뿐만 아니라 요동지방-한강유역-낙동강지역-일본으로 이어지는 동북아시아 무역 루트의 중심지 가운데 하나라는 가설이 제기된 바 있다. 즉 소백산맥을 분수령으로 하여 북서쪽으로 흐르는 남한강과, 남쪽으로 흐르는 낙동강이 있는데, 이 두 하천은 영남과 한강유역을 연결하는 원거리무역로의 발달에 매우 좋은 조건이라는 것이다. 그리고 이 두 하천은 鳥嶺을 경계로 40km 떨어져있지만, 이것을 연결하면 대략 500km의 縱貫輸送路가 한반도에 형성되어 있었다는 것을 중요시하였다. 그것을 전제로 낙랑군과 변진·진한지역 및 왜국과의 사이에 원거리무역로가 존재하였다고 한다.[113]

가야의 지정학적 위치를 검토할 때, 이 같은 가설은 시사하는 점이 크다고 할 수 있다. 가야의 입지는 낙동강 하류에서, 바다를 사이에 두고 왜에 접하는 워크포인트(work-point)에 위치하여 대안의 왜에 대한 물자유통의 집산지로서, 왜에게는 선진문물을 얻기 위한 가장 중요한 창구로서 기대되는 곳이었다.[114] 나아가 동북아시아 무역로의 중요 거점 가운데 하나였다.

이후 신라는 관산성 전투에서 대승을 거둔 여세를 몰아, 가야지방에까지 손을 뻗쳐 다음해인 진흥왕 16년(555)에는 비사벌(오늘날의 창령)에 下州를 설치하였다. 신라는 북방에 대한 조처를 어느 정도 강화한 다음에, 진흥왕 22년(561)에 이르러 창녕지역에 진흥왕 및 사방군주가 모여 무력시위를 하고, 다음해에 이사부가 이끄는 군대가 가야연맹의 근거지인 대가야를 기습적으로 공격하여 함락시켰다.

---

113) 崔永俊, 1990, 『嶺南大路-韓國古道路의 歷史的 地理的研究』, 고려대학교 민족문화연구소.
114) 李成市, 2002, 「新羅の國家形成と加耶」 『倭國と東アジア』 -日本の時代史 2-, 吉川弘文館, 280쪽.

결국 신라는 중고기 때 국가체제의 정비와 왕실의 권위를 높이는 일련의 정책을 통해 영토확장을 하였다. 활발한 영토확장을 통해 한 강유역, 울릉도를 포함한 동해안지역, 낙동강 하류의 가야지역을 석권한 신라는, 대중국·대왜 무역의 루트를 장악하여 삼국통일의 기반을 다졌다. 나아가 동북아시아의 물류·무역의 중심국가로 발돋움 할 수 있었다.

제2장

南北國時代 貿易의 形態와 구조

1. 公貿易

　남북국시대뿐만 아니라 한국 전근대 무역에서 가장 큰 비중을 차지하는 것은 대중국무역이었다. 그 중에서도 남북국시대의 對唐貿易은 그 주체에 따라 公貿易과 私貿易으로 나누어진다. 그리고 公貿易은 다시 두 가지로 나누어지는데 朝貢과 册封이라는 형식을 통해 이루어지는 물자교역과, 互市를 통한 교역활동이 그것이다.

　먼저 조공무역에 대해 살펴보면, 조공이란 원래 周의 宗法的 封建制度內의 핵심지배 근간이었던 천자의 제후통제 및 결속을 도모·강화하기 위한 일종의 정치적 지배수단이었다.[1]

　일반적으로 말하는 조공관계는 전형적 조공관계와 준조공관계로 구분할 수 있다. 전형적 조공관계는 경제적 관계(貢物과 回賜), 의례적 관계(양국간의 의례적·형식적 관계), 군사적 관계(상호 請兵 및

---

　1) 李春植, 1969, 「朝貢의 起源과 意味」 『中國學報』 10, 7～9쪽.

出兵), 정치적 관계(年號·曆의 채용, 내정간섭, 인질 등)이고, 준조공 관계는 정치적 관계(주로 境界 및 越境 등에 관한 문제), 경제적 관계(交易), 문화적 관계(思想, 宗敎, 文化, 技藝)이다.[2]

초기 중국에 있어 이념적이고 정치적인 의례에 불과하였던 조공은 秦漢의 고대제국을 거치면서, 정치적·의례적 의미의 조공이 경제적 부담이 수반되는 실질적 조공관계로 발전하게 되었던 것이다.

대외관계로서의 조공은 출발부터 중국적 천하질서의 좌절과 확대라는 이중적인 구조를 지니게 되었으며, 이후 동아시아사에서 중국을 중심으로 한 특수한 외교질서로서 성립되어, 왕조의 성격과 힘의 강도에 따라 臣屬을 전제로 한 실질적 조공관계의 성격을 지니기도 하며, 경우에 따라서는 다분히 형식적이고 의례적인 관계가 되기도 하는 전형적인 외교관계로 발전하게 되었다.

魏晉을 거쳐 南北朝에 이르는 시기의 중국사회는 조공관계도 그 본래의 의미를 상실하게 되었다. 따라서 작위수여를 통하여 주변제국의 성장과 통일을 저지하려고 하였던 羈縻政策으로서의 조공외교가 오히려 주변민족의 세력신장에 이용되는 결과를 초래하여 將軍號의 책봉도 중국의 자의에 의한 결과이기보다는 주변제국의 요청에 의한 형식적 제도로 形骸化 되었다. 그러나 중국사에서는 고대의 세계제국적 질서에 따른 의식적 가탁으로 여전히 주변제국과의 대외관계를 차등적 개념인 조공관계로 설정, 표현하고자 하였다.

한편 중국적 대외질서로서의 이념적 조공이 4세기 이후에는 중국 이외의 국가에도 나타난다. 그러나 중국과의 경우와는 달리 이러한 국가의 外方에 대한 조공관계의 설정은 이웃나라에 의해 쉽게 받아들여질 수 없는 것이었다. 이를 의사조공관계라고 할 수 있다. 따라서 실질적 조공은 일회적 복속관계가 되는 것이 보통이었으며, 항속적인 조공관계로 발전하는 경우는 드물었다.[3]

2) 全海宗, 1970,『韓中關係史硏究』, 一潮閣, 30쪽.
3) 徐榮洙, 1987,「三國時代 韓中外交의 전개와 성격」『古代韓中關係史의 硏

조공에 대해서는 주
로 정치적 관점에서
만 이해되어 왔으나
이에 못지않게 경제적
인 측면에서의 해석도
필요하다. 단순히 중
국왕조가 주는 官爵이
나 印綬 그리고 衣服
등이 집단 자체 내에
서의 지배자나 지도
자의 정치·사회적
인 권위를 높여주는
효과 때문만은 아닐

〈그림 6〉 산동반도에 있는 등주성 전경
신라와 발해사절단은 바다를 통해 이곳에 도착하여
당의 수도인 장안으로 갔다.

것이며 보다 실질적인 목적은 공식적인 루트를 통해 중국정부만이 취
급하는 일정한 물품을 획득하는데 있었을 것이기 때문이다. 朝貢과
下賜의 형식을 통해 물자교역이 가능하였고, 이에 따른 경제적인 이
익이 보장되었기 때문이다.4)

南北國時代 조공사절이 唐에 入朝할 경우, 唐에서 그들에 대한 대우
를 총괄하는 것은 禮部이고, 主客郞中이 그 중심이었다. 鴻臚寺·典客
署는 그 중에서 주로 長安에서 그들의 접대를 禮部와 연락을 취하면서
관할하는 것이었다.

조공사절이 唐에 도착하면, 그들은 邊境州縣에서의 취조 → 중앙으
로부터 入京 허가자 리스트의 도착 → 入京者 上京 → 京師 도착 → 영
빈관 입소 → 환영의식 출석 → 황제알현일의 전달 → 황제알현 → 당
으로부터의 國書수여 → 임시하사물 수령 → 귀국할 때의 의식 → 歸

究』, 三知院, 102~104쪽.

4) 李賢惠, 1994,「三韓의 對外交易體系」『李基白先生古稀紀念 韓國史學論叢』
上 ; 1998,『韓國 古代의 생산과 교역』, 一潮閣, 266쪽.

途(대기자와의 합류)→歸國이라는 일련의 과정을 거쳤다.

이상의 과정 중에서 교역품(헌상품)은 의식장소에 가지고 들어갈 수는 없었다. 州縣으로부터 鴻臚寺로 연락이 갈 때, 낙타·말 같은 종류는 중앙에 바칠 가치가 없다고 판단되면 州縣이 그것을 보관하는 경우도 있고, 기이한 동물의 헌상이 금지되기도 하였다.

> 2-1. 侍郎이 國書를 읽으면 有司가 각기 부하를 이끌고 정원에서 幣와 말을 받았다(『大唐開元禮』卷79, 皇帝受蕃使表及幣).
> 2-2. (唐側에서의) 贈答品을 줄 때는 舍人이 承旨앞에서 勅을 읽는다. 蕃主이하는 모두 두 번 절한다. 太府가 부하를 이끌고 옷과 물품을 차례로 하사한다. (물품)하사가 끝나면 蕃主이하는 다시 두 번 절한다. 通事舍人이 蕃主일행을 이끌고 출입문을 나간다(『大唐開元禮』卷80, 皇帝宴蕃國主).

사료 2-1과 2-2에서 보이듯이, 唐에서 외국사절에 답례품을 주는 경우는 연회를 할 때이다. 선물을 줄 때는 헌상품의 가치에 따랐기 때문에, 헌상품의 가치결정은 불가결한 것이었다. 만일 가치가 불명확한 경우는 鴻臚寺가 小府監이나 市司와 협의하여 결정하고 중서성에 보고하였다. 이렇게 의식적 행위인 回賜로서 수여된 중국으로부터의 하사품은 주변나라들이 화이질서를 유지하고 기능시키는 것에 대한 중국 측으로부터의 비용 지불이라고 생각된다.

외국사절로부터 당에 건너온 물품은 『大唐開元禮』 '皇帝受蕃使表及幣'에 '幣5)와 '庭實'6)이라고 기록되었듯이 두 종류의 헌상품이 존재하였다. 또한 당으로부터의 답례품도 연회장에서 주는 물품과는 별도로 사절의 귀국 환송장에서도 賜物의 수여가 있어서, 이것도 외국으로부터 두 종류의 헌상품에 대응하는 것이라 생각된다.

당왕조 측의 조공무역관리는 조공관계를 맺은 國名은 禮部 主客郎

---

5) 幣란 帛 같은 비단을 중심으로 하는 方物, 貢獻品을 말한다.
6) 庭實이란 정원에 가득 찬 貢物이란 의미다.

中과 鴻臚寺・典客署에서 기록하였고, 무역품목・액수는 戶部가 기록
하였다. 또 물품의 보관은 太府寺가 관리하였다.[7]

　위에서처럼 下賜와 朝貢의 형식을 통해 상당량의 물자교역이 이루
어지고 있었다면 朝貢과 官爵, 印綬의 수여를 통한 중국 정부와 신
라・발해 사이의 물자교류형태를 조공무역이라 할 수 있다. 이러한
조공무역은 교역형태상 직접적인 교섭에 의한 교역에 속한다고 할 수
있다. '직접 접촉에 의한 교역'은 교역과정에 제3의 중개인이나 중개
장소가 개입되지 않는다는 의미이며, 이 같은 무역형태에서는 교역활
동이 정치지배자에 의해 조직되고 통제되는 경우가 많다고 한다.[8] 아
울러 Karl Polany가 언급한 증여교역에 해당한다.[9]

---

7) 石見淸裕, 1997,「唐代外國貿易・在留外國人をめぐる諸問題」『魏晋南北朝
　隋唐時代史の基本問題』 ; 1998,『唐の北方問題と國際秩序』, 汲古書院,
　505～508쪽.

8) Lamberg‐Karlovsky에 따르면 무역은 직접접촉에 따른 무역(direct contact
　trade), 교역(exchange), 중심지무역(central place trade)등 세 가지로 나누
　어진다. 첫 번째의 '직접접촉에 의한 무역'은 교역을 위해 두 개의 다른
　장소 간에 직접 얼굴을 대하면서 접촉하는 것을 말한다. 두 번째의 교역
　은 상품이 퍼져나감에 있어 어떤 뚜렷한 조직이나 특수한 자원에 대한
　표준화된 가치가 결여되어 있는 경우이다. 세 번째의 중심지무역은 상품
　이나 자원이 필연적으로 몇몇 중계지역에서 생산되었거나 나타난 경우이
　다(崔夢龍, 1985,「古代國家成長과 貿易」『韓國古代의 國家와 社會』, 一潮
　閣, 57～61쪽).

9) 한편 Karl Polany의 무역형태 구분법에 따르면, 무역은 세 가지 형태로 나
　누어 볼 수 있다고 한다. 첫째는 증여교역이다. 이는 대체로 의례적인 것
　이며 상호간의 선물교환이나 사절 교환, 수장 또는 왕들의 정치적 행위
　등을 포함하는 경우이다. 둘째는 관리교역 또는 조약교역이다. 이 경우에
　는 수입의 이해득실이 쌍방에 결정적인 요인이 된다. 따라서 교역은 정
　부 또는 정부의 관리 하에 있는 규칙에 의해서 조직된다. 셋째는 시장교
　역이다. 여기서는 교환이 당사자를 서로 맺어주는 통합의 형태가 된다.
　이 경우의 교역조직은 수요・공급・가격기구에 따라서 생겨나게 된다고
　한다(Karl Polany, 1977, The Livelihood of Man, Academic Press ; 朴賢洙譯,
　1983,『人間의 經濟』 I, 도서출판 풀빛, 141～144쪽).

한편 중국정부와 신라·발해에서 파견된 遺唐使 사이에 직접 물자가 거래된다는 점에서 조공무역은 公貿易의 성격을 가지며, 개인과 개인 또는 개인과 집단간의 사적인 교역과는 구분된다.

다음으로 對唐貿易에서 조공무역과 구별되는 것으로 互市를 통한 교역을 들 수 있다. 互市의 설치와 운영은 중국 황제의 허가에 의해 소재지 정부나 관인의 관리와 감독 하에 행해졌다. 일반적으로 互市에서 교환하는 것은 말이나 소·낙타 등이었다. 남북국시대의 例로는 李正己 一家가 지배하던 시기의 淄靑藩鎭과 발해사이의 교역을 들 수 있다.10) 이 때 唐側이 주는 것은 발해 지배층이 필요한 絹·帛 등의 직물이어서, 소위 '絹馬貿易'이라고도 불렸다.11)

이상에서처럼 무역의 주체에 의해 무역의 형태를 公貿易과 私貿易으로 나누어 살펴보았다. 남북국시대 公貿易을 담당했던 사람들은 바로 빈번히 唐에 파견된 遺唐使였다. 遺唐使들은 본국의 왕을 대신하여 貢獻品을 獻上하고, 그 과정에서 본국왕에게 주는 回賜品과 사절단 개인에게도 관등의 高下에 따라 回賜品을 받았다. 따라서 公貿易의 주체는 남북국시대의 王室과 遺唐使로 파견된 중앙귀족들이었다고 할 수 있다.

2. 私貿易

남북국과 중국·일본과의 관계에는 조공관계이외의 것이 있었다. 즉 양국의 적대관계와 또 조공관계와 관련이 없는 私貿易 내지는 사적 접촉이 있었다.12) 교역의 형태 면에서 조공무역이 公貿易의 범주에 든다면 상인들의 활동에 의한 교역은 私貿易으로 대비할 수 있

---

10) 本書 4章 2節 참고.
11) 馬一虹, 1999, 「渤海と唐の關係」『アジア遊學』6, 52쪽.
12) 全海宗, 1970, 『韓中關係史硏究』, 一潮閣, 30쪽.

다.[13) 이외에도 조공사절단으로 간사람 중에 개인적으로 한 무역이
나 해상세력에 의한 것도 사무역의 범주에 포함시킬 수 있다고 생각
된다.[14)

사무역의 첫 번째 유형으로는 외교사절을 통한 부대적 무역을 들
수 있다.

> 2-3. 이전에는 외국에 사신으로 오면 많은 금은보화를 얻었다. 歸崇敬
> 은 무역을 함이 없어서 東夷가 그 청렴함을 전한다(『新唐書』卷
> 164, 歸崇敬傳).
>
> 2-4. (唐) 조정에서 매번 신라로 사절단을 보내면, 신라에서는 반드시 금
> 은보화를 후하게 주었다. 오직 李沕만이 判官으로 (신라에) 가서,
> 하나도 받지 않아 동료들에게 시기를 받았다(『唐國史補』卷下).

사료 2-3은 唐 代宗 大曆年間(766~779), 즉 신라 혜공왕대에 파
견된 사절 歸崇敬이 무역을 행하지 아니하고 매우 청빈하였다는 것이
다. 2-4도 비슷한 경우인데, 신라에 사신으로 간 李沕가 기존의 관례
와는 달리 금은보화를 하나도 받지 않아 동료들의 시기를 받았다고
한다.

조금 뒤의 사실이기는 하지만 고려의 사절이 宋의 首都에 들어가

---

13) 金庠基, 1934·1935,「古代의 貿易形態와 羅末의 海上發展에 對하여」『震檀
學報』1·2 ; 1948,『東方文化交流史論攷』, 乙酉文化社, 1쪽.

14) 權悳永은 公貿易(朝貢貿易)을 세 가지 형태로 나누어 보았다. 즉 외국에
파견된 사절단에 의해 행해지는 일반적인 형태, 官市를 통한 무역, 838년
에 일본의 遣唐大使 藤原常嗣가 약품과 향료를 구입하기 위하여 監國信
春道永藏과 判官 長岑高名을 揚州에 보내어 물건을 구입하려고 한 것과
같은 밀무역의 경우로 나누어 보았다(權悳永, 1997,『古代韓中外交史』, 一
潮閣, 274~278쪽). 필자와는 달리 외교사절단의 공식적인 교역외의 것도
公貿易의 범주에 포함하고 있다. 그러나 朝貢 즉 公貿易에 의해 거래된
물품은 왕실이나 국가 재정에 귀속되지만, 조공 사절단들이 개인적으로
거래한 물건은 개인의 소유가 되기 때문에 私貿易으로 보아야 한다고 생
각한다.

소위 공물, 사여품 등의 교환을 행하는 일면에 宋政府에서는 각종의
行舘에 명하여 사관 안에 상품을 진열하게 하여 사절의 무역에 편의
를 보아주기도 하였다.[15) 이에 대응해 고려에서도 송의 사절단이 오
면 특별히 市廛을 열었다.

> 2-5. 故事에 매번 사신이 오게 되면 사람들이 모여 큰 시장을 이루고
> 온갖 物貨를 나열하는데, 붉고 검은 비단은 모두 화려하고 좋도
> 록 힘쓰고, 금과 은으로 만든 기용은 모두 王府의 것을 때에 맞
> 추어 진열하나, 실제로 그 풍속이 그런 것은 아니다(『高麗圖經』
> 卷3, 貿易).

조공에 의한 부대적 무역이 발달된 것은 조공 자체의 성질로 보아
당연한 것이라 할 수 있다. 말하자면 公貿易에서 무역범위가 확대된
데에 불과한 것으로 볼 수가 있다.[16) 즉 조공에 의한 부대적 무역은
공식적인 업무를 위해 파견된 외교사절단에 의해 공식적인 업무가 끝
난 뒤에 행해지는 것이다. 따라서 조공무역의 활성화는 곧 조공에 부
수하는 사무역의 발달로 직결된다.

이상의 경우는 중국의 경우이고, 일본의 경우에는 구체적인 내용을
알 수 있는 다음의 사료가 전해진다.

> 2-6. 內藏寮와 渤海客이 재화와 물건을 서로 주고받았다(『日本三代實
> 錄』卷21, 貞觀 14년 5월 20일 己丑).
> 2-7. 서울 사람들과 발해의 사신들이 交關하는 것을 허락하였다(『日
> 本三代實錄』卷21, 貞觀 14년 5월 21일 庚寅).
> 2-8. 여러 시전의 사람들과 사신의 무리들이 사사로이 물건을 거래하
> 는 것을 허락하였다. 이 날 官錢 40만을 발해국사 등에게 주고
> 시전의 사람들을 불러 모아 사신들과 토산물을 매매하도록 하였
> 다(『日本三代實錄』卷21, 貞觀 14년 5월 22일 辛卯).

---

15) 『東坡全集』卷34, 奏議 35 論高麗買書利害劄子.
16) 金庠基, 1987, 「朝貢의 經濟的 意義」 『古代韓中關係史의 研究』, 三知院,
    51~52쪽.

2-9. 大使 裵頲이 별도로 방물을 바쳤다. 이 날 內藏頭和氣朝臣彛範이
　　　부하를 이끌고 鴻臚館에 가서 交關하였다(『日本三代實錄』 卷43,
　　　元慶 7년 5월 7일 壬申).
2-10. 內藏寮의 交關이 어제와 같았다(『日本三代實錄』 卷43, 元慶 7년
　　　5월 8일 癸酉).

　사료 2-6~10은 발해사신들에 의한 私貿易의 양상을 보여준다.
당시의 교역시스템을 보면 먼저 외국상인이 현지에 도착하면 교역을
담당하는 관리가 외국상인이 도착한 곳에 파견되어 가져온 물건들을
검사한 다음, 먼저 公貿易을 행사한다. 그 뒤에 私貿易이 행해지게 되
는 것이다.
　그러나 이러한 법이 지켜지지 않고 있으며, 王臣家을 비롯한 귀족
층은 公貿易이 이루어지기 전에 자신의 가신을 파견하여 사절단과 사
적무역을 행하고 있으며, 그것을 단속해야 할 지방관인 國司조차도
교역에 참가하고 있는 모습을 볼 수 있다. 이러다 보니 일반백성들(주
로 지방의 유력 호족층)까지 교역에 참가하고 있는 것이다.[17]
　신라의 대일무역의 경우에는 752년의 사절단을 하나의 劃期로 볼
수 있고, 이후 무역을 주목적으로 하는 외교사절의 방문이 계속되었
지만, 그것도 779년에 끝나게 되었다. 이는 신라 상인층이 대일무역
을 담당할 정도로 성장한 결과, 매번 외교형식을 둘러싸고 분쟁을 일
으키는 公使에 수반하는 무역으로부터 보다 구속이 약한 민간상인에
게 그 활동을 맡기게 된 것을 시사한다.
　한편 발해의 경우에는 公使자신이 실질적으로는 상인으로서 대일
무역에 종사하였다. 신라인이 北九州라는 일찍부터 상권이 형성된 지
역을 교역의 무대로 한데에 비하여, 발해의 경우는 平安京에서의 무
역활동이 중심이었기 때문에 보다 공적인 신분으로 入京하는 것이 중
요한 의미를 가지고 있었던 것이다.[18]

---

17) 李炳魯, 1998, 「"續日本紀"에 나타난 韓國古代史像」 『韓國古代史研究』 14,
　　104~105쪽.

이상에서 살펴본 唐·宋 등 중국사신과 신라·발해의 遣唐使에 의한
무역과 大宰府에서 행해진 신라 사절단에 의한 私貿易, 渤海客院·客館
에서 행해진 무역은 Karl Polany가 언급한 정부 또는 정부의 관리 하에
있는 규칙에 의하여 조직되는 관리교역에 해당한다고 할 수 있다.

위에서 언급한 경우는 거의가 중앙권력층의 무역경영이라고 볼 수
가 있다. 사무역을 경영한 세력의 두 번째로는 지방 세력을 들 수 있
다. 여기에 속하는 대표적인 인물로 우선 장보고를 들 수 있다.『三國
史記』에 의하면 興德王 3年(828) 4月에 장보고가 중국에서 돌아와
홍덕왕을 알현하고 士卒 1만인으로써 완도에 設鎭했다고 한다.[19] 왕
권을 둘러싼 政爭에서 실패한 金祐徵은 자신과 처자의 안전을 도모하
기 위하여 837년 5월에 청해진으로 도피하였는데,[20] 이는 우연이 아
닌 듯하다. 왜냐하면 김우징이 侍中으로 재직하던 시기에 장보고가
청해진 설치를 홍덕왕으로부터 공식적으로 인정받았기 때문이다. 장
보고가 홍덕왕을 직접 알현하고 청해진설치를 공식적으로 인정받을
수 있었던 배경에는 시중이었던 김우징의 도움이 있었다는 추측은 일
찍이 있어 왔다.[21] 그리고 김우징의 심복인 金陽은 홍덕왕 3년에 固
城郡 太守로 재직하다가 이어 中原 大尹을 거쳐 武州都督으로 전임되
어 재직한 바가 있다.[22] 따라서 홍덕왕대에 청해진설치를 전후로 하
여 시중 우징, 무주도독 김양과 청해진대사인 장보고 사이에는 어떤
모종의 관계가 이루어졌을 것이라는 추측을 해볼 수가 있을 것이다.

한편 완도는 청해진의 총사령부가 위치하였던 것으로 보이며, 그
관할영역은 오늘날의 莞島郡·康津郡·海南郡 등을 비롯한 광범한 지

---

18) 石井正敏, 1992,「10世紀の國際變動と日宋貿易」『新版 古代の日本』2-ア
　　ジアからみた古代日本-, 角川書店, 345~346쪽.
19)『三國史記』卷10, 興德王 3年 4月條.
20)『三國史記』卷10, 僖康王 2年 5月條.
21) 尹炳喜, 1982,「新羅 下代 均貞系의 王位繼承과 金陽」『歷史學報』96, 68~
　　69쪽.
22)『三國史記』卷36, 地理3에 의하면 莞島는 陽武郡에 속하며, 양무군은 武州
　　의 관할 하에 있다.

역에 해당되었을 것23)으로 생각된다.

청해진의 폐쇄이후에 각지에서 군소해상세력들이 독자적으로 대중국무역을 전개하였다. 康州地域에서 독립된 세력으로 성장한 王逢規는 景明王 8年(924)에 後唐에 사신을 보내어 자신을 절도사로 칭하였다.24) 이는 대외적으로는 이전부터 추진해 오던 서해안 무역활동을 원활하게 전개하여 경제적인 부를 획득함으로써 이를 토대로 군사력을 강화하고자 한데에 그 목적이 있었다. 강주의 전역으로 세력기반을 확대해 나가던 왕봉규는 景哀王 4年(927) 夏 4月 이후부터 敬順王 2年(928) 사이에 벌어진 고려와 후백제간의 공방전 속에서 몰락하고 康州는 敬順王 2年(928) 견훤에 의해 점령되었다.25)

한편 金州의 군사책임자인 李彦謨는 '司馬'인 동시에 중국 登州의 知後官으로 장보고의 세력기반이었던 적산촌이 속해있던 登州와 金州와의 연락업무를 맡아보면서 金州의 경제적인 무역활동은 물론 신라의 외교적인 연락사무도 맡아보았다.26) 당시 이언모로 하여금 무역활동을 추진케 한 김해의 호족세력은 蘇律熙로써 그는 특히 선종을 적극적으로 육성하여 효공왕대에 이르러 김해지방이 선종의 요람지로써 명성을 날리게 했다.

王建가문의 경제적 기반에 대해서는 종래 대중국 해상무역이 지적되어 왔다.27) 그러나 당시 대중국 무역에 종사하는 상인은 반드시 姓을 갖고 있어야 하지만 왕건 가문은 姓을 冠稱하지 않았다. 따라서 중국과의 무역에 참여했을 가능성보다는, 해안을 따라 항해하면서 782년 신라가 平山 지역에 설치한 浿江鎭을 중심으로 한 지역에서 신라

---

23) 鄭泰憲, 1985,「淸海鎭과 他軍鎭과의 비교적 考察」『張保皐의 新硏究』, 194~196쪽.
24) 『三國史記』卷12, 景明王 8年條 ;『册府元龜』卷972, 外臣部17 朝貢5 後唐 莊宗 同光2年 1月條.
25) 『三國史記』卷50, 列傳10 甄萱.
26) 『册府元龜』卷976, 外臣部20 後唐 明宗 天成 2年 3月 乙卯條.
27) 朴漢卨, 1989,「羅末麗初의 西海岸交涉史硏究」『國史館論叢』7, 61~62쪽.

귀족과 상업 활동을 벌임으로써 富를 축적[28]했을 것으로 여겨진다.

羅州地域에서도 해상무역을 통한 정치세력이 형성되어 있었다. 특히 왕건의 부인이었던 羅州吳氏의 집안은 무역을 통해 부를 축적한 경우로 보인다. 그리고 고려의 건국에 있어 이 지역이 중요하였던 것은 왕건이 궁예의 장군으로 강력한 해군력을 토대로 후백제의 배후인 나주지역에 군사적 거점을 마련하여 후백제를 고립시킬 수 있었기 때문이었다.[29]

한편 수도 경주의 외항으로서 일찍부터 활발한 국내외 무역의 중심지로 기능하고 있던 울산에서는 10세기 초반 경에 호족으로 등장하고 있던 박윤웅이 달천철광과 수공업장을 장악함으로써 군사적 기반과 경제적 기반을 확보하여 호족장으로 성장할 수 있었다.[30]

> 2-11. 群山島는 만경현의 서쪽바다에 있는데, 주위는 60리이다. 벼랑이 있어 선박을 감출 만하며, 무릇 漕運으로 往來하는 자는 모두 이곳에서 순풍을 기다린다. 섬 가운데는 마치 君主의 陵과 같은 大冢이 있다. 근세에 이웃 고을 수령이 그 무덤을 파내어 金銀器皿을 많이 얻었는데, 사람들이 고발하자 도망쳤다(『新增東國輿地勝覽』 卷34, 全羅道 萬頃縣 山川條).

해로의 요충인 고금산도에 군주의 陵과 같은 大冢이 있고, 거기에서 많은 金銀器皿이 나왔다고 한다. 이 大冢의 주인공은 지방 관리가 아니라 豪族이었을 것이고, 그 豪族이 해상무역에 기반을 두었다면 바다의 호족이었을 것이다. 이같이 해상에서 활약한 사람들은 海島나 연해안의 요지에 근거를 둔 경우가 많았다. 따라서 주로 선박 등을 소

---

28) H.W. KANG, 1986, 「Wang Kon and the Koryo Dynastic Order」『韓國文化』 7, 167~169쪽.
29) 朴漢卨, 1985, 「羅州道大行臺考」『江原史學』 1 ; 文秀鎭, 1987, 「高麗建國初의 羅州勢力」『成大史林』 4 ; 鄭淸柱, 1991, 「新羅末 高麗初의 羅州豪族」『全北史學』 14.
30) 具山祐, 1992, 「羅末麗初의 蔚山地域과 朴允雄」『韓國文化硏究』 5.

유하고 해상생활자 사이에서 지배적인 힘을 가졌을 것으로 생각된다. 무역을 통한 이윤은 그들 자신의 致富나 관료권력층과의 결합 강화 등에 쓰였고, 관료와의 결합을 바탕으로 해상생활자사이에서 세력을 확장했을 것이다.[31]

이외에도 貞州에서 서해의 해상활동을 통해 富를 형성한 柳天弓,[32] 壓海懸의 賊首였다는 能昌[33] 등도 해상무역을 전개한 지방 세력으로 볼 수 있다.

> 2-12. 발해인과 鐵利 총 1,100여 인이 교화를 사모하여 來朝했다. 出
>   羽國에 안치하여 옷과 양식을 주어 돌려보냈다(『續日本紀』卷
>   16, 天平 18년 746).

사료 2-12는 새로 포섭한 말갈제부족을 회유하기 위해 발해왕권에 의해 교역단 같은 것이 조직되고, 그것이 발해의 국가적 사절의 일원으로서 대외무역에 정기적으로 참가해 가는 초기단계의 일이라고 추측된다. 772년 이후 779년까지 발해의 5회의 대일본사절이 여러 점에서 이례적이고, 대규모화한 것은 발해의 말갈제부족에 대한 정치적 통합과정에 관한 것이어서 이 시기의 대일본외교에 있어서의 혼란은 바로 이와 같은 발해의 정치과정을 미묘하게 반영한 것이었을 것이다.[34]

세 번째로 사무역을 경영한 세력으로는 민간무역업자 즉 상인을 들 수 있다.

> 2-13. 禺金里에 사는 가난한 여자 寶開에게 長春이라는 아들이 있었
>   다. 바다의 장사꾼을 따라 나가더니 오래 되어도 소식이 없었
>   다. 그의 어머니가 敏藏寺 觀音菩薩앞에 가서 7일 동안 기도했

---

31) 日野開三郎, 1961,「羅末三國の鼎立と對大陸海上交通貿易」(4)『朝鮮學報』
    20, 103～105쪽.

32) 『高麗史』卷88, 列傳1 神惠王后 柳氏.

33) 『高麗史』卷1, 世家1 太祖.

34) 李成市, 1997,『東アジアの王權と交易』, 靑木書店, 146～147쪽.

더니 長春이 갑자기 돌아왔다. 그 동안의 연유를 물으니 長春이
대답했다. "바다 가운데서 회오리바람을 만나 배는 부서지고
동료들은 모두 죽음을 면치 못했지만, 저는 널판 쪽을 타고 吳
나라 바닷가에 닿았습니다. 吳나라 사람이 저를 데려다가 들에
서 농사를 짓도록 하였습니다. 어느 날 이상한 스님 하나가 마
치 고향에서 온 것처럼 은근히 위로하더니 저를 데리고 같이
가는데, 앞에 깊은 도랑이 있어 스님은 저를 겨드랑이에 끼고서
도랑을 뛰었습니다. 저는 정신이 가물가물하는데 우리 집 말소
리와 우는 소리가 들려 정신을 차려보니 어느덧 여기에 와 있
었습니다." 저녁때에 吳나라를 떠났는데, 이곳에 도착한 것이
겨우 戌時였다. 이때는 바로 天寶 4년 乙酉(745) 4월 8일이었
다(『三國遺事』 卷3, 塔像4 敏藏寺條).

우금리에 살던 보개라는 여인의 아들인 장춘이 상인을 따라 중국에
갔다는 내용이다. 따라서 경주에 살던 장춘의 존재를 통해, 장춘이 속
한 상단이 대중국 해상무역에 종사했음을 알 수 있다.

발해의 민간무역업자로는 李光玄을 들 수 있다. 최근 중국학계에서
도교 경전인 『道藏』 속에 이광현이라는 사람의 저작이 확인되었는데,
그가 발해인이라는 주장이 제기되었다.[35] 이에 따르면 이광현은 어
려서 고아가 되었고, 재산이 巨萬에 달했지만, 求道를 위해 弱冠에 出
鄕한다. 그는 出鄕後 靑社淮浙之間을 왕래하며 化易하는 마을 사람들
의 배에 타고 다니며 眞人, 道士를 찾다가 실패하고, 24세 경에 귀향
하였다고 한다.[36] 따라서 이광현은 중국 남부지역을 기반으로 일본
과의 무역에 종사한 사람이었다는 것을 알 수 있다.

결국 사무역은 주체에 의해 공무역에 의한 부수적 무역, 지방세력
에 의한 무역, 민간무역업자 즉 상인들에 의한 무역으로 나누어진다

---

35) 朱越利, 1993, 「唐氣功師百歲道人赴日考－以'金液還丹百問訣'爲據－」 『世
界宗敎硏究』 3期, 中國社會科學院出版社 ; 王勇, 1999, 「渤海商人李光玄に
ついて」 『アジア遊學』 6.

36) 임상선, 2000, 「'渤海人'李光玄과 그의 道敎書 檢討」 『韓國古代史硏究』 20,
656쪽.

는 것을 알 수 있었다.[37]

3. 南北國時代의 貿易 네트워크

남북국시대 무역의 전체적인 양상에 대한 검토는 서론에서 살펴보았듯이, 주로 일본인 학자들에 의해 주도되었다. 국내학계의 기존 연구 성과들은 무역형태나 한반도를 중심으로 하는 주변 나라들과의 무역을 전체적인 시각에서 다루는 것에 대한 언급이 부족하다고 생각된다. 이하에서는 일본학계에서 제기된 동아시아론・아시아교역권론과, Hugh R. Clark이 제기한 중세무역사와의 관련성 등을 검토하여, 신라・발해가 주변나라와 무역 면에서 어떻게 연관을 가지는가에 대해 살펴보겠다.

먼저 좁은 의미의 市場을 상거래가 이루어지는 특정한 장소라고 한다면, 생산자로부터 소비자에 이르는 크고 작은 여러 시장이나 상인들의 네트워크를 廣義의 市場・市場圈・交易圈・貿易圈 등으로 정의할 수 있다.[38] 남북국시대 당시 세계에는 크게 네 개의 廣域 市場圈이 있었다. 즉 中國市場圈, 南아시아市場圈, 西아시아市場圈, 地中海市場圈이 바로 그것이다.

Hugh R. Clark은 중국시장권을 북해무역과 남해무역으로 나누어 살펴보았다. 즉 당에서는 중엽이후 남방의 해로를 통해 다수의 아라비아 상인들이 와서 廣州・揚州・泉州 등의 항구가 번영하였다. 이들 항구는 상품하역센터로서 交易港의 기능을 하고 있었다. 아라비아 상인들이 담당했던 것은 南海貿易(중국남부, 필리핀과 인도네시아의 다도해로부터 서쪽의 인도양과 심지어 유럽의 사회까지 포함)이었다.

---

37) 사무역의 발달 배경에 대해서는 본서 5장 참조.
38) 松井透, 1999,「商人と市場」『岩波講座 世界歴史』15-商人と市場-, 岩波書店, 10쪽.

한편 동북아시아의 北海貿易(동북아시아지역 즉 平安時代의 일본, 발해, 신라)을 담당하고 있던 것은 신라인이었다. 이 남해무역과 북해무역을 연결시키는 역할을 담당했던 것이 장보고로 대표되는 신라인[39]이었다고 한다.

이러한 Hugh R. Clark의 견해는 남북국시대의 무역을 중세세계무역사의 일환으로 보고 있는 점은 옳다고 할 수 있지만, 발해의 무역 면에서의 역할에 대한 언급이 없다는 점이 한계로 남는다. 즉 발해의 대중국·대일본 무역에서의 역할과, 발해 상인들에 의한 대중국·일본 무역에 대한 언급이 누락되어 있다.

다음으로 살펴볼 것은 일본학계의 '동아시아론'이다. 한반도·일본열도·인도차이나 반도의 베트남 지역(이하에서는 특별히 밝히지 않는 限 한국·일본·베트남·중국을 지역 명칭으로 사용한다)은 일찍이 커뮤니케이션 수단으로 한자를 공유하고 있었다. 그것을 매개로 유교·율령·漢譯 불교 等 중국에서 기원하는 문화를 수용하였다. 이러한 역사 현상으로 인해 중국의 중심부를 포함하여 이들 지역을 '동아시아 문화권'이라고 하는 견해[40]도 있다.

이 문화권은 문화가 독자적으로 확장하여 형성된 것이 아니라, 그 배경에 독자의 정치구조(책봉체제)가 존재하며 이 정치구조를 매개로 중국문화가 확장되었다는 것이다. 중요한 것은 동아시아 문화권이란 동아시아 세계라는 역사적 세계의 설정이 그 전제가 되어 있다는 사실이다.

니시지마는 당의 멸망으로 인해 국제적인 정치 질서로서의 동아시아 세계는 붕괴되었다고 해석하고, 이를 대신해서 경제적 교역권으로서의 동아시아 세계가 출현한다고 본다. 동아시아 교역권에서 무역의 확대는 필연적으로 동아시아 교역권을 확대, 중국을 중심으로 하여

---

39) Hugh R. Clark, 1993,「한반도와 남중국간의 무역과 국가관계」『장보고 해양경영사연구』, 도서출판 李鎭.
40) 西嶋定生, 1985, 『日本歷史の國際環境』, 東京大學出版會.

한국·일본·베트남 등지에서 행해지던 교역이 동남아시아에서 인도
방면으로 확대하게 된다. 이러한 동아시아 세계는 19세기에 이르러
유럽 자본이 동아시아 세계에 미치게 되었을 때 정치적·경제적으로
그리고 문화적으로도 붕괴되기에 이르렀다고 한다.

여기에는 두 가지의 문제가 있다. 우선은 동아시아 세계영역은 시
대와 함께 변해왔다는 것이다. 실제로 니시지마는 그 영역이 유동적
이어서 고정적으로 이해할 수 없다고 확언하였다.

다음은 관직을 매개로 한 관계야말로 책봉체제를 규정하는 내실로
서 중시되고, 6세기부터 8세기까지의 중국 왕조와 '동쪽지역의 나라
들'과의 정치관계가 실증적으로 검토되어 그것에 대해 책봉체제란 명
칭이 붙여졌다. 엄밀하게 말하면 책봉체제란 한정된 시대(6~8세기)
와 지역(중국과 그 동쪽지역의 나라들)에서 검증되고 이론화된 것으
로, 그것을 지나치게 확대한 것이다.[41]

이상의 '동아시아론'이나 '동아시아 역사상'이 제기된 출발점은 동
아시아사적 시점으로서 세계사와 일본사를 조망하려는 데 있었다. 전
세계에 보편적으로 적용된다는 '세계사의 기본법칙'의 유용성을 전제
로 하면서도, 그것이 결국은 극복되어야 할 구미중심 사관이며, 비교
사의 방법도 후진국과 선진국이 서로 영향을 주고 제약을 받는 상호
관계를 간과하는 한계를 벗어나지 못한다고 보았기 때문이다.

일본학계에서 동아시아를 무대로 하는 연구가 새로이 부각되기 시
작한 것은 80년대 초에 접어들면서부터였다. 80년대 후반 이후 동아시
아 내지 아시아는 논문이나 저서명에서 마치 관용 접두어처럼 유행하
는 것을 볼 수 있는데, 80년대 이후 90년대의 아시아적 시각은 역사학
의 영역을 벗어나, 지리학·철학·민속학·정치학·사회학 등의 다양
한 학문영역에서 접근되었다. 연구대상과 시기가 워낙 다종다양하여
하나의 논리로 묶어보기 힘들지만, 아시아적 시각 가운데서도 가장 논

---

41) 李成市著 박경희 역, 2001, 「동아시아문화권의 형성」『만들어진 고대』, 삼
    인, 138~151쪽.

리적 구조를 갖추어 있는 것이 '아시아교역권'론이라 할 수 있다.

'아시아 교역권'론의 논리적 구조는 크게 두 가지로 나누어 볼 수 있다. 우선은 민족과 국가의 상대화이다. 80년대 후반, 역사학에서 전근대에서의 국가가 갖는 가치가 貶下되고 일본민족의 순수성에 대한 믿음은 허구에 지나지 않는다는 주장이 등장하며, 종래 당연한 존재로 받아들여졌던 국민국가는 점차 상대화되기 시작했다.

다음으로 '아시아교역권'론의 기초논리로 들 수 있는 것은 지역문제이다. 60년대부터 동아시아 역사상이 제기될 당시는 문명권으로서의 '지역', 70년대 인민투쟁사가 강조될 때는 민중의 삶의 터, 중앙에 대한 지방으로서의 '지역'등 다양한 의미로 제기되었다. 그런데 90년을 전후해서부터의 지역은 통상적 의미의 지역이라는 개념을 토대로 하면서도 국가적 틀을 넘어선 교류의 '관계영역'으로서 域圈이라는 의미로 비중이 옮아갔다.

지역에 대한 개념이 변화하면서, 이를 근거로 일체성 하에 지역적 상호관련성을 갖는 아시아의 역사상을 구성하려는 시도가 진행되었다. 이러한 논의는 이전에도 있었던 것이다. 그러나 60년대의 동아시아 역사상은 역시 국가 내지는 민족이라는 범주에 선 동아시아사의 파악이었다. 반면에 아시아교역권론에서는 국경을 넘어서는 규모에서 기능하는 경제적 域圈을 중심으로, 국제관계를 지역과 域圈 상호 제관계의 전체로서 하나의 이념과 원리 하에 작동하는 시스템으로 간주하고, 各國史・各地域史의 전개도 그 아래에 자리 잡는다고 보는 것이다.

아시아 국제시스템에서 域圈으로서 지역과 지역을 연결시키는 것이 네트워크이다. 네트워크는 이질적인 세계를 자신의 논리 속에 받아들이는 개방성을 갖추고 있는 특성을 지닌다. 네트워크라는 개념이 내포하고 있는 가장 중요한 요소는 이동이다. 물자・사람・돈이 네트워크를 통해 이동하여, 정보가 전달되고 언어가 접촉하고 문화가 이동하는 것이다. 국경에 의해 단절된 세계가 아니라, 네트워크를 통해

외부로 열려진 세계에서는 중심부보다도 周緣部, 그리고 양자의 관계가 중시된다.

中心-周緣은 보는 방향에 따라서, 중심이 주연이 되고 주연이 중심이 되는 중첩되는 구조를 가진다. 이 때문에 '周邊'이 아니라 '周緣'이라는 용어가 선택된 것으로 보인다. 중심과 주연의 공간이 지역이나, 지역의 공간은 폭과 폭의 불연속으로 연결된다. 또한 지역도 고정화된 경계를 가지는 것이 아니라, 사람과 물자가 유기적으로 상호 침투하면서 횡으로 종으로 이어지는 마디를 이룬다는 것이다.

그리고 지역적 공간을 매개로 아시아 고유의 국제질서 시스템, 네트워크 그리고 사람·돈·물자의 이동을 통해 구성되는 세계로서 구체적으로 제시된 것이 곧 조공시스템이다.

이러한 그간의 아시아교역권론은 참조할 만한 가치가 충분히 있다고 판단된다. 그런데 아시아교역권론에서는 몇 가지 기본적인 문제가 있다. 첫째, 아시아교역권론에서는 네트워크를 통한 인간과 돈·물자의 교류에 치중한 결과, 교류가 항상 동반하는 마찰과 갈등에 대해서는 외면하고 있다. 하나의 역권이라도 그 속에 특정한 지역·민족 혹은 국가의 헤게모니가 존재하나, 상호 영향·상대적 독립과 異化라는 점만이 강조되고 있다.

해역의 세계는 관계의 세계이고 이동의 세계이지 생활의 세계나 定住의 세계가 아니다. 끊임없는 영토분쟁과 전쟁이 일었고 인간생활의 주무대인 육지를 열려진 세계로만 간주하는 것은 지나치게 해역 중심의 균형 잃은 시각이 되기 싶다.

둘째, 동아시아세계는 각국 집단이 단일언어, 단일민족, 단일국가를 장기간 지속해 온 역사적 전통을 가지고 있다. 따라서 현재 진행되고 있는 아시아 경제권으로의 움직임은 필연적으로 국가와 민족 혹은 지역과 에스니시티 간의 마찰과 갈등, 헤게모니의 문제가 등장하지 않을 수 없는 것이다.[42]

---

42) 하세봉, 1996, 「일본학계의 '아시아교역권'론」 『中國現代史硏究』 2 ; 2001,

이상에서 일본학계에서 제기한 '동아시아론'과 '아시아교역권론'의 근거와 한계에 대해 살펴보았다. 그러면 다시 논의의 처음으로 돌아가서, 교역권에 대해 살펴보자. 결론부터 말하면 남북국시대 당시 세계에 있던 4개의 광역시장권 가운데 신라와 발해가 속해 있던 곳은 중국시장권이다. 이 중국시장권의 중심 국가인 중국과 중국시장권 안에 있던 여러 나라와 민족을 연결시켜주던 역할을 하던 것이 바로 朝貢이다.

신라·발해·일본·베트남 등 중국의 주요한 관계국들에게 조공체제는 중국을 중심으로 일원적으로 기능하지 않았고, 중화관의 공유와 그 탈취(小中華의 형성) 등의 수용뿐만 아니라 저항이나 자립의 과정도 존재한다. 또한 러시아 등과 중국과의 관계는 이와는 달리 중국에 영향을 주거나 互市交易(대등한 교역)을 행하는 등 북서주변부에 있어서 조공관계의 기능은 중국 동쪽의 여러 나라와는 다른 것을 나타낸다.

동아시아의 공간적 범위는 중국과의 가깝고 먼 것에 따라 나라별로 구분되었다. 조공관계가 중국을 중심으로 방사형으로 드러나는 관계로서 성립되었기 때문에 琉球나 對馬島 등의 중계적·매개적 기능은 중시되지 않았다. 동아시아에는 중국을 중심으로 주변부 즉 위성적인 중화권이 배치되고 서로가 다각적으로 중계지를 매개로 연결하는 복합적 지역관계도 있었다.

華夷秩序안에는 ① 소수민족의 지도자를 土司·土官으로써 지방관에 임명하는 간접통치지역, ② 理藩院에 의해 관할된 몽고의 예를 대표로 하는 이민족 통치(藩部)지역, ③ 조공에 의한 통치지역, ④ 상호관계의 색채가 강한 互市國, ⑤ 그리고 가장 외곽에 교화가 미치지 않는 化外地域 등이 있었다.

中華秩序에 기초한 통치형태의 특징은 그 안에 간접통치·조공통치가 있고 동시에 대등관계도 존재하는 등 여러 통치원리가 있다는

──────────

『동아시아 역사학의 생산과 유통』, 아세아문화사, 213~231쪽.

점이다. 이러한 華夷秩序 전체를 통괄하는 이념이 中華였다. 즉 중화
이념은 여러 통치이념을 포섭하기 위해 보다 추상화하고 확장된 中心
-周緣관계를 둘러싼 통괄적 이념이고, 구심적이기보다는 오히려 포
괄적·중개적이다.[43]

결국 朝貢은 아시아지역 내에서 동아시아 무역망을 형성시킨 전제
이고, 조공무역에 수반한 사무역의 확대를 촉진함과 동시에 아시아
지역 내 교역의 주요한 루트를 형성하였다고 할 수 있다.

중국시장권이라는 광역시장안에는 여러 시장권이 형성되어 있었
다. 이 가운데 신라와 발해와 관련 있는 것만 들면 다음과 같다. 먼저
들 수 있는 것은 산동반도 일대의 교역권이다. 이는 장보고로 대표되
는 신라상인들의 활약을 통해 알 수 있다. 즉 신라상인의 활약은 재당
신라인사회와 재일신라인사회를 기반으로 하였다. 당과 일본에는 7세
기 이래 신라유이민이 이주하여 집단 거주지를 형성하고 있었다. 이
시기에 유민이 발생한 것은 통치기강의 문란과 토지의 집중화현상에
따른 부산물이었다. 게다가 자연재해라는 요인도 많은 영향을 끼쳤
다.[44] 이들 유민들은 때로 도적화 하기도 했고 지방 세력의 휘하에
들어가 사병적 역할을 수행하기도 하였다. 이중 일부는 중국으로 이
주하기도 하였다.[45] 특히 이들은 재당신라인사회나 재일신라인사회
에 흡수된 것으로 생각된다.

당에서의 신라인촌락은 초주·해주를 비롯한 회하유역과 산동반도
일대에 많았고, 일본에서의 신라인사회는 九州와 下毛野國·武藏國·美
濃國·近江國·駿河國 등에 있었다. 재당신라인사회는 '新羅坊'이라 하
였는데, 인구가 많은 외국인 거주구역인 '番坊'의 하나였다. 재일신라
인사회는 新羅郡 또는 度田郡 이라 불리웠다. 재당신라인들은 주로 거

---

43) 浜下武志, 1997,『朝貢システムと近代アジア』, 岩波書店, 5~11쪽.
44)『三國史記』에 나오는 신라의 자연재해는 총 143회인데 그중 신라하대에
    해당하는 8·9세기에는 각각 29·16회로 다른 세기에 비해 압도적으로 많
    다(申瀅植, 1981,『三國史記研究』, 一潮閣, 187~188쪽).
45)『三國史記』卷10, 憲德王 8年 春正月條.

주지역 근처의 연안무역에 종사하고 있었고, 재일신라인들은 일본정부가 필요로 하는 각종 바다 관련 고급인력(통역관·선원·노 젓는 사람 등)을 제공해 주었다. 즉 해외 신라이민사회가 동아시아 각 지역에서 소규모 지역시장을 관장한 연안무역상인이었다면 장보고로 대표되는 광역시장을 담당하는 무역상인도 존재했던 것이다.[46] 이외에 앞에서 서술한 이연효·이광현 같은 발해상인들의 존재도 주목된다. 이상의 신라·발해상인들에 의해 산동반도에서 행해진 무역은 黃海를 주무대로 행해졌기 때문에 '黃海貿易圈'으로 정의할 수 있을 것이다.

다음으로는 일본의 경우이다. 중국의 경우에 비해서 빈도수나 양은 적지만 대일본무역은 적지 않은 의미를 가지고 있다. 대일본무역의 장소는 크게 두 곳으로 나누어 볼 수 있다. 하나는 대재부를 중심으로 하여 신라사절단과 신라상인들에 의해 행해진 것이고, 다른 하나는 발해사절단에 의해 일본의 동북부 지방의 발해객원·객관에서 행해진 경우이다. 전자는 대한해협을 거쳐 일본의 서쪽지역에서 행해졌기 때문에 '西部日本貿易圈'으로 정의하고, 후자는 동해를 사이에 두고 행해졌기 때문에 '東海貿易圈'이라 정의할 수 있을 것이다.

결국 동아시아 국제관계는 조공·책봉 관계를 기본으로 하여 맺어진 것이다. 이는 지역 내의 交易·移民·金銀의 이동 네트워크를 형성시켰고, 상품의 흡수와 배출의 중심으로서 중국(華中·華南의 경제지대)이 기능하고 주변제국과의 사이에 화이관을 공유하면서 조공관계의 실체를 형성하였다.

조공무역(공무역)의 발전은 중국 주변 여러 나라들의 사무역을 발전시키는 계기로 작용하였다. 특히 8~10세기 사무역의 발전은 이전 시기의 공무역 발달을 전제로 하는 것이었다.

이러한 朝貢을 매개로 형성된 남북국시대 무역 네트워크는 중국을 중심으로 하는 광역시장과 각 지역에 형성된 지역시장으로 나누어 볼 수 있다. 남북국시대의 무역과 관련된 지역시장은, 중국 중심의 광역

---

46) 尹載云, 1996, 「9世紀前半 新羅의 私貿易에 관한 一考察」 『史叢』 45.

시장 아래 '黃海貿易圈'·'西部日本貿易圈'·'東海貿易圈' 등이었다.

4. 貿易品의 종류와 그 성격

1) 신라 무역품의 종류와 그 성격

현재 남아있는 자료의 거의 대부분이 朝貢 즉 公貿易에 관련된 것
이기 때문에, 私貿易에서 거래된 무역품도 미루어 짐작할 수밖에 없
다. 공무역은 많은 경우가 官貿易의 한 형태이고, 朝貢品·回賜品과
민간무역에 있어서 수출입품과는 일치되는 경우가 많았기 때문이
다.[47] 신라와 중국과의 무역에 서로 거래된 물품은 신라가 중국 조정
에 바친 進獻品(方物)과 중국이 그들에게 내린 下賜品을 통해 추측할
수 있다.

먼저 중국에서 신라에 건너온 물품을 살펴보면 다음과 같다.

> 2-14. 2月에 金武勳을 唐에 보내어 신년을 賀禮하였다. 武勳이 귀국할
> 때, 唐 玄宗이 (왕에게) 書를 보내어 가로되, "卿이 正朔을 맞을
> 때마다 우리 조정에 朝貢을 보내고 所懷를 말하니 깊이 가상하
> 며, 또 보낸바 여러 가지 물건을 받으니, 그것이 다 滄海와 草莽
> 을 거쳐 온 것이므로 물건이 정교하고 아름다워 깊이 卿의 마음
> 을 나타냈다. 지금 卿에게 錦袍·錦帶·綵素 二千匹을 증여하여
> (卿의) 精誠에 보답하려 하니 가거든 받으라"고 하였다(『三國史記』
> 卷8, 聖德王 23年).
>
> 2-15. 冬 12月에 王의 조카 志廉을 唐에 보내어 謝恩하였다. 앞서 唐帝
> 가 왕에게 흰 鸚鵡새 한 쌍과 紫羅繡袍·金銀細器物·瑞紋錦·

---

47) 全海宗, 1968,「中國과 韓國」『東方學志』9 ; 1977,『韓中關係史研究』, 一潮
閣, 14쪽.

五色羅綵 共三百餘段을 보내주었으므로, 왕은 表를 보내어 사례
했다(『三國史記』卷8, 聖德王 32年).

2-16. 夏 四月에 … (中略) … 지금 卿에게 羅錦·綾綵 等 30匹과 옷
한 벌과 銀盒 한 개를 주니 가거든 받을 지며, 왕비에게는
錦綵·綾羅 等 20匹과 押金線 繡羅裙衣 한 벌과 은 대접 한 개
를 賜與한다. 大宰相 一人에게는 옷 한 벌과 銀盒 한 개를, 次宰
相 二人에게는 각각 옷 한 벌과 銀대접 한 개를 賜與하니, 卿이
받아서 나누어 주라(中略)(『三國史記』卷10, 元聖王 2年).

위의 사료를 통해 볼 때, 중국에서 신라에 건너온 물품으로는 錦·綵
와 같은 고급견직물류가 주종을 이루었음을 알 수 있다. 중국의 고급
견직물들은 문헌상 眞平王 43年(621)에 처음 전해진 것으로 보이는데,
이후 660년경에 가면 왕실에서 '唐絹'을 贈儀로 건 낼 정도로 그 거래
량은 늘어났다고 보여 진다.[48]

다음으로 신라에서 중국에 보낸 물품들을 살펴보면 다음과 같다.

〈표 5〉 신라의 대중국 수출품

年 度			貿易品	出 典
서기	중국	신라		
723	開元 11	聖德王 22	果下馬, 牛黃, 人蔘, 頭髮, 朝霞細, 魚牙細, 鏤鷹鈴, 海豹皮, 金, 銀	册府元龜, 唐會要, 三國史記
730	開元 18	聖德王 29	小馬, 狗, 金, 頭髮, 海豹皮	三國史記, 册府元龜
748	天寶 7	景德王 7	金銀, 六十總布, 魚牙紬, 朝霞紬, 牛黃, 頭髮, 人蔘	唐會要
773	大曆 8	惠恭王 9	金銀, 牛黃, 魚牙紬, 朝霞	三國史記, 唐會要, 册府元龜
810	元和 5	憲德王 2	金銀佛像, 佛經, 幡	三國史記
869	咸通 10	景文王 9	馬, 金銀, 牛黃, 人蔘, 大花魚牙錦, 小花魚牙錦, 朝霞錦, 四十升白疊布	三國史記

---

48) 李晶淑, 1993, 「新羅 眞平王代의 對中交涉」 『釜山女大史學』 10·11合輯, 97쪽.

구체적인 품목들은 문헌에 잘 나타나 있지 않다. 단지 '遺使獻方物'
로 서술되어 있는 것이 거의 전부이다. 그러나 위의 표를 통해 볼 때,
당시 신라의 대중국수출품은 소위 方物인 特産物이었음에 틀림없다
고 생각된다. 신라의 대외교역품은 첫째 말·개 등의 생물과, 둘째 金
銀 및 그것으로 만든 제품, 셋째 緋緞·細布와 같은 高級織物, 넷째 海
豹皮 등의 짐승가죽과 牛黃, 人蔘, 頭髮 등의 藥材을 들 수가 있다.

신라는 이미 통일 이전에 金銀 등의 금속을 제련하고 가공하는 기
술이 일정 수준에 도달해 있었다. 신라에서 광석채굴 및 금속가공업
이 발전할 수 있었던 전제조건으로는 辰韓의 기술과 경험들을 그대로
전해 받았다는 것[49]과 신라가 차지하고 있던 경상도지방에는 金銀銅
鐵 鑛業을 발전시킬 수 있었던 지하자원이 많았다는 점을 들 수 있
다.[50] 金은 희소한 금속으로서 화폐이상의 재산적인 가치를 가짐에
대하여, 銀은 국제무역의 결제수단으로서 중국주위의 諸國간에 널리
사용되었기 때문에 수출되었더라도 상품으로서가 아니라 수입품의
대가를 지불하는 수단으로서였다.[51]

수입 또는 수출품 중에 가장 많은 비중을 차지하는 것은 織物類였
다. 이는 시대에 따라 그 명칭이 달리 나타난다. 즉 5~6세기 무렵의
絹·帛·細布類, 7세기 무렵의 金總布·錦·綾·雜彩類를 비롯하여
二十升布·三十升布·四十升布와 수입물품으로 보이는 唐絹, 8세기
무렵의 朝霞紬·魚牙紬와 모직물로서의 花氍·色毛氍, 9세기 무렵의
大花魚牙錦·小花魚牙錦·三十升紵彩段·綺新羅組 등 실로 다양한 변
화를 보인다.[52] 비단류의 경우 錦은 먼저 염색한 후 織造한 것이며
綺는 직조 후에 염색한 것으로서, 색실로서 문양을 만드는 것이 錦이

49) 『三國志』 卷30, 魏志 東夷傳30 弁辰條 ; 『後漢書』 卷85, 東夷列傳75 辰韓條.
50) 리태영, 1991, 『조선광업사』 (1), 공업종합출판사, 141쪽.
51) 日野開三郎, 1968, 「國際交流史上より見た滿鮮の絹織物について」 『朝鮮學
報』 48, 93쪽.
52) 金相溶, 1974, 「文獻으로 본 古代의 織物－新羅時代를 中心으로」 『織物檢
査』 2-1, 韓國織物試驗檢査所, 26~29쪽.

라면 흰 비단에 날염하는 것이 綺며, 대체로 綺가 錦보다 거친 물품이다. 또 綺와 綾은 모두 後染織物이지만 일반적으로 綾이 綺보다 섬세하다.53) 주목할 만한 것은 고급품으로 알려진 錦이 삼국에서 다같이 생산할 수 있을 정도의 기술수준이 되고 있으며 신라하대에 가서는 더욱 발전하여 신라 특산품으로 생산된 朝霞紬·錦, 魚牙紬·錦과 같은 高級絹織物을 당을 비롯한 거란, 발해, 일본 등지에 수출할 정도로 되었다는 점이다.54)

금은세공품이나 견직물들은 內省에 설치된 수공업관청55)들에 의해 제작된 것이었다.『三國史記』職官志에 의하면 내성관하에 수공업관청들로서는 本彼宮, 錦典, 鐵鍮典 등을 포함한 20여개 관청들이 있었으며 御龍省산하 수공업관청들로서는 綺典, 磨典, 席典 등을 포함한 10개의 관청들이 있었다.56) 즉 궁중수공업은 眞平王 44年(622) 內省私臣을 설치하여 三宮을 관할케 하면서 성립하였는데, 그것은 각 宮의 생산체계를 국왕 직속의 내성에 귀속시키는 과정이었다. 그 후 신라가 삼국을 통일하고 力役體系를 정비하는 과정에서 神文王 1年(681) 本彼宮을 수반으로 하는 생산 공정별로 관사를 增置·調整하여 일련의 분업화된 체계로 정비하였다. 이들 궁중수공업관사에서 생산한 물품은 주로 궁중 왕족의 생활용품이나 진골귀족·투항왕족에게 사여하는 물품 및 대중국 무역품 등에 충당하기 위한 것이었다. 그러던 것이 신라 하대 무렵에 西域 또는 중국의 사치품이 신라에 유입되면서 궁중수공업 제품의 수요가 줄어들었고57) 그 결과 궁중수공업

---

53) 朴南守, 1992,「新羅 宮中手工業의 成立과 整備」『東國史學』26, 143쪽.
54) 日野開三郎, 1968, 위의 글.
55) 홍희유는 신라의 관청수공업을 집사성계통의 중앙관청수공업에서 조직 운영하던 협의의 관청 수공업과 내성계통의 관청들에서 조직 운영하던 궁정수공업의 두체계로 분류하고 전자는 국가에서 직접 수요 되는 필수품들을 후자는 주로 왕과 궁정귀족들의 사치품을 생산해내었다고 한다 (홍희유, 1989,『조선중세수공업사연구』, 지양사, 20~21쪽).
56) 三池賢一, 1971,「新羅內廷官制考」上『朝鮮學報』61, 38~40쪽 ; 홍희유, 1989, 앞의 책, 30~32쪽.

의 폐쇄적 운영만으로는 더 이상 왕실귀족의 사치적인 욕구를 만족시
킬 수 없게 되었다. 이에 폐쇄적인 궁중수공업기술이 사회저변에 보
급되어 사회적 분업이 확대되고 궁중에 필요한 최소한의 물품을 제외
한 각종 물품을 貢賦등의 형태로 수취함으로써 物藏省이 생산을 맡는
관사로 확대되었던 듯하다. 즉 왕실의 사적 경영의 성격이 강한 궁중
수공업이 조세제와 국가의 통치체제에 바탕을 둔 관영수공업에 통합
되었음을 의미한다.58)

신라하대에는 궁중수공업 내지 관영수공업과는 별도로 각 지방에
서의 사적수공업이 성행한다. 이것의 근거로서 신라하대의 금석문을
들 수 있다. 금석문에는 글을 지은 사람, 글씨를 쓴 사람, 글자를 새긴
사람 등이 등장한다. 이 중에 글자를 새긴 장인들은 대다수가 승려였
다. 이들은 단순노역을 하는 적호와 전문적 장인들이었을 승묘호, 이
들 사이의 중간적 존재이거나 통칭으로 여겨지는 사호로 나눌 수 있
다. 따라서 이들의 신분은 전문승려나 노비가 아닌 일반민이었던 듯
하다.

한편 금은세공을 다루는 장인은 여러 금석문에 나열되어 있지만,
돌을 다루는 장인과, 쇠를 다루는 장인은 똑같이 적혀 있으면서도 쇠
를 다룬 승려는 전혀 나오지 않는다. 이는 9세기 초반을 분기점으로
하여, 세공을 다루는 장인 → 돌을 다루는 장인 → 쇠를 다루는 장인의
순으로 신분의 차등이 생겨나기 시작했다고 할 수 있다. 이러한 쇠를
다루는 장인의 신분하락은 이 시기에 와서 쇠의 사회적 생산과 소유

---

57) 『三國史記』 卷33, 雜志2 色服條는 당시 신라 풍속의 사치와 외국품을 선
    호하는 사회적 풍조를 경계하여 골품제사회의 질서를 회복코자 한 것이
    었다. 이 제규정에 나타난 물품을 통해 볼 때, 평인의 경우에도
    絹・錦・紬・布로 의복을 만들어 입을 수 있었고, 특히 瑟瑟・孔雀
    尾・翡翠毛・枕香 등은 서역물건으로 고급사치품이었다(李龍範, 1969,
    「三國史記에 보이는 이슬람 商人의 貿易品」 『李弘稙博士回甲紀念 韓國
    史學論叢』, 新丘文化社).
58) 朴南守, 1993, 「統一新羅 宮中手工業의 運營과 變遷」 『南都泳博士古稀紀念
    史學論叢』, 54~57쪽.

가 이전과는 달리, 비교적 풍부하게 지방에서도 형성되기 시작했다는 말도 된다.[59) 강원도 양양에서 나온 '禪林院鐘'에는 왕실이외의 지배계급에서 왕명에 의하지 않고 지방에서 佛事를 한 첫 기록이라는 점에서 주목된다.

> 2-17. 貞元 20年 甲申(804) 3月 23日에 當寺의 鐘이 이루어지다. 古尸
> 山郡의 인근 大內末과 자초리가 施納하신 옛 종의 쇠 280廷과
> 당사의 옛 종의 쇠 220廷, 이것으로 밑천을 삼고 사방의 旦越들
> 이 권하여 이루었다. 원하는 것은 법계의 유정이 다 佛道에 이
> 르러 감이다. 서원할 때 들으신 님은 信廣夫人님이다.[60)

위와 같이 지방에서 일으킨 자체적인 불사는 이로부터 50여년이 지난 9세기 중엽에 이르러서는 지방사회에서 본격화되었다. 文聖王 18年(856)에 주조한 '竅興寺鐘'에서도 왕실이나 상층 지배계급이 아닌, 지방의 유력계층에 힘입어 종이 제작되었음을 말하고 있다. 즉 이러한 지방 세력에 의한 자력불사는 쇠를 다루는 장인들이 사찰 주변에 승묘호적 존재로 거의 일반민화 하여 널리 퍼져있는 상황에서 가능할 수 있었다.

이상에서 신라 대중국 公貿易의 貿易品에 대해 살펴보았다. 다음으로 9세기부터 활성화된 私貿易의 貿易品에 대해 살펴보겠다. 전술했듯이 9세기전반기에 있어서 신라의 해상교역에 원동력이 된 것은 장보고 등의 존재였다. 당시 활동에서 주목되는 것은, 이들 交易船이 '越州窯 靑瓷'의 積出地인 절강성 明州를 주요 근거지로 하고 있었다는 점이다. 이 시대에 신라상인의 교역왕래에 의해 유입된 기술 중에서 도자기 제작기법의 전파를 추정할 수 있다. 원래 중국의 본격적인 청자의 제작은 唐代의 8세기경부터 燒成되어졌으며, 그 중심은 절강성

---

59) 秋萬鎬, 1992, 「나말려초 새김돌(塔碑)건립에 보이는 사찰장인」 『新羅文化 祭學術發表會論文集』 13, 167~168쪽.
60) 韓國古代社會研究所編, 1992, 『譯註 韓國古代金石文』, 394~396쪽.

余姚縣 上林湖畔의 窯를 중심으로 한 지역으로, 燒造品은 주로 명주에
서 積出하고 있었다.[61]

唐代에 도자기 사용이 일반화된 배경으로는 첫째 중앙 귀족문화가
각 지방으로 확산되었고, 둘째 지배계급층과 유산계급층이 양적으로
증가하여 고급문화의 수요자 층이 확산되었고, 셋째 청동기 등의 대
체품으로 다량 생산이 가능한 자기가 선택되어졌고, 넷째 茶의 성행
으로 飮茶用具의 수요가 증가한 것으로 요약할 수 있다.

越州窯 靑磁의 특징은 해무리굽과 일반형굽이 공존하고 있었으며,
側線도 직선인 것과 원만한 곡선을 이루는 두 가지가 함께 있었다. 문
양은 당대후기까지 無文이었으나 말기에 이르러 간략한 陰刻文이 시
작되고 五代에 들어서 성행하게 된다.

신라에서 청자가 생산될 수 있었던 사회적 배경으로는 고급문화수요
층의 증가, 唐代後期 중국도자문화의 자극, 청동기의 대체품으로 자기
의 수요 증가, 차의 성행으로 飮茶用 磁器의 수요 증가를 들 수 있다.

현재 우리나라에 남아있는 청자요지는 해무리굽을 동반하는 窯址
(서해안중남부 전역에 분포)와 해무리굽이 없고 일반형굽만 존재하며
음각의 施文技法이 행해진 窯址로 크게 나누어 볼 수 있다. 전자는 無
文의 飮食器皿을 다량 생산한 곳으로 후자는 陰刻文이 施文된 다양한
기종을 생산한 곳으로 규정 지울 수가 있다.

당의 경우와 비교해 볼 때, 無文이 중심이었고, 해무리굽이 공존하
였던 시기는 越州窯나 邢州窯·定窯에서도 당대후기였으며, 말기에
이르러 음각기법이 나타나며 五代에 와서 해무리굽이 소멸하고 음각
문양이 크게 성행했던 점을 고려한다면 전자가 당대후기 것과 일치한
다고 볼 수 있다. 따라서 청자는 장보고의 무역선단이 활약하던 9세
기 전반에 한반도 전 지역을 공급대상으로 하여 다량 생산되기 시작

---

61) 吉岡完佑, 1979, 「高麗靑磁의 發生에 關한 硏究」, 崇田大學校 碩士學位論
　　文 ; 1994, 「고려청자의 출현」『張保皐 해양경영사연구』, 도서출판 李鎭,
　　321～322쪽.

했을 것으로 생각된다.[62]

이외에 신라와 당나라 사이의 私貿易의 무역품을 알 수 있게 해주는 사료로 다음을 들 수 있다.

2-18. 碾玉排方腰帶壹條 並金魚袋壹枚 金花銀合盛重一百六十兩

2-19. 第二 銀結條燈籠一枚 金花平脫銀裝硯臺一具 金花平脫裝硯匣並硯几一具

2-20. 第三 金花陷銀柘裏合大小共三具 銀接頭紅牙匙筋一十對 犀托子四隻以上大合內盛銀裝茶椀四隻 犀楪子二十片在小合內盛金花銀脚蔞杯一隻

2-21. 第四 織成紅錦繳壁兩條 暖子錦三疋 被錦兩疋 西川羅夾纈二十疋眞紅地絹夾纈八十疋(以上『桂苑筆耕』卷10, 幽州李可擧太保)

2-22. 第三 海東人形蔘一軀 銀裝龕子盛 海東實心琴一張 紫綾袋盛

2-23. 第四 蓬萊山圖一面

2-24. 第五 人蔘三斤 天麻一斤(以上『桂苑筆耕』卷18, 獻生日物狀 五首)

2-25. 織成鞍幞一條

2-26. 第二 雪扇一柄(以上『桂苑筆耕』卷18, 端午節獻物狀 二首)

2-27. 緋羅・紫綾・紫天淨紗・紫平紗・黃平紗・黃綾・黃絹・熟綿綾袴段(『桂苑筆耕』卷18, 謝疋段狀)

위 사료는 최치원의 저작인 『桂苑筆耕』의 일부이다. 『桂苑筆耕』의 일부내용은 최치원이 高駢의 從事官으로서 그의 筆硯을 맡은 代作이라는 한계를 가지고 있다.[63] 하지만 적어도 '獻生日物狀'條에 보이는 '海東人形蔘'이나 '海東實心琴'은 新羅産임이 확실하기 때문에,[64] 다른 물품들도 상당수의 新羅産을 포함하고 있을 것으로 생각된다. 즉 新羅와 唐간의 私貿易의 무역품의 일단을 보여주는 사료로서 가치가 적

---

62) 崔健, 1987,「韓國 靑磁 發生에 관한 背景的 考察」『古文化』31.

63) 梁柱東, 1982,「桂苑筆耕 解題」『孤雲崔致遠先生文集』, 孤雲崔致遠先生文集刊行委員會, 909쪽.

64) 인삼의 경우는 발해・신라 두 나라 모두 중국에 수출한 것이 확인된다. 琴의 경우는 正倉院에 '新羅琴'이 남아 있어,『桂苑筆耕』을 통해 볼 때, 중국에도 수출한 것으로 추정된다.

지 않다고 여겨진다.

한편 당의 서울 장안에는 거의 만에 가까운 西域人이 거주하고 있었다. 天寶年間(742~755) 이후에 급증하여 780년경에는 장안에만도 50,000여 명에 이른다. 해양교통의 발달로 인해 인도양을 넘어 상업시장을 자바, 수마트라에서 다시 캄보디아까지 확대한 이슬람상인들이 당의 중기 이래 광주에서 양주까지 무역로를 개척하였다.

당시 당과 밀접한 관계를 유지하면서 조공사절 이나 求法僧, 유학생들을 계속 파견하던 신라는 이들과의 접촉을 통해 서역의 문물, 특히 지배층들의 기호품이나 사치품들을 반입·수용하였다. 이미 경주는 장안에서 크게 유행하던 西域風의 정취를 닮아가고 있었다. '三十五金入宅'으로 표현되던 특수 부유층들이 사치성 소비재를 제공해 주는 이슬람상인들65)의 왕래를 마다할 이유가 없었다. 무역거점 '蕃坊'을 구축하고 무역권을 확대해 가던 이슬람 상인들이, 세계무역사의 새로운 단계에 가담하고 있었던 신라인 무역업자와 재당신라인들과도 자연스런 상거래를 하지 않았을 리가 없다.『三國史記』雜志에 기재된 色服, 車騎, 器用, 屋舍 등 각 방면의 기사에서 신라에 전래된 서역문물의 품명과, 그것들이 신라인의 생활에 미친 영향을 엿볼 수 있다. 아래에서는 품목별로 살펴보도록 하겠다.

① 各種香料

불교의 융성에 따라 향료의 수입도 적지 않은 것으로 보인다. 그 예로는 경주 석가탑에서 발견된 향은 乳香으로 밝혀진 바 있다.66) 乳香 (Frankincense)은 아라비아반도의 남단에 위치한 하드라모우드(Hadramaut)나 질리(Gilead)연안에서 생산되는 것으로 薰陸香 · 馬尾香 · 天澤香 · 摩

---

65) 원성왕릉으로 추정되는 괘릉과 흥덕왕릉 앞에 남아있는 무인상은 부리부리한 눈이나 이국적인 얼굴윤곽과 복식 등으로 볼 때, 서역인을 표현한 것으로 보는 견해도 있다(金理那, 1998,「조각」『한국사』9, 국사편찬위원회, 520쪽).

66) 閔泳珪, 1967,「예루살렘入城記」『연세춘추』456·457, 456~457쪽.

勒香·多伽羅香 등의 이름으로도 불리는 향료이다. 이외에 주로 수마
트라에서 생산되는 安息香(Styrax Benzion)과 아라비아반도 시바에서
생산되는 고가향료도 수입되었을 것으로 보여진다.[67]

유향과 안식향 외에도 신라에 수입된 향료로는 紫檀과 沈香이 있
다.『三國史記』雜志 車騎條에는 車材에 자단, 침향을 금하는 기사가
보이고, 屋舍條에는 진골에게 玳瑁와 침향으로 침상을 꾸미는 것을
금하는 기사가 있다. 자단은 단향의 일종이다.『諸蕃志』에 따르면 단
향은 자바의 打綱(現 Samarang)과 底勿(現 Tymor), 그리고 수마트
라(三佛齊)에서 생산되며 그 형태는 중국의 여支(박과에 속하는 1년
생 蔓草)와 유사하다.[68] 가지를 잘라 陰乾시키면 향기를 뿜는데 황색
의 것을 黃檀, 자색의 것을 紫檀, 가볍고 연한 것을 沙檀이라 한다. 침
향은 일명 沈水香 혹은 蘆會라하며 학명은 Aquilaria Agallocha이다.
주산지는 말레이반도이다. 침향에 관한『諸蕃志』의 기록에 따르면 침
향(알로에)은 眞臘을 비롯해 占城, 三佛齊, 大食등 여러 나라에서 생
산되며 그 종류와 명칭 또한 다양하다.[69]

② 瑟 瑟

『三國史記』雜志의 기술에 따르면 신라 흥덕왕 9년(834)에 왕명을
내려 眞骨女의 빗과 관에, 그리고 六頭品女의 빗에 瑟瑟을 쓰지 못하
도록 하였다. 瑟瑟의 실체에 관해서는 논의가 분분하다. 瑟瑟의 字意
는 珠玉, 風聲, 碧色등 여러 가지가 있으나 본문에서의 瑟瑟은 보석으
로서의 珠玉을 뜻한다.『通雅』에는 "瑟瑟에는 3종이 있는데 珠와 같
은 보석으로서 진짜는 투명하고 푸른색이다"라고 밝히고 있다(瑟瑟有
三種寶石如珠 眞者透碧).[70] 한편 로퍼는 보석으로서의 瑟瑟은 이란어
"Se-Se"의 표음으로써 에메랄드를 지칭한다고 밝혔다.[71] 이 瑟瑟에 대

---

67) 金文經, 1998, 「해상활동」『한국사』9-통일신라-, 국사편찬위원회, 316쪽.
68) 趙汝适,『諸蕃志』卷下, 檀香條.
69) 趙汝适, 앞의 책, 沈香條.
70) 臺北 : 中國文化硏究所, 1967,『中文大辭典』瑟瑟條.

하여는 국내문헌에서는 찾아보기 힘든 물품으로서 그리 흔한 물품은
아니었던 듯하다.

③ 玉

『三國史記』雜志에는 옥의 禁用에 관한 기록이 있다. 그에 따르면
진골에게는 硏文白玉을, 靴帶에 隱文白玉을 사용하는 것을 금지시켰
고, 眞骨女와 六頭品女는 비녀를 金銀으로 아로새기거나 구슬로 꿰매
는 것을 금하였다. 車騎에 있어서도 진골의 수레나 四頭品에서 백성
에 이르기까지 鞍轎는 옥으로 장식하지 못하고 眞骨과 眞骨女가 사용
하는 말의 재갈과 등자에, 그리고 六頭品과 六頭品女, 五頭品과 五頭
品女가 쓰는 鞍轎에는 綴玉을 禁用케 하고 있다.

중국을 거쳐 한반도에까지 전파된 옥의 주산지는 오아시스로 南島
에 자리 잡고 있는 于闐로 알려지고 있다. 이 외에도 大秦國(符采玉,
明月玉, 夜光玉, 眞白珠)등 기타 여러 지역에서도 채취되었다. 그러나
지리적으로 가장 가까운 于闐의 옥이 월씨족의 중개로 중국에 반입되
었다. 『三國史記』雜志에 기재된 옥품이나 발굴된 신라 옥기유물은
거의가 서역산 옥을 재료로 하고 중국의 기법이나 형태의 영향이 역
력한 옥기이다.[72]

④ 毬毺, 毬毺

『三國史記』雜志에 "六頭五頭品 … 又不用虎皮毬毺毬毺"이라 하고
다시 "四頭品至百姓 … 又禁毬毺毬毺 虎皮大唐毬等"이라고 하여 신분
에 따라 毬毺, 毬毺의 사용이 제한된 기사가 있다.

'毬毺'의 '毬'자는 그 음이 '渠鳩切' '渠尤切'으로 되어 있으며 漢籍에
서 자주 찾아 볼 수 있는 '氍毹毛'라는 물품의 '氍'자의 '巨俱切'과 거의

71) B. Laufer, 1919, Sino-Iranica, Chicago, pp.516~519.
72) 무함마드 간수, 1992, 「新羅와 西域間의 文物交流」『新羅・西域交流史』,
    檀國大學校出版部, 250~252쪽.

동일음이다. 그리고 '毬'는 漢籍의 '毲毛'와 동일자인 것이 틀림없는 까닭에 『三國史記』에 나타나는 '毬毲'는 곧 漢籍에 보이는 '氍毲毛'인 것이 확실하다. 한편 '毬毲'와 더불어 그 사용이 제한된 '毾㲪'은 漢籍에 '毾㲪'으로 하는 것이 보통이며 『三國史記』에는 '毛劃의 위치가 바뀌어져 있을 뿐이다. 그리고 '㲪'은 한자 '氎'과 同音同意인 까닭에 '毾㲪'은 漢籍에 '氎氎'으로 많이 쓰여지고 있다.[73]

毾㲪은 일반적으로 色調가 있는 모직물로서 아랍인들은 이것을 지상이나 방바닥에 깔고 앉거나 잠을 잔다. 이와 유사한 생활습관을 가지고 있는 신라인들에게 있어서 그것을 받아들이기에는 부자연스러움이 없었을 것이다. 毬毲와 毾㲪은 모두 羊毛를 주성분으로 하여 雜毛와 混織한 문양 있는 모직물로서 床, 坐席에 까는 座具로 사용되었는데, 毬毲에 비해 더 섬세한 것이 毾㲪이며, 그 주산지는 匈奴, 烏孫, 月氏 등 여러 종족이 모여 있는 서역 일대이다.[74]

⑤ 罽

『三國史記』 雜志의 色服條에 보면 罽라는 특수의료의 사용에 대해서 구체적인 제한을 가하고 있다. 즉 眞骨女는 겉옷, 내의, 半臂, 바지, 버선, 신, 목수건에, 六頭品女는 내의, 半臂, 바지, 목수건, 배자, 잠뱅이, 단의, 겉치마, 옷고름, 속치마, 버선목, 버선, 신에 文繡가 있는 罽를 사용할 수 없게 하였다.

罽는 고급모직 옷감으로서 방과 彩罽의 두 종류가 있다. 일반적으로 斜紋으로 짜여진 것은 방이라하고 다양한 문양조직을 가진 것은 罽라 하는데 罽는 방에 비해 문양과 색채가 다양한 것으로서 더 고품질의 모직의류이다. 罽의 주산지는 중앙아시아나 서역제국이지만 安息國이나 大秦國에서도 생산되었다. 본래 罽는 진귀한 모직의류이기 때문에 공급량이 적으며 따라서 수입국에서 그 사용을 제한하는 것은

---

73) 李龍範, 1969, 앞의 글, 98쪽.
74) 무함마드 깐수, 1992, 앞의 글, 154쪽.

당연한 일이었다. 때문에 漢高祖 劉邦은 상인들의 罽의 착용을 금지시킨 바 있다. 이러한 고급모직 옷감인 罽가 신라 지배층의 사치생활에 걸 맞는 기호품이기는 하나 멀리 서역에서 수입해 오는 한정된 물량으로서는 날로 증대되는 수요를 충족시킬 수 없었다. 따라서 王命으로까지 사용을 구체적으로 제한하기에 이른 것이다.

⑥ 孔雀尾 · 翡翠毛

『三國史記』雜志에는 罽와 더불어 孔雀尾, 翡翠毛의 사용을 제한하는 기사도 보인다. 眞骨女의 목수건을 털로 짜거나 罽로 수놓을 때 孔雀尾와 翡翠毛의 사용을 금하였고 六頭品女와 五頭品女의 띠도 이 두 가지로 끈을 만드는 것을 금하였다.

孔雀尾는 공작의 꼬리로서 공작의 꼬리깃은 신기한 美 때문에 여러 가지 상징적인 장식물로 이용되어 왔다. 신라에서는 이 깃을 띠에 꽂았으나 고려 · 조선시대에 와서는 무관들이 戎服할 때 虎鬚로 朱笠을 장식하였고 別監, 鞍籠, 兼內吹 등도 陵行할 때 草笠에 꽂았는데 이것을 傍羽, 秀羽 혹은 공작미라고 하였다. 공작의 원산지는 인도차이나 말레이시아, 미얀마, 자바, 중국 남부 등지에서도 棲息하였다.

翡翠毛는 翡翠鳥(Kingfisher's Feathers)의 털이다. 翡翠鳥는 숫컷은 적색이어서 翡라 하고 암컷은 청색이어서 翠라 하여 비취라는 복합명을 띠게 되었다. 『諸蕃志』에 의하면 翡翠鳥의 주산지는 眞臘國(캄보디아)로서 털은 비색으로 진귀하여 사치품을 만드는데 관청에서 금령을 내렸으나 귀인들의 애용에 부응해 蕃商들이 불법무역을 계속하고 있었다. 이러한 점으로 보아도 비취가 일종의 珍鳥임에는 틀림없고, 바로 이 때문에 중국에서도 그 사용을 제한하고 있었음을 알 수 있다.[75]

---

75) 趙汝适, 앞의 책, 翠毛條.

⑦ 苜　蓿

『三國史記』 雜志의 職官條에는 苜蓿典의 설치에 대해서 언급하고
있다. 이를 통해 苜蓿이 신라시대에 전담기구와 전담관료 및 기록책
임자까지 두고 여러 곳에서 재배된 일종의 특용 작물이라는 것을 알
수 있다.[76]

苜蓿(거여목, 개자리)은 본래 남러시아의 코카서스산맥 동남일대에
서 말의 사료로 재배되어 고대 그리이스인들에게도 알려졌으며 아라
비아에 전해진 후로는 아라비아 준마의 주요사료로 사용되었다.[77] 苜
蓿은 콩과에 속하는 월년초로서 한국 고어에서는 "거유목"이라고 하
였다. 잎은 담백한 미각과 풍부한 단백질을 포함하고 있어 중국이나
일본에서는 소채로서 애용되고 있을 뿐만 아니라 약재로서는 이용되
어 왔다.

그러나 식용이나 약용보다는 세계 제일의 우량마로 알려진 아라비
아마의 주요 사료로 알려짐으로써 그 명성이 널리 퍼졌다. 바로 이 때
문에 중국인들이 그것을 적극 받아들였으며 그것이 다시 일본에까지
전파되어 재배되게 되었던 것이다. 한대 이후 중국의 사회경제 발전
과 군사력 증강에 막대한 영향을 준 西域 馬匹의 수입과 그에 따른 苜
蓿의 대량 재배는 국력신장과 목축업 발전을 기도하던 신라인들의 의
욕을 자극하였을 것이다. 여러 곳에 苜蓿典이라는 관청까지 두고 이
신종 사료의 재배에 힘썼다는 것은 이 사료가 중시되고 또 널리 사용
되었음을 실증해 준다.

⑧ 琉璃器具

이집트를 비롯한 아라비아의 유리는 그 특수한 제조법에서 오는 질
적 우수성 때문에 중국에서 珍重됨은 물론 신라에서까지 高級奢侈品
으로 받아들여졌다. 지금까지 발굴된 유리공예품은 제작기법 및 형태

---

76) 『三國史記』 卷39, 雜志8 職官條.
77) 李龍範, 1961, 「苜蓿考」 『京大學報』 19.

상의 특징에 따라 古新羅琉璃와 統一新羅琉璃로 대별할 수 있는데 양
자 모두는 서역제국 유리와의 상관성을 共有하고 있다.

古新羅群에 속하는 유리공예품은 경주 일원을 중심으로 하여 주로
고분의 부장품으로 출토된 각종 유리공예품들이다. 金冠塚·瑞鳳塚
등 5~6세기 고분에서 18점의 각종 유리기구가 발굴되었다. 고신라
유리기구들은 그 소재나 제조기법, 장식형태와 색깔 등을 분석해 보
면 대체로 후기로만글래스(비잔틴유리)계에 속한 것으로써 4~5세기
경에 지중해 연안지방에서 제작된 후 흑해를 북상해 남러시아에서 스
텝로를 따라 북중국을 거쳐 신라에 수입된 것으로 추정된다.[78]

統一新羅琉璃群에 속하는 대표적인 유리공예품으로는 漆谷郡 松林
寺塔 속의 瓶 2점을 비롯해 慶州郡 皇龍寺塔址의 瓶 1점, 芬皇寺石塔
속의 瓶 1점, 皇福寺三層塔 속의 瓶 1점, 佛國寺 釋迦塔 속의 瓶 1점,
益山 5層石塔 속의 瓶 1점 등 14점이다.[79] 이러한 유리기구들은 고신
라유리기구가 비교적 정교하고 다채로운 형태로 고분의 부장품으로
출토된 데 반하여 소박하고 간소한 형태로 주로 불사의 사리장치 용
기로 발견되었다. 통일신라시기에는 중국과 밀접한 관계를 유지하고
불교문화를 적극 수용함으로써 동로마를 비롯한 서방과의 직접적인
관계를 시사해 주는 물품의 유입은 일단 정지되었다. 그 대신 주로 중
국을 경유해 서역제국의 문물, 특히 당조에 성행한 페르시아계 문물
이 유입되기 시작했다.

⑨ 玳 瑁

玳瑁의 생산지는 보르네오·필리핀 군도·쟈바 등지이며 그 해안
에서 포획되는 龜甲의 일종이다. 그것은 황색을 띤 검은 반점이 있는
반투명체로 장식용에 많이 사용되어 왔다. 『三國史記』 車騎條에서도
진골의 수레 재료에 이것을 쓰지 못하도록 금하고 있고, 屋舍條에서

---

78) 由水常雄, 1985, 『ガラス工藝』, 東京 : ブレーソ美術選書, 134쪽.

79) 李仁淑, 1993, 『한국의 古代유리』, 創文, 83~91쪽.

도 진골과 6두품의 床에 玳瑁 장식을 하지 못하게 하고 있다. 이런 점
으로 보아 대모는 빗에서부터 車材・床의 장식에 이르기까지 광범위
하게 이용된 사치성 물품이었음을 알 수 있다.[80]

⑩ 기타산물

몇몇 문헌에는 아랍・무슬림상인들의 신라 내왕이나 신라 견문에
관한 기술과 함께 신라로부터 수입한 상품에 관한 기사도 실려 있다.
아랍 지리학자인 이븐 쿠르다지바(Ibn Khurdadhibah, 820~912)는 자신
의 저서『諸道路 및 諸王國志』에서 신라의 위치와 황금의 산출, 그리
고 무슬림들의 신라 내왕에 관하여 서술한 뒤에 신라가 수출하는 상
품명을 다음과 같이 언급하고 있다. "중국의 동해에 있는 이 나라에
서 가져오는 물품은 비단・劍・키민카우(Kiminkhau)・麝香・蘆薈・馬鞍・
豹皮・陶器・帆布・肉桂・쿠란잔(Khulanjan)" 등이다. 이밖에 고라이브・
장뇌 등이 있다. 키민카우와 쿠란잔이 어떠한 물품인지는 모르지만
고라이브는 인삼이라고 주장하는 학자들이 많다. 검과 표피나 인삼・
생강 등이 중국이나 일본으로 다량 수출되었던 사실로 미루어 보면
이 모두가 이슬람으로 수출되었다고 해도 무방하다. 특히 수출상품의
하나인 장뇌는 아열대지방의 산물로서 신라에서 생산되는 상품은 아
니었다. 이러한 점으로 미루어 보면 당시 상품의 역수출이 이루어지
고 있었으며 그 다양성도 엿볼 수 있다.[81]

신라의 대일무역품은 正倉院에 남아 있는 것과『日本書紀』・『續日
本紀』를 통해 알 수가 있다. 신라와 일본의 공식관계는 776年(惠恭王
12) 이후 두절된다. 일본이 7세기 초부터 8세기 중엽까지 신라와의
무역에서 구매한 신라물은 다양하며 고가품들이었다. 佛像・佛具를
비롯하여 香料・藥材・顔料・金屬物・武器・象牙・高級緋緞・動物・鳥

---

80) 金文經, 1998, 위의 글, 315쪽.
81) 金文經, 1998, 위의 글, 313~314쪽.

類 등 신라에서 생산되는 물산 뿐 아니라 멀리 서역·동남아·중국 등지에서 산출되는 상품들이 두루 포함되어 있었다. 이는 신라무역상들의 仲介貿易[82]이 활발히 이루어지고 있었다는 증거이기도 하다. 이하에서는 우선 正倉院[83]에 소장되어 있는 주요 신라물품을 항목별로 간단히 살펴보겠다.

① 新羅墨

정창원 中倉의 '新羅楊家上墨' 및 '新羅武家上墨'이라고 하는 陽刻이 있는 墨은 분명히 신라제이다. 정창원에 전하는 15종의 墨은 거의 배 모양이다. 刻銘한 신라의 양가·무가라는 것은 墨工 혹은 제작자의 이름을 표시한 것이고 고급묵이라는 것을 뜻하는 것이다. 楊이나 武는 신라에 많은 성씨는 아니지만 史書에 보인다.[84] 배 모양의 墨은 唐墨이라고도 하지만 唐製에 限하지 않고 신라제의 舶載品을 가리키는 말이라고 생각된다. 정창원의 墨은 신라라고 새겨져 있기 때문에 當

---

82) 仲介貿易은 수출국과 수입국의 중간에서 제 3국의 상인을 중개로 하여 행해지는 거래를 말하며, 물품은 수출업자로부터 직접 수입업자에게 보내는 경우와 제 3국을 통해 수입업자에게 보내는 경우가 있다. 이에 반해 中繼貿易은 수출할 것을 목적으로 물품을 수입하여 수입국에 바로 보내지 않고 일단 3국에 보낸 후에 수입국으로 재수출 되는 것을 말한다. 따라서 청해진의 해상활동의 경우에는 仲介貿易이라 할 수 있다(金弘大, 1994,『新貿易學槪論』, 螢雪出版社, 39~41쪽).

83) 正倉院은 현재 日本東大寺에 속해 있는 것으로 北·中·南 三倉으로 되어 있는데 북창과 중창은 勅封創이고 남창은 綱封倉이라 한다. 勅封은 천황의 勅使 입회하에 개폐할 수 있는 것이고 綱封은 절의 三綱의 입회하에 개폐할 수 있는 것이라 한다. 여기 收藏된 보물은 7차에 걸쳐서 入藏된 것인데 1차부터 5차까지는 756년부터 758년 사이에 들어간 것이고 6차는 814년에 일부를 出藏하고 그 대신 넣은 것이고 7차는 950년경에 東大寺絹索院의 雙倉에 있던 절에서 사용하던 重要器物을 南倉에 옮긴 것이라 한다(南豊鉉, 1976,「第2 新羅帳籍에 대하여」『美術資料』19, 32쪽).

84)『三國史記』에 楊季膺(孝成王 2年2月條), 武梨屈(貴山傳) 등의 姓名이 보인다.

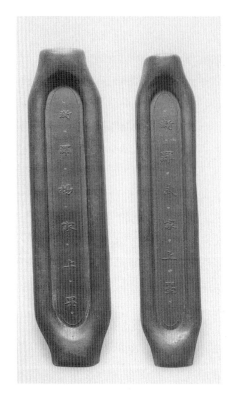

〈그림 7〉 일본 정창원 소장 신라묵

初부터 수출용으로 제작되었던 듯하다.[85]

② 新羅琴

正倉院 北倉에는 新羅琴 2개가 있다. 新羅琴은 12絃의 琴으로, 『三國史記』에 의하면 加耶國 嘉實王때 중국의 箏을 모방하여 만들었고, 樂士 于勒에 의해 작곡을 시켰다고 한다. 이것이 음악과 함께 신라에 전해지고 신라악에 포함되었다. 일본에는 아소카시대에 전해져 신라금이라 불리워져 조정이나 사원의 奏樂으로 사용되었다. 8세기 雅樂을 중심으로 하는 樂制는 日本的樂舞와 東洋的樂舞로 크게 나눌 수 있지만, 東洋的樂舞중에서 唐樂・百濟樂・高麗樂등과 나란히 新羅樂도 채용되었고, 天平 3年(731)에는 樂生이 신라계 귀화인에게서 배운 자로 정해졌다.

大安寺나 西大寺등에는 악기를 준비・보관하는 것이 각각의 資材帳에 기록되어 있다. '國家珍寶帳'에는 2개의 金鏤新羅琴이 수록되어 있지만 현존하지는 않는다. '雜物出入帳'에 의하면 弘仁 14年(823)2月에 그것이 창고로부터 나왔고, 4월에 다른 물품이 수장되었다고 한다. 현존하는 新羅琴은 이것에 해당된다.[86]

---

85) 東野治之, 1977,「正倉院氈の墨書と新羅の對外交易」『正倉院文書と木簡の研究』, 塙書房, 354쪽.

③ 毛 氈

'買新羅物解'에 보이는 물품 중에는 정창원의 묵서가 있는 花氈·色氈이 있다. 中倉의 꽃모양 있는 毛氈조각에는 '行卷韓舍價花氈一 念物得追于'[87]라고 기록되어 있다. 北倉의 紫色의 장방형 色氈에도 한쪽 구석에 '紫草娘宅紫稱毛一 念物絲乃綿乃得 追于今綿十五斤小 長七尺 廣三尺四寸'[88]이라는 墨書가 있다. 전자의 '行卷韓舍'는 신라인의 이름과 韓舍라는 관위를 지칭하는 것이고 후자의 기록은 현물의 수치이다.[89] 어쨌든 현물이 신라로부터의 舶載品인 것은 틀림없다.

신라의 氈은 당에도 알려져 있는 대표적인 특산품이었다. 2개의 묵서는 행권한사, 자초랑택인 전의 제조자의 이름과 제품명·수량을 기록하고, 반대급부로 일본의 무역품을 얻었다는 내용이다. 즉 문서는 신라에서 팔 때에 외교·무역을 담당하는 倭典 혹은 領客府등이 제조자의 희망에 따라 대가와 현물의 수치 등을 확인한 것이다.[90] 주목할 만한 것은 신라특산의 무역품인 毛氈의 생산이 관청에 限하지 않고, 官人이나 宅이라고 칭하는 부유한 경제력을 가진 貴族·豪族들도 工匠을 부려 제작했다는 것이다.[91] 더욱이 무역품을 정부 혹은 그 아래의 상인들에게 위탁하는 광범한 상업 활동을 시사한다고 할 수 있다.

④ 佐波理加盤

佐波理라는 것은 椀등의 식기를 의미하는 '사발'에서 유래한 것으로 黃銅色 내지 灰銅色을 나타내는 구리와 주석·아연의 합금으로 제작

86) 鈴木靖民, 1982,「正倉院の新羅文物」『季刊三千里』29 ; 1985, 앞의 책에 再收錄, 421～422쪽.
87) 李基白, 1987,『韓國上代古文書資料集成』, 一潮閣, 25쪽.
88) 李基白, 1987, 앞의 책, 24쪽.
89) 자세한 주석은 다음 논문 참고. 李成市, 1982,「正倉院寶物氈貼布記を通して見た八世紀の日羅關係」『朝鮮史研究會會報』67.
90) 東野治之, 1977, 앞의 글, 349～352쪽.
91) 李基東, 1984,「新羅金入宅考」『新羅骨品制社會와 花郎徒』, 一潮閣, 201～206쪽.

〈그림 8〉 신라 안압지
출토 청동가위

〈그림 9〉 일본 정창원
소장 청동가위

된 것이다. 정창원에는 이 같은 加盤이 전부 436口가 있다.[92] 加盤의 기원은 중국으로부터 멀리 페르시아에서 연유한다. 원래 加盤은 사막을 가는 대상 등이 장기간의 여행에 사용한 휴대가 간편한 식기였다. 좌파리제품은 8세기전반 신라의 鐵鍮典에서 생산되었고, 그것이 일본에 수출된 것이었다. 일본에 들어온 시기는 752년 金泰廉 一行에 의해서였다. 이 佐波理加盤은 東大寺가 조성될 때 정부가 전력을 기울인 開眼法會를 계기로 박재품을 대량으로 구입할 때 포함되었던 것이다.[93]

⑤ 佐波理匙・皿

正倉院 南倉에 圓形과 楕圓形의 佐波理匙가 345벌 있다. 비슷한 유형의 것이 황해도 평산・충청남도 부여 부소산・경상북도 영천북안・경주 안압지 등에서 출토된 바 있다.[94] 또한 正倉院 南倉에는 佐波理製의 水瓶과 皿도 있다. 皿은 700口가 있지만, 그 안에 ‘爲水’라는 針書銘이 있는 一口가 있다. 이것은 신라인의 이름과 관위를 나타낸 것이기 때문에 新羅製라고 볼 수 있다.

92) 中野政樹,『正倉院の金工』.
93) 鈴木靖民, 1985,「正倉院佐波理加盤附屬文書の基礎的研究」, 앞의 책.
94) 李蘭暎,「韓國匙箸의 形式分類」『歷史學報』 67 ;「扶蘇山出土一括遺物의 再檢討－年代를 中心으로－」『美術資料』 20.

⑥ 金銅鋏

正倉院 南倉의 金銅鋏은 燭臺用으로 무늬가 없다. 이것과 같은 형식의 金銅鋏이 안압지로부터 출토되었다.[95] 신라의 것에는 병에 당초문의 선각이 있지만, 정창원의 것도 신라제일 가능성이 크다. 게다가 '買物解'에도 촉대가 보이기 때문에 신라제일 가능성이 농후하다.

⑦ 銅 鏡

中野政樹에 의하면 현재 56面의 거울이 정창원에 있으며 그 대부분은 중국제라고 한다. 그는 또 奈良시대의 거울은 중국에서 수입된 唐鏡과 이 당경을 원형으로 일본에서 주조된 거울의 두 종류가 있다고 한다.[96] 나라시대의 일본국 밖에서 들어온 거울, 이른바 '唐樣式거울'은 그 문양에 따라 14범주로 나누어지는데 이 가운데 정창원의 거울은 白牙彈琴紋, 月鬼紋, 瑞圖紋 등 3유형의 것을 제외한 11유형의 것이 존재한다.[97] 그러나 정창원 소장 거울 내지 奈良時代의 거울이 대부분이 신라에서 제작되었을 것이라는 것은 다음과 같은 사실에서 확인된다.

우선 거울뿐만 아니라 그 밖의 물품도 당나라에서 가져왔다는 증거는 없다. 당시 일본의 조선 및 항해수준, 당과 일본의 관계와 더불어 당에 간 일본 사절이 중국시장에서 자유로이 물품도 구입할 수 없었던 처지, 그리고 그들이 실제로 당에서 가져온 물품의 내용 등에 의하여도 일본은 당나라의 물품을 거의 가져올 수 없었음을 알 수 있다.[98]

이와 대조적으로 일본은 일본에 간 신라사절로부터 수없이 신라의 많은 귀중한 물품을 구입하였다. 일본은 752년 일본에 간 신라사절로

95) 國立中央博物館, 1976, 『韓國美術五千年展』, 90쪽.
96) 中野政樹, 1962, 「奈良時代の鏡－唐樣式の資料－」『Museum』141.
97) 中野政樹, 1967, 「奈良時代の鏡－政倉院文書－'東大寺鑄鏡用度文案'につい
   て(1)」『Museum』192.
98) 崔在錫, 1994, 「日本 東大寺 '獻物帳'을 통해 본 正倉院 물품의 제작국」
   『韓國學報』75.

부터 다른 여러 생활물품, 특히 화로·향로·각종식기·소반·수저·물병·촉대 등 많은 銅 또는 白銅製의 불교용 물품과 함께 신라의 거울을 구입하였다. 정창원 거울은 철로 만든 1面의 거울을 제외하고는 모두 일본에서 생산되지 않는 백동으로 만든 거울이었다.[99]

奈良時代의 거울은 일본귀족의 수요도 있었지만 주로 불교용 거울 즉 舍利莊嚴用 寺院건립시의 鎭壇儀式用, 불상의 보관 광배 대좌에 부착하여 本尊을 직접 장엄하여 부처의 공덕을 시각적으로 나타내고, 天蓋光心 殿內莊嚴에서는 신비적인 분위기조성, 수법에서는 밀교나 作壇에의 이용 등으로, 奈良時代의 거울의 수요는 상상을 초월한 정도의 양에 이르렀다.[100] 그 가운데서도 大安寺는 大安寺資財帳에 의하면 1275面의 거울을 가지고 있었다. 이 대안사는 신라의 高僧 審祥이 거주하면서 奈良의 일본불교를 지도한 곳이다.[101] 심상이 대안사에 거주하면서 일본천황을 위시한 일본고승들에게 불경을 설법하고 불교를 지도하였다면 대안사는 奈良時代의 다른 사찰보다도 더 많은 신라의 거울을 구입하였을 것은 충분히 가능성이 있으리라 보여 진다.

'珍寶帳'의 거울 20면 가운데 漆皮로 만든 상자에 넣은 거울이 15면, 삼나무 상자에 넣은 거울이 4면, 그리고 옻칠을 한 나무상자에 넣은 것이 1면이다. 칠피상자란 소 또는 사슴가죽을 소재로 하여 그릇 형을 만들어 여기에 직접 또는 麻布를 바른 후 칠을 발라 만든 상자이다. 당시 일본은 아직 칠을 입힌 가죽을 생산할 수 없었던 데 비하여 신라는 범가죽·사슴가죽·바다범가죽 등도 생산하였을 뿐 아니라 그러한 가죽을 재료로 하여 다양한 가죽공예품을 생산하여 중국 등에 수출하였다.[102] 이상의 점을 고려할 때 正倉院所藏 銅鏡은 신라제품

---

99) 崔在錫, 1994,「日本 正倉院의 銅鏡과 그 제작국에 대하여」『民族文化硏究』 27, 9~10쪽.

100) 中野政樹, 1962,「奈良時代の鏡 - 佛敎と鏡」『Museum』137.

101) 李杏九, 1989,「東大寺의 창건과 審祥」『日本學』8·9.

102) 崔在錫, 1994,「수출품을 통해본 통일신라와 일본의 미술공예」『民族文化論叢』15.

일 가능성이 크다고 생각된다.

⑧ 大 刀

正倉院에 현존하는 大刀는 55口이나 이 가운데 '珍寶帳' 기재 大刀는 金銀鈿莊大刀 1口, 杖刀 2口등 3口에 불과하다. 즉 '珍寶帳' 기재 100口의 大刀 가운데 겨우 3口만이 현존해 있고, 나머지 52口는 그 이후에 정창원에 들어온 大刀이다.[103]이것도 역시 신라제품일 가능성이 크다. 우선 정창원의 大刀가 8세기에 일본에서 제작되었다면 이러한 大刀는 이어지는 시대에도 계승되고 제작되었어야 하는데 그렇지 않다. 즉 나라시대 刀裝具로서 가장 특색 있는 墨作大刀의 帶執足金物의 형식이 정창원의 刀裝 이후 모습을 감추고 平安時代 이후의 兵仗大刀에는 전혀 볼 수 없으며 佩刀上 견고하고 간편한 장치가 나라시대에만 존재한다.[104]그리고 大刀외에 정창원의 다른 소장품도 모두 한결같이 동일한 尺度 즉 高麗尺에 의하여 측정된 치수로 표시되었다.[105]

⑨ 尺

8세기 당시 일본은 신라에서 구입한 물품을 '珍寶'라고 의식하였다. 때문에 '珍寶帳' 기재의 각각 2매의 紅牙 · 綠牙撥鏤尺 · 白牙尺은 珍寶帳의 다른 물품과 함께 新羅製임을 알 수 있다. 文樣을 통해 볼 때 신라의 文樣으로 자주 등장하는 鳳凰 · 花草 · 雙鳥 · 有翼麒麟 · 有翼馬 · 有翼獅子 · 蓮花 등은 紅牙 · 綠牙撥鏤尺에 등장한다.[106]

이상에서 正倉院에 소장되어 있는 물품 가운데 新羅産이 확실한 물품을 간단히 살펴보았다. 다음의 표는 日本史書에 나오는 7세기~8세

---

103) 崔在錫, 1994,「日本 正倉院의 大刀와 그 제작국」『韓國學報』77, 7쪽.

104) 尾崎元春, 1978,「正倉院大刀個別解說」『正倉院の大刀外裝』, 日本經濟
　　新聞社, 179쪽.

105) 崔在錫, 1994, 앞의 글, 11쪽.

106) 崔在錫, 1995,「正倉院 소장의 자(尺)와 그 製作國에 대하여」『韓國學
　　報』78, 125~133쪽.

기전반까지, 즉 신라와 일본의 공적인 관계가 끝나기까지의 公貿易의
물품을 정리한 것이다.

다음의 표에서 주목되는 것은 우선, 孔雀·鸚鵡·鴝鵒·駱駝 등 신
라에서 산출되지 않는 동물이 일본에 수출된다는 점이고, 다음으로는
중국에는 9세기 초에 가서야 수출되는 佛像·幡·旗 등이 7세기 초부
터 수출된다는 점이다.

먼저 佛像이나 幡의 경우는 공식적으로 당나라에 수출되는 것은
9세기 초부터였다. 즉 『三國史記』 憲德王 2년 10월조에 의하면 이 때
처음으로 ‘金銀佛像及佛經幡等’을 보냈다고 한다. 또 이와 관련하여
『三國遺事』 卷3, 四佛山·掘佛山·萬佛山條에 의하면, 唐 代宗이 신라
에서 보낸 萬佛山을 보고 "신라의 솜씨는 하늘의 조화이지 사람의 손
재주가 아니다"라고 감탄했다 한다. 그런데 일본에 대해서는 대규모
의 ‘萬佛山’과 같은 제작품을 보낸 적은 없다.

이것은 신라도 8세기후반부터 9세기 초에 걸쳐 자신들의 불교신앙
이나 불교관계 제작물에 대한 과시를 중국에 보여줄 수 있게 되었다
고 보여 진다. 반면에 일본의 경우에는 이미 7세기 대부터 그와 같은
과시와 자부를 신라가 하고 있었을 가능성이 크다. 그것은 또한 대규
모의 ‘萬佛山’과 같은 것을 굳이 보내어 경탄을 얻을 정도의 존재가치
를 일본에게는 인정하지 않았다고 하는 것과 연관이 있다.[107]

---

107) 新川登龜男, 1988,「日羅間の調(物産)の意味」『日本歷史』481 ; 辛鍾遠 譯,
　　2002,「일본·신라 사이 調(物産)의 의미」『江原史學』17·18合輯, 570쪽.

〈표 6〉 신라의 대일본수출품

연　도			무 역 품	비 고
서 기	신 라	일 본		
598	眞平王 20	推古 6년 8월	孔雀	
616	眞平王 38	推古 24년 7월	佛像	
623	眞平王 45	推古 31년 7월	佛像・金塔・舍利・大灌頂幡・小幡	
647	眞德女王 1	大化 3년	孔雀・鸚鵡	
671	文武王 11	天智 10년 6월	水牛・山鷄	
680	文武王 20	天武 8년 10월	金・銀・鐵・鼎・錦・絹・布・皮・狗・驘・駱駝・刀・旗	
682	神文王 2	天武 10년 10월	金・銀・銅・鐵・錦・絹・鹿皮・細布・霞錦・幡・皮	出典：『日本書紀』,『續日本紀』
686	神文王 6	天武 14년 5월	馬・犬・鸚鵡・鵲	
687	神文王 7	朱雀 원년 4월	細馬・驘・絹・鏤金器・金・銀・霞錦・綾羅・金器・屏風・鞍皮・絹布・藥物	
688	神文王 8	持統 2년 2월	錦・銀・絹・布・皮・銅・鐵・佛像・彩絹・鳥・馬・彩色	
689	神文王 9	持統 3년 4월	金銅阿彌陀像・金銅觀世音菩薩・金銅大勢至菩薩像・彩帛・錦・綾	
719	聖德王 18	養老 3년閏 7월	驘馬	
732	聖德王 31	天平 4년 5월	鸚鵡・鴝鵒・獨狗・驢・驘	

　孔雀은 전술했듯이, 인도차이나・말레이시아・미얀마・자바・중국 남부 등지에서도 棲息하는 새로, 신라 국내에서 자생하는 동물이 아니다. 『三國遺事』 卷3의 南白月二聖條에 "蓮池 華藏에 千聖이 앵무・공작과 함께 놀며 서로 즐거하는 것만 같지 못하다"라고 나오는 것을 볼 때, 공작은 앵무와 함께 蓮池華藏의 千聖이 함께 노는 새로,

말하자면 불교세계의 새였던 것임을 알 수 있다. 鸚鵡·駱駝 등도 마찬가지로 新羅産 동물이 아니다.

결국 신라의 대일무역품을 통해 알 수 있는 것은, 중국시장권 아래서 거래되던 異域物品의 중개무역과 신라산 수공예품의 수출을 통해서, 신라의 선진의식과 자부심을 보여주는 것이라고 할 수 있다.

이상으로써 朝貢은 그 자체가 官貿易의 일종이므로 朝貢品·回賜品과 민간무역에 있어서의 수출입품과는 일치하는 것이 많았을 것이라는 가정 하에 무역품을 분석하였다. 그 결과 중국에의 수출품은 金屬工藝品·金銀銅 및 銅製品·織物工藝品·絹織物·藥材·애완용 생물 등은 대체로 한국 내에서의 생산품이었고, 반면 중국에서의 수입품은 工藝品·絹織物·南海品·茶·書籍 등이었다. 일본의 경우에도 거의 비슷하나 西域産 물품을 중국을 통해 중개 무역한 것이 많은 것이 다른 점이라 할 수 있다. 따라서 수출품은 대부분 自國産이었지만 중국에서의 수입품 가운데는 중개무역을 통해서 南海品이 들어오고 있음을 알 수 있고, 무역품은 대부분 생필품과는 거리가 먼 사치품이 주종을 이루고 있는 것이 특색이라 할 수 있다. 이는 生必品이 무역에서 중요한 비중을 차지하고 있던 중세유럽과 비교하여 볼 때 무역이 경제전반에서 가지는 비중이나, 무역을 통한 상인층의 정치사회적 성장이라는 측면 등에서 상당한 한계를 가질 수밖에 없었을 것으로 생각된다.[108]

주목되는 것은 당시 무역품은 주로 궁중수공업을 통해 제작되었으나 9세기에 이르러 지방 세력의 성장에 의한 사적수공업에 의해서 제작되었다는 사실이다. 이는 鐘의 제작과 靑瓷의 제작에 의해 그 면모를 짐작 할 수 있다. 그러나 장보고가 행한 대규모의 무역에서 사적수공업을 통한 무역품의 조달보다는 중개무역에 의한 것이 훨씬 많았을 것이라 생각된다. 왜냐하면 통일 이후 신라의 사회적 생산력이 발전

---

108) 魏恩淑, 1995, 「나말 무역사 연구동향과 과제」『貿易評論』 2, 慶星大學校 貿易研究所, 174쪽.

했을 것이라는 것은 짐작되지만 신라의 생산품만으로 그와 같은 대규
모의 부의 축적이 가능했으리라고는 보이지 않기 때문이다.

2) 발해 무역품의 종류와 그 성격

발해의 대외무역품은 일본과 중국의 경우로 나누어 볼 수 있다. 먼
저 발해와 중국의 무역품은 다음과 같다.

> 피혁제품 : 貂皮・虎皮・熊皮・海豹皮・貂鼠皮・白兎皮・海東靑皮
> 가　　축 : 馬・羊・契丹大狗・猧子(犬)・鷹鶻
> 섬유제품 : 布・紬・褥六
> 산림제품 : 人蔘・白附子・黃明・白密・麝香・松子
> 해　산　품 : 昆布・乾文魚・鯨鯢魚・鯔魚
> 수공업품 : 熟銅・금제불상・은제불상・金銅香爐瑪瑙杯・紫瓷盆
> 기　　타 : 髮

발해의 대일무역품과 대중국무역품을 비교하여 정리하면 다음과
같다.

〈표 7〉 발해의 무역품[109]

	渤 海 → 日 本	渤 海 → 唐
수출품	貂皮, 大虫皮, 熊皮, 人蔘, 契丹大狗, 犬, 玳瑁酒杯, 金銅香爐	馬, 羊, 鷹鶻, 海豹皮, 貂鼠皮, 白兎皮, 熊皮, 虎皮, 海東靑皮, 麝香, 髮, 革, 人蔘, 白附子, 黃明, 白密, 松子, 瑪瑙杯, 紫瓷盆, 布, 細布, 褥六, 金製佛像, 銀製佛像, 熟銅, 魚, 乾文魚, 鯔魚, 鯨鯢, 昆布
	日 本 → 渤 海	唐 → 渤 海
수입품	綵帛, 綾, 絁, 綿, 絹, 錦, 羅, 絲, 黃金, 水銀, 金漆, 海石榴油, 水精念珠, 檳榔樹扇	帛, 絹, 粟, 金銀器, 金帶, 銀帶, 魚帶

---

109) 小嶋芳孝, 1999,「渤海の産業と物流」『アジア遊學』 6, 66쪽 표 참조.

이상과 같이 발해의 일본과 당에 대한 수출품이 다른 이유는 첫째로, 일본에 34회, 당에 100회 이상 파견된 사절파견회수의 차이 때문일 것이다. 즉 사절파견단의 回數의 차이에 따라 남아 있는 사료의 양이 차이가 나기 때문일 것이다.

두 번째로 보다 중요한 원인은 책봉체제하에 있었던 발해와 당의 교섭과 당의 주변국가인 일본과의 대등한 교섭이라는 국가관계의 차이 때문이었다. 당에서 발해에 증여한 물품 중에 섬유제품이외는 敍位에 수반하는 金銀帶·魚帶나 金銀器 등이 두 나라 관계를 상징한다. 일본에서는 絹製品이 증여되었지만, 때때로 요구에 응하여 금속가공에 필요한 황금이나 수은·남방산 檳榔扇 등이 사절에 증여되었다.[110]

셋째로 발해가 일본과 당에서 들여오는 수입품이 다른 것은 다음과 같은 이유도 있었을 것으로 생각된다. 발해의 남부와 동부에서는 멧누에를 길러 고치로부터 실을 뽑아 솜을 만들어 각종 綢와 紬를 짰다. 그 중에서도 南京 南海府의 沃州는 유명한 풀솜 생산지였다. 풀솜은 뽕나무에 나는 멧누에의 고치에서 실이 되지 않는 것을 가리키는 것으로서, 명주 비단이 생산되는 모든 곳에서는 모두 이 풀솜이 생산되었지만 옥주의 풀솜이 가장 질이 좋았던 것 같다. 또한 上京 용천부의 龍州는 솜실로 짠 紬가 유명하였다. 용주에서 주가 생산된 것은 이곳에 모인 발해의 지배계급의 강한 수요에 연유한 것이지만, 주원료인 면이 옥주에서의 생산량으로는 부족하여 외국으로부터의 수입에도 힘을 쏟았다. 그리하여 원료를 자체적으로 해결하지 못하고 외부에 의존함에 따라 품종이나 수량에 큰 제약이 있었을 것으로 추정하고 있다.[111]

따라서 발해가 당 보다 일본에서 많은 원재료를 수입한 이유가 여기에 있다고 보여 진다. 발해는 섬유제품의 원료를 일본에서 수입하

---

110) 小嶋芳孝, 1999, 위의 논문, 66쪽.
111) 임상선, 1996, 「발해의 사회·경제구조」『한국사』 10-발해-, 국사편찬위원회, 167쪽.

여 일부는 국내수요로, 일부는 대외수출품으로 가공하였던 것이다.

이하에서 발해의 대표적인 수출품 가운데 모피, 渤海三彩, 말에 대해 살펴보겠다. 모피에 관한 가장 많은 기록이 남아 있는 것은 일본사서이다. 발해 사절단이 일본에 가져간 물품 가운데 가장 많았던 것은 담비 가죽을 비롯한 각종 모피였다. 그것도 당시 일본에서는 값이 매우 비싼 담비, 호랑이, 말곰[羆] 따위의 모피를 대량으로 가져와 일본 지배층의 눈을 놀라게 하였다.

발해 사절단은 모두 34차례 일본을 방문하였는데, 방문할 때마다 대량의 모피를 일본에 가지고 갔다. 하지만 몇 년에 한 번씩 사절단이 배에 싣고 오는 모피의 양에는 당연히 한도가 있어 宮廷貴族社會의 수요를 다 충족시킬 수는 없었다. 그렇기 때문에 손에 넣기 어려운 모피를 구해 입는다는 것은 일종의 신분 상징이 되어 귀족들이 갈망하였다는 것은 상상하기 어렵지 않다.

〈표 8〉 발해의 무역품中 모피관련 기록

차 수	연 도	사 절 단	무 역 품	출 전
1	武王 仁安 9년(727)	高仁義(死),首領 高齊德 등 8인	貂皮 300장	『續日本紀』
2	文王 大興 3년(739)	胥要德, 已珍蒙	大虫皮·羆皮 각 7장, 豹皮 6장, 인삼 30근, 蜜 30斛	『續日本紀』
13	康王 正曆 2년(759)	呂定琳 등 60인	絹 20필, 絁 20필, 絲 100絇, 綿 200屯	『日本後紀』, 『類聚國史』
21	宣王 建興 6년(823)	高貞泰 외 101인	契丹 大狗 2口, 倭子 2口	『類聚國史』, 『日本紀略』
28	大玄錫 2년(871)	楊成規 외 105인	大虫皮 7장·豹皮 6장· 熊皮 7장·蜜 5斛	『日本三代實錄』
29	大玄錫 7년(876)	楊中遠 외 105인	玳瑁酒盃 등을 바치려 했으나 거절당함	『日本三代實錄』

모피에 대한 패션 경쟁을 말해 주는 에피소드는 919년에 발해 사절

단이 일본을 방문했을 때를 들 수 있다. 이듬해 5월 12일에 열린 豊樂
殿의 연회석에 사절단의 대표인 大使 裴璆는 가죽옷을 입고 참석했는
데, 일본 왕자가 검은담비 가죽 옷 8벌을 겹쳐 입고 참석하여 배구를
비롯한 발해 사절단을 놀라게 했다는 일화112)가 있다.

이 일화가 일어난 5월 12일은 양력 6월 7일에 해당되므로 무더운
계절이었는데, 더위를 참고 가죽옷을 입은 배구를 놀라게 할 만큼 일
본 지배층 사이에는 우스울 정도의 모피 경쟁이 벌어지고 있었다는
것을 단적으로 알려 주는 이야기이다. 아울러 발해 측과 일본 측 양자
가 공통적으로 '검은담비 가죽옷'이 고가품이었음을 인식하고 있다는
것을 보여 주는 사례이다.113)

그러므로 일본 조정에서도 과도한 모피 경쟁을 방지하기 위해서
'모피 금지령'을 내리고, 다음과 같이 모피 사용 기준도 정하여 규제하
고 있었다.

> 2-28. 5위 이상은 호랑이 가죽을 사용할 것을 허락한다. 단 표범 가죽
> 은 參議 이상과 참의가 아닌 3위에 허용한다. 이 밖에는 허용할
> 수 없다. 담비 가죽옷은 참의 이상에게 착용을 허락한다. 말곰
> 가죽으로 만든 말다래(장니 : 障泥)114)는 5위 이상 착용을 허
> 용한다.115)

요컨대 5급 혹은 3급 이상의 고위 관리가 아니면 입지 못한다는 것
이다. 이러한 금령의 존재는 검은담비 가죽옷이 平安귀족들에게 애용
되고 있었음을 보여주는 증거로 볼 수 있을 것이다. 그러나 발해 사절

---

112) 『江家次第』 卷5, 春日祭使途中次第 "… 昔蕃客參入時 重明親王乘鴨毛車
　　着黑貂裘八重 見物 此間 蕃客 纔以件裘一領持來爲重物 見八領 大懸云云."
113) 菊地眞, 2004, 「古典文學の中の渤海國交易品 − 'ふるきの皮衣'續編」 『ア
　　ジア遊學』 59, 123쪽.
114) 말을 탄 이의 옷에 진흙이 튀지 않도록 가죽 같은 것으로 만들어 안장
　　양쪽에 달아 늘어뜨리는 물건.
115) 『延喜式』 卷41, 彈正台.

단이 일본의 수도에 머물고 있는 동안에는 금지된 것이 풀리고, 자유
롭게 모피를 착용할 수 있게 되었다.

> 2-29. 발해의 客을 대접하기 위해 諸司, 관원, 雜人 등 客人이 서울에
> 머문 동안 사용이 금지된 물품을 몸에 지니는 것을 허용한다.[116]

　이것은 모피를 운반한 먼 곳에서 온 손님에 대한 일본 측의 배려라
고 할 만한 조치였는데, 모피 옷을 입은 사람들이 앞의 에피소드처럼
패션 경쟁을 했으리라는 것을 충분히 짐작할 수 있다.
　최근 소그드(Sogd)인의 활약을 지적한 연구 성과에 따르면 발해는
동방뿐만 아니라 서방 사회와도 교류했던 것으로 보인다. 러시아의
샤부크노프(E. Shavkunov)는 8~10세기에 중앙아시아의 소그드인 또
는 보하라인이 교역을 하고, 발해의 솔빈부(率賓府 : 현재의 러시아
연해주 우스리스크市 일대)가 있던 땅에 이민들이 콜로니(colony) 곧
집락(集落)을 형성하고 있었다고 상정하고 있다. 소그드인은 중앙아
시아의 사마르칸트를 중심으로 한 제라프샨강 유역의 소그디아나에
거주하던 이란계 종족으로 일찍부터 동서 교역에 종사하여 상술에 뛰
어났으며, 소그드인의 동방 교역에서 특징적인 것은 중앙아시아에서
중국 경내에 이르는 여러 곳에 식민 거점을 건설하여 교역에 활용한
점이다. 샤부크노프는 연해 지방이나 남시베리아 등에서 발견되는 중
앙아시아제의 은화·거울·장식품, 혹은 중국 동북에 있었던 집락이
나 민족의 이름 등 고립된 자료를 통하여 다음과 같은 장대한 가설을
주장하였다. 즉 러시아의 세미레체를 기점으로 하여 알타이, 서시베
리아, 서몽골을 거쳐 스루혼강에 이르고, 오혼·케루겐강 수계를 통
해 아무르강(흑룡강), 송화강, 우수리강과 동북아시아의 내륙 각지로
들어가는 소그드인의 교역로가 열려 있었다고 하였다. 실크로드와는
별도로 중앙아시아에서 극동에 이르는 이 교역·교류의 길을 '검은담

---

116) 『日本三代實錄』 卷43, 元慶 7년 4월 21일 丁巳.

비 가죽이 수출된 길(黑貂의 道)'이라 부르는데, 이 이름은 상인 카라
반(caravan)이 발해 등지에서 가지고 온 모피에서 비롯되었다고 한
다.117) 이를 통해 발해의 명품 가운데 하나였던 검은담비(黑貂) 가죽
이 소그드인을 통해 서역(중앙아시아)에 까지 수출되었다는 것을 알
수가 있다.

다음으로 발해삼채에 대해 살펴보겠다. 三彩란 자기의 표면에 鉛釉
를 시유하여 청색·녹색·황색의 3가지 색깔을 띠는 자기이다. 鉛釉
란 잿물이나 硅酸에 鉛丹을 섞고 發色劑로는 구리 또는 철분을 섞는
것을 말하며, 酸化焰에서 구우면 청색·녹색이 되고, 산소가 부족하거
나 철분이 많으면 갈색이 되며, 還元焰이라도 底火度에서 구우면 갈
색이 된다.

중국에서는 前漢 말기부터 유약을 바른 도용이 출현하는 것으로 알
려지고 있다. 이후 隋唐時代가 되면 정교한 白衣加採와 三彩기법에 의
한 도용이 출현하게 된다. 수대의 도용은 白土로 成形燒成하여 가채
하거나 무색의 투명유를 쓴 것으로 長盛墓(594)의 출토유물로 대표
된다. 또, 당대의 삼채도용은 側天武后때 永泰公主墓에서 시작되었다
고 알려져 있다. 철, 아연, 동, 코발트, 망간 등을 배합한 유약을 사용
하여 소성하면 黃·錄·藍·백색을 내게 되는데 이들은 長安, 洛陽을
중심으로 성행하다가 당대 이후에는 그 모습을 감추고 있어 연대를
파악하는데 매우 중요한 유물로 인정되며, 산시성의 장회태자묘, 의
덕태자묘, 이정묘 등에서 출토 예가 알려져 있다.118)

이러한 唐三彩는 발해뿐만 아니라 신라(新羅三彩), 일본(奈良三彩)
에도 제작기술이 전해져 동아시아 각국에서 제작되던 도자기였다고
한다.119) 唐代 동아시아에 있어서 도자기교역의 일반적인 상황에서

---

117) E. V. シャフクノフ, 1998, 「北東アジア民族の歴史におけるソグド人の黑
貂の道」『東アジアの古代文化』96.
118) 국립문화재연구소, 2001, 「삼채」『韓國考古學辭典』, 학연문화사, 603쪽.
119) 정영진, 1993, 「1988년도에 발굴한 북대발해무덤 및 3채그릇」『발해사연
구』2, 9쪽.

발해가 처한 위치를 확인해 놓고 싶다. 중국 도자기가 국외로 교역되는 것은, 일찍이 8세기 후반부터이다. 물론 그 이전부터 중국도자기는 국외로 반출되었는데, 이들은 양적으로 적고, 계속적으로 교역이 행해졌다고 말하기는 어렵다. 상당량의 도자기가 교역되기 시작한 것은, 9세기 전반부터라는 것은 아시아각지의 유적 출토예를 통해 알 수 있다.

도자기교역이 지속적이라는 것은, 주문과 수출이 동반하는 것이라고 생각된다. 적재량·수입항과 함께 수출항도 또한 이런 단위의 도자기 출토가 추정된다. 예컨대 절강성 寧波(明州)의 唐·宋期 市舶使 업무 소재지 부근으로 추정되는 東門口埠頭유적에서는 대량의 越州窯 靑瓷가 출토되었다. 또한 和義路 유지에서도 800점 정도의 월주요 청자가 출토되었다.

발해국의 존속기간동안 무역도자기로서는 월주요청자가 가장 많은데, 청자로는 湖南省 長沙銅官窯·廣東省窯, 백자로는 河北省 定窯와 邢窯 등이 있다. 월주요청자는 절강성 북부의 慈溪市 上林湖窯가 주산지이고, 항주만에 연하여 寧波부근의 鄞縣 등에 가마터가 확인되는데, 그 수출항은 明州이다. 도자기처럼 중량이 있고 게다가 대량이 요구되는 唐物에서는, 生産窯와 수출항구와의 사이가 가까운 것이 요구되었다.[120]

발해의 경우는 寧波나 博多와 같은 단위의 도자기가 나오

〈그림 10〉 러시아 연해주에 있는
크라스키노성 원경

---

120) 龜井明德, 1999, 「渤海三彩陶試探」『アジア遊學』 6, 83~84쪽.

는 유적은 아직 보고된 적이 없다. 하지만 현재까지의 발해삼채의 출토상황으로 보아 필자는 러시아 연해주의 크라스키노성을 주목하고 싶다. 주지하다시피 크라스키노는 발해의 대일본교통의 중심지였다. 발해의 기간도로인 5道 가운데 하나인 일본도의 출발지이자 도착지였다. 크라스키노성은 인접한 포시에트만과 함께 寧波나 博多와 같은 天惠의 자연환경을 가지고 있다. 아울러 발해삼채가 발견된 러시아 연해주내의 7개 발해유적 가운데 거의 절반에 가까운 양이 크라스키노성에서 출토되었다는 것은 크라스키노성의 지정학적 중요성을 대변해 준다고 할 수 있다.

〈표 9〉 渤海三彩 출토현황

		출 토 지 역	내 용 / 종 류
1	중 국	黑龍江省 寧安市 三陵 渤海國墓	三彩香爐
2		黑龍江省 寧安市 上京龍泉府터	繩目文 突帶에 부착된 三彩片
3		黑龍江省 寧安市 上京龍泉府 宮城西區의 堆房유적	盤, 雙耳盆, 香爐蓋
4		동경대학 고고학연구실 소장	三彩容器片, 三彩獸脚片
5		吉林省 和龍市 八家子鎭 北大村 北大墓群 M7石室墓	三彩瓶
6		吉林省 汪淸縣 紅雲寺터	三彩龍頭
7	일 본	奈良縣 高市郡 明日香村 坂田寺터	三彩 獸脚과 大盤 그리고 壺片
8	러시아	아브리코소브스키절터	獸面과 獸脚의 三彩陶器片, 三彩壺片
9		코피트절터	三彩陶器片
10		크라스키노사원터	三彩瓶, 三足器, 丸壺 殘片
11		니콜라예프카Ⅱ토성	三彩壺片
12		코르사코프카사원	三彩片
13		고르바트카성	三彩片
14		체르나치노 주거지	三彩片

발해삼채는 당삼채나 나라삼채와는 달리 비교적 어두운 색조를 가

지고 있다. 당삼채에서 쉽게 발견할 수 있는 흰색배경을 발해삼채에서는 보기 힘들다. 당삼채의 경우 흰색태토를 쓰지만 발해삼채는 대부분 회백색 태토를 이용하며 드물게 붉은 태토를 쓰기도 한다.[121] 아울러 유약과 원료의 화학성분구성에서도 차이가 난다. 납산화물의 내용분석 결과에 따르면 발해삼채의 경우 납산화물이 56.32~72.29%로 당삼채(28.6~33.1%)보다 훨씬 높게 나타났다.[122] 이러한 증거들은 발해삼채를 생산했던 가마터가 발굴이 되지 않았을 뿐이지, 발해에서 발해삼채가 생산되고 있었을 것이라는 것을 증명한다.

그렇다면 발해는 삼채를 어떻게 생산했을까? 『册府元龜』 卷976, 褒異3, 武宗 會昌 6년(846) 정월조에, "南詔·契丹·室韋·渤海 등의 사절단이 나란히 宣政殿에서 조공하였다. (중략) 錦·綵·器皿을 차등 있게 주었다"라고 하였다. 이처럼 발해는 당에 조공 혹은 교역으로 입수한 唐三彩 제품을 견본으로, 황색이나 녹색 유약 등 다양한 도기를 생산하지는 않았을까 한다. 오늘날까지 三彩를 만든 가마터가 발견된 보고가 없지만, 三彩窯를 중심으로 한 가마터는 상경·중경 등의 왕도주변의 몇 군데 있을 수도 있다. 그리하여 渤海三彩는 왕도를 시작으로 지방행정기관이나 각지 사원에 공급되고, 나아가 발해각지에 있던 靺鞨諸部의 족장이나 일본으로의 교역품으로 출하되었을 것으로 추정된다.[123]

마지막으로 말에 대해 살펴보겠다. 우리나라 고대 국가 가운데 가장 활발하게 말을 수출한 나라는 발해였다. 말은 발해에서 사육된 가축 가운데 가장 중요한 것으로 전국적으로 사육되었고, 그 중에서도

---

121) E. I. 겔만, 2005, 「발해도자기와 발해내 유통과정」『고조선·고구려·발해 발표논문집』, 고구려연구재단, 696쪽.

122) 山崎一雄, 1998, 「緑釉と三彩の材質と技法」『日本の三彩と緑釉』, 愛知縣陶瓷資料館, 名古屋 ; 龜井明德, 2005, 「渤海三彩陶予察」『Movement in Medieval North-East Asia-people, material goods, technology-』, Vladivostok International Symposium 2005, 134쪽에서 재인용.

123) 酒寄雅志, 2003, 「渤海の交易-朝貢, 互市, そして三彩」『日本と渤海の古代史』, 山川出版社, 17~18쪽.

솔빈부의 말이 가장 널리 알려져 있었다.[124] 730년 발해는 당에 조공하면서 말 30필을 바쳤고, 그 후 오래지 않아 다시 말 30필을 바쳤다. 치청절도사 이정기는 山東에 할거하면서 매년 발해와 말을 교역하여 많은 수입을 올렸으며 이는 발해 측에서도 중요한 수입원이 되었다.

唐나라는 8세기 중엽 安史의 亂을 겪으면서 지방의 통제가 해이해졌고, 그 결과 각지에서 藩鎭 세력이 크게 대두되었다. 그 가운데 주목을 끄는 것은 고구려계 유민 출신인 李正己·李汭·李師古·李師道로 이어지는 이씨 일가의 세력이다. 그들은 신라와 해상 교통이 편리한 산동 반도 전역을 장악하여, 3대에 걸쳐 55년간(765~819)이나 치외법권적인 번진 세력으로 당나라 안의 小王國으로 군림하였다.[125]

평로치청번진이 당나라 조정으로부터 공식적으로 부여받은 職名은 '平盧淄靑節度觀察使海運押新羅渤海兩蕃使'인데, 이 직명은 羈縻政策으로서 주변의 다른 민족을 통치하던 당나라가 변방의 국가 통치에 대한 업무를 부여할 때 제수하는 것이었다. 즉 이 직책은 '신라와 발해·契丹·奚를 대상으로 하고 그에 관한 모든 사무를 관할하는 장관'이라는 의미이다.[126]

한편 『舊唐書』에 발해의 명마가 계속하여 이정기의 평로치청번진에 들어왔다고 하는 것[127]을 통해 볼 때, 발해와의 관계가 밀접했음을 알 수 있다. 특히 말이 당나라 조정과 대립 관계에 있던 이정기 번진에 수입되었다는 사실은 주목할 만한 것이다.

---

124) 『新唐書』 卷219, 列傳144 北狄 渤海.
125) 金文經, 1975, 「唐代 藩鎭의 한 硏究 – 高句麗遺民 李正己一家를 中心으로 –」 『省谷論叢』 6 ; 鄭炳俊, 2002a, 「安史의 亂과 李正己」 『東國史學』 37 ; 鄭炳俊, 2002b, 「平盧節度使 李正己에 대해 – 代宗時期를 중심으로 –」 『震檀學報』 94 ; 池培善, 2003, 「고구려인 이정기의 아들 이납의 발자취」 『東方學志』 119.
126) 사회과학연구소편, 1979, 『조선전사』 5 – 발해 및 후기 신라사 –, 48쪽.
127) 『舊唐書』 卷124, 列傳74 李正己.

여기에 대해서는 최근에 이정기의 치청번진에서의 무역 활동을 소
그드인이 주도했을 것으로 보기도 한다.[128] 즉 평로군이 산동으로 이
동하기 전 영주에는 당시 중국 동북 최대의 소그드인 거주지가 있었
는데, 후희일이 奚族의 침공을 받아 2만여 명의 군대를 이끌고 산동
으로 이동할 때 그곳 소그드인의 상당수가 후희일을 따라 함께 남하
하였을 것으로 여겨지기 때문이다. 소그드인은 어디에서든 뛰어난 상
업적 재능을 발휘하였지만, 그 후 산동에서도 다수가 상업에 종사하
면서 이정기의 외국 및 다른 지역과의 무역에서 주요한 역할을 담당
했을 것이다. 아울러 이정기는 '押新羅渤海兩藩使'를 겸하였기 때문에
발해 등과의 무역에서 독점적 지위 내지는 매우 유리한 위치에 있었
다. 이것은 소그드 상인에게도 매력적이어서 그들을 계속 평로에 머
물게 하고 나아가서는 평로 밖의 소그드 상인까지 불러들이는 작용을
하였을 것이다. 그리하여 이정기는 다른 어떤 번진보다도 많은 소그
드인을 관할하에 두었고, 그들을 통해 활발한 무역 활동을 영위할 수
있었을 것으로 보인다. 여기서 나오는 경제적 수익은 군대 양성과 內
治 등 지배력을 강화하는 데 썼을 것이다.

그렇다면 치청번진과 발해는 어느 정도의 말을 해마다 거래했을까?

> 2-30. 雍熙·端拱 연간에 沿邊에서 말을 구입하였는데 … 京의 東쪽
> 에서는 登州가 중심지였다.[129]
> 2-31. 예전에 여진이 말을 매매하는 양이 해마다 萬匹 밑으로 떨어지
> 지 않았는데, 오늘날은 거란에 의해 (그 유입이) 끊겼다.[130]

먼저 앞의 사료는 宋나라 초기인 옹희~단공연간(948~989)에 여
진 말을 구입하는 중심지가 등주였음을 말해주고 있다. 뒤의 사료에
서는 예전 즉 거란이 여진의 入宋을 차단하기 이전에, 여진에서 들어

---

128) 鄭炳俊, 2002b, 앞의 논문, 128쪽.
129) 『續資治通鑑長編』 卷104, 天聖 4년 9월조.
130) 『續資治通鑑長編』 卷51, 咸平 5년 3월 癸亥.

오는 말의 숫자가 해마다 만 필 아래로 떨어지지 않았다고 한다. 물론 발해 때의 기록은 아니지만 발해 멸망 후 발해 유민이 세운 東丹國이나 압록강 하구에 있던 定安國을 중심으로 중국과 활발한 해상 무역을 했던 여진인이나 발해 유민의 활약을 고려할 때, 충분히 비교해 볼 여지가 많다고 하겠다. 아울러 여진이 있던 지역은 바로 부여, 고구려, 발해의 옛 영역으로 명마의 산지였다. 즉 고구려의 果下馬나 발해의 率賓馬가 명성이 있었다.

아울러 고구려 계승 의식을 갖고 있었고, 고구려 유민들이 다수 존재하던 발해의 입장에서도 고구려 유민 출신인 이정기와 평로치청번진에 대하여 호의적이었을 것이다. 그러나 이정기 일가의 치청번진이 산동 반도에 있던 765~819년의 시기에, 발해는 28차례나 되는 많은 사절을 당나라에 파견했다. 따라서 발해는 이정기의 평로치청번진과 교류하면서 동시에 이정기 번진과 대립 관계에 있던 당나라 조정과도 밀접한 관계를 유지했다는 사실을 알 수 있다.131) 이정기 일가가 지배하던 시기의 치청번진은 당 중앙정부와 주변 번진과의 끊임 없는 전투를 통해서 다수의 말이 필요했다. 한편 당과 치청번진 양쪽 모두와 밀접한 관계를 가지고 있던 발해는 치청번진과는 말의 수출을 통해 실리를 챙기는 한편으로, 당과의 관계도 유지하여 국제적인 위상이 높아질 수 있었던 것이다.

발해는 국력 신장을 위한 꾸준한 내적인 개혁과 대당 관계 특히 당나라 조정과 번진 세력 사이에서의 적절한 외교를 통해 신라보다 국제적 위치에서 우위에 서게 되었다. 이는 당시 안사의 난 이후 번진 세력들의 할거로 계속적인 어려움에 처해 있던 당나라가 이정기의 평로치청번진과도 밀접하게 교류하고 있는 발해를 회유하기 위하여 발해와 계속 교류를 하였기 때문으로 생각된다.132)

이러한 말의 수출은 발해 멸망 후에도 지속된 것으로 보인다. 발해

---

131) 윤재운, 2004, 「발해의 왕권과 대중국무역」『白山學報』68, 248~249쪽.
132) 최의광, 1999, 「渤海 文王代의 對唐關係」『史叢』50, 22~23쪽.

를 멸망시킨 거란은 발해 유민의 바다에서 하는 일에 대한 기술을 활
용하여, 五代를 협공하기 위해 동맹을 맺고 있던 南唐에 바다를 통하
여 대량의 말을 수출하고, 차와 비단 등을 수입하고 있었다.[133]

'솔빈부의 말'로 대표되는 발해산 말은 바다건너 일본에도 수출된
듯하다. 이와 관련해서 일본 홋카이도 오쿠시리시마(奧尻島)의 아오나
에(靑苗)유적이 주목된다.[134] 아오나에유적에서 출토된 말과 사람을
선각한 土器碗이 바로 그것이다. 즉『新唐書』에는 러시아 연해주지방
남부 블라디보스토크市에서 우스리스크市 주변으로 추정되는 발해 率
濱府의 산물로 말이 언급되어 있다. 발해로부터 당에 말이 조공되었다
면, 이 말은 솔빈부에서 운송되었을 것이라 생각된다. 이와 같이 홋카
이도의 대안인 북동아시아에 유수의 良馬산지가 있었던 것이다. 일본
북동북지방에서 관동산과 대륙산의 말이 함께 사육되었을 가능성을
고려할 필요가 있다고 생각된다. 靑苗遺跡에서 출토된 말과 인물이 새
겨진 토기는, 10세기대의 오쿠시리시마가 연해지방에서 도래한 말의
경유지라는 것을 시사하는 것이라고 한다. 따라서 발해산 말이 홋카이
도를 거쳐 일본의 혼슈지역까지 전해진 것으로 보인다.

한편 발해와 서방사회의 교류를 증명하는 자료는 돈황문서와 일본
사료로 크게 나누어 볼 수 있다. 燉煌文書는 프랑스인 페리오가 가져
간 돈황문서 중 티베트어로 쓰여진 프랑스 국립도서관 돈황문서 분류
번호 1283 문서다. 이 문서의 작성 시기는 8세기 후반에서 9세기 전
반으로 보는 것이 일반적이다. 이 문서에 의하면, 고구려를 당시 Drug
인(돌궐·위구르 등 터키계 주민)이 Mug-lig라고 불렀다는 것이다.

133) 日野開三郎, 1990,「五代時代における契丹と支那との海上貿易－東丹國內
    における渤海遺民の海上活動(上·中·下)」『日野開三郎 東洋史學論集』16
    －東北アジア民族史(下), 三一書房 ; 蓑島榮紀, 1998,「渤海滅亡の東北ア
    ジア諸民族と交流·交易の諸相」『東アジアの古代文化』96 ; 蓑島榮紀,
    1999,「渤海滅亡後の北東アジアの交流·交易」『アジア遊學』6.
134) 小島芳孝, 2002,「古代日本海世界北部の交流」『北の環日本海世界』, 山
    川出版社.

그런데 이 문서가 작성된 시점은 고구려가 멸망한 지 백여 년이 지난 뒤여서 여기서의 고려는 발해를 지칭한다. 따라서 이 문서는 발해가 고구려의 계승국임을 나타내주는 중요한 자료라고 할 수 있다.[135]

다음으로 일본자료에는 다음과 같은 것이 있다.

2-32. 丙申에 越前國에서 渤海 國信物과 大使 貞泰 등의 別貢物인 契丹 大狗 二口와 猧子 二口를 열람하고 바쳤다(『類聚國史』卷194, 弘仁 15年 4月).

위 사료에 보이는 猧子는 개의 일종으로, 동로마제국의 토산품이다. 따라서 발해가 서방사회와 관련이 있음을 보여준다고 할 수 있다.[136]

그렇다면 발해의 무역품의 생산체계는 어떠하였을까. 『新唐書』에는 발해 국내에 있는 5府 3州 2縣 2邑과 두 지역의 산물을 기술하고 있다.

俗所貴者 曰太白山之菟 南海之昆布 柵城之豉 … 농산가공품(府단위)
夫餘之鹿 鄚頡之猪 率濱之馬 … 수렵, 목축산품(府단위)
顯州之布 沃州之綿 龍州之紬 … 섬유제품(州단위)
位城之鐵 … 철광업제품(縣단위)
盧城之稻 湄沱湖之鮒 … 농어업산품(縣단위)
果有九都之李 樂游之梨 … 과일(邑단위)

이상에서 사료에 나온 발해의 수출품을 통해 보았을 때, 다음과 같은 점이 주목된다. 발해의 지방행정구역의 책임자는 首領이었다. 발해의 首領은 수렵・목축・어로를 중심으로 하는 주민의 생산 활동이나 집단질서를 통솔했을 뿐만 아니라, 또 일상적인 물류・교역활동의

---

135) 노태돈, 1989, 「高句麗 渤海人과 內陸아시아 住民과의 交涉에 관한 一考察」 『大東文化硏究』 23 ; 1999, 『고구려사 연구』, 사계절, 529~532쪽.
136) 石井正敏, 1999, 「渤海と西方社會」 『アジア遊學』 6 ; 2001, 『日本渤海關係史の硏究』, 吉川弘文館, 216쪽.

연장선상에서 해외무역활동에 커다란 역할을 담당하였다.

9세기 이후 일본으로 파견된 사절단 가운데 首領 65人이 영역을 확대한 宣王 시대의 州의 총수 62와 獨奏州 3의 합계와 같다는 점은 시사하는 바가 크다. 아울러 발해의 遣唐使 구성원은 단지 '使'라고 되어 있는 경우가 많지만, 그 이외에 王子·世子·王姪 등의 왕족, 首領·大首領, 관리 등으로 나눌 수가 있다.

발해는 지역을 대표하는 이들 수령층을 외교·무역에 이용하는 것으로 그 지배자로서의 사회적 신분과 이익을 보장함과 동시에 정치적으로 재편하였다. 발해의 국가구조는 이 영역에 특유한 지리·자연조건과 밀접한 수렵·어로·목축이라고 하는 생산형태로 규정되어 각자의 수령을 매개로 한 지역지배 혹은 수령의 지방관리화를 국가형태의 기본으로 하고 있었던 것이다.137)

이와 관련하여 발해의 생산에 관련된 고고학 성과는 다음과 같다.

〈표 10〉 발해의 생산관계유적138)

No.	유 적 명	소 재 지	성 격	내 용	시 대
1	夾心崗古銅鑛跡	吉林省白山市	坑道跡		고구려·발해
2	立新遺跡	吉林省白山市	冶金遺跡	木炭·鑛滓가 散布	고구려·발해
3	三道溝河遺跡	黑龍江省海林市	鑄造遺跡	鑄型출토	말갈·발해
4	高城遺跡	吉林省汪淸縣	製鐵유적	排滓場	발해
5	西古城北東遺跡	吉林省和龍市	製鐵유적	排滓場, 부근에 西古城	발해

---

137) 鈴木靖民, 1999, 「발해와 일본·당의 무역」『장보고와 21세기』, 혜안, 45~46쪽.

138) 이 표는 다음의 글을 참조하였음. 小嶋芳孝, 1999, 위의 글 ; 河創國, 1999, 「朝鮮の渤海遺跡」『アジア遊學』6 ; 徐吉洙, 1999, 「渤海의 手工業製品에 대하여」『高句麗研究』6 ; 사회과학원, 2002,『동해안일대 발해유적에 대한 연구』, 중심.

6	福溝口製鐵遺跡	吉林省和龍市	製鐵유적	排滓場, 부근에 惠章유적	발해
7	新安製鐵遺跡	吉林省撫松市	製鐵유적	排滓場	발해
8	二道河子墓群	吉林省渾江市	製鐵유적	排滓場	발해
9	惠章遺跡	吉林省和龍市	鍛冶유적	鐵滓, 부근에 福溝口製鐵유적	발해
10	新安古城	吉林省撫松市	鍛冶유적	鐵滓, 부근에 新安製鐵유적	발해
11	溫特赫部城	吉林省琿春市	鑄造유적	도가니	발해
12	上京3號門 북쪽건축유구	黑龍江省寧安市	鑄造유적	도가니 2점	발해 발해
13	니꼴라예프-2도시유적	러시아 연해주지방	製鐵유적	10여개의 용광로, 숯, 재	발해
14	東溝村유적	河北省 灤平縣 白旗鄉	製鐵유적	용광로	발해
15	六道泡窯跡	吉林省琿春市	窯跡	土器・瓦	발해
16	용 彎子遺跡	吉林省圖們市	窯跡	瓦, 건축유구에 인접	발해
17	新興洞窯業跡	吉林省琿春市	窯跡	瓦, 기와를 놓는 장소	발해
18	六道泡遺跡	吉林省琿春市	窯跡	土器・瓦	발해
19	民主窯跡	吉林省長白縣	窯跡	塼	발해
20	杏山窯跡	黑龍江省寧安市	瓦窯跡群	瓦・塼・上鍾	발해
21	上屯遺跡	黑龍江省寧安市	窯跡	瓦	발해
22	크라스끼노 土城	러시아연해지방	瓦窯跡	瓦	발해
23	코루사코후카 寺跡	러시아연해지방	土器窯跡	土器	발해
24	梧梅里遺跡	함경남도 금호지구	窯跡	瓷器, 靑海土城 부근	발해

이상의 문헌자료와 고고학적 자료를 통해 알 수 있는 다음과 같다. 첫째, 『新唐書』에 보이는 발해의 산물은 唐渤교역에서 당이 인식한 것으로, 渤日간의 교역품목은 포함되지 않았다. 둘째, 『新唐書』에 보이는 발해산물은 농산가공품과 수렵・목축산품이 府영역, 섬유제품

이 州영역, 광공업제품과 농어업산품이 縣영역, 과일이 도읍영역과 행정단위별로 인식되었다. 셋째, 『新唐書』에 기록된 발해 산물은 주로 발해남부 府·州에서 생산되었다. 넷째, 州名에 鐵·鹽·銅의 생산을 엿볼 수 있는 이름이 있다. 다섯째, 문헌자료에는 발해가 銅·鐵을 생산한다는 것을 전한다. 여섯째, 銅鐵의 생산유적은 長白山 기슭에 있고, 현재의 광산도 장백산 주변과 本溪市 주변의 산간부이다. 일곱째, 토성이나 도성에 인접해서 제철이 이루어지고 있다는 것은 원료와 연료가 교역물자와 함께 모인다는 것을 시사한다. 여덟째, 금속·섬유 등의 생산이 연변주변에서 주로 행해졌다.

결국 발해의 생산구조는 제철유적에 단적으로 나타난다. 발해의 경제활동은 교역이 큰 기둥이고, 토성이나 도성은 지역물자를 모으는 장소였다. 철의 원료나 연료를 포함하는 발해각지의 산물도 교역품으로 모여, 토성이나 도성 주변에서 제철이 행해졌다고 생각된다. 발해의 토성이나 도성은 물자를 교환하는 市였고, 또한 집약된 자원을 가공하는 생산거점이었다.

생산거점주변에 있던 中京·東京과, 생산거점에서 떨어져 있던 上京에서는 도성을 지탱하는 배경이 크게 다르지는 않았을까. 『新唐書』 渤海傳은 일본도를 시작으로 5道에 대해 서술하고 있다. 官道가 정비되기 시작하는 것은 생산거점인 장백산 기슭에서 벗어나 도성이 지어진 제1차 상경 무렵이라고 생각된다. 문왕 사후 4대부터 9대까지 발해왕은 단기간에 죽어, 발해왕가에 권력투쟁이 생겨난 것을 추측할 수 있다. 상경에서 일시적으로 동경으로 천도한 단계에는 이 투쟁이 시작될 가능성이 있다. 이런 투쟁은 장백산 기슭에 도성을 두고 건국이래 사회구조를 유지하려는 세력과 지배지를 확대함과 동시에 전통적 구조에서의 탈피를 꾀하는 세력과의 대립에 유래한다고 추측된다. 선왕은 발해 왕가를 변혁하여 지방제도나 상경을 중심으로 하는 도로망을 정비하고, 북방 말갈부족의 지배를 강화하였다.

생산 활동이 번성한 장백산 기슭과 상경사이에는 哈尒巴嶺山脈이

있어서 지리적으로는 두절되어있지만, 계곡을 관통하는 官道가 정비
되어있어 물류유통에는 지장이 없었을 것으로 생각된다.139)

　발해의 수공업은 국가 수요를 위한 관청수공업과 함께 전업적 수공
업자와 농민들의 가내 수공업으로 이루어진 민간수공업도 존재하였
다. 6부중에 수공업과 관련된 부서는 智部와 信部였던 것으로 보인다.
지부는 무관들의 인사행정과 지도·말·수레 및 무기들을 취급하였
고, 신부는 산림·하천과 호수·수산자원과 둔전·토목축사업을 담
당하였다. 한편 지방의 중요 군관구들에서도 무기를 자체 생산·수리
하기 위한 무기수공업장을 조직 운영한 것으로 보인다. 다음으로 신
부는 고려시기의 工曹와 같은 기능을 담당하였으며 말기에 工部로 불
렸다. 이밖에 국왕의 의복, 수레와 관련된 일을 취급하는 관청으로서
殿中寺도 있었다.140)

　이상에서 살펴보았듯이 발해의 무역품은 중국의 경우 의례용 물품
을 주로 수입하였고, 수공업제품과 농산물 같은 특산물을 주로 수출
하였다. 일본의 경우는 주로 특산물을 수출하고, 원재료를 많이 수입
한 것이 특징이라 할 수 있다. 그리고 이러한 무역품들은 발해의 土城
이나 都城을 통해 교환하고, 가공하였다. 이러한 물품의 집산·가
공·유통에는 재지세력이었던 首領의 역할이 절대적이었던 것으로
생각된다.

---

139) 小嶋芳孝, 1999, 위의 논문, 79~80쪽.
140) 홍희유, 1989, 위의 책, 69~81쪽.

제3장

南北國時代 貿易網의 成立

1. 新羅後期[1] 무역 발전의 경제적 기반

1) 상업의 발달과 유통망의 정비

신라후기에 무역발전이 일어나게 된 국내배경의 첫 번째로는 상업의 발전과 유통망의 정비를 들 수 있다. 신라 상업의 중심은 王京의 市典이었다. 소지마립간 12년[2](490) 사방의 재화를 유통케 하기 위하여 市肆를 두면서 비롯한 시전은, 지증왕 10년[3](509) 東市典을 개설하여 관리를 배치함으로써 국가의 통제 하에 들어갔다. 통일 후 王京의 인구가 증가하고 물화의 유통이 증가하면서 효소왕 4년[4](695)

---

1) 本書에서의 신라후기는 삼국통일전쟁이후의 시기로, 기존에는 통일신라로 불리던 용어이다(최광식, 1995, 「韓國 古代國家의 支配이데올로기」 『韓國史의 時代區分－古代・中世－』, 신서원, 150쪽).
2) 『三國史記』 卷3, 炤知麻立干 12년조.
3) 『三國史記』 卷4, 智證王 10년조.

西市典과 南市典을 새로이 설치하였다.

이러한 시전은 王京에만 국한되었던 것은 아니고, 신문왕 때에 9州 5小京을 설치하면서 각 소경과 지방의 주요 거점도시에도 개설하였을 것으로 짐작된다. 이는 州治가운데 尙州·晉州에서, 小京 가운데는 南原에서 坊里구획이 확인5)되는 것을 통해서 알 수 있다. 公州에는 백제 웅진 도읍기에 熊津市가 있었으므로,6) 신라가 熊川州를 설치한 후에도 官市로 활용되었을 것이다. 이밖에 榮州지역에도 시장시설이 존재했을 가능성 또한 배제할 수 없다.7) 武珍州에서도 시장의 터가 확인된바 있어, 이러한 例를 더욱 뒷받침하고 있다.8)

시전의 모습은 문무왕대에 廣德이 짚신을 만들어 파는 것으로써 생업으로 삼았다는 것이나,『破閑集』中·下의 김유신과 원효의 일화에 보이는 '屠沽'와 그 가운데에 婬房·酒肆 및 倡家 등이 있었다는 등에서 그 번성하였던 모습을 짐작할 수 있다. 한편 〈竅興寺鐘銘〉이나 〈寶林寺普照禪師彰聖塔碑銘〉에서 엄청난 양의 철을 市買했던 사실을 확인할 수 있어, 막대한 양의 철 등을 매입할 수 있는 시전의 존재를 상정할 수 있다.

이들 시전에는 관리가 파견되었는데, 東·西·南市典에는 각각 '監(2명)-大舍(主事, 2명)-書生(司直, 2명)-史(4명)'을 배치하여, 총 30명의 관리들이 왕경의 시전 업무를 담당하고 있다. 이들 시전의 관리들이 어떠한 일을 관장했는지는 분명하지 않으나, 당나라의 경우 재화의 교역과 度量器物의 眞僞輕重을 판별하는 역할을 하였던 것9)으로

---

4)『三國史記』卷8, 孝昭王 4년조.

5) 朴泰祐, 1987,「統一新羅時代의 地方都市에 對한 研究」『百濟研究』18.

6)『三國史記』卷26, 三斤王 2년조.

7) 新羅王駐蹕又玆 久而乃返 市肆之基 在今郡西二里(『新增東國輿地勝覽』卷25, 榮川郡 古跡).

8) 광주시 루문동에서 창고로 추정되는 건물터가 발굴된 바 있다(林永珍·黃鎬均·徐賢珠, 1995,「光州 樓門洞 統一新羅 建物址 收拾調査 報告」『湖南考古學報』2, 80쪽).

9)『新唐書』卷48, 志38 百官3 兩京諸市署.

보아 신라의 경우도 그러했을 것으로 보인다.[10]

결국 왕경이나 지방의 거점 도시에 설치된 시전에서는 일반 민간인의 일용품 외에도 철이나 기름, 홍덕왕 교서에 보이는 것과 같은 서역 물품 및 심지어는 노비까지 매매되었다. 그리고 이러한 물품은 민간 수공업자와 부녀자들에 의한 행상, 그리고 陸運·海運[11] 등을 통하여 매매되었다. 이들 시전에서는 포와 미곡을 주요한 교환수단[12]으로 이용하였다.[13]

신라는 통일 이후 9주 5소경을 설치하고 北海通[14]·鹽池通·東海

---

10) 朴南守, 1998,「수공업과 상업의 발달」『한국사』9-통일신라-, 국사편찬 위원회, 195~196쪽.

11) 신라 후기에는 경주에서 가까운 감포·영일만이나 울산만에서 출발하여 남해안을 지나 흑산도 부근에서 뱃길을 서북쪽으로 돌려 산동반도로 항해하거나 서남쪽으로 바다를 건너 長江口나 남중국으로 직항하는 해로가 이용되었다. 이 강남에 이르는 항로의 중국 측 중심 해항은 明州 定海縣, 台州 黃岩縣, 揚州, 泉州, 廣州 등이며 우리나라 측에서는 武州·羅州·康州가 이용되었다(金文經, 1998,「해상활동」『한국사』9-통일신라-, 국사편찬위원회, 296~297쪽).

12) 변·진한의 경우 철이 3세기 무렵 실질적인 현물 화폐로 유통되고 있었고, 5세기 단계가 되면 규격성이 높아지고 소형·경량화 되면서 화폐로서의 기능이 한 단계 진전된다. 그리고 늦어도 6세기 대 이래 곡물과 직물은 현물화폐로서 광범하게 유통되어 교환수단·지불수단·貸付의 수단으로 사용되었다. 이러한 현실 때문에 국가도 이를 주요한 조세 품목으로 수취했다. 그리고 이를 재원으로 하여 관부와 녹읍을 받지 못한 관료에게 지급했다. 이를 이용하여 기본적인 생활물자는 물론 각종 행정 소모품과 생활용품을 官市에서 구입할 수 있었다. 왕경의 경우 관시의 주 고객은 녹읍이나 사영 공방을 경영할 수 없었던 중·하급 관료와 군관층이었다. 이들이 물품 구입을 위해 지불한 곡물과 직물은, 다시 官商이 판매용 상품을 구입하기 위해 각지의 생산자들에게 이를 지불함으로써 광범하게 유통되고 교환가치의 통용범위도 확대되었다(김창석, 2001,「삼국 및 통일신라의 현물화폐 유통과 재정」『역사와 현실』42).

13) 城中市價 布一疋 租三十碩 或五十碩 民謂之聖代(『三國遺事』卷1, 紀異1 太宗春秋公).

14) 李鎔賢, 1999,「統一新羅の傳達體系と'北海通'-韓國慶州雁鴨池出土の15

通·海南通·北傜通을 설치하여 모두 王京의 5驛 곧 乾門驛·坤門驛·坎門驛·艮門驛·兌門驛을 통하여 왕경에 이르도록 하였다.[15] 5通의 노선에 대해, 井上秀雄은 각각 발해(北海通), 일본(東海通), 중국(鹽池通, 北傜通, 海南通) 등으로 통하는 교통로로 비정하였다.[16] 그러나 신라 국내의 교통로가 궁극적으로는 대외교통로서의 역할을 수행하였겠지만 그것은 이차적인 목적이고, 일차적인 목적은 경주와 5小京을 연결하는 교통로이고 5소경에서 다시 9주의 治所와 대외교통로로 연결되는 것으로 보여 진다. 따라서 5通은 경주를 중심으로 보았을 때, 다섯 방향으로 향하는 교통로에 대한 범칭이라 하겠다.

즉 北傜通의 경우 죽령·계립령을 지나 漢州·朔州 방면으로 통하는 교통로를 모두 칭하는 것이고, 鹽池通은 추풍령을 통하여 漢州·熊州 방면으로 통하는 교통로를 칭하는 것이며, 海南通은 武州·全州 방면으로 통하는 교통로를 칭하는 것으로 보여 진다.[17] 교통로는 경제적인 면에서는 상품교환이나 상업 및 생산기술이 교류되는 곳이고, 정치적인 면에서는 전쟁이나 외교를 포함하는 대외관계가 이루어지는 곳이자 정신적인 면에서 문자의 사용으로부터 법의 전래 등 다양한 교류가 이루어지는 곳이자, 사람·집단·국가 등이 서로 결합하여 여러 가지 관계·교류를 포괄하는 개념이다.[18] 이러한 교통망의 정비는 군사·행정적인 목적도 있었겠지만 세금의 징수 및 각 지방의 물산을 王京에 집산시키기 위한 의도도 있었을 것이다.[19]

号木簡の解釋-」『朝鮮學報』171.

15) 『三國史記』卷37, 地理4 三國有名未詳地分.

16) 井上秀雄, 1974,「新羅王畿の構成」『新羅史の基礎研究』, 東出版, 399~405쪽.

17) 徐榮一, 1999,「新羅 五通考」『白山學報』52.

18) 平野卓治, 1994,「日本古代國家の成立·展開と對外交通」『歷史學研究』664, 45쪽.

19) 한편 신라 후기의 수취품 운송체계를 두 가지 형태로 나누어 본 견해도 있다. 행정구역별 계통관계에 따라 취합, 운송되는 형태와 교통로에 따라 상위 행정구역을 거치지 않고 운송되는 형태가 그것이다. 이러한 경로를 동·입실리 지역 등 교통로상의 관문을 거쳐 남산신성의 좌·우창으로

한편 유통망의 정비와 관련하여 주목되는 것이 신라의 서남해도서 지방 장악이다. 신라의 활발한 대중국 해상무역의 거점은 주지하다시 피, 옛 백제지역인 서남해 일대였다. 따라서 옛 백제 지역이었던 서남 해도서지방과 해안지역의 장악은 국내유통망의 정비뿐만 아니라 대 외무역의 통로확보에서도 중요한 의미를 가진다고 할 수 있다.

『三國史記』地理志에는 백제 郡縣 관계기사가 두 곳에 나온다. 하나 는 地理志 3의 熊州·全州·武州 관하의 군현 관계 기사이고, 둘째는 地理 4의 백제 州郡縣 관계 기사이다.

첫 번째 기사는 경덕왕대의 郡縣名 개정을 중심으로 개정 이전의 명칭과 고려시대의 명칭으로 구성되어 있다. 따라서 이 기사는 통일 이후의 군현조직을 기본으로 하여 이루어진 것임을 알 수가 있다. 두 번째 기사는 熊川州 이하 捺已郡에 이르기까지 147개 州郡縣의 명칭 을 기술하고 있는데 기재 순서와 명칭은 『三國史記』地理 3의 개정 전 명칭의 기재 순서와 일치하며 다만 捺已郡만이 제일 끝에 첨부되어 있다. 그리고 여기에는 郡縣의 異名을 기록하고 있어 주목된다.

백제 郡縣에 대한 이러한 기사에서『三國史記』地理 4의 백제 州郡 縣名과『三國史記』地理 3의 개정전 명칭 사이에는, 다음과 같은 차이 점이 있다. 첫째 地理 4에는 異名이 기록된 郡縣이 총 28개인데 하나 의 異名이 있는 것이 25개, 두 개의 異名이 있는 郡縣이 2개, 세 개의 異名이 있는 郡縣이 1개이다.[20]

둘째 地理 4와 地理 3의 郡縣의 명칭 사이에는, 비록 숫자는 얼마 되지 않지만, 郡이 縣으로 바뀌거나 명칭 자체가 바뀌는 등의 변화가

수납되었다. 이는 국가의 공식 창고체계에 입각한 유통경로이고, 왕실 직 속지나 녹읍 같이 특수한 지배권이 설정된 지역은 수취물 운반을 위해 교통로를 공유할 수는 있지만, 수취체계는 그 소유주와 직접 연결되는 별 도의 체계가 작동했을 것으로 추정하고 있다(金昌錫, 2001,「신라 倉庫制 의 성립과 租稅 運送」『韓國古代史硏究』22, 250쪽).

20) 井上秀雄, 1974,「三國史記地理志の史料批判」『新羅史基礎硏究』, 東出版, 86쪽.

보인다. 전자의 例로는 碧骨郡이 碧骨縣으로, 阿次山郡이 阿次山縣으로 바뀐 것을 들 수가 있고 후자의 例로는 葛草縣이 阿老縣으로 바뀐 것을 들 수가 있다. 이러한 변동은 신라가 郡縣을 개편하는 과정에서 생겨난 변화로 보인다.

그러면 신라가 백제를 멸망시킨 이후 백제의 郡縣 조직을 어떻게 편제해 나갔을까. 이를 해명해 줄 수 있는 자료는 없지만 『三國史記』地理志와 本紀에 보이는 연혁관계를 알 수 있는 몇 가지 자료를 중심으로 추론해 보기로 한다.

① 熊州 : 百濟舊都 → 熊津都督府(660 : 무열왕 7년) → 熊川郡(666~686 : 문무왕 6~신문왕 6) → 熊川州(686 : 신문 6) → 熊州 (757 : 경덕 16)
② 西原京 : 西原小京(686 : 신문 6) → 西原京(757 : 경덕 16)
③ 扶餘郡 : 所夫里郡(?) → 所夫里州(672 : 문무 12) → 所夫里郡(686 :신문 6) → 扶餘郡(757 : 경덕 16)
④ 湯井郡 : 湯井郡(?) → 湯井州(671 : 문무 11) → 湯井郡(681 : 신문 1) → 湯井郡(757 : 경덕 16)
⑤ 全州 : 完山(?) → 完山州(685 : 신문 5) → 全州(757 : 경덕 16)
⑥ 武州 : 武珍郡(?) → 武珍州(686 : 신문 6) → 武州(757 : 경덕 16)
⑦ 南原京 : 古龍郡(?) → 南原小京(685 : 신문 5) → 南原京(757 : 경덕 16)

이를 통해 지적할 수 있는 것은 다음과 같다. 첫째 경덕왕 16년에 전면적으로 개정된 郡縣名은 신문왕대의 郡縣名을 개정한 것이다. 따라서 삼국통합 이후 신라의 지방통치 조직의 정비는 9주가 완성된 신문왕 6년으로 볼 수가 있다.

둘째 신문왕대에 정비된 9주체제하의 郡縣名은 문무왕대의 郡縣名을 약간 개정한 것 외에는 모두 百濟○○郡(縣)으로 되어 있다. 따라서 백제의 통합 이후 문무왕·신문왕대에 이르기까지 몇몇 郡縣名의 변경 외에는 백제 당시의 郡縣名이 그대로 사용되었다고 할 수 있다.

셋째 백제지역의 郡縣名이 통일 이후에도 그대로 襲用되다가 전반

적으로 개정된 것은 경덕왕대에 와서부터 였다.21)

통일 이후 신문왕대까지의 백제지역의 郡縣名은 기본적으로 백제 당시의 郡縣名을 답습하였다고 하는 것은 신라정부의 백제유민에 대한 배려도 작용하였던 것이 아닐까 한다. 이와 같은 백제지명 답습에서 벗어나 한식의 雅化한 지명으로 개정된 것은 경덕왕대에 와서 왕권의 강화를 추진하는 일련의 과정과 연관되어 나타났다. 즉 경덕왕은 왕권강화를 위한 일련의 개혁조치를 추진하는 과정에서 郡縣名 개정을 전면적으로 단행한 것이다.

이와 같은 郡縣名 개정은 재지세력들의 지역의식을 약화시키고 중앙의 지방에 대한 통제력을 더 강화시키는 역할을 하였을 것이다. 그러므로 백제지역의 郡縣도 종래의 명칭에서 새로운 명칭으로 개정됨에 따라 백제적인 의식이나 전통도 약화되고 그로 말미암아 이 지역 재지세력의 기반도 그만큼 약화된 것이 아니었을까 한다.22)

9주체제 아래서 백제지역에 설치된 州郡縣은 3州・2小京・37郡・104縣이었다. 그런데『三國史記』百濟本紀와『唐書』百濟傳에는 백제의 郡縣 수가 5部・37郡・200城으로 나와 있고〈定林寺址五層石塔銘〉에는 5部・37州・250縣으로 되어 있다.

이들 자료를 비교해 볼 때 地理志의 3州・2小京은 小京이 州와 비슷한 비중을 가지고 있으므로 이를 합쳐서 보면 5部와 대응되며 37郡과 37州도 서로 대응된다. 그러나 縣의 경우 250縣・200縣・104縣으로 각각 나와 차이가 난다. 특히 地理志의 104縣은『唐書』나〈定林寺址五層石塔銘〉에 보이는 縣(城)의 수에 비해 반밖에 되지 않는다.

백제의 城은 縣에 대응하는 것이며 사비시대에 와서 方−郡−城(縣)체제가 정비되면서 더 확대된 지방통치조직이다.23) 그리고 백제

---

21) 盧重國, 1988,『百濟政治史研究』, 一潮閣, 250~254쪽.

22) 盧重國, 1988,「統一期 新羅의 百濟故地支配−『三國史記』職官志・祭祀志・地理志의 百濟關係記事 分析을 中心으로−」『韓國古代史研究』1, 141~142쪽.

23) 盧重國, 1988, 앞의 책, 256~257쪽.

본기의 200城이나 〈定林寺址五層石塔銘〉의 250縣은 백제 멸망 당시의 상황을 보여주는 것이어서 백제시대의 것이라 할 수 있다.

그러면 『三國史記』 地理志에 보이는 백제지역에 설치된 통일기의 縣의 수가 백제 당시의 縣의 수보다 반 이상으로 대폭 줄게 된 원인은 무엇일까. 기존의 견해에서는 이 문제가 신라가 통일 이후 지방지배 조직을 정비하는 과정과 관련하여 이해하였다. 기존견해의 주요근거가 되는 사료는 다음과 같다.

> 3-1. 지금 新羅가 州郡을 설치할 때를 살펴보면, 그 田丁·戶口가 縣이 되지 못하는 경우에는 鄕이나 部曲을 두어 所在한 곳의 邑에 속하게 하였는데, 高麗때는 所를 칭하는 경우도 있었다(『新增東國輿地勝覽』 驪州牧 古跡 登神莊條).
>
> 3-2. 9주가 관할하는 郡縣은 무려 450개이다. 方言에서 말하는 鄕·部曲 等의 雜所는 다 기록하지 않는다(『三國史記』 雜志3 地理1).
>
> 3-3. 貧寒하여 남의 米穀을 취하여 먹은 자로 農作이 부실한 곳에 있는 자는 元·利를 갚지 아니해도 좋고, 만일 농작이 잘 되는 곳에 있는 자는 올해 秋收때에 그 本穀만을 갚고 利殖은 물지 말 것이며, 30일을 기한으로 하여 所司는 奉行하라(『三國史記』 卷6, 文武王 9년조).

사료 3-1에 의하면 신라가 州郡을 建置 할 때 田丁·戶口를 기준으로 하였고, 이 기준에 미달된 지역에는 鄕이나 部曲을 설치하였음을 알 수가 있다. 향·부곡의 설치시기에 대해서는 지증왕설[24]과 신문왕설[25]의 두 견해로 나뉘어 진다. 사료 3-3은 문무왕 9년에 남의 穀米를 빌린 자로서 不熟之地에 있는 자는 元穀과 이자 모두를 갚지 않아도 되고 熟處에 있는 자는 금년 추수로 元穀만 갚도록 조치한 이른바 이자 탕감령이라 할 수 있다. 이와 같은 이자 탕감령을 내렸다는 것은 탕감령을 내리지 않으면 안 될 정도로 농민경제가 파탄에 직면

---

24) 朴宗基, 1987, 「신라시대 鄕·部曲의 性格에 대한 試論」『韓國學論叢』 10.
25) 盧重國, 1988, 위의 논문, 143쪽.

한 것을 보여준다고 하겠다.

이처럼 농민경제의 파탄과 장기간에 걸친 전란의 여파로 전지가 황폐되고 또 인구의 流亡도 많았을 것이다. 이것은 결국 전정·호구의 감소와 직결되는 것이라 보아, 전정·호구가 縣이 되기에 부족한 지역도 다수 나왔을 것이고 그 지역은 군현제 정비시에 鄕이나 部曲으로 편제되었을 것이라 한다.[26]

이상에서 기존 견해를 자세히 살펴보았다. 이러한 기존견해에 드는 의문은 단지 장기간에 걸친 전란의 여파에 의한 田丁戶口의 감소로만 縣 숫자의 감소를 설명할 수 없다는 것이다. 이는 백제가 한성 시대부터 서남해안을 비롯한 도서지방의 장악을 중시하고 있다는 점을 통해서도 알 수 있다. 현재 우리가 파악할 수 있는 限에서 서남해도서에 대한 구체적인 기록은 다음의 기록이 처음이다.

> 3-4. 남쪽 바다 가운데 15개의 큰 섬이 있어 모두 다 城邑을 설치하였으며 사람이 살았다(『翰苑』 蕃夷部 百濟條).

이 기사는 〈括地志〉를 인용한 것인데, 백제 예속의 이들 15개 섬들의 이름은 밝혀지지 않으나 이 가운데는 서남해도서가 일부 포함되었을 것이고, 특히 삼국시대에 이미 治所가 설치되었던 4개의 지역[27]은 이 기록에 지목된 큰 섬들 가운데 하나일 가능성이 크다.

> 3-5. 王이 西海大島에서 사냥을 하여 40마리의 사슴을 잡았다(『三國史記』 卷24, 古爾王 3년 10월).

---

26) 盧重國, 1988, 위의 논문, 142~144쪽.
27) 삼국시대 治所가 설치된 서남해안 도서

백 제	신 라	고 려	현 지 명
古祿只(開要)縣	鹽海縣	臨淄縣	신안 임자도
阿老(葛草加位)縣	碣島縣	陸昌縣	영광군 남면 남창리
阿次山縣	壓海郡	壓海郡	신안 압해도
屈知山縣	安陵縣	長山郡	신안 장산도

3-6. 15세 이상의 사람들을 징발하여 關防을 설치하였다. 이것은 靑木
嶺에서 시작하여 북쪽은 八坤城에, 서쪽은 바다에 이르렀다(『三
國史記』卷25, 辰斯王 2년 봄).

3-7. 왕이 國西의 大島에서 사냥을 하였는데 친히 사슴을 쏘았다(『三
國史記』卷25, 辰斯王 7년 7월).

이상의 기록에서 주목되는 것은 왕이 西海의 大島(강화도, 교동도
등)에서 사냥을 했다는 점이다. 이것은 서해지방의 지리를 관찰하고,
그곳의 방비책을 강구하려는 뜻이 포함되었을 것이기 때문이다. 따라
서 辰斯王의 빈번한 서해안순행은 남진하는 고구려 세력의 저지를 위
한 군사적 시찰인 동시에 대중국통로의 확보라는 전술적인 시찰이었
다고 하겠다. 나아가서 백제인의 해외진출관문인 한강·임진강의 합
류지에 대한 백제왕실이 갖는 관심도의 표시였으므로, 고구려의 부단
한 關彌城 공격과 상관관계가 있다고 할 수 있다. 사료 2-6에 의하면
백제가 서해안을 둘러싼 關防을 만들어 한강유역을 보호하였으나, 결
국은 광개토왕에 의해 함락되었다. 관미성의 함락은 한강유역 상실의
제일보로서 백제 위축의 신호가 되었다. 그러나 關彌城의 교통상 중
요성은 결국 신라의 穴口鎭이나 고려시대 왕건의 등장 및 벽란도설치
의 배경이 되었다.[28)

이외에도 기록에는 治所라고 나와 있지 않지만 주목되는 곳이 흑산
도이다. 흑산도는 한반도의 서남단에 위치하면서 중국의 강남지방에
이르는 가장 가까운 해로상에 있다. 그리고 이 길은 한반도와 중국을
연결하는 해로로만이 아니라, 크게 보아 동아시아 3국을 연결하는 교
역로였다.

3-8. 黑島는 白島의 동남쪽에 있어서 멀리서 보면 매우 고준해 보이지
만 산세가 서로 중복되어 있고 가운데가 마치 마을처럼 아늑하

---

28) 申瀅植, 1983,「韓國古代史에 있어서 漢江流域의 政治·軍事的 性格」『鄕
土서울』41 ; 1984,『韓國古代史의 新研究』, 一潮閣, 279쪽.

다. 특히 양쪽사이의 바다가 灣을 이루어 가히 배를 숨길만하다.
그리하여 중국의 사신이 올 때면 매양 배들이 이곳에 머물렀으
며 지금도 관사가 남아있다. … 이 섬에는 백성들이 모여 사는데
나라에 큰 죄를 지은 사람들이 이곳에 유배되어 있다. 중국의 사
신들이 이곳에 이르게 되면 밤에는 산 위의 봉대에서 불을 밝혀
이웃 섬과 섬을 차례로 연결 王城에 이르게 하는데 흑산도가 그
봉화대의 시작이다(『高麗圖經』卷35, 海島2 黑山島).

3-9. 9월 4일 동쪽을 바라보니 산과 섬들이 겹겹이 있어 뱃사공에게
물어보니 바로 신라 熊州의 서쪽 경계로 본래 이곳은 백제의 옛
땅이었다고 한다. 하루종일 동남쪽으로 향하였는데 동서로 산과
섬들이 늘어서 있다. 이날 高移島에서 정박하였다. 武州의 서남
쪽 경계에 있고 이 섬의 서북쪽 100리쯤에 黑山이 있다. 黑山의
몸체는 동서로 길게 늘어져 보이고 백제의 제3왕자가 도망해 피
난한 곳이며 지금은 3~400家가 산중에 살고 있다. 이튿날 바람
이 동남풍으로 바뀌어 출발치 못하고 3更에야 서북풍이 불어 출
발하였다. 6일 卯時에 武州의 남쪽경계인 黃茅島 泥浦에 정박하
였다. 이 섬은 일명 丘草島라고 하는데 4~5인이 있어 사람을 시
켜 그들을 찾으니 도망쳐 숨어버려 찾지 못하였다. 이는 신라의
제3재상의 放馬處이다(『入唐求法巡禮行記』卷4).

3-10. 흑산도는 수로로 900리 되는 거리에 있는데 섬의 둘레가 35리이
고 옛날 黑山縣이라 칭하며 그 遺址가 남아있다(『東國輿地勝覽』
나주목 산천조).

사료 3-8은 고려에 사신으로 왔던 徐兢의 기록으로 1124년(인종
2) 당시의 고려사정을 이국인의 입장에서 알려 주는 자료로서 매우
주목되는 것이다. 현재의 흑산도 진리와 예리항은 서긍의 기록과 같
이 천연의 항구로서 자연적 조건을 갖추고 있었던 것이다.

사료 3-9에서 주목되는 점은 847년 당시 흑도(흑산도)에 3~400
호의 주민이 살고 있으며, 과거 백제의 제3왕자가 피난하여 살았다는
사실이다. 이 기록을 통하여 적어도 9세기에는 흑산도에 적지 않은
주민들이 살고 있었고, 그들의 문화배경이 백제왕자의 피난처가 될
만큼 열악하지 않았음을 확인하게 된다. 즉 왕자의 피난은 政爭의 과

정이거나 멸망기의 상황에서나 있을 수 있는 일로 보여 지며, 그런 처지에서 피난할 곳이란 단순한 은신처라기보다는 그를 추종하는 세력들이 재기를 도모하는 장소였다고 볼 수 있다. 만약 그렇게 볼 경우 당시 흑산도의 토착세력과 제3왕자 집단사이에는 어떤 유대가 있었다고 추정할 수 있으며, 그런 유대는 그 이전부터 지속되어 왔던 것이라고 보아야 할 것이다.

3-10에서는 동국여지승람의 찬술연대인 1480년대에 縣의 遺址가 남아있다는 사실이 주목된다. 이를 大黑山島 鎭里의 속칭 '半月城'으로 추정하는 견해가 있다. 반월성은 읍동부락 後山의 중복부에 축성된 산성이다. 黑山山城址는 북쪽 해안 쪽에 면한 단애를 이룬 산능선을 기점으로 동남쪽 남편 경사면의 산중복부를 반월형으로 包谷한 까닭에 일명 반월성이라 불리기도 한다. 성벽은 주변에 산재한 1m내외의 자연석을 이용하여 內托法에 의해 결구 축성하였는데 現高 2m, 폭 2m, 둘레 400m 정도이다. 성내에는 우물지나 기타 시설물 등은 보이지 않는다.[29] 여기서 읍동이라는 지명이나, 기록상의 흑산현과 상관되는 군현설치와 관련시켜 이 유적들을 검토하여 볼 수 있을 것으로 생각된다.

이상을 통해 볼 때 흑산현의 존재를 어느 정도는 규정할 수 있지 않을까 한다. 바로 이러한 상황을 반증하는 또 다른 자료가 『高麗圖經』이다. 서긍이 사신으로 고려에 오면서 흑산도에서 보았던 내용 중에는 '관사가 남아있다'거나 '나라에 큰 죄를 지은 사람이 많이 유배되어 온 곳'임이 밝혀지고 있는 것이다.[30]

따라서 이상의 例를 통해서 볼 때, 서남해안도서지방은 삼국시대에 이미 治所가 설치되어 있었다는 것을 알 수가 있다.

결국 『三國史記』 地理志와 百濟本紀에 각각 나오는 縣 숫자의 차이는 농민경제의 파탄과 장기적인 전란의 여파에 의한 인구감소에도 원

---

29) 文化財管理局, 1977, 『文化遺蹟總攬』.
30) 李海濬, 1989, 「新安島嶼地方의 歷史文化的 性格」 『島嶼文化』 7, 92~101쪽.

인이 있을 수도 있으나, 서해안·남해안의 도서지방 장악력의 차이에 기인한 것으로 생각된다.

이상에서 살펴보았듯이 王京의 지방거점도시에 설치된 시전의 발달과 일부분이었지만 옛 백제 지역이었던 서남해도서지방의 장악을 통한 대중국 교통로의 확보, 그리고 5通으로 대표되는 국내유통망의 정비가 무역발전의 하나의 요인으로 작용했다는 것을 알 수가 있었다.

2) 각 무역주체의 무역품생산

다음으로 신라후기 무역발전의 배경으로 들 수 있는 것은, 각 무역주체들의 무역품 자체조달에 의해 수공업이 발달한다는 것이다.[31] 공무역의 주체는 왕이나 중앙귀족층 이었고, 사무역의 주체는 중앙귀족, 지방세력, 민간무역업자 등으로 나누어 볼 수 있다.

먼저 공무역의 무역품은 궁중수공업과 관영수공업을 통해 제작되었다. 궁중수공업은 內省 산하의 관제를 정비하는 것과 흐름을 같이 하여 6部의 생산조직을 국왕 직속으로 귀속시켜 나가는 과정에서 신문왕 원년(681) 本彼宮을 수반으로 하는 궁중수공업의 체계를 정비하였다.[32] 그 후 경덕왕 18년(759) 관호개혁을 전후하여 기술적 발전을 더함으로써 생산 공정별로 매우 분업화되고 협업화된 체계를 갖추었고, 애장왕 2년(801) 御龍省의 정비 및 승격에 수반한 관제개혁으로『三國史記』職官志 中에 보이는 조직으로 완비하였다.

內省이 왕실 업무를 담당한 기구이므로 그 산하에 있던 수공업 관사는 일차적으로 國王과 王妃, 궁궐에서 생활하던 여러 왕족들에게 필요한 물품을 공급했을 것이다. 고급 직물을 비롯하여 木工品, 漆器는 물론 신발류까지 생산한 것은 이러한 수요에 부응하기 위한 것으

---

31) 公貿易·私貿易을 비롯한 각각의 무역주체에 대해서는 본서 2장 참조.
32) 朴南守, 1996,『新羅手工業史』, 신서원.

로 보인다. 그리고 曝典이 3개의 屬縣을 거느리고 있었다는 것은 왕실
수공업 관사 가운데 일부 특수한 원료가 필요한 경우는 그 특산지를
할당받아 원료를 공급받을 수도 있었음을 보여준다. 그리고 외국과의
교역품이나 고위 귀족, 공로자에 대한 하사품도 왕실의 품위를 손상
시키지 않는 최고급 제품이어야 하므로 왕실 직속의 수공업 관사에서
제조했을 것이다.[33]

　이러한 궁중수공업의 생산물품은 진골신분과 이에 준하는 투항왕족
및 당나라 장수·사신에게 내린 물품과 대외교역품 등에서 살필 수 있
다. 궁중수공업의 생산물품은 대개 金·銀·銅 등의 광물류와 果下
馬·美髮·海豹皮 등의 특산물, 우황·인삼 등의 약재, 그리고 그 밖의
고급 직물류와 금은세공품, 침·금은침통 등의 의료기재 등이었다.[34]

　궁중수공업 관사에 속한 직원은『三國史記』職官志를 통해 확인할
수 있다. 干－史의 계열과 翁－助·母·女子 등의 유형으로 나뉘어 짐
을 알 수 있다. 이들 직원들은 대체로 大舍에는 미치지 못하고 舍知나
史에 준하는 하급관리들로서 신분적으로 4두품 정도에 불과하였으며,
대개 궁중에 소속된 노비들을 거느리고 해당 관사에서 정해진 물품을
만들었다. 이들은 확인된 수만도 100여명에 달하는데, 밝혀지지 않은
12여 개 관사까지 포함하면 총 직원의 수는 200여 명에 이를 것으로
추산된다.[35] 이들이 어떤 방식으로 근무하였는지는 확인할 수 없으나

---

33) 金昌錫, 2001,『三國 및 統一新羅의 商業과 流通』, 서울대학교 국사학과
　　박사학위논문, 66쪽.

34) 삼국통일전에는 주로 果下馬·白金·明光鎧·金甲·彫甲 등이 수출품이
　　었으며 비단·의복·병풍·서적 등이 수입품이었는데(申瀅植, 1984,「三
　　國의 對外關係」『韓國古代史의 新研究』, 317～318쪽), 신라 후기에는 그
　　내용이 풍부해졌다. 특히 9세기 이후 불경·불상 등과 금은 제품도 보내
　　졌던 것으로 보아서 수공업의 발전상을 엿볼 수 있다. 한편 수입물품도
　　의복류·비단과 불경·도덕경 등이 주류를 이루어 활발한 문화교류상을
　　알 수 있다. 무엇보다도 흥덕왕 3년(828)의 茶種子 전래는 경문왕 9년 바
　　둑의 교류와 함께 신라 귀족사회의 생활에 새로운 변화를 가져왔다(申瀅
　　植, 1984, 위의 책, 336～337쪽).

많은 수의 노비들이 그들의 휘하에서 잡역에 종사하였던 것으로 보인다.

관영수공업은 국가에 필요한 물품을 생산한다는 점에서 국가재정의 운영과 밀접한 관련이 있었는데, 대체로 두 가지 형태로 성립·정비되었다. 먼저 중고기 수취제도의 정비과정에서 재지 장인들의 생산물품을 調 등의 방식으로 納貢케 하는 한편 제방축조에서 볼 수 있듯이 재지 장인들을 중앙의 통제 하에 관리하는 체제를 갖추면서, 신문왕 때에 工匠府監을 설치함으로써 일단의 완성을 보았다. 다음으로 군사·지방제도를 정비하는 과정에서 병기제조의 업무를 비롯하여 축성 등에 장인을 징발하는 체계를 갖추었는데, 이러한 체계는 진평왕대에 大幢 등의 군단에 大匠尺幢主와 大匠大監을 설치한데서 비롯하며 신문왕대에 6정과 9서당제를 완비하면서 정비되었다.[36]

그런데 궁중수공업의 경우 매우 정비된 일련의 체계를 보이지만, 관영수공업은 분산적인 형태로 나타난다. 이는 궁중수공업이 주로 국왕이나 왕실의 수요에 충당하기 위한 생산체계였다면, 관영수공업은 국가의 재정과 관사에 필요한 물품을 생산하는 체계였기 때문이었다. 경덕왕대 이후 궁중수공업 관사는 점차 관영수공업 관사에 통합되어 갔다.

특히 나말여초에 이르러 수공업관사는 내성산하의 일개 관사였던 物藏典이 태봉의 관제에서는 고려시대 小府寺의 전신인 物藏省으로 확대 개편되고, 신라 경덕왕대를 전후하여 생산 공정에 따라 여러 개로 나뉘어져 있던 생산관사가 고려의 관제에서는 雜織署·都染署·中尙署 등으로 통합되어 가는 경향을 보인다. 이러한 변화는 신라하대에 서역 또는 중국의 사치품이 신라에 유입되면서 궁중수공업 제품의 수요가 줄어들었고, 그 결과 궁중수공업의 폐쇄적 운영만으로는 더 이상 왕실 귀족의 사치적 욕구를 만족시킬 수 없게 되었기 때문이었

---

35) 홍희유, 1978, 『조선중세수공업사연구』, 과학백과사전출판부 ; 1989, 서울 : 지양사, 33쪽.

36) 朴南守, 1994, 「新羅 官營手工業 官司의 運營과 變遷」『新羅文化』10·11 ; 1996, 『新羅手工業史』, 신서원.

다. 이에 폐쇄적인 궁중수공업 기술이 사회 저변에 보급·확대되고, 궁중에 필요한 최소한의 물품을 제외한 각종 물품을 공부 등의 형태로 수취함으로써 物藏省이 생산을 맡는 관사로 확대되었던 것으로 여겨진다.[37]

이와 함께 大匠尺幢과 船府·工匠府·京城周作典·彩典 등의 관사를 중심으로 분산적으로 운영되던 관영수공업은, 각각 고려 초기의 軍器寺와 水曹, 將作監, 소부시 산하의 都染署로 바뀌었다. 이는 결국 당의 관영수공업체계 곧 무기제작을 맡는 군기시, 토목공사의 조영과 수리 및 공장들을 관리하는 장작감, 관용물품을 제작하는 소부시의 세 관사를 중심으로 운영하는 체계로 전환되었음을 의미한다. 이러한 변화는 왕실의 사적 경영의 성격이 강한 궁중수공업이 조세제와 국가의 통치체제에 바탕을 둔 관영수공업에 통합되었음을 의미하며, 또한 최소한의 물품만을 관영수공업에서 일률적으로 제조하고 여타의 물품은 민간 또는 전업적 수공업 집락에 위임한 때문이었다.[38]

다음으로 들 수 있는 것은 사무역의 주체였던 진골귀족에 의한 민간수공업이다. 신라가 신문왕 2년(682) 本彼宮을 설치하면서 궁중수공업의 체계를 확립하였다고 하지만, 진골귀족들은 여전히 기왕의 생산체계를 유지하였다. 『新唐書』新羅傳에 보면 당시 귀족의 삶이 잘 그려져 있다.

> 3-11. 宰相家에는 祿이 끊이지 않으며 奴僮이 3천인이고, 甲兵과 소·말·돼지도 이와 비슷하다. 바다 가운데 산에 목축하여 필요한 때에 활로 쏘아서 잡아먹었다. 곡식을 남에게 꾸어주어 늘이고 갚지 못하면 노비로 삼았다(『新唐書』 卷220, 列傳145 東夷 新羅).

---

37) 朴南守, 1993,「統一新羅 宮中手工業의 運營과 變遷」『素軒南都泳博士古稀紀念 史學論叢』 ; 1996,『新羅手工業史』, 신서원.
38) 박남수, 1998,「수공업과 상업의 발달」『한국사』9-통일신라-, 국사편찬위원회, 185쪽.

이 기록에서는 비록 재상가라 하였지만, 당시의 일반 귀족관료도 국가로부터 祿을 받고 있었다. 여기서 말하는 녹에는 녹읍이나 녹봉 뿐만 아니라 문무관료전도 포함된다고 본다. 아울러 당시의 귀족은 국가에 공을 세운 대가로 식읍을 받았으며, 엄청난 규모의 사유지와 목장, 식읍·녹읍·녹봉·문무관료전, 그리고 예민과 사민 등이 당시 귀족의 경제기반이었다고 하겠다.

신라의 귀족은 막대한 사유지를 가지고 있었다. 智證大師가 安樂寺에 기진한 莊 12區, 田 500結이나, 그 절의 檀越인 端儀長翁主가 藏獲과 함께 施納한 田地,[39] 金志誠이 내놓아서 甘山寺를 세운 甘山莊田[40] 및 鳳巖寺터가 된 義陽山 중복의 沈忠의 땅[41] 등은 모두 개인의 사유지였다.

지증대사는 그의 비문에 '王都人 金姓子'라고 기록된 것으로 보아 500結의 많은 토지를 가진 왕도의 부호로 생각되며, 단의장옹주는 경문왕의 妹로서 진골귀족이고, 김지성은 6두품이며, 심충은 지방의 유력자였다.[42] 이런 사실은 신라의 귀족이 막대한 사유지를 가지고 있었음을 의미한다.

사유지는 寄進·상속·매매의 대상이 된 토지였다. 이러한 귀족의 사유지 확대는 상속이나 매입 이외에 왕실로부터 사전과 개간을 통해서도 이루어졌다. 사전은 삼국시대부터 있어 왔고, 문무왕 2년(662)에는 김유신과 김인문에게 本彼宮의 재화·노복과 함께 田莊을 주었으며,[43] 3년에는 김유신에게 田 500結을 주었다.[44] 그리고 來附해 온 백제·고구려의 귀족에게도 田地를 주었다.[45] 또한 성덕왕이 그의 妃 成貞王后를 出宮시킬 때에도 彩와 租·寶 등과 함께 田 200結을 賜하였

39)「鳳巖寺智證大師寂照塔碑」『朝鮮金石總覽』上, 80쪽.
40)「甘山寺阿彌陀如來造像記」『朝鮮金石總覽』上, 35쪽.
41)「鳳巖寺智證大師寂照塔碑」『朝鮮金石總覽』上, 80쪽.
42) 崔柄憲, 1972,「新羅 下代 禪宗九山派의 成立」『韓國史硏究』7, 107쪽.
43)『三國史記』卷6, 文武王 2年條.
44)『三國史記』卷42, 列傳2 金庾信中.
45)『三國史記』卷6, 文武王 元年條 ;『三國史記』卷7, 神文王 元年條.

다.[46] 이는 귀족이 왕실로부터 사전을 받아 소유하였음을 나타낸다.

귀족은 각지에 田莊을 두었는데, 그들의 거주지 부근 전장은 용작인이나 노비를 동원하여 직영하였고, 거주지에서 거리가 먼 전장은 知莊들을 파견하여 관리하였다.[47] 경주에 본사를 둔 世達寺의 莊舍가 溟州 捺李郡에 있어 본사에서 知莊을 파견하였던 예가 이에 속한다.[48] 또한 지증대사의 莊 12구·田 500결도 그 규모로 보아 각지의 전장에 지장들을 파견하여 관리하였을 것이다.[49] 이처럼 귀족은 지장을 파견하여서 전장을 관리하였는가 하면, 隷民을 부려서 토지를 개간하여 사유지를 확대시켰다.

> 3-12. (왕이) 馬阹 총 174所를 나누어주었는데, 所內에 22所, 官에 10所, 庾信 太大角干에 6所, 仁問 太大角干에게 5所, 角干 7인에게 각 3所씩, 伊飡 5인에게 각 2所씩, 蘇判 4인에게 각 2所씩, 波珍飡 6인·大阿飡 12인에게 각 1所씩 주고, 나머지 74所도 적당히 나누어주었다(『三國史記』卷6, 文武王 9년).
>
> 3-13. 오전 6시경에 武州 남쪽 黃茅島 개펄에 배를 대었는데, 이곳은 丘草島라 한다. 산 위에 네다섯 명의 주민이 있기에 사람을 시켜 데리고 오라 했는데, 그들이 도망가 숨어버려 어디에 있는지 찾을 수 없었다. 이곳은 신라의 三宰相이 말을 키우는 곳이다. 고이도에서 초도에 이르기까지 산과 섬이 이어져 있고 동남쪽 멀리 탐라도가 보인다(『入唐求法巡禮行記』卷4, 會昌 7년 9월 6일).
>
> 3-14. 오전 4시경에 이르러 비록 바람은 없었으나 배를 띄웠다. 포구를 벗어나자마자 갑자기 서풍이 불어 돛을 올리고 동쪽으로 나아갔다. 마치 신이 돕는 것 같았다. 산과 섬 사이를 가노라니 남북 양면이 산과 섬으로 겹겹이 둘려 있다. 오전 9시경이 되어 우리는 雁島에 머물러 잠시 쉬었다. 이곳은 신라의 남쪽 지방으로서 內家의 말을 기르는 곳이다. 가까운 동쪽에 黃龍寺의 莊園이 있는데, 사람이 살고 있는 집 두세 채가 있다. 서남쪽으로 탐

---

46) 『三國史記』卷8, 聖德王 15年條.

47) 金昌錫, 1991, 「통일신라기 田莊에 관한 연구」『韓國史論』25.

48) 『三國遺事』卷3, 塔像4 洛山二大聖.

49) 盧泰敦, 1976, 「統一期 貴族의 經濟基盤」『한국사』3, 국사편찬위원회, 152쪽.

라도가 보인다(『入唐求法巡禮行記』 卷4, 會昌 7년 9월 8일).

사료 3-12는 文武王 9년(669) 삼국통일전쟁이 끝난 후 전국에 있던 174개의 목장을 왕실(所內), 官, 진골 중에서 관등이 大阿湌에서 太大角干인 자들에게 분배한 것을 기록한 것이다. 이들은 문무왕 8년에 6월 21일에 고구려를 치기 위해 임명된 총관 즉 장군들로, 이들은 공을 세운 대가로 동왕 8년 10월 22일에 관등을 한 등급씩 올려 받고, 이듬해에 목장을 하사 받고 있다. 목장은 山谷의 지형을 이용하여 설치한 것이지만, 당시의 정세를 고려하면 군사상 중요 시설이자 전략적인 요충지였던 것이다. 그렇다면 이러한 시설이 한 지방에 집중되어 있는 것이 아니라 전국에 걸쳐 있었을 것이다. 따라서 진골귀족들의 지방에 있어서의 토지지배는 이들 목장을 포함하는 넓은 범위였다고 생각된다.[50]

『新唐書』 新羅傳에 의하면 당시 귀족은 목장도 소유하고 있었다. 장흥 3년(932)에 견훤이 해로로 예성강 연안을 공격하여 저산도의 목마 300필을 노획하여 갔다고 한 기록이나,[51] 사료 3-13에서 무주 남쪽 구초도에 제삼재상의 목마장이 있고, 사료 3-14에 여수 남쪽 안도에 內家의 말을 기르는 산이 있었다는 기록은 海島에 귀족의 목장이 있었다는 『新唐書』 新羅傳의 기록을 뒷받침한다. 귀족의 목장은 문무왕 9년에 김유신과 김인문 등에게 분급한 馬阹처럼, 왕실로부터 분급받은 경우도 있으나 귀족이 자신들의 권력과 재력을 이용하여 만든 경우도 많았다.

이러한 사실들은 다음의 사료를 통해서도 살펴볼 수 있다.

3-15. 新羅 全盛期에 서울에는 178,936戶 1,360坊 55里 35金入宅(부유한 큰집을 말한다)이 있었다(『三國遺事』 卷1, 紀異1 辰韓).
3-16. 신라 35대 景德大王이 天寶 13년(754) 甲午에 皇龍寺鐘을 만들었다. 길이는 1丈 3寸, 두께는 9寸, 무게는 497,581斤근이었다.

---

50) 李成市, 1997, 『東アジアの王權と交易』, 靑木書店, 65~67쪽.
51) 『三國史記』 卷50, 列傳10 弓裔・甄萱.

시주는 孝貞伊王 三毛夫人이 했고, 匠人은 里上宅의 下典이었
다(『三國遺事』卷3, 塔像4 皇龍寺鐘·芬皇寺藥師·奉德寺鐘).

신라 전성시대의 경주의 모습을 설명한 것인데 그 호수와 坊里數
및 소위 35 金入宅을 기록하고, 뒤이어 金入宅의 명칭 39개를 나열하
고 있다. 여기에서의 '全盛之時'은 통일초기 중대를 말하는 것이라기
보다 왕경인 慶州가 가장 발전하고 화려했던 下代 말기의 헌강왕대로
생각할 수도 있을 것이다.[52] 그러나 景德王 13년(754)에 皇龍寺鐘을
주성한 장인이 바로 금입택 가운데 하나인 里上宅의 下典이라는 것인
데, 이 시기는 憲康王代보다 한 세기 이상 앞선 中代의 최전성기로 이
미 中代에 金入宅이 존재하고 있었음을 알 수 있다. 따라서 金入宅은
대체로 중대부터 만들어진 것으로 짐작할 수 있으며, 신라 말기에 이
르면 경주에 대략 40여 宅이 들어섰던 것으로 보여 진다.[53] 즉 金入宅
은 문무왕 8년 총관으로 임명된 29명의 宰相의 列인 이들의 막대한 재
력과 호사스러운 생활을 반영하는 상징적 존재로 보인다. 그것은 骨
品制의 원리에 따라 上大等·侍中·兵部令·將軍職을 독점하고, 국가
로부터 식읍 혹은 녹읍을 받으며, 또한 통일전쟁의 군공에 따라 막대
한 포상과 전리품을 분배받음으로써 이룩한 경제적 기반위에서 가능
한 것이었다.[54]

한편 여기서 주목할 만한 것은 669년경에 있어서 신라 관등 중에서
상위 5등을 점하는 진골귀족 중에서 文武官의 장관직에 취임한 가문
의 숫자가 대략 파악된다는 점이다. 또한 金庾信, 金仁問을 포함하는
5등 이상의 관등을 가진 사람은 모두 29인으로 이는 '三十五金入宅'과
유사한 수라는 점[55]은 신라에서 宰相의 열에 해당하는 가문의 수자라

52) 三品彰英, 1975, 『三國遺事考證』上, 塙書房, 403쪽.
53) 李基東, 1984,「新羅 金入宅考」『新羅骨品制社會와 花郎徒』, 一潮閣, 186~
   187쪽.
54) 李基東, 1984, 위의 책, 207쪽.
55) 李成市, 1997, 앞의 책, 65~67쪽.

고 생각된다.

결국 신라에서 宰相의 列에 속하는 진골들은『新唐書』나『入唐求法巡禮行記』에서 보이듯이, 국제적으로 명성이 알려질 정도로 넓은 토지와 목장을 보유하고 있었다. 이와 아울러 族兵이라고 하는 많은 수의 私兵도 소유하고 있었다. 이렇게 강력한 경제력과 군사력을 바탕으로 중앙 정계에서 큰 영향력을 미칠 수 있었던 것이다. 그리고 이러한 宰相의 반열에 속하는 가문의 수는 金入宅과 文武王 9년의 목장 분배 기사를 통해 볼 때 대략 30개 정도였을 것으로 생각된다. 이중 문무왕이나 김유신과의 혈연관계를 알 수 있는 5가문을 제외하면 그 수는 대략 20여개 정도이다.[56]

일본 正倉院에 소장된 꽃문양이 있는 花氈에 덧붙인 貼布記와 자주색의 毛氈에 덧붙인 貼布記의 '行卷韓舍'나 '紫草娘宅' 등의 화전과 色毛氈을 생산했던 귀족들의 수공업장 경영의 사례를 보여준다.[57] 이들 화전과 색모전은 대체로 진골귀족들의 수요에 충당하기 위하여 생산된 것이 일본에 보내졌던 것으로서, 진골귀족이나 두품신분들이 경영하였던 수공업생산의 면모를 시사한다.

이상에서 살펴보았듯이 진골귀족들은 田莊·목장 같은 구래의 소유지를 소유하고 있어서, 왕실에 버금가는 생산기반을 가지고 있다고 할 수 있다. 이를 바탕으로 다양한 수공업장을 경영했으며, 사료 3-16과 같이 여기에는 국가적 사업에 참여할 정도로 유능한 工匠도 소속되어 있었다.

사원에서도 나름대로의 수요에 충당하기 위한 수공업 경영이 있었다. 대체로 중대의 寺院成典과 政法典의 전신조직을 이루는 속관들이 사원의 건축이나 기타 불사, 그리고 사원의 토지 등을 관장하던 형태에서, 중대 말 하대 초엽부터 점차로 승단이나 사원의 자율적인 방식으로 바뀌었다. 이는 각 사원들이 田莊을 바탕으로 하여 경제력을 성

---

56) 具孝宣, 2004, 「6~8세기 新羅 宰相의 性格」,『韓國史學報』16, 고려사학회.
57) 李成市, 1998,『古代東アジアの民族と國家』, 岩波書店.

장시키고 국가의 통제로부터 일탈해 나가는 것과 흐름을 같이한다. 이러한 변화와 함께 8세기 중엽부터 승장들의 활동이 활발해졌다. 청정무구를 지향하던 승려들이 장인으로서 활동하게 된 것은 중고기에 유입된 工巧明思想이나 9세기 중엽에 들어온 百丈의 淸規에서 영향받은 일면도 있었을 것이다.

이들 僧匠들의 존재는 사원에서의 수공업 경영의 가능성을 상정하게 하지만, 태현의 저술에서 재가자의 상행위를 인정하면서도 승려들의 상거래를 금지하고 있는 것으로 보아,[58] 각 사찰은 자체의 수요에 충당하기 위하여 이들 승장을 확보하는 방식으로 수공업을 운영하였던 것이라 하겠다.[59] 그러나 전술했듯이 경덕왕대 이후 궁중수공업 관사는 점차 관영수공업 관사에 통합되어 갔다는 것과, 최소한의 물품만을 관영수공업에서 일률적으로 제조하고 여타의 물품은 민간 또는 전업적 수공업 집락에 위임했다는 사실, 9세기 전반부터 대중국 공무역품에 금은불상 등의 사원 수공업 관련 품목이 보이기 시작한다는 점 등을 고려하면, 사원도 독자적인 상업이나 무역행위를 했을 것으로 생각된다.

결국 공무역과 사무역 각각의 주체인 왕, 진골귀족, 지방호족,[60] 사원 등에 의해 신라후기 활발했던 무역의 무역품조달을 위해 수공업이 발달했다는 것을 알 수 있다.[61] 그 가운데서도 진골귀족들이 공무역에 의한 부대적 무역과 사무역의 주체로 남북국시대 무역을 이끌어 나간 주도세력 가운데 하나라고 생각된다.

---

58) 崔源植, 1992,「新羅 義寂의 梵網菩薩戒觀」『何石金昌洙敎授華甲紀念 史學論叢』, 55쪽 ; 崔源植, 1993,「太賢의 菩薩戒 이해와 現實問題 인식」『伽山學報』2, 127쪽.

59) 朴南守, 1998, 위의 글, 188~189쪽.

60) 본서 2장에서 검토한 무역주체 가운데 지방호족(해상세력)에 의한 무역품은 청자가 확인되는데, 자세한 내용은 5장 참조.

61) 민간무역업자의 경우는 王京부근에서 부들로 신발을 만들어 생계를 유지했다는 廣德의 예가 보일 뿐으로(『三國遺事』卷5, 感通7 廣德 嚴莊), 그 구체적인 수공업의 형태에 대해서는 잘 알 수가 없다.

2. 渤海에서의 貿易網의 성립

『舊唐書』에서는 발해가 聖曆(698~700) 연간에 건국하였다고 하였다. 발해가 존립하고 있을 당시에 편찬된 일본의 『類聚國史』에서는 698년에 건국하였다고 하여 구체적인 시기를 언급하고 있다.[62] 『類聚國史』의 이 기사는 발해인으로부터 전해들은 내용을 기술한 것으로 여겨지며, 발해 조정의 공식적 견해로 보아도 좋을 것이다.

이를 698년에 대조영집단이 목단강유역의 동모산지역에 정착하였다는 것을 말하는 것으로 이해한다면 천문령전투가 있었던 시기가 그보다 앞선 것이었다는 점이 확실하여야 한다. 천문령전투는 거란 장수였던 이해고가 당에 항복한 697년 6월 이후부터 '거란 餘黨'을 토벌하고 장안에 개선한 700년 6월[63] 사이에 있었다. 이해고는 대조영집단과의 천문령전투에서는 패배하였고 거란 餘黨 토벌전에서는 승리하여 700년 개선하였던 셈이 된다. 결국 그는 거란 여당에 대한 토벌전의 일환으로 대조영집단을 공격하였던 것이다. 비록 천문령전투에서는 패배하였지만 걸사비우집단을 격파하였고 그 밖의 거란 잔당들에 대한 작전에서 성공하였기 때문에 개선하였던 것으로 여겨진다.[64] 대조영과 걸사비우집단도 이진충의 난 때 당의 지배에서 벗어나 東走하였으므로 당의 입장에서는 그들을 '거란 餘黨'이라고 간주하였을 수 있다. 그리고 이해고의 대조영집단에 대한 추격전은 영주 방면 등 요서지역의 거란족들에 대한 토벌전을 행한 후에 있었던 것으로 보는 것이 순리적이라고 여겨진다.

이해고는 요서지역의 거란 여당들을 토벌·회유한 뒤에 그 여세를 몰아 대조영과 걸사비우집단을 공격하였던 것으로 볼 수 있다. 따라

---

62) 『類聚國史』 卷193, 殊俗部 渤海上.
63) 『舊唐書』 卷89, 列傳 39 狄人傑.
64) 盧泰敦, 1981, 「渤海 建國의 背景」 『大丘史學』 19.

〈그림 11〉 敖東城터

서 천문령전투는 670년 6월에 서 그리 멀지 않은 시기에 있었던 것으로 보아야 하겠다.

그러면 천문령전투 이전인 668년에 발해가 건국되었다는 것은 무엇을 의미하는가. 이는 아마도 대조영이 이 때 震國公 乞乞仲象에 이어 집단의 통수권자가 되었음을 의미하는 것이거나, 아니면 걸사비우의 전사 후 그 집단까지 아울러 東走하였던 무리들 전체의 통수권자로 취임하였음을 의미하는 것이 아닐까 한다. 따라서 발해국의 실질적 건국은 목단

강 유역에 자리 잡은 뒤인 700년 이후로 보아야 할 것이다.[65]

목단강 유역에 자리 잡은 뒤 대조영은 우선적으로 당의 침공 가능성에 대비하였다. 건국 직후 돌궐과 신라에 사신을 보내어 통교하였던 것도 그러한 목적에서였다.

한편 당은 거란족의 봉기를 진압한 뒤에도 돌궐의 세력이 요서지방을 압박하고 있어 우선 그에 대처해야 했으므로, 동북아지역에 깊숙이 개입할 여력이 없었다. 그러던 중 705년 則天武后가 죽고 中宗이 즉위함을 계기로 하여 사신을 보내어 대조영의 존재를 인정하고 그를 회유하려는 입장을 취하였다. 이는 중국의 전통적인 以夷制夷策이나 遠交近攻政策의 입장에서, 발해를 요서지역의 돌궐·거란 등에 대한 공략에 이용할 수도 있을 것이라는 기대에서였다. 대조영도

---

65) 盧泰敦, 1996,「발해의 성립」『한국사』10 - 발해 -, 국사편찬위원회, 27~ 28쪽.

그의 둘째 아들인 大門藝를 당에 보내어 이에 응하는 자세를 보였다. 대조영으로서는 당과의 충돌을 피하는 것이 필요하였고, 나아가 당의 권위를 발해의 건국 사업에 활용하고자 했기 때문이다.

〈그림 12〉 오동성 전경

713년에는 당이 郎將 崔忻을 파견하여 대조영을 '渤海郡王 忽汗州都督'으로 책봉하였다. 이듬해 최흔이 귀국길에 요동반도 남단의 여순 황금산에 남긴 石刻이 오늘날 전해지고 있다. 713년 당의 사신파견의 직접적 계기가 되었던 것은 그 전해에 당군이 요서지역에서 奚族에게 대패한 사건이었다고 여겨진다.[66] 당시 요서지역의 거란족과 奚族 등은 돌궐의 세력 아래 복속되어 있었는데, 당이 재차 이들에 대한 지배력을 확립하려고 시도하다가 실패하였다. 이에 당은 다시 돌궐 등에 대응하기 위하여 그 동쪽에서 한창 세력을 확대하고 있는 발해에 주목하여, 사신을 파견하여 정식 책봉을 하였던 것이다. 이후 대조영은 '渤海'를 정식 국호로 삼았고, 발해와 당 사이에 교역이 열리고 발해의 사절이 당에 빈번히 왕래하게 되었던 것이다.

719년 高王 대조영이 죽은 뒤 그의 아들 大武藝가 왕위에 올라 武王이 되었다. 이 때 연호를 仁安이라 하고 국가적인 체제를 확충해 나갔으며 또한 영토를 크게 확충하였다. 당시 발해의 영토 확장 범위는 727년 일본과 처음 통교하면서 보낸 국서에 잘 나타나 있다.

---

66) 사회과학연구소, 1979, 『조선전사』 5 - 중세편 발해 및 후기신라사 -, 과학백과사전출판사, 29쪽.

3-17. 무예가 외람되이 列國을 주관하고 諸蕃을 거느려, 고려의 옛 땅
을 회복하고 부여의 遺俗을 잇게 되었습니다. 그러나 멀리 떨어
져 있어 길이 막히고 해로가 아득하여 지금껏 소식을 통하지 못
하여 길흉을 묻지 못하였습니다. 오늘에야 비로소 옛날의 禮에
맞추어 선린을 도모코자 사신으로 寧遠將軍 郎將 高仁義 등 24
인을 狀과 함께 보내게 되었습니다(『續日本後紀』卷10, 神龜5년
정월 甲寅).

여기에서 '列國을 주관하고 諸蕃을 거느려, 고구려의 옛 땅을 회복
하고 부여의 遺俗을 잇게 되었다'고 한 것은 발해가 雄國이 되었음을
과시하려는 다소 수사적인 표현이겠지만, 이 무렵 발해가 중동부 만
주지역의 고구려유민과 다수의 말갈 부족들을 복속시키고 있음을 나
타내는 것으로 보인다.

구체적으로 당시 발해의 세력 판도를 살펴보면, 8세기 초 발해에
복속된 말갈족에는 隋代의 말갈 7부 가운데 '고구려 멸망 이후 분산
미약해져 발해의 편호가 되었다'는 백돌·안거골·호실부 등이 포괄
되어 있었을 것이다. 그리고 속말부 출신의 걸사비우집단이 발해 건
국에 참여하였고, 백산부의 거주지는 발해 건국지가 되었던 만큼 속
말부와 백산부의 잔여세력들도 이미 발해에 귀속되었다고 보여 진다.
이외에 흑수부와 불열부 및 고구려멸망 이후 두각을 나타내었던 철리
부·월희부 등 동류 송화강 중하류지역과 흑룡강 하류 등지에 있던
말갈족은 당에 조공사를 보내는 등 독자적인 활동을 하면서, 발해의
세력권밖에 존재하였다.

한편 신라는 성덕왕 17년(718)에 漢山州 관내에 성을 수축하였으
며, 3년 후에 다시 何瑟羅道의 人丁을 동원하여 북쪽 경계에 장성을
쌓았다.[67] 이렇게 평양 방면과 동해안의 함흥 방면의 방어체계를 강
화한 일련의 조처는 발해의 남진과 무관하지 않은 듯하다. 그리고 무

---

67) 『三國史記』卷8, 聖德王 17년 및 18년조.

왕 14년(732) 당과의 전쟁에서 당의 등주를 공격한 발해의 해군은
압록강을 통해 출격한 것으로 보아야 할 것이다. 이런 점으로 미루어
보아 720년대에는 발해의 세력이 압록강 중류유역과 한반도 북단까
지 뻗쳤다고 여겨진다. 그렇다면 자연 그 북쪽인 두만강 유역과 북류
송화강 유역 및 휘발하유역도 발해의 세력권 아래 들어갔다고 보는
것이 자연스럽다.[68]

그러나 무왕대의 급속한 세력 확장은 대외적으로 동북방면의 黑水
靺鞨과 남쪽의 신라로 하여금 각각 당과 결탁하게 만들었다. 그리고
대내적으로는 黑水靺鞨 토벌을 놓고 무왕의 아우 大門藝가 반발하여
당으로 망명하는 등 발해의 지배층은 분열되었다. 이처럼 발해는 대내
외적으로 체제위기에 봉착한 상황에서 이를 타개하기 위하여 武王 仁
安 14년(732) 당의 登州를 공격하기에 이르렀다. 그러나 건국 초기의
발해는 대내적으로 靺鞨諸部의 복속·편제와 이를 뒷받침할 체제정비
의 필요성, 대외적으로 발해의 지지 세력인 돌궐의 세력 약화와 당과
결탁한 신라의 위협 등으로 대당강경책을 포기할 수밖에 없었다.[69]

발해와 일본과의 외교관계는 무왕 9년(727)에 발해가 공식적으로 일
본에 사신을 파견함으로써 시작되었다.[70] 이 때 발해가 일본과 외교관
계를 맺으려고 한 이유는 당시의 국제정세와 밀접한 관련이 있었다.
그것은 발해에 대한 당과 신라의 군사적·외교적 압력 때문이었다.

그러나 발해가 727년 이후부터 732년 발해의 등주공격이 있기까지
계속해서 당에 사신을 파견하고 있는 점을 주목할 때[71] 발해가 당보
다는 오히려 신라를 의식했던 것으로 보인다. 한편 발해가 일본과 외

---

68) 盧泰敦, 1996,「발해의 발전」『한국사』10, 국사편찬위원회, 29~31쪽.
69) 김종복, 1996,「발해 초기의 대외관계」『한국고대사연구』9-고조선과 부
   여의 제문제-, 신서원.
70)『續日本紀』卷10, 神龜4년 9월 庚寅.
71) 727년에 1회, 728년에 1회, 729년에는 5회, 730년과 731년에 각각 3회, 2회
   사신을 파견하고 있다(王承禮著·宋基豪譯, 1987,『발해의 역사』, 한림대
   학 아시아문화연구소, 160쪽).

교를 맺게 된 계기는 당시 일본과 신라와의 외교적인 대립을 잘 인식하고 있던 데에도 기인한다. 무왕대 발해에 의하여 시작된 발해와 일본의 외교관계는 일시적이었던 것으로 보인다. 그것은 문왕이 즉위하기까지 양국간의 교섭이 계속되지 않는다는 점에서 잘 알 수 있다.[72]

이상에서 살펴보았듯이 발해는 唐과의 투쟁속에 건국하였고, 당·일본과 각각 713년·727년에 國交를 개시하였으나, 항속적인 관계가 유지되기 어려운 상황이었다. 이는 대당관계의 경우는 무왕 때의 흑수말갈문제를 둘러싼 갈등으로 인해, 대일관계의 경우는 무왕 때의 군사전략적 차원에서의 외교에 치중했기 때문으로 생각된다. 따라서 주변나라와의 무역도 계속 이루어지기 어려운 상황이었다.

발해의 3대왕 文王은 756년 초에 현주에서 상경으로 천도하였다가 정원초인 780년대 후반에 동경으로 천도하였다. 이러한 천도는 문왕시대를 구분 짓는 데에 유효한 기준이 된다. 상경천도를 기준으로 큰 획이 그어지기 때문에 이를 기준으로 전기와 후기로 구분할 수 있다. 그리고 후기는 다시 동경천도를 기준으로 중기와 말기로 세분될 수 있다. 이렇게 되면 전기는 약 20년, 후기는 약 40년간이 되고, 후기는 중기와 말기로 나뉘어 30년 정도의 상경시대와 10년에 가까운 동경시대가 된다.[73]

발해와 일본과의 외교관계는 12년만인 문왕 3년(739)에 재개되었는데,[74] 일본의 遣唐使가 발해에 들어옴으로써 이루어졌다.[75] 733년 4월 일본의 難波를 출발한 사신이 대당외교를 마치고 734년 10월 귀국하던 중에 조난을 당하여 判官 平郡廣成을 포함한 겨우 4명만이 살아남았다. 이러한 어려움에 빠진 일본의 遣唐使는 다시 당으로 돌아가서 그들의 귀국문제를 보다 신중하게 검토하게 되었다. 그들은

72) 朴眞淑, 1997, 「渤海 文王代의 對日本外交」『歷史學報』153, 31~32쪽.
73) 宋基豪, 1995, 「8세기의 遷都와 文王의 文治」『渤海政治史研究』, 一潮閣, 101쪽.
74)『續日本紀』卷13, 天平11년 가을 7월 癸卯.
75)『續日本紀』卷13, 天平11년 11월 辛卯.

귀국문제를 당시 당에 오랫동안 유학하고 있던 阿倍仲麻呂와 상의하였는데, 유학생으로서 20년 가까이 당에 머물러 있던 그는 遣唐使의 歸國路로써 새로운 교통로인 渤海路를 들면서 발해를 통하여 귀국하기를 제안하였다.

당시 유학생이던 阿倍仲麻呂가 발해를 주목하게 된 이유는 신라에 대한 일본의 외교적인 변화에서 찾을 수 있다. 일본은 733년 대당외교를 전개하기 이전부터 신라와 적대적인 관계에 놓여 있었다. 따라서 대신라문제에 직면한 일본은 신라의 견제세력인 발해에 대하여 보다 적극적인 관심을 가질 필요가 있었다.

일본이 결국 당의 협조를 구할 수 있었던 것은 당시 당과 발해의 외교관계가 개선된 것과 깊은 관련이 있다. 즉 735년 무왕말기부터 양국관계가 다소 호전되는 기미를 보이기는 하였지만, 무엇보다도 문왕이 새롭게 즉위하면서 발해에 대한 인식이 변화되었기 때문이었다. 이와 같이 일본의 견당사가 당을 통해서 발해에 들어온 사실은 문왕으로 하여금 대일본외교에 보다 구체적인 관심을 가지도록 만들어 주었을 것으로 보인다.

당시 일본도 대발해정책을 이전보다 강화할 필요가 있었다. 730년대 이후 신라와의 관계가 점점 악화되면서 대외정책을 변화하지 않을 수 없었을 것이다. 즉 대신라문제를 해결하기 위해서는 군사·외교적인 측면에서 발해와 친밀한 관계를 유지할 필요성이 요구되었기 때문이다.

이후 문왕이 13년 만에 대일본외교를 다시 편 것은 무엇보다도 발해의 대신라정책과 밀접한 관련이 있다. 신라가 9년 만에 대일본외교를 다시 강행하자[76] 발해도 일본과의 관계를 새롭게 전개하고자 한 것은 아닐까 한다. 하지만 발해의 대일본외교는 일본의 소극적인 태도로 말미암아 문왕의 의도대로 추진될 수 없었다.

그러나 일본은 8개월 만에 다시 태도를 바꾸어 발해사신 慕施蒙을

---

76) 『續日本紀』 卷19, 天平勝寶3년 6월 己丑.

극진히 대우하면서 양국간의 외교를 다시 전개해 나갔다.[77] 이것은 아마도 753년의 대신라외교를 실패한 후 일본의 발해에 대한 새로운 인식에서 비롯된 것으로 생각된다. 그러나 발해에 대한 일본의 외교적인 입장은 아직 불분명한 상태였다.

문왕의 대일본외교가 다시 열리게 된 것은 문왕 22년(758)으로 6년만의 일이다. 이 경우는 이전과는 달리 일본이 먼저 발해에 사신을 파견함으로써 이루어졌다. 그것은 753년에 대신라외교를 담당했던 小野田守를 발해에 다시 파견하는 것으로 나타났다. 여기에서 일본의 대발해외교의 특징을 지적한다면 일본이 먼저 발해에 사신을 파견하였다는 사실과 이 때 파견된 사신이 당시 대외정책을 담당하고 있던 귀족이라는 점, 그리고 당시 실권자인 藤原仲麻呂가 직접적으로 개입하고 있어 그 중요성이 더욱 크다고 할 수 있다. 일본은 이 때 신라대신 당과 발해를 중심으로 대외정책을 보다 강화할 필요가 있었다.

일본이 사신을 파견한 이유는, 발해와 신라와의 대립을 잘 알고 있던 일본이 그들이 직면한 대신라문제를 발해와 함께 논의하기를 원했던 것이다. 이 때부터 일본과 신라의 관계는 불편해지기 시작했고, 국제관계의 재편을 시도할 정도로 대내외적인 성장을 이룩한 발해를 일본은 더 이상 외면할 수 없었을 것이기 때문이다.

이 때 문왕은 발해에 대한 일본의 태도가 변화되었음을 인식하고, 일본이 추구하고자 하는 외교적인 의도를 긍정적으로 받아들인 듯하다. 758년 小野田守가 귀국할 때 楊承慶을 비롯한 23명의 사신을 파견한 사실[78]은 이것을 말해준다. 특히 이전보다 적은 인원이 파견되었음에도 불구하고 大使를 비롯해서 副使, 判官, 綠事 등 사신이 비교적 체계적으로 편성된 점으로 미루어 당시 발해의 대일본외교가 보다 구체적으로 추진되고 있음을 짐작할 수 있다.

양승경이 귀국한 이후 일본이 곧바로 신라침공계획을 착수하고 있

---

77) 『續日本紀』 卷18, 天平勝寶5년 5월 丁卯.
78) 『續日本紀』 卷21, 天平寶子2년 9월 丁亥.

는 것을 볼 때 발해가 일본의 대신라문제에 적극 개입하면서 대일본 외교를 주도적으로 이끌었다고 할 수 있다. 결국 발해는 그들의 신라 침공계획과 관련하여 일본의 외교적인 사정에 지속적인 관심을 기울였다, 동아시아의 국제관계를 재편하기 위해서는 발해 자체뿐만 아니라 일본의 움직임도 계속 필요했기 때문이었다.

그럼에도 불구하고 발해가 추진한 목표, 즉 일본을 움직여 신라를 공격하려는 계획은 당의 정세변화, 즉 안록산의 난이 평정되면서 더 이상 진행되지 않았다. 이제 발해는 일본을 끌어들여 추진하려고 한 신라침공 계획을 나름대로 변경할 필요가 있었다. 762년에 文官 王新福을 일본에 파견한 것도[79] 발해를 둘러싼 국제정세의 변화를 일본에게 설명하고 나아가 향후 양국관계를 개선할 의사를 동시에 밝히려고 한 듯하다.[80]

한편 문왕은 文治를 추진하기 위한 일환으로 중국의 문물제도를 적극적으로 받아들였다. 이것은 그가 사신을 당나라에 자주 파견한 데에서도 짐작이 간다. 그는 57년 동안에 61회 이상 사신을 파견하였고, 많을 때는 한 해에 4차례 내지 5차례나 파견하였다.

당의 문물을 적극적으로 수용함에 따라 여러 방면에서 구체적인 변화가 드러나기 시작하였다. 그러한 것으로 중앙 통치기구, 지방제도, 왕실제도와 같은 정치제도를 들 수 있다. 발해는 문왕 때에 와서야 『新唐書』渤海傳과 동일한 중앙 정치기구와 지방통치제도가 마련되었다.[81] 특히 후기부터 중앙 관청들인 政堂省, 司賓寺가 나타나기 시작하는 것으로 보아, 적어도 문왕 후기에 전래의 관직체계에서 중국식 관직체계로 대체되었음을 보여준다.

이와 함께 지방제도에서도 변화가 나타난다. 일본에 파견된 사신에는 지방관리도 포함되어 있었다. 739년에 파견된 胥要德은 若忽州都

---

79)『續日本紀』卷24, 天平寶字6년 冬 10월 丙午朔.
80) 朴眞淑, 1997, 위의 논문, 32~52쪽.
81) 王承禮 저·宋基豪 역, 1987, 앞의 책, 79쪽.

督이었고, 758년에 파견된 楊承慶은 行木底州刺史였으며, 759년에 파견된 高南申은 玄菟州刺史였다. 여기의 州 이름은 한 글자로 된『新唐書』의 62주와는 달리 두 글자로 되어 있다. 이것은 발해가 초창기에 고구려 시대의 州이름을 그대로 이어받아 사용하였음을 보여주는 것이다. 이후 777년에는『新唐書』에 기록된 5京 가운데 하나인 南海府가 등장한다.[82] 따라서 지방제도도 문왕 후기에 들어 중국식인 府·州·縣의 3단계 체제로 바뀌기 시작했다.

이와 아울러 왕실제도도 마련되었으니, 貞孝公主·貞惠公主 두 공주의 비문을 통하여 늦어도 후기에는 外命婦制, 東宮制, 王室陵墓制와 같은 제도들이 실행되었음을 확인할 수 있다.[83]

한편 高王과 武王을 거쳐 계속적으로 수행되었던 말갈부족에 대한 정복활동은 文王 초기에 拂涅部, 鐵利部, 越喜部에 대한 복속이 단행됨으로써 일단 마무리되었고, 이러한 정복활동은 이후 宣王 시대에 재개된다.

740년대에 수행된 정복은 이들을 완전히 해체시켜 발해에 편입시키는 형태가 아니고, 수령을 통한 간접지배 방식을 취한 것으로 생각된다. 이에 따라 발해의 통제가 약화되던 802년, 841년에서와 같이 다시 독자적으로 당에 조공하는 일이 벌어졌다.

발해는 신라·당과의 대립상황 중에 대일본외교를 추진하면서 한편으로 주변부의 말갈부족을 포섭했다라고 할 수 있다. 그것은 또한 말갈부족의 자율적인 대외통교를 발해왕권이 독점하는 과정으로 되었던 것이다.

---

82)『續日本紀』卷34, 寶龜 8년 정월 癸酉.
83) 王承禮, 1982-1,「唐代渤海"貞惠公主墓志"和"貞孝公主墓志"的比較研究」『社會科學戰線』, 56~57쪽.

〈표 11〉 발해 말갈 부족의 唐 조공 현황

연 도	월	발해의 기년	拂 涅	越 喜	鐵 利	虞 婁	黑 水
714	2	高王 17년	○	○	○		
	12		○				
716	12	高王 19년	○				
717	3	高王 20년	○				
718	2	高王 21년	○		○		
719	정월	高王 22년	○	○	○		
	2		○				
	8		○				
721	11	武王 仁安 2년	○		○		
722	윤5	仁安 3년					○
	9		○		○		
	10			○	○		
	12						○
723	11	仁安 4년	○	○	○		
724	2	仁安 5년	○	○	○		○
	5				○		
	12			○			
725	1	仁安 6년					○
	3		○	○	○		○
	4						○
	5						○
726		仁安 7년					○
727	2	仁安 8년			○		
	11				○		
730	1	仁安 11년	○				
	5						○
	6						○
735	8	仁安 16년	○	○	○		
736	9	仁安 17년		○			
737	1	仁安 18년	○				

739	2	文王 大興 2년	○				
740	2	大興 3년		○	○		
741	2	大興 4년		○			○
	3		○				
747	1	大興 10년					○
748	1	大興 11년					○
	3						○
750	1	大興 13년					○
752	11	大興 15년					○
802	1	康王 正曆 8년		○		○	
815	2	僖王 朱雀 3년					○
841	2	咸和 11년	○		○		
912	11	末王 諲譔 6년					○
924	9	諲譔 18년					○
925	5	諲譔 19년					○
총 계			19	12	15	1	20

2장에서 살펴보았듯이, 발해가 신라에 비해 지방세력(해상세력)과 민간무역업자에 의한 사무역 관련 사료가 별로 보이지 않는 것도 이 때문이라고 생각된다. 즉 발해의 재지세력가였던 말갈족 수령들이 740년대에 발해왕권에 의해 흡수되어, 당이나 일본 사절단에 관리들과 같이 파견되었기 때문이다.

한편 721~757년 사이에, 특히 문왕 전기에는 양국 사이에 新羅道 라는 교통로가 개설되었을 것으로 추정된다.[84] 그러나 이 기간에는 발해가 신라국경선 가까이 진출하였고 신라가 이를 방비하였던 사실을 고려해 볼 때 양국간의 교류가 그렇게 활발히 이루어지지는 못하였을 것이다. 757년에 이르러 721년에 축조한 장성에 炭項關門을 만든 것을 계기로 교섭이 활발하게 전개되었고, 이에 따라 문왕 후기에 들어 양국간에 상설적인 교류가 이루어졌을 것이다. 발해에 파견된

---

84) 新羅道 개통과 발해·신라의 교섭은 본서 4장 1절 참고.

당나라 사신 韓朝彩가 이 신라도를 이용해 764년에 신라로 갔으며, 790년 3월에 파견된 신라 사신 伯魚도 역시 이 길을 택하였을 것이다.[85]

즉 신라가 영흥만 일대를 영토의 北境으로 위치 지우고, 675년에는 關城과 鐵關城을 쌓아 교류의 관리·통제를 했던 것이다. 그리고 발해가 8세기 초에 한반도 북동부에 진출하자, 신라는 이를 721년에 長城으로, 景德王代(742~765)에는 炭項關門으로 발전시켰고, 발해도 新羅道에 南京南海府를 설치하여 교류의 관리·통제를 행하였다.[86] 이를 통해 신라와 발해 두 나라에 의한 무역관리가 이루어졌던 것이다.

〈표 12〉 왕권강화기[87] 발해사절의 일본왕래

차 수	출 발 시 기	귀 국 시 기	사 절 단	관직·관등	비 고
1	武王 仁安 9년(727) 9월	728년 6월	高仁義(死), 首領 高齊德등 8인	寧遠將軍	方物진상
2	文王 大興 3년(739) 7월	740년 2월	胥要德, 已珍蒙	忠武將軍 雲麾將軍	方物진상, 발해왕이 받은 것 : 美濃絁 30疋·絹30疋·絲150約· 調錦300屯, 胥要德이 받은 것 : 從2位, 已珍蒙이 받은 것 : 從5位 下·調布150端·唐布60段
3	文王 大興 16년(752) 9월		慕施蒙	輔國大將軍	信物진상, 官位와 祿을 받음
4	文王 大興 22년(758) 9월	759년 1월	楊承慶, 楊泰師 이하 23인	輔國大將軍 /歸德將軍	聖武天皇喪 조문, 惠美押勝 이 田村第에서 女樂 및 綿 10,000屯을 하사, 당대 문사

---

85) 宋基豪, 1995, 위의 논문, 106~116쪽.

86) 古畑徹, 1999, 「環日本海諸'地域'間交流史の中の渤海國」『東アジア史における國家と地域』, 刀水書房, 434쪽.

87) 본서에서 말하는 왕권강화기는 武王~文王 중반까지(762)의 시기를 말한다.

					들이 賦詩를 지어 송별
5	文王 大興 23년(759) 10월	761년 2월	高南申, 高興福	輔國大將軍	方物진상 발해왕이 받은 것 : 絁30 疋·絲200絇·調錦200屯, 대사이하 차등지급
6	文王 大興 26년(762) 10월	763년 2월	王新福 이하 23인	紫綬大夫 政堂省左允	중국의 정세(安史의 亂)을 알려줌, 方物을 바치고 綿을 하사받음

마지막으로 주목하고 싶은 것은 발해 대일본 사절단의 성격문제이다. 727년 1차 사절에서 759년 5차 사절까지 발해 사신들이 무관으로 구성되었다가, 762년 6차 사절 이후에는 문관으로 바뀌었다. 그리고 이 때의 문관들은 政堂省, 文籍院, 司賓司의 관리들이 중심을 이루었다. 이에 대해서는 두 가지 해석이 제시되어 있다. 첫째는 대외적인 데에서 요인을 찾는 경우이다. 石井正敏은 이를 경계로 하여 발해의 대일교섭이 군사적인 목적에서 경제적인 목적으로 전환되었던 사실을 반영한 것이라고 주장하였다.[88] 둘째는 내부적인 데에서 요인을 찾는 경우이다. 이를 경계로 하여 발해에 文官制가 시행되었던 사실을 반영하는 것이라고 주장하는 견해도 있다.[89] 그러나 이 견해는 14차 사절단의 大使인 大昌泰와 28차 사절단의 大使인 楊成規 등의 관직이 慰軍大將軍이라는 점에서 수긍하기 어렵다.

그리고 첫 번째 견해는 발해가 당시 긴박한 국제정세를 타개하기 위해 일본에 사절을 파견했고, 결과적으로 동아시아 긴장의 완화는 필연적으로 대일본외교의 의의를 감소시켰고, 이후는 양국간에 경제상의 교류를 목적으로 하는 관계가 계속 되었다고 하였다.

이러한 견해의 근거는 제1차부터 5차까지 사절단의 대표로 무관대사가 계속 임명되었다는 것과, 사절단의 규모가 평균 36人 정도였던

88) 石井正敏, 1974, 「初期日渤交涉における一問題－新羅征討計劃中止との關聯をめぐって一」『對外關係と政治文化』1, 森克己博士古稀記念會, 吉川弘文館 ; 2001, 『日本渤海關係史の硏究』, 吉川弘文館.

89) 孫玉良, 1982, 「略述大欽茂及其統治下的渤海」『社會科學戰線』4, 177쪽.

것이 8세기 후반부터는 180~300人 정도로 늘어났고, 9세기에 이르면 105人 정도의 인원구성을 보이고 있다는 것에 있다.

여기에는 약간의 의문이 있다. 우선은 사절단의 대표로 무관대사가 임명되고 있다는 점이다. 발해는 무왕 통치 시기(719~737)와 문왕 통치 시기(737~793)의 초기까지는 주로 무관직을 가진 관리들이 나라의 실권을 장악하고 국가의 중요한 관직을 독차지하고 있었기 때문에 일본에 가는 사신도 이 시기에는 무관들로 임명되었던 것이다.[90] 발해는 당시 이웃한 일본과 고구려 이래로 가지고 있던 선린관계를 계속 유지하면서 경제문화교류를 강화하는데 주된 목적을 두고 사신들을 파견하였던 것이다. 따라서 발해의 대일교섭은 두 나라 사이의 무역, 문화교류, 인사 왕래에 그 주된 목적이 있었다고 할 수 있다.

다음으로 사절단의 규모문제이다. 6차 사절부터 사절단의 인원수가 대폭 늘었는데, 이는 신라와 마찬가지로 일본과의 무역활동을 전개하기 위하여 민간인들을 파견하였을 가능성이 높다고 하였다. 하지만 사절단의 대표인 대사의 경우와 마찬가지로 무왕 집권기와 문왕 집권기 초기는 아직 국가체제가 정비되지 않은 시기였기 때문에, 인원수가 일정하지 않고 사절단의 수도 적었던 것이다.[91]

2장에서 살펴보았듯이, 발해의 경우에는 무역의 주체가 신라와는 달리 왕권과 지방세력(首領)으로 나누어 볼 수 있다. 발해는 건국기(高王~武王代)의 껄끄러웠던 당과의 관계의 개선을 통한 정치 제도의 정비, 말갈 부족 정복을 통한 국가 교역시스템의 정비, 新羅道의 개통을 통한 남북교섭, 대일무역의 활성화 등을 이룬 문왕 전기가 발해의 貿易網이 성립된 시기로 판단된다.

이상에서 살펴본 것을 정리하면 다음과 같다. 우선 신라후기의 무역발전의 국내배경으로는 王京에 시전의 증설과, 지방제도의 정비에

---

90) 채태형, 1997, 위의 논문, 117~118쪽 ; 전영률, 1997, 위의 논문, 191~192쪽.
91) 윤재운, 2001, 「渤海의 王權과 對日貿易」『韓國史學報』 11.

의한 거점도시에의 시전설치를 들 수 있다. 아울러 대중국해상교통의
요충지였던 서남해도서지방의 장악도 신라의 기간도로인 5通을 비롯
한 유통망의 정비에 큰 기여를 했던 사실을 알 수가 있었다. 다음으로
수공업의 발달에 의한 무역품의 제작이 활성화 된 사실을 검토해 보
았다. 公貿易과 私貿易의 각각의 주체들에 의한 무역품의 제작이 궁
중수공업·관영수공업·민간수공업에 의해 이루어지고 있었음을 알
수가 있었다.

다음으로 발해는 건국기(高王~武王)의 껄끄러웠던 당과의 관계를
개선하면서, 각종 정치제도의 정비·말갈부족정복 등을 이루고, 新羅
道의 개통, 대일무역과 대중국무역의 활성화를 이룬 文王 전기가 貿
易網이 성립한 시기로 판단된다.

제4장

渤海의 무역융성기

1. 新羅道 개통과 남북교섭의 시작

新羅道의 개통은 남북국시대 무역 네트워크를 이해하는 데 있어 매우 중요한 의미를 가진다고 할 수 있다. 발해의 주요 기간도로인 新羅道를 비롯한 5道에 대해, 『新唐書』北狄列傳 渤海條에는 다음과 같이 나와 있다.

> 4-1. 龍原의 동남쪽 연해는 日本道이고, 南海는 新羅道이다. 압록은 朝貢道이고, 長嶺은 營州道이며, 부여는 거란도이다.

동경용원부는 현재 중국 길림성 훈춘현에 소재한 팔련성으로 비정되고 있는 곳이다. 이를 통해서 발해가 일찍이 중국, 거란, 일본, 그리고 신라 등 주변제국으로 통하는 통로를 개설한 것을 알 수 있다.

이러한 신라도의 설치시기에 대해, 4세기 무렵 고구려가 이용한 교통로에서 그 연원을 찾아, 국내성에서 두만강 하류에 이르는 東海路

가 그것이라고 본 견해도 있고,[1] 이외에 8세기 특히 문왕대 전기로 파악한 견해가 있다.[2] 그 근거로는, 757년에 쌓은 탄항관문에 주목하였는데, 이 관문은 이미 721년에 쌓은 장성에 기초한 것이다. 나아가 탄항관문 축조를 계기로 그 이전과 달리 신라와 발해는 교섭을 활발하게 전개하였을 것으로 보았다.

鈴木靖民은 남경남해부는 북한 함경남도 북청군의 청해토성에 비정되어지며, 동해를 따라 남하하는 신라도를 수비하였을 것인데, 이 길이 신라와의 교통을 목적으로 했는지는 문제가 있다고 하였다.[3]

최근에 신라도의 구체적인 노정과 의미에 대해 분석하여, 신라도를 동서 육상교통로와 동서해상항로로 나누어 살펴본 견해[4]도 있다. 먼저 동부 육상교통로는, 賈耽의 『古今郡國志』에 "발해국 남해, 압록, 부여, 책성 등 4개부는 고구려의 옛 지역이다. 신라 정천군으로부터 책성까지 이르는 사이에 39개 역이 있다"라고 나온 것을 근거로 하였다. 정천군은 오늘의 함경남도 德源(지금의 원산지방)이고 책성부는 발해시기 동경용원부(오늘의 길림성 훈춘현 팔련성)이다. 당나라 제도에 의하면 30리마다 1개의 역을 두었으므로 정천군에서 책성까지의 거리는 1,170리이다. 이는 대체적으로 오늘의 훈춘 팔련성으로부터 덕원까지의 거리에 해당한다.

신라도는 동경용원부에서 떠날 때는, 두만강을 건너 경원에 이르고 경원에서 다시 서쪽을 향해 나가 종성에 이르고 종성에서부터 남행하여 회령, 청진, 경성, 어랑, 화대 등의 지역을 지나 북청에 이르렀다. 북청에서 다시 출발하여 신포, 홍원, 함흥을 거쳐 정천군에 이르며 정

---

1) 余昊奎, 1995, 「3세기 후반 4세기 전반 고구려의 교통로와 지방통치조직 -남도와 북도를 중심으로-」『韓國史研究』91, 27쪽.

2) 宋基豪, 1993, 「渤海 文王代의 개혁과 사회변동」『韓國古代史研究』6, 74~75쪽.

3) 鈴木靖民, 1998, 「渤海の國家構造」『しにか』9월호, 16쪽.

4) 方學鳳, 2000, 「渤海遺址로부터 본 新羅道」『中國境內 渤海遺蹟研究』, 백산자료원, 399~409쪽.

천군으로부터 동해안을 따라 남행하여 경주에 이르는 길이었다.

중경(和龍縣 西古城)에서 떠날 때는 동흥촌옛성, 영성옛성, 동성용을 거쳐 두만강을 건넌 후 종성과 상삼봉 일대로부터 남행하여 회령, 청진, 경성, 어랑, 북청, 함흥, 덕원을 거쳐 경주에 이르렀다.

〈그림 13〉 상경성 입구

舊國에서 南海로 통하는 길을 보면 구국에서 떠나 할바령을 넘고 양병태, 명월구, 노두구, 연길, 영성, 동서용을 지나 두만강을 건너 종성과 상삼봉 지대에 이르렀다.

상경용천부로부터 남경

〈그림 14〉 상경성 제3궁전 안내판

남해부로 가는 길은 상경용천부에서 마련하를 따라 남하하여 할바령을 넘어 홍운, 춘양, 천교령, 왕청, 백초구, 의란, 연집, 연길, 영성을 지나 동성용에 이르렀다.

西京(오늘의 길림성 임강진)을 이용하여 남경남해부로 다니는 길도 있었다. 임강에서 떠나 협심강, 신방자를 지나 장백진에 이르렀다.

다음으로 동해안 육로 외에 또 발해의 국내성으로부터 한반도의 서부지역인 평안도 지방을 경유하여 경주에 이르는 길이 있었다. 이 길은 신라도중 서부 육상교통로에 해당한다. 『三國史記』地理4에 "평양으로부터 국내성까지 17驛이 있다. 국내성은 北朝경내에 있다"라고

기재하였다. 국내성은 고구려가 평양으로 천도하기전의 수도이며 오
늘의 길림성 집안현 현성이다. 이 경로를 통해 양국의 수도로 다니자
면 동해안 경로보다 멀기 때문에 내왕이 빈번하지 못하였다.

해상항로 가운데 동해바다를 통하는 길은 남해부의 吐號浦에서 떠
나 한반도의 동해안을 따라 남하하여 경주에 이르는 길이다. 이외 또
서해바다를 통해 경주로 가는 길이 있었다. 그 노선에 대해 『新唐書』
에는 비교적 구체적으로 기재하였다.

결국 이를 통해 보았을 때, 新羅道는 발해 때 설치한 교통로로서의
역할로 그치는 것이 아니라, 이미 그 이전부터 동해안의 주요 교통로
로서, 또 후대왕조의 동북아시아 교통로 상에서 중요한 위치를 점하
고 있음을 알 수 있다.

다음으로 新羅道의 성격과 관련하여 발해와 신라의 교섭에 대한 기
존 견해를 살펴보겠다.

4-2. 聖德王 21년(722) 毛伐郡城을 쌓아 日本賊이 침입하는 것을 막았
다(『三國史記』 卷8).

4-3. 景德王 7년(748) 北邊을 검찰 하였다. 비로소 大谷城 등 14군현을
두었다(『三國史記』 卷8).

4-4. 景德王 21년(762) 6城을 쌓고, 각각 太守를 두었다(『三國史記』 卷8).

4-5. 善德王 3년(782) 漢山州를 순행하며 민가를 浿江鎭에 옮겼다
(『三國史記』 卷8).

4-6. 憲德王 18년(826) 牛岑郡태수에게, 漢山 북쪽 여러 주군 사람 1
만 명을 징발하여 패강의 장성 3백리를 쌓았다(『三國史記』 卷8).

4-7. 長人은 그 키가 세 길이나 되고, 톱니 이빨에 갈퀴 손톱에다 검
은 털이 온 몸을 덮고 있다. 화식을 하지 아니하여 새나 짐승을
날로 물어뜯으며, 간혹 사람을 잡아먹기도 한다. 부인을 얻으면
의복이나 만들게 한다. 그 나라의 산은 수 십리씩 연결되어 있는
데, 입구의 골짜기에 튼튼한 쇠문을 만들어 달고 關門이라 한다.
신라는 이 곳에 항상 弩士 수천 명을 주둔시켜 지킨다(『新唐書』
卷220, 列傳145 東夷 新羅).

기존 견해에서는 사료 4-2에 나오는, 713년의 개성 축조5)를 남북
대립을 최초로 확인할 수 있는 기록이라고 한다. 그리고 713년 당의
渤海郡王 책봉 시기와 연결하여 신라가 발해에 대하여 위기의식이 본
격적으로 나타날 수 있는 시점이라고 본다.6) 그런데 713년의 개성
축성과 관련하여 보면, 이미 694년 송악이 축성되었으며,7) 문무왕
13년(673) 겨울에 唐兵은 고구려 우잠성을 쳐서 항복을 받아 냈다8)
는 기록이 있다. 그렇다면 713년의 개성축성은 바로 고구려 영토의
회복에 지나지 않으며, 이것은 발해에 대한 대비책으로까지 생각할
수는 없다.

이러한 기존 견해에 대한 의문은 첫째, 당이 신라를 인정했다는 점
을 인정하더라도 그것이 곧 발해가 신라에 위협적인 요소로 작용할
수 있었을까 하는 점이다. 둘째, 대조영 말기부터 신라와의 대립관계
가 조성되어 있었다고 보는데, 이 시기 발해는 국가의 기틀을 갖추고
정비해 나가는 단계였으므로, 신라와의 대립관계가 조성되었다고 보
기에는 무리가 따르는 듯하다. 셋째, 당이 발해를 공식적으로 국가로
인정하는 시기는 발해 건국 64년 뒤인 762년이었다. 이와 같이 본다
면, 발해를 의식한 군사 활동은 713년보다는 762년 이후에서 그 첫
단서를 찾는 것이 합리적9)이라고 생각된다.

사료 4-7의 장인기사에 대해서는, 이 기사가 혜공왕 4년(768)에

---

5) 十二月 大赦 築開城(『三國史記』 卷8, 聖德王 12年).

6) 한규철, 1996,「발해의 대외관계」『한국사』 10-발해-, 국사편찬위원회,
101쪽.

7) 三年冬 築松岳牛岑二城(『三國史記』 卷8, 孝昭王 3年).

8) 九月 築國原城古簡長城・北兄山城・召文城・耳山城・首若州走壤城一名
迭嵓城・達含郡主岑城・居烈州萬興寺山城・歃良州骨爭峴城 王遣大阿湌
徹川等 領兵船一百艘 鎭西海 唐兵與靺鞨契丹兵來侵北邊 凡九戰 我兵克之
斬首二千百餘級 唐兵溺瓠瀘王逢二河 死者不可勝計 冬 唐兵攻高句麗牛岑
城 降之 契丹靺鞨兵攻大楊城・童子城 滅之 始置外司正 州二人・郡一人
初太宗王滅百濟 罷戍兵 至是復置(『三國史記』 卷7, 文武王 13年).

9) 金恩國, 1999,「新羅道를 통해 본 渤海와 新羅 관계」『白山學報』 52, 744~
745쪽.

신라에 사신으로 왔던 顧愔의 견문을 바탕으로 작성된 것임을 강조하면서, '弩士數千'의 노사란 王京과 9州 5小京에 편입되어 있었던 弩幢의 병사들로 경덕왕을 이은 혜공왕대에도 군사조직이 건재하였음을 확인하는 자료로 보기도[10] 한다. 이외에 풍속관련 기사로 보고, 8세기에 신라를 다녀간 당의 사신이 실제로 견문했던 신라의 지세와 관문의 모습을 그대로 적어 놓은 것으로 보기도 한다.[11] 대체적으로 이상의 이른바 장인설화는 신라와 발해의 대립관계를 묘사하는 자료로 보는 견해가[12] 많다.

한편 장인기사를 신라인에 적대되는 異族의 존재를 인정하게 되고 그것이 왜군 중의 일부인 蝦夷兵일 가능성을 시사하면서 중국의 東海巨人 신앙의 반사작용과 합치하여 이 전승을 양성하였다고 보기도 하고,[13] 장인 혹은 장인국을 울릉도로 보는 관점[14]도 있는데, 『三國史記』異斯夫열전의 '謂其國人遇悍 難以威降'에 주목하여 『新唐書』와 의미상 비슷한 모습을 하고 있으나, 구체적으로 확인할 수는 없고, 또한 그 나라가 중국측에 알려졌는지는 불확실하다고 하였다.

『入唐求法巡禮行記』에 나오듯이, 圓仁은 秋夕의 유래가 신라가 발해와의 전쟁에서 승리한 것을 기념하는데서 유래되었다고 하는 현지 신라 노승의 이야기를 들었다. 이미 이에 대한 비판적 시각이 있듯이, 이는 신라와 발해의 직접적인 충돌이 아닌 발해 이전, 즉 고구려와 신라의 경쟁적 관계가 마치 현재까지 이어진다고 하는 인식이 있었기 때문이라 본다.

장인기사는 당시 신라가 관문을 설치하고 노사까지 두면서 대비하

---

10) 李仁哲, 1993, 「8·9세기 新羅의 支配體制」『韓國古代史硏究』 6, 156쪽.

11) 李文基, 1997, 『新羅兵制史硏究』, 一潮閣, 354쪽.

12) 李成市, 1991, 「八世紀新羅·渤海關係の一視角－≪新唐書≫新羅傳長人記事の再檢討－」『國學院雜誌』 92-4 ; 1998, 『古代東アジアの民族と國家』, 岩波書店, 11쪽.

13) 方善柱, 1963, 「新唐書 新羅傳所載 長人記事에 대하여」『史叢』 8, 12쪽.

14) 申瀅植, 1988, 『中國正史 朝鮮傳 譯註』 二, 국사편찬위원회, 617쪽.

고자 한 장인 또는 장
인국이란 발해에 국한
시킬 수 없으며, 그 이
전 어느 때부터 형성되
어 온 신라인의 북방에
대한 방어책의 한 반영
으로 이해하여야 할 것
이다.[15]

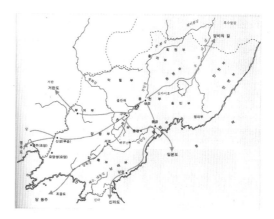

   이상에서 검토한 결
과, 760년대에 재개통되
었던 신라도는 신라와

<그림 15> 발해의 교통로

발해의 문물교류에 큰 역할을 한 주요 교통로였다는 것을 알 수 있
다. 기존의 신라도에 대한 견해들은 발해의 교통로에 대해서는 각각
의 의미 부여가 분명한 반면에, 신라도만은 그 설치의 중요성을 인식
하면서도 적극적인 통교의 흔적으로는 이어지지 못하는 분위기이다.
그러나 남북국시대의 교섭의 적극적인 근거로 들 수 있는 것이 바로 신
라도의 운영인 것이다.
   이와 관련하여 신라도를 통한 남북국 교류의 근거로 들 수 있는 것
이 견직물의 교류이다. 발해의 남부와 동부에서는 멧누에를 길러 고
치로부터 실을 뽑아 솜을 만들어 각종 綢와 紬를 짰다. 그 중에서도
남경 남해부의 옥주는 유명한 풀솜 생산지였다. 풀솜은 뽕나무에 나
는 멧누에의 고치에서 실이 되지 않는 것을 가리키는 것으로서, 명주
비단이 생산되는 모든 곳에서는 모두 이 풀솜이 생산되었지만 옥주의
풀솜이 가장 질이 좋았던 것 같다. 또한 상경 용천부의 용주는 솜실로
짠 주가 유명하였다. 용주에서 주가 생산된 것은 이곳에 모인 발해의
지배계급의 강한 수요에 연유한 것이지만, 주원료인 면이 옥주에서의
생산량으로는 부족하여 외국으로부터의 수입에도 힘을 쏟았다. 그리

---

15) 金恩國, 1999, 위의 논문, 758쪽.

하여 원료를 자체적으로 해결하지 못하고 외부에 의존함에 따라 품종
이나 수량에 큰 제약이 있었을 것으로 추정하고 있다.[16]

따라서 발해의 수입품은 견직물이 가장 중요한 지위를 점하였다.
그 수입선은 견직의 본고장인 중국은 물론 멀리 일본에까지 이것을
구하고 있다. 반면에 신라는 재래의 錦絹생산의 증가 외에 朝霞·雲
霞·魚牙錦이나 朝霞·魚牙紬 등 신라 독자의 고급견직물을 생산하여
中國·渤海·小高句麗에 수출하였고, 발해·소고구려에 수출된 朝霞
錦·魚牙錦은 중국에 재수출[17]되었다고 추정된다.

2. 8世紀後半 對中國貿易

755년 11월 安史의 亂이 발발하였다. 安祿山은 平盧·范陽·河東
의 세 절도사를 겸하면서, 당으로 침입해오던 契丹이나 奚의 정벌에
功이 있었다. 그런데 당시 재상으로서 권세를 누리고 있던 楊國忠을
배제할 것을 구실로 擧兵하여 낙양·장안을 점령하였다. 玄宗은 四川
으로 피신하였고, 肅宗에게 讓位하였다. 이 사이 平盧留後事의 職에

---

16) 임상선, 1996, 「발해의 사회·경제구조」 『한국사』 10 – 발해 –, 국사편찬
   위원회, 167쪽.

17) 天寶七載三月 黑水靺鞨遣臣獻金銀及六十綜布·魚牙紬·朝霞紬·牛黃·頭
   髮·人蔘(『册府元龜』 卷971, 外臣部 朝貢門). 日野開三郎은 이 기사에 대
   해 다음과 같은 점을 들어 의문을 제기하였다. 첫째 본래 養蠶에 부적합
   한 지역인 松花江 하류에 위치하고 있던 흑수말갈이 魚牙·朝霞와 같은
   고급 紬를 생산할 가능성은 낮고, 둘째 魚牙·朝霞와 같은 고급 紬는 六
   十綜布와 함께 신라후기의 대표적인 공무역품이었다는 점을 들고 있다
   (日野開三郎, 1968·1972, 「國際交流史上より見た滿鮮の絹織物」 『朝鮮學報』
   4·63 ; 1984, 『日野開三郎 東洋史學論集』 9 – 北東アジア國際交流史の研究
   (上) –, 三一書房, 373쪽). 즉 발해뿐만 아니라 흑수말갈도 魚牙·朝霞紬
   를 수출했다는 기록이 더 이상 史書에 보이지 않는다는 점을 통해 볼 때,
   신라의 紬를 수입해서 중국에 재수출했을 가능성이 크다고 생각된다.

있던 徐歸道는 張元澗을 발해에 파견하여 원군을 요청했지만, 발해는 서귀도가 안록산과 내통하고 있다는 것을 의심하여 원군을 파견하지 않았다. 게다가 758년 安東都護 王玄志는 將軍 王進義를 발해에 파견하여 안록산의 진압을 명하는 숙종의 칙서를 가져왔다. 그러나 발해는 당을 직접적으로 군사지원하지 않았다. 또한 당은 762년 文王에게 '渤海國王'號와 '檢校太尉'의 관작을 사여한다. 이것은 당이 발해의 지원을 기대하는 조치[18]였다고 보인다.

唐은 8세기중엽 安史의 亂(755~763)을 겪으면서 지방의 통제가 해이해졌고, 그 결과 각지에서 번진세력이 크게 대두되었다. 그 가운데 주목을 끄는 것은 고구려계 유민 출신인 李正己・李汭・李師古・李師道로 이어지는 李氏一家의 세력이다. 그들은 신라와 해상교통이 편리한 산동반도 전역을 장악하여, 3代 55年間(765~819)이나 治外法權的인 번진세력으로 唐内의 小王國으로 군림하였다.[19]

이정기의 平盧淄靑藩鎭이 발해나 신라 등과 밀접한 관계를 이루며 교류했을 가능성은 다음의 사실을 통하여 알 수 있다.

> 4-8. 李正己는 고구려인이다. … (중략) … 平盧에서 태어났다. 乾元 元年에 平盧節度使 王玄志가 죽었다. … (중략) … 軍人들이 希逸을 軍帥로 추대하였다. … (중략) … 마침 軍人들이 希逸을 쫓아내고, 正己를 軍帥로 삼았다. 조정에서는 平盧淄靑節度觀察使海運押新羅渤海兩蕃使를 제수하였다. … (중략) … 渤海名馬를 교역하였는데 매년 끊이지 않았다(『舊唐書』卷124, 列傳74 李正己).

위 사료에서 보듯이 후희일의 뒤를 이어 平盧淄靑藩鎭의 책임자가 된 이정기는 고구려인이다. 그리고 이정기의 세력 밑에서 벼슬하던

---

18) 酒寄雅志, 1991,「東北アジアの動向と古代日本-渤海の視點から」新版『古代の日本』2-アジアからみた古代日本, 角川書店 ; 2001,『渤海と古代の日本』, 校倉書房, 113쪽.

19) 金文經, 1975,「唐代 藩鎭의 한 研究-高句麗遺民 李正己一家를 中心으로-」『省谷論叢』6 ; 1984,『唐代의 社會와 宗教』, 崇田大學校 出版部.

194 한국 고대무역사 연구

많은 사람들 또한 이정기와 혈연적으로 가까운 사람들이 많았다. 平盧淄靑藩鎭에 거주하면서 삶을 유지하던 평민들 역시 고구려 유민일 가능성이 높다.

平盧淄靑藩鎭이 당으로부터 공식적으로 부여받은 職名은 '平盧淄靑節度觀察使海運押新羅渤海兩蕃使'인데, 이 職名은 羈縻政策으로서 주변 제민족을 통치하던 당이 변방의 국가 통치에 대한 업무를 부여할 때 除授하는 職名이다. 즉 이 직책은 '신라와 발해의 두 나라를 대상으로 하고 그에 관한 모든 사무를 관할하는 장관'이라는 의미이다.[20]

원래 이 직함은 '海運'과 '押新羅渤海兩蕃使'라는 두 직책을 합친 복합적인 직함이다. 그 중 앞의 '海運使'라는 직함은 해상을 통하여 남방지역에서 생산된 양곡을 북방지역에 주둔하고 있는 군사들의 군량미로 운반함에 있어 해상항로를 통한 운반책임을 지는 것이며, 원래는 安祿山에게 주어졌던 직함이다.

'押新羅北海兩蕃使'는 765년에 이정기가 후희일을 몰아내고 平盧淄靑節度觀察使가 되었을 때, 부여된 직함이다.[21] 그러다가 10년 후인 775년에는 이 직함이 '海運押新羅渤海兩蕃使'로 바뀐다.[22] 다시 9년 후인 784년에는 '海運陸運押新羅渤海兩蕃使'가 된다. 앞의 775년의 직함에 해운을 추가한 것은 군량미의 해상운송을 책임지도록 하였다는 것을 의미하고, 그 후 '陸運海運押新羅渤海兩蕃等使'로 바뀌어 兩蕃과 使 사이에 '等'자를 추가한 것은 신라와 발해뿐만 아니라 일본 등 기타지역과의 교역도 그 관할지역 안에서 이루어지는 것에 대하여 책임을 지도록 한 것으로 생각된다. 다시 9년 후에 '陸'자를 추가한 것은 해상운송뿐만 아니라 육상운송에 관한 책임도 平盧淄靑節度使에게 맡겼던 것이다. 따라서 이정기의 평로치청절도사는 해상무역뿐만 아니라 육상운송과 연안운송 등 중국의 동북지방의 교통망을 완전히 장악하고,

---

20) 사회과학연구소편, 1979, 『조선전사』5-발해 및 후기신라사-, 48쪽.
21) 『新唐書』卷65, 方鎭表5 永泰元年條.
22) 『舊唐書』卷124, 列傳74 李正己.

통제 조정하는 막강한 기능을 담당하였던 것[23]이라고 할 수 있다.

그런데 唐末의 대외무역관리기구는 市舶司였다. 시박사는 대외무역선의 입출항 및 교역의 관리와 세금의 징수, 그리고 궁중에서 사용하는 각종 사치품들을 확보하기 위한 기구였다. 海運押新羅渤海兩蕃使도 시박사와 같은 기능을 한 것으로, 시박사와 이름은 다르지만 같은 기구로 해석하고 있다.

시박사가 순수한 무역관리기구인 반면에 海運押新羅渤海兩蕃使는 당의 對渤海, 對新羅 외교의 일선창구라는 정치, 외교적인 기능이 더해져 있었던 것으로 보인다.

王杰에 의하면 시박사의 주요기능은 황실의 여인들이 필요로 하는 각종 사치품의 조달이 설치동기였다고 보이며, 정치적 부패의 심화로 상류층의 사치가 더해질수록 시박사가 해외무역선으로부터 조달하는 궁중사치품의 수량도 증가하였다. 그러나 이정기를 비롯한 역대 평로절도사가 담당했던 押新羅渤海兩蕃使의 기록 중에는 이러한 사치품 조달이라는 업무를 수행한 흔적은 거의 안 보이는 반면, 여러 가지 중요한 정치·외교적인 업무를 수행한 흔적은 보인다.[24]

유사한 기능을 수행하는 두 기구가 왜 존재하였을까? 이러한 차이는 시박사가 존재하였던 것으로 추정되는 廣州 등 남방지역과 押新羅渤海兩蕃使가 위치하였던 중국 동북지방의 지정학적인 중요성 차이에서 비롯되었을 것으로 보인다.

즉 광주 등 중국 남부의 海港을 이용하는 서역과 동남아제국들은 큰 바다를 사이에 두고 있으므로, 그들이 먼 바다를 건너와서 다시 대륙 깊숙이까지 쳐들어와서 당나라 정권을 위협할 개연성은 거의 없다. 그러므로 당나라 남부 항구를 이용하는 무역선들을 대하는 당 조정의 태도도 경제적인 요소에 중점을 두고 있다.

---

23) 허일·최재수·강상택·이창억外 共著, 2001, 『張保皐와 황해해상무역』, 국학자료원, 170~172쪽.
24) 王杰, 1994, 『中國古代對外航海貿易管理史』, 大連海事大學出版社, 76쪽.

이에 반해 당의 동북지방의 경우, 당나라와 건국초기의 당나라가
고구려 때문에 많은 어려움을 겪었다. 신라와 연합하여 한반도를 통
일하여 겨우 동북지방의 근심거리를 제거하였다고 생각한지 얼마 안
되어 다시 발해가 나타나서 새로운 위협요인으로 등장하게 된다. 이
발해의 존재는 신라에게도 경계의 대상이었다. 중국 동북지방은 당과
신라, 그리고 발해와 일본이라는 네 세력간에 미묘한 긴장관계가 형
성되었다. 押新羅渤海兩蕃使는 이러한 동북아시아의 미묘한 정세 속
에서 다변화된 외교를 하는 매우 민감한 정치적 기능을 수행하는 일
선기관25)이었던 것이다.

한편 사료 4-8에 발해 名馬가 계속하여 이정기의 平盧淄靑藩鎭에
들어왔다고 하는 사실을 통해 볼 때, 발해와의 관계가 밀접했음을 알
수 있다. 특히 말이 당 조정과 대립관계에 있던 이정기 藩鎭에 수입되
었다는 사실은 주목할 만한 것이다. 이는 安史의 난 때에 徐歸道가 발
해에 기병을 요청했을 때 응하지 않은 것과 대조적 인 사실26)이다.

그리고 발해의 입장에서도 고구려 계승의식을 갖고 있었고, 고구려
유민들이 다수 존재하며, 또 고구려 유민 출신인 이정기와 平盧淄靑
藩鎭에 대하여 호의적이었을 것이다. 그러나 이정기 일가의 淄靑藩鎭
이 산동반도지역에 있던 765~819년의 시기에, 발해는 28차례나 되
는 많은 사절을 당 조정에 파견했다.27) 따라서 발해는 이정기의 平盧
淄靑藩鎭과도 교류하면서 동시에 이정기 藩鎭과 대립관계에 있던 당
조정과도 밀접한 관계를 유지했다는 사실을 알 수 있다.

발해는 국력신장을 위한 꾸준한 내적인 개혁과, 대당관계 특히 당
조정과 번진세력 사이에서의 적절한 외교를 통해 신라보다 국제적 위
치에서 우위에 서게 되었다. 이는 당시 안사의 난 이후 번진세력들의

---

25) 허일·최재수·강상택·이창억外 共著, 2001, 위의 책, 174~175쪽.
26) 至德元載己卯 天子至于益州 平盧留後事徐歸道 遣果毅都尉行柳城縣 兼四
　　府經略判官張元澗 來聘渤海 且徵兵馬曰 當擊祿山 王須發騎四萬來援平賊
　　渤海疑其有異心 且留未歸(『續日本紀』卷21, 天平寶字 2년 12월 戊申條).
27) 『新唐書』卷219, 渤海傳 및 『舊唐書』卷199下 渤海靺鞨傳.

할거로 계속적인 어려움에 처해 있던 당이 이정기의 平盧淄靑藩鎭과
도 밀접하게 교류하고 있는 발해를 회유하기 위하여 발해에 계속적으
로 進奉하게 되었기 때문으로 생각된다.[28]

따라서 이정기의 淄靑藩鎭이 산동반도지역에 있던 765~819년에
발해는 당 중앙정부와 이정기번진과의 사이에서의 외교성과를 바탕으
로, 신라보다 국제정치·무역 면에서 우위에 서게 된 것이다.

발해와 당의 무역은 세 부분으로 나누어진다. ① 조공사절이 나라의
특산물 등을 獻上하고, 回賜로서 헌상품 보다 몇 배 내지 등가의 물품
이 지불되는 교역 및 사절의 수행원과 鴻臚館에서 행해지는 교역,
② 산동지역의 靑州·登州에서 행한 互市交易, ③ 사절단에 수반한 무
역을 목적으로 하는 수령 그룹이 入港地에서 행하는 교역[29]이다.

먼저 조공무역 즉 공무역의 경우, 이정기의 치청번진이 있던 기간
중에 발해는 총 54회(文王 29회·成王 1회·康王 8회·定王 5회·僖
王 10회·宣王 1회), 신라는 31회(景德王 1회·惠恭王 12회·宣德
王 2회·元聖王 4회·昭聖王 1회·哀莊王 5회·憲德王 6회)의 遣唐
使를 파견하였다.[30] 따라서 공무역의 경우 수치상 발해가 신라보다
우위에 서있음을 알 수 있다.

다음으로 互市交易의 경우는 이정기번진과의 관계에서 언급했기
때문에 생략한다. 다만 互市의 설치와 운영은 황제의 허가에 의해 소
재지 정부나 관인의 관리와 감독 하에 행해졌다고, 일반적으로 互市
에서 교환하는 것은 말이나 소·낙타 등이었다. 唐側이 주는 것은 발
해 지배층이 필요한 絹·帛 등의 직물이어서, 소위 '絹馬貿易'이었
다[31]는 정도를 언급하는데 그치고자 한다.

이외에 사무역을 행한 발해를 대표하는 상인들은 배를 타고 남하하

---

28) 최의광, 1999,「渤海 文王代의 對唐關係」『史叢』50, 22~23쪽.
29) 馬一虹, 1999,「渤海と唐の關係」『アジア遊學』6, 51쪽.
30) 權悳永, 1997,『古代韓中外交史 -遣唐使研究-』, 一潮閣, 311~325쪽의
    〈표 2〉南北國時代의 遣唐使 참조.
31) 馬一虹, 1999, 위의 논문, 52쪽.

여 교역을 전개하였다. 그들이 신라, 동남아시아 그리고 먼 나라에서
온 상인과 같이 지참한 물품을 현지의 자기나 직물 등과 교환하였을
것이다. 이러한 교역에 종사한 발해상인들의 양상은 잘 알려져 있지
않지만, 入唐求法僧 圓珍을 포함한 일본 사료에 나오는 李延孝가 주
목된다.

  이연효 등은 주로 台州와 福州를 근거지로 발해 특산물을 현지의
자기 등과 교역하고, 당시 인기상품 도자기을 가지고, 일본의 絹·帛
을 입수했을 것이다. 이 단계의 대당무역이나 무역에 종사한 상인들
은 국제적 색채를 띠게 되었다고 생각된다.

  발해인들이 당의 동남연안지역에서 행해진 교역활동은 같은 시기
당에서 활약한 신라인이나 이슬람 등 소위 胡商과 같이 본국과 여러
관련을 가지면서, 많은 集落－新羅坊이나 胡人坊 등을 근거로 근본
적으로는 독립된 상업 활동32)을 행하였다.

  한편 이연효 외에 중국학계에서 도교 경전인『道藏』속에 이광현이
라는 사람의 저작이 확인되었는데, 그가 발해인이라는 주장이 제기되
었다.33) 이에 따르면 이광현은 어려서 고아가 되었고, 재산이 巨萬에
달했지만, 求道를 위해 弱冠에 出鄕한다. 그는 출향 후 靑社淮浙之間
을 왕래하며 化易하는 마을 사람들의 배에 타고 다니며 眞人, 道士를
찾다가 실패하고, 24세 경에 귀향하였다고 한다.34)

  결국 발해는 安史의 亂 기간의 당 중앙정부와 반란군사이의 중립적
입장, 고구려 유민 李正己의 淄靑藩鎭과 당 중앙정부사이의 적절한 외
교를 바탕으로 국제정치·무역 면에서 신라보다 우위에 서게 되었다.
이것은 공무역의 가늠자인 遣唐使의 파견회수나 산동반도지역과의

---

32) 馬一虹, 1999, 위의 논문, 52~53쪽.
33) 朱越利, 1993,「唐氣功師百歲道人赴日考－以'金液還丹百問訣'爲據－」『世
    界宗敎硏究』3期, 中國社會科學院出版社 ; 王勇, 1999,「渤海商人李光玄に
    ついて」『アジア遊學』6.
34) 임상선, 2000,「'渤海人'李光玄과 그의 道敎書 檢討」『韓國古代史硏究』20,
    656쪽.

絹馬貿易, 발해상인들의 활약을 통해 알 수가 있다. 대중국무역에서
발해의 신라에 대한 우위는 이르면 淄靑藩鎭의 소멸시기인 819년, 늦
어도 청해진이 설치되는 828년까지는 지속된 것으로 추정된다.

3. 8世紀後半 日本에서의 무역경쟁

668년(文武王 8) 신라가 일본에 사신을 파견하여 외교관계를 재개
한 이후 양국은 활발히 교류하여, 신라에서 공식적인 사신을 파견한
마지막 해인 779년(惠恭王 15)까지 신라는 일본에 45회 사신을 파견
하였고 일본은 신라에 25회 사신을 파견하였다. 원래 양국은 백제부
흥전쟁의 전쟁 상대국이었으나 고구려가 멸망한 이후 당의 압박에 공
동 대응하기 위하여 긴밀한 관계를 가지게 되었다.[35]

그러나 신라와 당의 관계가 점차 호전되고, 701년 大寶律令의 완성
을 계기로 일본의 율령국가체제가 정비되면서 양국은 외교형식문제
로 갈등을 빚기에 이르렀다. 당을 본받아 天皇制 율령국가를 건설하
고자 하였던 일본조정은 대외관계에서도 신라를 하위에 놓는 외교형
식을 고집하였고, 신라조정 역시 일본사신에 대한 외교의식에서 일본
을 하위에 놓는 외교형식을 고집하였을 가능성이 크다.[36]

〈표 13〉 8세기 신라 사절단의 일본왕래

연 도	신 라 기 년	사 절 단	인 원	비 고
703	聖德王 2년	金福護		入京
705	聖德王 4년	金儒吉		入京
709	聖德王 8년	金信福		入京
714	聖德王 13년	金元靜	20여명	入京

35) 김은숙, 1996, 「백제부흥운동이후 天智朝의 국제관계」『日本學』15, 167~171쪽.
36) 金恩淑, 1991, 「8세기의 新羅와 日本의 關係」『國史館論叢』29, 108쪽.

719	聖德王 18년	金長言	40명	
721	聖德王 20년	金乾安		放還
723	聖德王 22년	金貞宿	15명	入京
726	聖德王 25년	金造近		
732	聖德王 31년	金長孫	40명	入京
734	聖德王 33년	金相貞		入京後放還
738	孝成王 2년	金想純	147명	放還
742	景德王 1년	金欽英		放還
743	景德王 2년	金序貞	187명	放還
752	景德王 11년	金泰廉	700여명	入京
760	景德王 19년	金貞卷		放還
763	景德王 22년	金體信	22명	放還
764	景德王 23년	金才伯	91명	放還
769	惠恭王 5년	金初正	226명	放還
774	惠恭王 10년	金三玄	235명	放還
779	惠恭王 15년	金蘭蓀		入京

일본 측은 신라사신을 入京시켜 '蕃國'사신으로 대접하고자 하였으나, 신라는 이에 반발하였다. 그럼에도 불구하고 양국관계는 계속되었다. 738년(孝成王 2) 이후 신라는 일본이 요구하는 외교형식을 무시하고 入京하여 賓禮를 받는 대신 大宰府에서 교역하고 돌아가는 방법을 선택했다.

물론 일본 측의 신라사신에 대한 요구도 집요하였으나, 신라가 이에 반발하자 759~763년에는 신라침공계획까지 수립되었다. 764년 이후 신라는 일본이 요구하는 외교형식을 무시하는 대신,37) 당과 일본을 연결시켜 주는 역할을 추가함으로써 大宰府에서 교역하는 편을 선택38)하였다.

---

37) 신라는 일본이 요구하는 '調'라는 용어 대신 769년의 김은거는 '土毛'라는 용어를 사용하였고, 774년의 金三玄은 '國信'이라는 용어를 사용하였다 (김은숙, 1998, 「일본과의 관계」『한국사』8 - 통일신라 -, 국사편찬위원회, 283쪽).

신라가 사신을 파견하는 공식적인 교섭을 끝낸 이유로는 먼저, 정치·군사적인 면에서 발해와 당의 관계개선으로 인한 동아시아의 긴장완화로 신라가 일본과의 외교관계를 굳이 필요로 하지 않게 되었다는 점을 지적할 수 있다.[39] 또한 경제적인 측면에서는 8세기 중엽부터 활약하는 신라의 민간상인의 활약으로 공적 교역의 필요성이 감소되었다는 점[40]을 생각할 수 있다.

〈표 14〉 왕권 동요기[41] 발해 사절의 일본 왕래

회수	출발시기	귀국시기	사절단	관직·관등	비고
7	文王 大興 35년(771) 6월	772년 2월	壹萬福이하 325인	·靑綬大夫	方物을 바침, 국왕이 받은 것 : 美濃絁30疋·絲200絇·調錦 300屯, 대사이하 차등지급
8	文王 大興 37년(773) 6월	773년 10월	烏須弗 등 40인		國書문제로 入京하지 못하고 쫓겨남
9	文王 寶曆 3년(776) 12월	777년 5월	史都蒙 등 187인, 표류하여 46인 생존, 38인 入京	獻可大夫 司賓小令	方物을 바치고 綵帛을 각기 차등 있게 받음
10	文王 寶曆 5년(778) 4월	779년 2월	張仙壽 등, 30인 익사	獻可大夫 司賓小令	方物을 바침
11	文王 寶曆 6년(779) 9월	779년 12월	高洋弼 이하 渤海 및 鐵利 359인		國書문제와 筑紫道로 오지 않았다고 하여 入京을 허용하지 않음
12	文王 大興 50년(786) 9월	787년 2월	李元泰 이하 65인		

---

38) 金恩淑, 1991, 위의 글, 128~130쪽.
39) 李成市, 1997, 『東アジアの王權と交易』, 靑木書店, 176쪽.
40) 石井正敏, 1987, 「八·九世紀の日羅關係」『日本前近代の國家と對外關係』, 吉川弘文館, 288~293쪽 ; 2001, 『日本渤海關係史の硏究』, 吉川弘文館.
41) 본서에서 말하는 왕권동요기는 여러 모순이 표출되기 시작하는 文王 중반부터 9대왕 簡王때까지(762~818)의 시기를 말한다.

13	康王 正曆 2년(795) 11월	796년	呂定琳 등 60인	匡諫大夫	方物을 바침, 국왕 이 받은 것 : 絹20 疋, 絁20疋, 絲100 絇, 綿200屯
14	康王 正曆 5년(798) 5월	799년 4월	大昌泰	尉軍大將軍左 熊衛都將上柱 將開國子	聘期단축과 年限의 폐지를 요청하여 허 락받음
15	定王 永德 1년(809) 10월	810년 4월	高南容		康王의 喪과 定王 의 즉위를 알림
16	定王 永德 2년(810) 9월	811년 4월	高南容		嵯峨天皇 즉위축하, 方物을 바침
17	定王 朱雀 3년(814) 9월	815년 5월	王孝廉		定王의 喪을 알림, 方物을 바침
18	簡王 太始 1년(818)		慕感德		簡王의 喪을 알림, 方物을 바침

　한편 신라침공계획으로 긴밀하게 유지되던 발해와 일본과의 관계 또한 762년 이후 한동안 소강상태에 들어가게 되었다. 이것은 발해가 대외적으로 당·신라와의 긴장관계가 해소됨에 따라 점차 안정되고, 대내적으로도 국가통치체제가 갖추어짐에 따라 예전처럼 대일본외교를 활발하게 전개할 필요성을 크게 느끼지 못하였던 데에서 비롯된 것으로 생각할 수 있다.

　그러나 양국관계는 771년에 文王이 다시 일본에 사신을 파견함으로써 열리게 된다. 이 때 신라는 金貞卷, 金體信,[42] 金才伯,[43] 金初正[44] 등을 일본에 연이어 파견하면서 그들과의 외교관계를 보다 강화하였던 것이다. 신라가 이와 같이 대일본외교를 적극 추진한 것은 신라와 당, 일본과의 관계를 재설정 하려는 의지가 담겨있는 것으로 판단된다.

　발해는 9년 만에 문관인 靑綬大夫 壹萬福을 포함한 325명을 일본에 다시 파견하였다.[45] 이것은 지금까지 이루어진 대일본외교 가운데 가

---

42) 『續日本紀』 卷24, 天平寶子 7년 2월 癸未.
43) 『續日本紀』 卷25, 天平寶子 8년 7월 甲寅.
44) 『續日本紀』 卷30, 神護景雲 3년 11월 丙子.

장 규모가 큰 것이었다.
그러나 이 때 파견된 325
명이 모두 외교사신은 아
니었을 것이다. 아마도 발
해는 신라와 마찬가지로
일본과의 무역활동을 전
개하기 위하여 민간인들
을 파견하였을 가능성이
높다.

〈그림 16〉 일본 후쿠라항 전경
크라스키노성을 출발해서 동해를 횡단한
발해사절단이 도착한 장소임.

발해사신 일만복은 永
忠을 비롯해서 誡明과 得
淸이 발해를 통해서 당으
로 들어갈 수 있도록 조치를 취해 주었다.[46] 결국 문왕의 6차 대일본
외교의 경우는 경제적인 외교와 함께 문화적인 외교가 적극 추진되었
음을 알 수 있다. 이것은 또한 773년에 이루어진 烏須弗의 파견을 통
해서도[47] 발해가 일본에게 문화적인 영향력을 주지시키고 있는 것을
확인할 수 있다.

결국 770년 이후에 외교적인 변화를 추구한 발해의 대일본외교는
일단 성공을 거두었다고 할 수 있다. 왜냐하면 당이 발해를 司空으로
다시 책봉하면서 발해가 동아시아의 국제질서 속에서 차지하고 있는
위치를 다시 인정해 주었기 때문이다.

발해는 문왕 후기에 대내적인 개혁정치를 성공적으로 이끌고, 당의
책봉을 통하여 당-발해-신라-일본으로 자리 잡히는 동아시아 국
제관계의 재편을 꾀하였던 것이다. 신라는 이제 일시적으로 우위에
있는 발해에 대하여 또 다른 태도를 취하게 되었다. 즉 신라는 발해를

---

45) 『續日本紀』卷31, 寶龜2년 6월 壬午.
46) 東野治之, 1984, 위의 논문. 83쪽.
47) 『續日本紀』卷32, 寶龜4년 6월 丙辰 및 寶龜4년 6월 戊辰.

독립된 국가로 인정하고 국제관계의 재편에 따르는 외교를 전개[48]한
것이다.

문왕의 사후 발해의 대일관계는 커다란 변화를 보이고 있다. 즉
793년에 문왕이 사망하면서 내분이 발생하여 818년에 10대 선왕이
즉위할 때까지 25년 동안 정치적 불안상태가 지속되었다. 이러한 사
실은 우선 4대 廢王 大元義로부터 9대 簡王(大明忠)에 이르는 6명의
왕이 재위하였던 기간이 아주 짧았던 데에서 드러난다.

문왕이 사망한 뒤에 그의 직계 자손이 아니고 族弟였던 4대 廢王 大
元義가 793년에 즉위하였으나, 그마저 몇 개월 만에 귀족들에게 피살
되었다. 그 다음에는 문왕의 손자인 成王 大華璵에게 이어졌다. 이러
한 일련의 사건들은 대원의의 즉위가 정상적인 것이 아니었고, 모종
의 정권쟁탈을 통해 이루어졌음을 암시한다.[49]

族弟인 大元義가 즉위할 수 있었던 이유는 嫡孫인 大華璵가 아직
왕위에 오르기에는 어리다는 점과 국왕과 6촌의 근친이 국정에 깊이
관여할 수 있는 정치적 여건에서 찾을 수 있다. 그러나 엄연한 왕위계
승의 첫째 후보인 大華璵나 그 다음 후보인 문왕의 아들들이 살아있
음에도 불구하고, 大元義가 즉위할 수 있었던 보다 근본적인 원인은
결국 문왕대에 추진되었던 체제 정비의 한계 속에서 표출된 정치세력
간의 갈등과 대립에서 찾아야 할 것이다.

문왕대의 체제정비를 주도한 세력은 문왕 초기에 당의 요구로 사면
된 친당파 계열이며, 상대적으로 건국집단 출신의 반당파는 점차 정
국에서 소외되어 갔다. 중기에 대일외교에서 등장한 鐵利人의 독자성
표출[50]은 지배통합 전략의 한계를 드러냈으며, 그 이후 동경천도가
행해졌다. 문왕 말기의 동경천도와 大興연호의 복구는 정국 주도세력
의 교체를 의미하는 것으로, 廢王 大元義는 이를 주도하면서 즉위하

---

48) 朴眞淑, 1997,「渤海 文王代의 對日本外交」『歷史學報』153, 54~62쪽.
49) 方學鳳, 1989,「발해 대원의가 피살된 사회적 배경과 그 성격에 대한 연구」
　　『발해사연구』, 정음사, 121~122쪽.
50)『續日本紀』卷16, 天平 18年.

였다. 이에 따른 대원의의 국정운영은 대당관계의 안정 속에서 지향된 율령적 지배체제의 후퇴를 의미하는 것으로, 이는 율령적 지배체제를 주도하면서 성장한 '國人'에게는 '의심 많고 포악'할 수밖에 없게 비쳐졌을 것이다. 결국 이들에 의해 大元義는 피살되고, 嫡孫 大華璵가 즉위하자마자 상경으로 환도하였다. 따라서 당시의 정치세력은 廢王 대원의지지 세력과 '國人'으로 표현되는 성왕지지 세력으로 구분할 수 있다.

그러나 성왕의 1년 미만의 재위기간은 廢王지지 세력의 반발에 의한 것으로 이해할 수 있을 것이다. 이러한 내분의 상황은 '國人'세력에 의해 康王 大崇璘이 즉위한 지 2년이 지나서도 여전히 지속되었다. 이 때문에 문왕과 성왕의 시호조차 정해지지 못하였다. 이러한 상황은 강왕이 郡王에서 國王으로 승진 책봉되는 때를 전후로 문왕과 성왕의 시호가 정해지면서 어느 정도 진정되었다고[51] 볼 수 있다.

문왕의 작은아들인 6대 康王은 비교적 오랜 기간인 15년간을 통치하였다. 그는 내분의 틈바구니에서 겨우 왕위에 올랐으며, 그 뒤로는 조정의 기강을 바로잡는 데 힘을 기울였던 것으로 보인다. 이 때에 사회가 어느 정도 안정을 되찾자, 당나라에 대해서도 적극적인 태도를 취하여 문왕 다음으로 많은 책봉을 받을 수 있었다. 그러나 여러 차례의 요청 끝에 일본으로부터 아무 때나 사신을 파견해도 좋다는 허락을 받아놓고서도 그 후로 10년 가까이 사신을 파견하지 못하였던 사실에서 당시의 안정이 그리 오래 가지는 못하였던 것을 짐작할[52] 수 있다.

결국 794년 정변을 통해 왕위에 오른 대원의대는 당의 책봉을 받지 못하였을 뿐만 아니라 일본과의 외교관계도 크게 위축되어 있었다. 그러나 成王대에 親文王系 정치세력의 재등장으로 불안정한 정치적 문제가 어느 정도 해결되고, 다소 부진했던 외교활동이 재개되면서

---

51) 김종복, 2001, 「발해 폐왕·성왕대 정치세력의 동향」 『역사와 현실』 41.
52) 宋基豪, 1996, 「발해의 융성」 『한국사』 10-발해-, 국사편찬위원회, 61~62쪽.

이후 강왕대에 대당·대일본외교가 전개될 수 있는 외교적 기반을 마련해 놓았다고 할 수 있다.

강왕 원년(795) 11월에 이루어진 발해의 대일본외교는[53] 786년 李元泰가 파견된 이후 9년만의 일이다. 이 때 발해는 대일본외교의 현안으로서 빙기문제를 제기한 것으로 생각된다. 강왕대의 두 번째 대일본외교는 3년 뒤인 798년 12월에 이루어졌다.[54] 이것은 일본이 796·798년 두 차례 계속해서 발해에 사신을 파견한 이후에 추진된 것이었다. 발해의 세 번째 대발해외교는 803년 12월을 전후하여 이루어진 듯하다.

강왕이 즉위 초부터 대일본외교를 적극 추진한 주된 목적은 먼저 발해 자체 내의 정세변화를 일본에게 알리고, 소강상태에 놓인 일본과의 관계를 새롭게 전개하고자 하는 강왕의 외교적인 관심에서 비롯되었다. 보다 큰 이유는 양국외교관계를 과연 어떻게 유지해 나갈 것인가에 두어졌다. 그것은 일본에 파견되는 발해의 사신 수와 聘期문제, 즉 발해의 사신이 일본에 파견되는 시기적 간격에 집중되어 있었다.

결국 강왕은 빙기문제에 대한 일본 측의 6년 제안을 끝내 받아들이지 않았다. 이것은 발해가 항해하는 데에 어려움이 크지 않았기 때문일 수도 있다. 그러나 보다 큰 원인은 발해가 대일본외교를 추진하려고 하는 근본적인 목적과 일치하지 않았다는 데에 있는 듯하다.

강왕은 798년 왕족 大昌泰를 파견함으로써 일본에 적극 대응하였다. 발해가 왕족을 일본에 파견한 것은 발해의 대일본외교사에서 처음 있는 일이었다. 이와 함께 1년 전에 파견된 여정림이 문관이었던 것과 달리 대창태의 관직이 尉軍大將軍·左熊衛都將·上柱將·開國子로 무관이라는 점이 주목된다. 이것은 762년을 기점으로 대일본외교체제가 문관 중심으로 이루어졌다는 기존견해와 배치되기 때문에 더욱 큰 의미가 있다.

---

53) 『類聚國史』 卷193, 殊俗·渤海上, 延曆 14년 11월 丙申.
54) 『續日本紀』 卷39, 延曆 5년 9월 甲辰.

강왕은 대내적으로는 정치적 안정은 물론 왕권의 강화를 추구하고 있었다. 왕족들을 그의 중요한 정치적 기반으로 삼았던 강왕은 관료체제를 새롭게 정비할 수 있었던 것이다. 또한 강왕은 말갈을 계속적으로 복속하여 영토를 유지하기도 하였으며, 이의 연장선에서 일본에 대해 고구려계승의식을 다시 한번 강조할 수 있었던 것으로 보인다.

대외적으로도 강왕은 발해에 대한 당의 인식을 바꾸어 놓았다. 발해는 798년 3월에 당으로부터 銀淸光綠大夫・檢校司空・渤海國王으로 또 한 차례 책봉을 받았다.55) 이것은 795년 강왕이 渤海郡王으로 책봉된 것56)보다 한 단계 나아간 것이다.

〈표 15〉 일본에 남아있는 발해객원 관련 유적57)

유 적 명	현 재 지 명	주요 출토유물	비 고
福良津・泊	石川縣 羽咋郡 富來町 福浦		발굴은 안 되었으나 역사서의 기록에 의거 가능성이 높음
能登客院 (加賀郡)	金澤市 戶水町 C遺跡	10여 棟의 건물터, 唐花鏡片, 銅環, 帶金具, 石帶, 和銅開珎, 綠釉陶器, 灰釉陶器	발해사절을 安置供給하던 시설일 것으로 추정
松原遺跡	福井縣 敦賀市 松原의 氣比神宮 別宮주변	나라시대 토기, 素文鏡, 銅鈴, 和銅開珎, 神功開寶, 隆平永寶	氣比神宮의 관리 하에 敦賀(福井縣)에 도착하여 入京하는 외국인에 대해 출항의 안전을 기원하는 장소였을 것으로 추정
馬場遺跡	新潟縣 佐渡郡 相川町	帶金具, 馬菌	752년 발해사신 慕施蒙과 관련된 유적으로 추정
舳倉島	石川縣 輪島市 舳倉島	海獸葡萄鏡	발해사신의 안전항해를 기원하던 유적으로 추정

---

55) 『舊唐書』卷199下, 渤海靺鞨傳 및 『冊府元龜』卷972, 外臣部 封冊 3.
56) 『舊唐書』卷199下, 渤海靺鞨傳.
57) 위의 표는 다음의 논문을 참고하여 작성했음(酒寄雅志, 2001, 위의 책, 28~30쪽 ; 小嶋芳孝, 1990, 「高句麗・渤海との交流」『海と列島文化』1 －日本海と北國文化－, 小學館 ; 小嶋芳孝, 1995, 「日本海を越えてきた渤海使節」『日本の古代』3, 中央公論社).

당시 발해와 일본의 양국관계를 밝히는데 결정적인 단서가 되는 것은 804년 일본에 渤海客院이 설치되었다는 점이다.[58] 이와 관련하여 哀莊王 4년(803)에 이루어진 신라와 일본과의 공식적인 交聘結好[59]는 특히 흥미롭다. 왜냐하면 일본이 약 24년 동안 단절된 신라와의 외교를 779년에 다시 추진하고 있기 때문이다. 이것은 발해에게 정치적·외교적으로 어려움을 주었을 것이다.

9세기 초에 들어와서 일본의 외교노선은 분명히 변화하고 있었다. 그것은 일본이 대당외교를 염두에 두었기 때문이었다. 그 동안 일본의 대당외교는 발해를 통해서 이루어졌다고 할 수 있다. 그러나 800년을 전후하여 일본은 20여년 만에 대당외교를 직접 시도하였지만, 순조롭게 진행되지 못하였던 것 같다. 파견된 배 4척 가운데 2척이 조난당하는 곤란에 빠졌던 것이다. 이러한 어려움에 직면한 일본은 804년 9월에 兵部少丞 正六位上 大伴宿禰岑萬里를 신라에 파견하여 선박탐색과 사신의 안부를 확인코자 하였다.[60] 이것은 일본이 신라의 협조와 보호를 기대하였음을 잘 알려준다.

일본이 태도를 바꾼 까닭은 아마도 799년에 체결된 발해와의 매년 교섭이 외교적으로 일본에게 불리하였기 때문일 것이다. 따라서 일본으로서는 발해와의 관계에서 오는 경제적·외교적인 부담을 극복하고, 동시에 대당외교를 효과적으로 추진할 또 다른 방법을 모색하고 있었던 것이다. 이에 대해 발해는 외교사절의 상주를 통해서 일본과의 외교를 더욱 밀접하게 전개해 나가는 한편, 신라를 동시에 견제해 나갈 수 있었던 것이다. 바로 이 점에 착안하여 발해는 발해객원의 설치를 일본에게 요구하였던 것이다.

804년에 이루어진 일본의 발해객원 설치는 발해와 일본의 외교관계가 계속 유지되고 있음을 확인시켜 준다고 하겠다. 이와 관련하여 이

---

58) 『日本後紀』卷12, 延曆 23년 6월 庚午.
59) 『三國史記』卷10, 新羅本紀10 哀莊王 4년.
60) 『日本後紀』卷12, 延曆 23년 9월 己丑.

후 발해의 객원 혹은 객관이 能登國의 서쪽 방향인 越前國, 加賀國, 出
雲國, 長門國 등으로 점차 확대되어 발해의 외교거점을 형성하고 있
는 것은 양국의 외교관계가 그만큼 긴밀해졌음을 짐작할 수 있다.[61]

大宰府라고 하는 한곳으로만 입국한 신라사절단이나 상인들과는
달리, 발해사절단은 북쪽은 出羽로부터 남쪽으로는 對馬島까지 도착
지가 광범위하였다. 기존에는 大宰府만이 공식적인 외국사절의 入港
地였던 것으로 보아 발해사절단의 입국은 원칙적으로 불법이었다고
했다.[62] 그러나 天長 5年 正月 2日 官符에 보이는 但馬國司의 例[63]
에 의하면, 발해사 도착이 예상되는 동해연안의 諸國에 대하여 발해
사절단의 대우방법이 사전에 하달되었다고 보인다.[64] 신라인이 北九
州라는 일찍부터 상권이 형성된 지역을 교역의 무대로 한데에 비하
여, 발해의 경우는 平安京에서의 무역활동이 중심이었기 때문에 보다
공적인 신분으로 入京하는 것이 중요한 의미를[65] 가지고 있었던 것
이다.

한편 7대 定王(大元瑜 ; 809~812)도 통치기간이 짧아서 별다른
치적을 남기지 못하였고, 이어서 8대 僖王(大言義 ; 812~818)이 즉
위하였지만 그의 즉위도 순탄하지는 못하였다. 일본에 사신으로 갔던
王孝廉이 815년 정월에 일본 조정의 추궁에 대해서 "세월이 흐르고
임금도 바뀌어 전번의 일을 알 수가 없다"[66]고 대답하였는데, 비록 定
王代의 일이기는 하지만 불과 3년 전에 일어난 일을 두고 이렇게 대
답한 것은 앞 시대와의 단절성을 느끼게 한다. 그가 사망하고 818년

---

61) 朴眞淑, 1998,「渤海 康王代의 對日本外交」『忠南史學』10, 12~25쪽.
62) 新妻利久, 1969,『渤海國史及び日本との國交史の研究』, 學術書出版會, 397
    쪽 ; 鈴木靖民, 1985,「天平初期の日羅關係」『古代對外關係史の研究』, 吉
    川弘文館.
63) 『類聚三代格』卷18.
64) 石井正敏, 1970,「大宰府の外交機能と外交文書」『法政史學』22 ; 2001,『日
    本渤海關係史の研究』, 吉川弘文館.
65) 윤재운, 2001,「渤海의 王權과 對日貿易」『韓國史學報』11.
66) 『日本後紀』卷24, 弘仁 6년 正月 甲午.

9대 簡王(大明忠)이 즉위해서도 연호를 太始라 하여 새로운 출발을 하였지만, 그도 곧 사망하여 뜻을 이루지 못하였다.[67]

渤海 文王 중반부터 9대왕 簡王때까지(762~818)는 여러 모순이 표출되기 시작하는 시기로 왕권동요기라 할 수 있다. 문왕의 사후 발해의 대일관계는 커다란 변화를 보이고 있다. 즉 793년에 문왕이 사망하면서 내분이 발생하여 818년에 10대 선왕이 즉위할 때까지 25년 동안 정치적 불안상태가 지속되었다. 이러한 사실은 4대 大元義로부터 9대 簡王(大明忠)에 이르는 6명의 왕이 재위하였던 기간이 아주 짧았던 데에서 드러난다. 이 시기는 발해 내부의 정치 불안과 일본 측의 소극적인 자세 등으로 인하여 그다지 활발한 교섭은 없었다. 그러나 804년에 이루어진 일본의 渤海客院 설치는 발해와 일본의 외교관계가 계속 유지되고 있음을 확인시켜 준다고 하겠다. 이후 발해의 客院 혹은 客館이 能登國의 서쪽 방향인 越前國, 加賀國, 出雲國, 長門國 등으로 점차 확대되어 발해의 외교거점을 형성하고 있는 것은 양국의 외교관계가 그만큼 긴밀해졌음을 짐작할 수 있다. 따라서 외교교섭이 활발하지는 않았으나 뒤 시기의 기반을 다졌다는 데에 그 의의가 있다고 할 수 있다.[68]

이상에서 검토한 내용을 정리하면 다음과 같다. 먼저 760년대에 재개통되었던 新羅道는 신라와 발해의 문물교류에 큰 역할을 한 주요 교통로였다는 것을 알 수가 있었다. 기존의 新羅道에 대한 견해들은 발해의 교통로에 대해서는 각각의 의미 부여가 분명한 반면에 新羅道만은 그 설치의 중요성을 인식하면서도 적극적인 통교의 흔적으로는 이어지지 못하는 분위기였다. 그러나 견직물의 교류를 통해 볼 때, 남북교섭의 적극적인 근거로 들 수 있는 것이 바로 新羅道의 운영인 것이다.

다음으로 발해는 安史의 亂 기간의 당 중앙정부와 반란군 사이의

---

67) 宋基豪, 1996, 앞의 논문, 62쪽.
68) 윤재운, 2001, 위의 논문.

중립적 입장, 고구려 유민 李正己의 淄靑藩鎭과 당 중앙정부사이의 적
절한 외교를 바탕으로 국제정치・무역 면에서 신라보다 우위에 서게
되었다. 이것은 공무역의 가늠자인 遺唐使의 파견횟수나 산동반도지
역과의 絹馬貿易, 발해상인들의 활약을 통해 알 수가 있었다. 이러한
대중국무역에서 발해의 신라에 대한 우위는 이르면 淄靑藩鎭의 소멸
시기인 819년, 늦어도 淸海鎭이 설치되는 828년까지는 지속된 것으
로 추정된다.

  安史의 亂 후 청해진설치이전의 시기까지 대일무역에서도 발해의
우위는 확인된다. 신라는 779년을 끝으로 더 이상 공식적인 외교사절
을 파견하지 않았다. 반면에 신라침공계획의 무산으로 소원했던 일본
과 발해의 외교관계는 771년에 文王이 다시 일본에 사신을 파견하면
서 열리게 된다. 이후 康王・定王・簡王을 거치면서 渤海客院을 중심
으로 활발한 대일무역이 전개된다.[69]

---

69) 이상의 내용은 동아시아 국가, 唐・발해・신라・일본 사이에 이루어진
   항해횟수를 통해서도 알 수가 있다(尹載云, 2005, 「남북국시대의 네트워
   크」『韓國研究セソター年報』5, 九州大學 韓國研究セソター, 55쪽).

발해 무역융성기의 왕래

도착지 출발지	발해	신라	唐	일본	계
발해		?	63	20	83
신라	2+α		41	5	48+α
唐				1	1
일본	11	1	4		16

제5장

新羅의 무역융성기

1. 私貿易의 발달배경

1) 羅·唐·日 三國의 政治·社會的 混亂

中代의 마지막 왕인 惠恭王代(765~780)에 大恭의 亂을 비롯하여 여러 차례의 반란이 일어났다. 이러한 渦中에서 金良相이 정권을 장악하자 金志貞이 혜공왕의 편에서 반기를 들고 일어났다. 그러나 김양상·김경신 등에 의해 진압되고 惠恭王도 살해되었다. 이렇게 하여 復活된 奈勿王系인 김양상이 宣德王으로 즉위하였다. 이때부터 이른바 下代가 시작되었다.[1] 그러나 실질적인 하대는 奈勿王의 後孫으로서 선덕왕대의 상대등이었던 김경신이 元聖王으로 즉위하면서 시작되었다.

신라 下代에 나타난 첫 번째 현상은 왕족의 分枝化이다. 元聖王의

---

1) 李基白, 1958, 「新羅 惠恭王代의 政治的 變革」 『社會科學』 2 ; 1975, 『新羅 政治社會史研究』, 一潮閣, 233~237쪽.

卽位가 太宗武烈王系인 金周元을 배제하면서 이루어진 만큼 신라의 하대 정권은 復活된 奈勿王系인 元聖王系에 의하여 유지되었다. 이러한 근친왕족 중심의 정치운영방법은 왕권을 장악하기 위한 권력투쟁을 심화시켰다. 그 결과 빈번한 왕위교체로 인한 왕족의 分枝化는 왕위계승이 가능한 眞骨貴族家系의 확대를 가져왔다. 게다가 五廟制의 확립은 直系와 傍系의 차별성을 강조하여 家系單位의 왕위쟁탈전을 격화시킴으로써 몰락귀족층을 유발하였다. 이로써 왕족으로부터 분화한 眞骨家系集團이 독자적인 세력기반을 바탕으로 권력투쟁의 사회적 단위로 기능하는 현상이 일반화되었다.[2] 이러한 사회현상이 중앙집권체제를 동요시킨 원인이었다.

두 번째로 나타나는 현상은 富의 集中化이다. 귀족들은 본래 관직복무에 대한 대가로 祿邑을 받고 있었다. 祿邑은 일정한 지역의 토지뿐 아니라 그곳 주민들에 대한 노동력의 징발까지도 허용되어 있었다.[3] 반면 官僚田과 祿俸은 귀족들의 人身支配를 배제한 것이다. 녹읍은 神文王 9年(689) 文武官僚田과 祿奉으로 대치되기도 하였지만 景德王 16年(757) 다시 부활되었다. 이리하여 귀족들은 다시 일정한 지역의 토지뿐 아니라 그 지역의 농민들까지도 지배하게 되었다. 이외에 귀족들 중 특별한 공로가 있는 자나 특별하고도 예외적인 신분·지위 또는 관직을 획득한 자들에게는 식읍이 주어졌다.

이렇게 귀족들은 녹읍과 식읍이라는 토지를 합법적으로 지배하고 있었다. 그러나 하대에 접어들면서 중앙정계의 혼란과 더불어 귀족들의 토지소유는 급격히 증대되어 갔다. 그리하여 田莊이라 불리는 대토지소유가 형성되었다.[4] 당시의 대토지소유는 귀족들뿐 아니라 승려나 사원에 의해서도 행해지고 있었다. 이러한 승려나 사원의 田莊

---

2) 李基東, 1980, 「新羅 下代의 王位繼承과 政治過程」 『歷史學報』 85 ; 1984, 『新羅 骨品制社會와 花郎徒』, 一潮閣, 154쪽.

3) 姜晋哲, 1969, 「新羅의 祿邑에 대하여」 『李弘稙回甲紀念 韓國史學論叢』, 新丘文化社 ; 1980, 『高麗土地制度史研究』, 一潮閣, 13쪽.

4) 金昌錫, 1991, 「統一新羅期 田莊에 관한 연구」 『韓國史論』 25.

은 대개 왕이나 귀족의 土地寄進에 의해 이루어졌다. 이것은 哀莊王이 2,500結이나 되는 토지를 사원에 施納하고 있는 데서도[5] 알 수 있다. 또 승려들도 개인적으로 많은 토지를 소유하고 있었음은 智證의 例에서도 찾아 볼 수 있다. 그는 憲康王 5年(879)에 500結이나 되는 자신의 田地를 봉암사에 喜捨하고 있다.[6]

세번째로 나타나는 현상은 인구의 지역이동이다. 이 현상의 예로 들 수 있는 것이 유민의 발생이다. 이것은 통치기강의 문란과 토지의 집중화현상에 따른 부수적인 산물이기도 하였다. 게다가 자연재해라는 요인이 많은 영향을 미쳤다.[7] 이들 유민들은 때로 도적화 하기도 했고 지방 세력의 휘하에 들어가 사병적 역할을 수행하기도 하였다. 이중 일부는 중국으로 이주하기도 하였다.[8] 특히 이들은 재당신라인사회나 재일신라인사회에 흡수된 것으로 생각된다.

이상으로 신라에서의 정치·사회적 혼란을 간단히 살펴보았다. 다음으로 당의 정세를 살펴보겠다. 당은 8세기중엽 '安史의 亂'(755~763)을 겪으면서 지방의 통제가 해이해졌고, 그 결과 지방에서는 藩鎭 勢力이 크게 대두되었다. 그 가운데 주목을 끄는 것은 고구려계 유민 출신인 李正己·李納·李師古·李師道로 이어지는 이씨일가의 세력이다. 이들은 당에 반기를 들고 신라와 해상교통이 편리한 산동반도 전역을 장악하여, 3代 55年間(765~819)이나 치외법권적인 번진세력으로 唐內의 小王國으로 군림하였다.[9] 이들은 平盧淄靑節度使兼押新羅

5) 朝鮮總督府 內務部 地方局編, 1911, 『朝鮮寺刹史料』上, 493쪽.
   자세한 내용은 다음 논문 참고.
   李弘稙, 1968, 「羅末의 戰亂과 緇軍」 『史叢』 12·13合輯, ; 1973, 『韓國古代史의 研究』, 新丘文化社, 552쪽.
6) 『朝鮮金石總覽』, 鳳岩寺智證大師寂照塔碑.
7) 신라의 자연재해는 총 143회인데 그중 신라하대에 해당되는 8·9세기에는 각각 29·16회로 다른 세기에 비해 압도적으로 많다(申瀅植, 1981, 『三國史記研究』, 一潮閣, 187~188쪽).
8) 『三國史記』 卷10, 憲德王 8年 春正月條.
9) 金文經, 1975, 「唐代 藩鎭의 한 研究－高句麗遺民 李正己一家를 中心으로」

渤海兩蕃使가 되어 淄·靑·登·萊 등 15개주를 소유하고 신라와 발해를 상대로 통상무역을 진행하였다.10)

당에서는 중엽이후 남방의 해로를 통하여 다수의 아라비아상인들이 와서 廣州·揚州·泉州 등의 항구가 번영하였다. 그래서 당 이후에는 이 지역에 市舶司가 두어졌지만, 당에서는 714년에 광주에 嶺南市舶使가 두어진 것이 확인 될 뿐이다. 唐代에는 市舶司는 아직 常設되지는 않았고, 보통 지방관인 절도사·자사가 외국선을 관리하여 收市·進奉을 관장하였다.11) 따라서 중앙정부의 통제력이 약화된 이유도 있겠지만, 관무역에서 사무역으로 이행되는 과도기에 있었던 당의 현실아래서 이정기 일가와 같은 사무역이 가능했으리라 생각된다.

다음으로 주목할 것은 黃巢의 亂이다. 소금상인 황소의 난은 875년에 일어나 884년 황소의 자살로 끝이 났지만 동아시아무역에 큰 영향을 끼쳤다. 황소의 난을 연구한 堀敏一은 이 반란의 특색의 하나로써 政治的 無組織과 掠奪을 들고 있다.12) 당시 남해무역의 최대 거점이었던 광주를 점령한 황소는 외국무역의 이익을 알고, 이것을 손에 넣기 위해 광주에 정착한다. 황소의 군대는 광주를 지키던 당의 군대를 공격함과 동시에, 광주에 거류하던 아라비아 선장과 선주에게 가혹한 조세를 부과하고 화물을 약탈하고 폭행을 가하였다. 아라비아인들은 이를 피하기 위해 廣州·泉州의 기반을 버리고 말레이반도로 갔다. 당시 중국의 남해무역은 이들 아라비아상인의 손에 의해 운영되고 있었다. 그들에 대한 가혹한 탄압은 외국무역에서 아라비아상인과 대립하던 중국인의 이해와 관련된 것이었다. 五代를 거쳐 宋代에 외국무역에 대한 중국인의 활동이 성공리에 행해진 것은 이 때문이었다.13) 당시 산동반도일대에서 활발히 활동하던 신라상인들도 어느 정도의

『省谷論叢』6 ; 1984, 『唐代의 社會와 宗敎』, 崇田大學校 出版部.

10) 『舊唐書』 卷124, 列傳74 李正己.

11) 堀敏一, 1993, 『中國と古代東アジア世界』, 岩波書店, 266쪽.

12) 堀敏一, 1957, 「黃巢の亂」『東洋文化硏究所紀要』13, 4쪽.

13) 藤間生大, 1966, 『東アジア世界の形成』, 春秋社, 136~138쪽.

반사이익을 얻지 않았을까 생각된다.

한편 일본의 경우도 예외는 아니었다. 당시 동아시아세계에서 가장 늦게 고대국가로서의 기틀을 마련한 일본은 7세기 후반에 등장한 大和정권을 중심으로 종래의 씨족제 국가에서 중앙집권적 고대국가로 발전해 갔다. 물론 이 과정에서 당의 율령제와 신라의 문물까지도 받아들여 고대국가의 기틀을 마련하였다. 그러나 일본에서도 8세기 이후 율령제는 갖가지 모순을 드러내게 되었고 9세기에 와서는 정치권의 붕괴양상이 뚜렷해졌다. 국가권력의 상징인 천황의 권위는 추락하였으며 이를 대신하여 귀족세력인 藤原氏에 의해 '攝政政治'가 이루어졌다. 이렇게 중앙에서는 귀족세력의 전횡이 이루어지고 지방에서는 토호들이 세력을 신장하여 각지에서 할거하더니 결국에는 承平·天慶의 亂(935~941)으로 이어졌다.[14]

이상에서 살펴보았듯이 신라는 8세기 진골귀족들의 전면적인 도전으로 9세기에는 진골귀족들의 연합체를 형성했다가 후삼국시대가 등장하였다. 한편 당은 안사의 난과 황소의 난을 거치면서 각지에 번진세력이 跋扈하고 있었다. 일본도 마찬가지의 상황이었다. 따라서 세 나라 모두 중앙정부에 의한 지방통제력이 느슨해진 때였으므로, 巨利를 탐내는 민간무역업자들이 朝廷의 禁令을 피해 무역활동에 쉽게 종사할 수 있었다.

2) 海商勢力의 成長

앞에서 서술했듯이 신라는 8세기 후반부터 정치·사회·경제 등 전반적인 변화가 오고 있었다. 예컨대 골품제도의 동요로 연속적인 왕위의 쟁탈전과 지방반란이 일어났고, 9세기에는 극심한 天災地變, 진성여왕의 失政과 農民蜂起, 6두품세력에 의한 유교정치사상의 진흥과 반

---

14) 金文經, 1998, 『淸海鎭의 張保皐와 東亞細亞』, 향토문화진흥원, 13~16쪽.

신라적 동향 등이 그것이다. 이로 인해 중앙의 지배력은 점차 약화되어 갔으며, 지방에 대한 통어력도 상실하게 되었다. 이러한 시대적 상황 하에서 지방의 촌주 등 세력가들은 스스로 성주·장군이라 칭하면서 그 지역의 군사·행정·재정권을 갖는 독자적 세력을 형성하였다.

당시의 지방 세력들을 유형별로 나누어 보면, 첫째로 饑饉과 租稅 등에 시달려 생활형편이 어려운 농민과 草賊·赤袴賊 등을 규합한 세력(箕萱·梁吉·弓裔), 둘째, 토착적인 기반을 갖는 촌주 등 토호 또는 중앙에서 左遷 또는 추방되거나 정치적 열세로 밀려나 왕실에 반기를 든 세력(洪述·堅金·善弼·朴守卿·順式), 셋째, 대외무역을 통하여 해상경제력을 갖는 세력(張保皐·王逢規·王建·李彦謨), 넷째, 裨將으로서 지방군사력을 배경으로 한 세력(甄萱) 등으로 구분된다.15) 이들 세력의 등장은 신라하대 골품제도의 동요로 왕위쟁탈전이 격화되어 왕권이 미약해지고 사회가 혼란해지자 서서히 나타나기 시작했으며, 9~10세기에 들어와서 6頭品出身들의 반신라적 움직임과 천재지변의 極甚등의 시대적 혼란에 편승하여 전국적으로 확산되었다.

이상의 제세력 중에서 해상무역을 담당한 세력에 대해서 논의를 전개해 보겠다. 우선은 지방 세력이 아닌 중앙권력층의 무역경영을 생각해 볼 수 있다. 전통적으로 中華의 思想을 가지고 있던 중국은 주위의 제세력에 대해서 대등한 국교를 인정치 않았다. 따라서 그 사절의 파견은 반드시 藩屬國의 宗主國에 대한 入貢의 형식을 채택하였고, 貢物에 대하여 반드시 回賜의 명분으로 물품을 下賜하였다. 공사양물간의 경제적 평가는 반드시 균형을 이루지 않았고, 중국천자의 은혜를 과시하는 의미로 많은 양을 下賜하였다. 그래서 이것은 公事에 있어서 무역관계를 구성한다고 할 수 있다. 따라서 신라의 使臣船도 다른 나라의 경우와 같이 국제수호의 외교목적과 함께 무역목적을 가지고

---

15) 金哲埈, 1964, 「後三國時代의 支配勢力의 性格」『李相佰博士回甲紀念論叢』
   ; 1990, 『韓國古代社會硏究』, 서울大學校出版部, 358쪽.

있다고 볼 수 있다. 한편 중국황제에게 바쳐지는 朝貢品은 황제개인
의 수입으로 되었고, 國家財政이 아니라 帝室財政으로 되었다. 回賜品
의 경우도 마찬가지로 朝貢國의 國王이나 首長個人收入으로 되었다.
따라서 신라의 경우도 마찬가지였을 것으로 생각된다.

다음은 앞에서 언급한 지방 세력 층의 무역경영이다. 여기에 속하
는 부류로는 張保皐・王建・王逢規・李彦謨 등을 들 수 있다. 장보고
의 경우를 간단히 살펴보면 다음과 같다. 장보고[16]는 828년 이전의
어느 시기에 唐에서 귀국하였다. 그가 귀국한 동기로는 우선 노예무
역의 방지를 들 수 있다. 그가 淸海鎭을 설치한 동기가 신라 근해에
출몰하여 신라인을 掠賣하는 중국인 노예무역선을 소탕하는데 있었
던 것으로 보아도 그는 이미 무녕군에 복무하던 시절 동포들이 중국
해적선에 강제로 끌려와 도처에서 賣買되는 현장을 목격하곤 의분을
느꼈다고 한다.[17]

---

16) 『三國史記』「新羅本紀」에는 '弓福', 『三國遺事』에는 '弓巴'로 나온다. 이에
   반해 『唐書』「朝鮮傳」에는 '張保皐'로 나오고, 『續日本後紀』 및 『入唐求法
   巡禮行記』에는 '張寶高'로 나온다. '궁복'이나 '궁파'의 끝자는 흔히 신라
   계 이름에서 아이를 의미하는 '보'의 訓借字로 볼 수 있다면 곧 '활보' 즉
   활 잘 쏘는 아이의 뜻으로 그의 궁술에서 유래한 것으로 보여 진다(盧泰
   敦, 1978, 「羅代의 門客」 『韓國史硏究』 20・21, 57쪽). '張保皐'는 중국식 성
   씨인 張을 함께 사용하고 있을 뿐만 아니라 거의 당 측의 사료에서만 나
   온다. 따라서 이 경우는 그의 渡唐이후 그곳 생활에서 적응하는 가운데
   중국식 성씨를 취하면서 改名한 것이라 할 수 있다. 그리고 字와 音으로
   보아 대체로 弓에서 弓변의 張이라는 姓이 福에서 保皐라는 이름이 연유
   했다고 생각된다(今西龍, 1933, 「慈覺大使入唐求法巡禮行記を讀みて」 『新
   羅史硏究』, 國書刊行會, 304~305쪽). 끝으로 '張寶高'는 일본 측 자료에서
   만 나온다. 이는 '張保皐'의 同音異字의 표기로써 海商의 성격을 반영하
   는 富를 상징하는 명칭이라고 생각된다. 즉 그가 훗날 해상으로 성공한
   후 스스로를 격상하는 의미에서 改名하였던 것인데, 그 이전을 잘 알지
   못하는 일본에서만은 최후의 姓名만이 전하였던 것으로 추측된다(金光
   洙, 1985, 「張保皐의 政治史的 位置」 『張保皐의 新硏究』, 63쪽).
17) 『新唐書』 卷220, 東夷傳.

당시 노예무역은 당조정의 거듭된 禁令에도 불구하고 성행했다. 이른바 '新羅奴'는 중국연안지대 곳곳에서 매매되고 있었다. 신라에서는 이 문제를 중요시하고 당에 신라인 掠賣行爲를 단속시켜 줄 것을 요청했다. 이에 당은 816년에 신라인을 노예로 하는 행위에 대하여 금령을 내린바 있다.[18] 그러나 禁令에도 불구하고 奴婢掠賣는 결코 근절되지 않았다. 장보고가 淸海鎭을 설치한 뒤 4개월 뒤인 828년 10월에 平盧軍節度使 薛苹이 올린 上奏에 따라서 황제가 821년 3월 11일자의 禁勅의 斷行을 명하고 있는 것[19]은 그 단적인 예라 할 수 있다.

한편 海賊은 중국인들이 주축을 이루지 않았을까 생각되지만 韓半島 西南海 沿岸地帶나 혹은 島嶼地方에 기반을 둔 해상세력들도 간과해서는 안 된다. 9세기 초 신라에서는 만성적인 식량기근으로 중국에 가서 살기를 희망하는 사람들이 많았으며, 이들 이주 희망자를 수송하던 변경의 군소해상세력들 중에는 이들을 중국에서 노비로 掠賣하는 경우가 있었을 것으로 생각된다. 또한 821년 봄에 기근이 발생하자 백성들 가운데는 자손을 팔아 自活한 자들이 있었다. 이들을 사서 중국 상인에게 노예로써 팔아넘긴 중개 무역상들도 있었을 것이다. 장보고의 귀국동기에는 이들 군소해상세력을 자신의 통제아래 두는 한편 재당 신라인사회와 유기적인 연계를 꾀함으로써 羅·唐·日 삼국간의 무역을 장악해 보겠다는 원대한 포부가 작용했을 것으로 생각된다.[20]

이상과 같은 동기 이외에 당시 藩鎭의 사정도 작용했던 것으로 생각된다. 즉 李師道 등 조정에 반항적인 번진군벌을 토멸한 뒤 당은 821년부터 번진병사의 수효를 점차적으로 삭감하는 정책을 계속 추진하고 있었던 것이다. 이 군사비 삭감정책은 과중한 재정부담으로 시달리고 있던 江淮方面의 諸鎭에서 적극적으로 실시되었다. 따라서

---

18) 『册府元龜』 卷42, 帝王部仁慈門 元和 11年條.
19) 『唐會要』 卷86, 奴婢 太和 2年 10月條.
20) 李永澤, 1979, 「張保皐海上勢力에 關한 考察」 『韓國海洋大學論文集』 14, 80∼81쪽.

다른 江淮의 번진들과 마찬가지로 장보고가 속해있던 무녕군도 減軍
政策이 실시되었을 것이다. 따라서 장보고가 군을 떠나게 된 동기로
생각해 볼 수 있을 것이다.[21]

　『三國史記』에 의하면 828年(興德王 3) 4月에 장보고가 중국에서
돌아와 홍덕왕을 알현하고 士卒 1만인으로써 莞島에 設鎭했다고 한
다.[22] 여기서 일단 생각할 수 있는 의문은 갑자기 장보고가 淸海鎭에
1만이라는 적지 않은 병력과 淸海鎭 설치를 어떻게 허락 받을 수 있
었느냐는 것이다. 이와 관련하여 다음의 기사가 주목된다.

> 5-1. 祐徵은 禍가 미칠 것을 두려워하여 妻子와 함께 黃山津口로 달아
> 　　나 배를 타고 淸海鎭大使 弓福에게 가서 의지하였다(『三國史記』
> 　　卷10, 僖康王 2年 5月條).

　金祐徵은 자신과 처자의 안전을 도모하기 위해 837년 5월에 淸海
鎭으로 도피하였는데, 이는 우연이 아닌 듯하다. 왜냐하면 金祐徵이
侍中으로 재직하던 시기에 장보고가 淸海鎭설치를 홍덕왕으로부터
공식적으로 인정받았기 때문이다. 장보고가 홍덕왕을 직접 알현하고
淸海鎭설치를 공식적으로 인정받을 수 있었던 배경에는 侍中이었던
金祐徵의 도움이 있었다는 추측은 일찍이 있어 왔다.[23] 그리고 金祐
徵의 심복인 金陽은 홍덕왕 3년에 固城郡 太守로 재직하다가 이어 中
原 大尹을 거쳐 武州都督으로 전임되어 在職한 바가 있다.[24] 따라서
홍덕왕대에 淸海鎭 설치를 전후로 하여 侍中 祐徵, 武州都督 金陽과
淸海鎭大使인 장보고사이에는 어떤 모종의 관계가 이루어졌을 것이
라는 추측을 해볼 수 있을 것이다.

---

21) 浦生京子, 1979, 앞의 글, 49~50쪽.
22)『三國史記』卷10, 興德王 3年 4月條.
23) 尹炳喜, 1982,「新羅 下代 均貞系의 王位繼承과 金陽」『歷史學報』96, 68~
　　69쪽.
24)『三國史記』卷36, 地理志3에 의하면 莞島는 陽武郡에 속하며 양무군은 武
　　州의 관할 하에 있다.

청해진의 설치 허가에 대해서는 당과의 관계도 작용하였을 것으로 생각된다. 당은 발해의 건국 후 신라가 발해를 남쪽에서 견제해 줄 것을 바라게 되고 당과 발해와 신라의 공동해역이라고 할 수 있는 황해의 해양지배력의 향방에도 신경을 쓰지 않을 수 없었다. 그 증거로 당이 신라왕에게 내린 '寧海軍使'라는 관작을 들 수 있다.25)

아울러 청해진의 설치에는 平盧淄靑節度使의 영향도 있었을 것으로 생각된다.26) 海運押新羅渤海兩蕃使로서는 황해해상무역을 원활하게 수행해서 교역규모가 커지면 커질수록 그를 통한 稅收가 증대되어 재정이 튼튼해지므로 황해해상무역을 적극적으로 전개하기 위하여 나당일 삼국항로의 주요거점에 무역기지를 둘 필요성을 느꼈을 것이다. 이런 필요성 때문에 평로치청절도사는 당에서 활동 중이던 장보고가 신라로 진출하여 청해진을 중심으로 무역기지를 확보하는데 어떤 형태로든지 지원을 아끼지 아니하였을 것이라는 것이다.

이를 뒷받침할만한 논거로서 평로치청절도사가 신라 양민들이 납치되어 노예로 팔리고 있는 사실을 황제에게 보고하고 이를 칙령으로 금해 줄 것을 요청한 것을 들 수 있다. 황제가 이를 수락하여 노예거래 금지령을 내린 것과 장보고가 홍덕왕을 알현하여 신라인이 노예로 팔려가고 있다는 사실과 이를 막기 위해 완도에 鎭을 설치할 것을 奏請하여 홍덕왕의 승낙을 받아내는 것이 일맥상통하고 있다.

특히 장보고의 해상무역이 주로 평로절도사 산하의 산동반도 일대의 신라인들과 밀접하게 연관되며, 장보고 스스로가 재당활동기간 중 적산 등 평로절도사 산하에서 재당신라인을 이끌고 무역활동에 종사하였을 가능성이 높은 점 등으로 장보고는 평로절도사와 업무상 매우

---

25) 浜田耕策, 1999,「新羅王權と海上勢力-特に張保皐の淸海鎭と關聯して-」
    『東アジア史における國家と地域』, 刀水書房, 456~457쪽.
26) 王杰, 1994,『中國古代對外航海貿易管理史』, 大連海事大學出版社 ; 민성
    규·최재수, 2001,「唐나라의 貿易管理制度와 黃海海上貿易의 管理機構」
    『해상왕 장보고의 국제무역활동과 물류』, 해상왕장보고기념사업회, 156~
    159쪽에서 재인용.

긴밀한 유대관계를 가지고 있었을 것으로 보이며, 그 때문에 청해진 설치에는 당의 평로치청절도사의 적극적인 지원이 있었을 것으로 추정할 수 있다.

또 하나 논거로서 들 수 있는 것은 神武王卽位 축하사절단의 파견이다.『入唐求法巡禮行記』에 의하면 평로절도사는 신라의 정치정세의 변화에 매우 민감하게 반응하고 있다. 즉『入唐求法巡禮行記』839년 6월 28일조에 의하면 "당나라의 천자가 새로 즉위한 왕을 축하하기 위하여 신라에 사신으로 보냈던 靑州兵馬使[27] 吳子陳과 崔副使, 그리고 王判官 등 30여 명이 절로 올라와 함께 만나 보았다"라고 한다. 신무왕이 민애왕을 몰아내고 왕위에 오른 것이 그해 閏 正月이므로 왕의 즉위시점과의 사이가 4~5개월에 불과하다.

그 이유는 신라외교의 일선창구담당관인 평로절도사는 황해해상무역과 깊은 관련이 있고, 장보고의 신라에서의 지위를 확고히 하는 것은 바로 황해해상무역의 안정에 깊은 관련이 있었다고 보아야 한다. 평로절도사로서는 장보고가 관여한 왕위쟁탈전의 성공을 빨리 기정사실화 하여 장보고의 지위를 확고히 해줄 필요가 있었던 것이다. 또한 가지 신라왕의 즉위를 축하하기 위해 파견하는 사절단의 책임자가 청주병마사 오자진이라는 것에 유의할 필요가 있다. 오자진은 평로절도사의 바로 밑의 부하이며, 무관직이다.

다음으로 淸海鎭 설치와 관련하여 우선 군졸 1만 명의 성격이 문제가 된다. 김헌창의 대란을 겪은 지 몇 해 지나지 않은 당시에 신라조정이 변경해안지대에 군사기지를 설치하기 위해서 많은 군사를 제공했다고는 보이지 않는다. 이것은 장보고가 신라 국왕으로부터 현지 완도의 邊民 1만 명을 규합할 수 있는 양해를 받아 내어 일종의 民軍組織으로써 淸海鎭을 설치한 것이 아닐까 한다.[28] 혹은 장보고는 828

---

27) 청주는 이 당시 치청절도사의 회부였으므로 오자진의 관직명은 치청절도병마사로 기술해야 옳을 것으로 생각된다(김문경 역주, 2001,『엔닌의 입당구법순례행기』, 중심, 183쪽).

28) 金庠基, 1948, 위의 글, 22쪽.

〈그림 17〉 현재의 장도전경

년 4월 이전에 이미 완도지방에서 자신의 세력기반을 구축한 뒤, 국왕을 알현하여 자신의 세력을 조정으로부터 정식으로 인가받은 것인지도 모른다.[29] 그 뒤 淸海鎭이 국가의 공식기구라기 보다는 장보고의 사병집단적 성격을 농후하게 띠게 된

근본이유도 이 점에 있었다고 생각된다.[30]

장보고의 공식 職名은 淸海鎭 '大使'인데, 신라의 武官 또는 外官 명칭에는 없는 것이다. 따라서 그것은 골품제도 및 관등제도의 규정에 구애받지 않는 일종의 예외적인 관직으로서, 어쩌면 중앙정부의 행정적 통제의 대상에서 벗어난 특수한 자격으로서 장보고 개인에 의해서 사용되었고, 또한 조정에서도 이를 默認했던 것으로 생각된다. 아마도 장보고는 중국에 있을 때 절도사를 가리키는 別稱으로 흔히 쓰여진 大使라는 명칭에 유념했을 가능성이 크다. 실제로 『唐會要』에 의하면, 節度大使·鎭守大使·觀察大使 등의 예가 많이 보이고 있다.[31]

끝으로 淸海鎭의 관할영역을 살펴보겠다. 淸海鎭이 설치되었던 莞島는 그 군소재지가 섬의 南端에 위치하고 있으나 장보고가 활동할 당시는 長佐里일대가 중심지였다. 완도군은 크고 작은 많은 섬들로 구성되어 있다. 전술했듯이 장보고는 군사 1만 명으로 淸海鎭을 지켰다. 그러나 將島나 長佐里일대로서는 1만여 군사를 수용하기 어려웠을 것으로 판단된다.[32] 2000년에 이 지역의 총인구는 67,039명이고 그 가운데 남

29) 浦生京子, 1979, 앞의 글, 51쪽.
30) 李基東, 1985, 「張保皐와 그의 海上王國」『張保皐의 新研究』, 100쪽.
31) 浦生京子, 1979, 앞의 글, 52~53쪽.
32) 長佐里 인근 竹靑里일대의 지명에 군사적인 색채를 띤 것이 많아 주목이

자는 모두 33,429명 정도
이다.[33] 따라서 완도는 淸
海鎭의 총사령부가 위치
하였던 곳으로 보이며, 그
관할영역은 莞島郡·康津
郡·海南郡 등을 비롯한
광범한 지역에 해당되었
을 것으로 생각된다.[34]

〈그림 18〉 청해진 장도 서남부에서 발견된 목책

한편 청해진의 폐쇄이
후에 각지에서 군소해상
세력들이 독자적으로 대중국무역을 전개하였다. 康州地域의 王逢規,
金州의 李彦謨·蘇律熙 등이 있었다.[35]

요컨대 8세기 이후 정치적 혼란을 틈타 신라각지에서 지방세력이
성장하고 있었고, 그 중에서 장보고로 대표되는 해상세력의 성장은
사무역발달의 결정적 계기였다. 당시 무역경영층은 크게 중앙 및 지
방 관료층과 해상세력으로 나누어 볼 수 있다. 중앙관료층은 전시기
와 마찬가지로 조공이라는 공식적인 통로를 통해 이윤을 얻을 수 있
었고, 지방 관료층들은 독자적인 루트를 통해 해상무역을 전개하여
富를 축적하였다. 그리고 서남해안연안의 민간무역업자들도 해상무
역에 종사해 큰 이윤을 얻었으리라 생각된다.

된다. 예컨대, 군마를 기르고 군마가 쉬던 장소였다는 '마골창', 군마 말
먹이 먹이던 곳이라는 '비죽골', 군사들의 훈련장소로 이용되었다는 '장
군배기', 군선·상선의 제작장소였다는 '부수원(浮舟叟苑)', 장보고가 말
을 타고 올라 청해진 일대를 내려다보며 정황을 살폈다는 '장군암(장군바
위)' 등이다(김의일, 1999,「죽청리지명」『장보고와 21세기』, 혜안, 201~
206쪽).
33) 莞島郡, 2000,『완도군 통계연감』.
34) 鄭泰憲, 1985,「淸海鎭과 他軍鎭과의 비교적 考察」『張保皐의 新研究』,
194~196쪽.
35) 해상세력에 대한 언급은 본서 2장 참고.

3) 造船術 · 航海術의 發達

지금까지 신라시대 이전의 舟船에 대해서는 거의 연구된 바가 없
다. 이러한 점은 신라배에 관한 자료가 매우 희귀하며 그것을 해명하
기가 어렵기 때문이다. 지금까지 발견된 신라배에 관한 고고학적 자
료는 5~6세기 삼국시대의 것으로 알려진 舟型土器와 1975년 안압지
에서 발견된 배가 전부이다. 그러나 삼국시대 이후로 우리나라는 중
국대륙과 해로를 통하여 활발히 내왕하였고, 장보고의 선단이 한
중·한일간의 무역을 독점하고 있었다는 점들과 고려초기에는 樓船
이라 이를 만한 大型軍船과 1,000石을 실을 수 있는 漕運船인 哨馬船
이 사용되고 있었다는 점 등으로 보아, 9세기당시에 조선술이 상당히
발달된 것으로 생각된다.[36]

일반적으로 중국을 비롯하여 동양 古代船의 모양은 方頭·方艄·平
底였다는데 의견을 같이한다. 1960년 3월 唐代의 揚子縣에서 대형 平
底木船(길이 24m, 너비 4.3m, 깊이 1.4m)과 배 바닥이 둥글고 좁은 圓
底木船(길이 13.65m, 너비 0.75m, 깊이 0.56m)이 발굴되었다.[37] 그리
고 1973년 6월 唐代의 양주 海陵縣 如皐鎭 掘港(江蘇省 如皐鎭 馬港)
부근에서 인양된 당초의 木船(길이 17.32m, 너비 2.58m, 깊이 1.6m)도
방두·방소·평저형으로 전자와 동일한 기술로 조선되었다.[38]

그런데 唐代에 이미 평저선보다 원양항해에 편리한 底圓面高船(배
밑이 둥글고 갑판이 높은)도 건조되었다는 데 주목해야 한다. 중국 고
대의 木帆船은 대체로 네 개의 선형이 있다. 즉 沙船·福船·廣船·烏
船이 그것이다. 사선은 주로 강소 이북에서 많이 이용되었고 복선은
福建, 광선은 廣東, 오선은 절강 등 양자강이남 지방에서 이용된 선형
이다. 사선의 역사는 매우 오래되었지만 복선·광선이 언제부터 건조

36) 金在瑾, 1984, 『韓國船舶史研究』, 서울大學校出版部.
37) 강소성문물공작대, 1961-6, 「揚州施橋發見了古代木船」『文物』, 52쪽.
38) 南京博物院, 1974-5, 「如皐發現的唐代木船」『文物』, 84쪽.

되었는지는 확실하지 않다.
그러나 시가교 古船의 예를
통해 볼 때, 唐代에 이미 圓
(尖)底船이 출현한 것이 분
명하다. 그러나 사선은 중국
고대의 전형적인 선형으로 비
단 강소 이북의 해양에서뿐
만 아니라 복건·광동 등 남
양해역에서도 이용되었다. 중
소형의 화물선·어선 등으로
도 많이 쓰였고, 또 주변국
가에도 널리 전파되었다. 新

〈그림 19〉 복원중인 완도선의 모습

羅船이나 莞島船도 그러한 맥락에서 생각할 수 있다.39) 그러나 청해
진이 설치된 시기에는 신라에도 원양항해에 적합한 원저선이 이용되
었으리라는 짐작이 간다. 신라선단이나 나당일 삼국을 종횡무진 왕래
했던 사실이 이를 뒷받침하고 있다.

한편 원양항해에 있어서도 일본이나 중국 남조와의 오랜 교역경험
을 통하여 조류·바람·해류 등에 관한 지식이 풍부하였다. 특히 간
만의 차이가 심한 우리나라 남해안·서해안의 해운에 있어서는 조류
도나 해류도가 없었던 시절, 범선들은 밀물과 썰물의 현상을 잘 알아
야 험한 해역을 자유롭게 드나들 수 있다.

특히 우리나라 배의 키는 동양 고유의 船尾懸垂舵(slung-type axial
vertical rudder)형식으로 되어 있어 서양 배의 側舵(side rudder) 양식
에 비하여 배의 진로를 결정하는 데 있어 월등한 효능을 가지고 있다.
뿐만 아니라 상하의 조정이 자유로워 우리나라 연안항해에는 많은 이
점을 가지고 있다.40)

---

39) 金在瑾, 1981, 「中世의 船舶에 대하여」『文化財』 14, 文化財管理局, 120쪽.
40) 金在瑾, 1985, 「張保皐時代의 貿易船과 그 航路」『張保皐의 新研究』, 莞島

계절풍과 풍력을 이용한 항해도 크게 발전했다. 서해에서 겨울철
(12월~2월) 바람은 북서 및 북풍이 주류를 이루며 봄철(3월~5월)이
되면 점차 남풍으로 바뀐다. 여름철(6월~8월)은 봄철과 비슷하며 서
남풍이 분다. 가을철(9월~11월)은 남풍이 다시 북서풍으로 바뀌는
계절이다. 그러므로 신라에서 당으로 출발하는 시기는 가을철이 가장
적당하며, 당에서 돌아오는 시기는 늦은 봄에서 여름철이 가장 적당
하다. 법흥왕 이후 중국 남조와의 교역이나 많은 학문승들의 당 나들
이도 이와 같은 계절풍을 잘 이용하고 있었다. 그러나 9세기 이후가
되면 항해술의 발달로 역풍을 이용한 항해도 많아졌다.[41]

이상에서 9세기 당시의 조선술에 대해서 간단히 살펴보았다. 당시
신라인들은 동아시아해역의 제해권을 장악하고 있었다. 그 구체적인
例는『入唐求法巡禮行記』를 통하여 알 수 있다. 즉 9세기 중엽까지 일
본은 遣唐使라는 조공사절단을 파견하였는데 그 조공선의 항해기술
지도는 신라인이 담당하고 있었고, 838년에 당에 파견된 일본 조공선
이 가는 길에 조난하였는데 올 때는 신라인선원이 운항하는 선박에
의하여 839년에 귀국하였으며, 圓仁도 신라선으로 일본에 귀환할 것
을 기약하고 있다가 847년에 실제로 신라선으로 귀국하였다. 항해술
의 발달을 몇 가지로 요약하면 다음과 같다.

첫째, 일본조공사가 839년에 귀국할 때, 선박의 조달과 항해요원의
확보를 재당신라인에게 의뢰하였는데, 신라인들은 9척의 배와 60인
의 水手를 마련하였다.[42] 배의 조달과 고급항해기술자를 60명이나
동원할 수 있었다는 것은 당시의 항해술이 높았다는 것을 단적으로
나타내는 것이라 할 수 있다.

둘째, 한국과 중국 및 일본간의 항로가 신라인에 의하여 잘 완비되
어 있었고, 양국간의 교통・통신은 매우 원활하게 이루어지고 있었으

文化院, 127쪽.

41) 金文經, 1998,「해상활동」『한국사』9-통일신라-, 국사편찬위원회, 303~
304쪽.

42)『入唐求法巡禮行記』卷1, 開成 4年 3月 22日條.

며, 신라인의 항로지배에 대하여 중국인들은 깊은 경의를 표하고 있었다.[43]

셋째, 전술했듯이 신라선의 기동력은 대단히 탁월하였으며, 강풍이나 악조건의 해상이라도 능히 극복하여 신속하게 항해할 수 있었다. 847년 9월 2일 정오에 산동반도를 출발한 신라선은 다음날 새벽에 한반도 서해안의 해역에 이르렀고, 9월 10일에는 北九州에 도착하였는데,[44] 이러한 속도는 오늘날의 항해기술수준에 비추어 보아도 놀라운 일이라 할 수 있다.

넷째, 동아시아의 제해권을 신라가 장악하고 있었기 때문에 빈번히 왕래하는 신라선에 비하면, 중국 및 일본의 무역선은 『入唐求法巡禮行記』에 보이는 限에 있어서는 많지 않았을 뿐만 아니라 그와 같은 무역선의 水手의 대다수가 신라인이었던 것으로 보이며, 신라인들은 중국 내의 연안수송까지 담당하고 있었다.[45]

다음으로 9세기 당시 신라와 발해의 무역선단이 이용했을 대중국 항로를 살펴보도록 하겠다. 한반도와 중국대륙을 연결하는 古代의 航路는 北中國航路와 南中國航路로 크게 나눌 수 있다. 北中國航路는 遼東半島와 韓半島의 沿岸을 거치는 沿岸航路와 山東半島와 黃海道사이를 직접 횡단하는 黃海橫斷航路로 구분되고, 南中國航路는 중국 남북부의 연해안과 한반도의 서해안을 따라 來往하는 沿岸航路와 중국본토와 한국 南端간에 가로놓인 東中國海를 가로지르는 항로로 나눌 수 있다. 그런데 여기서 北中國航路 가운데 遼東沿岸航路는 山東半島北部와 遼東半島의 최단거리인 老鐵山水道를 반드시 건너는 것이고, 한편 南中國航路中의 北方經由航路는 중국남부에서 연안을 따라 山東半島까지 와서 두 갈래 北中國航路 중 어느 하나를 따르는 것이다. 따라서 이들 北中國航路와 南中國航路는 老鐵山經由航路[46]와 黃海橫斷航

---

43) Reischauer, 1955, Ennin's Travels in T'ang China, Ronald Press Company, p.266.
44) 『入唐求法巡禮行記』 卷4, 會昌 7年 9月 2日條.
45) Reischauer, 1955, ibid, p.85.

路47)를 포함하는 北路와 東中國海斜斷航路를 포함하는 南路48)로 정리할 수 있다.

이들 중에서 첫 번째 老鐵山水道經由航路는 그 水道의 거리가 비교적 짧기도 한데다 그간에 섬들이 點綴되어 있어 가장 안전을 도모할 수 있는 沿岸航路로써 일찍부터 이용되었다.49) 이 항로의 이용이 처음으로 기록에 나오는 것은 漢武帝의 조선침공 때부터이다. 漢武帝는 元封二年(기원전 109년) 수륙양면으로 동원을 하여 고조선에 침입했는데, 樓船將軍 楊僕으로 하여금 수군 5만 명을 거느리고 산동반도를 출발하여 渤海를 건너 왕검성을 指向하고, 左將軍 荀彘로 하여금 육로로 군사를 이끌고 요동으로 나와 우거왕을 치도록 하였다. 이때에 樓船將軍 楊僕은 바로 老鐵山水道를 이용했다.50) 이는 그 후 양국간의 충돌에 水軍이 등장하는 先例가 되었다.

이 항로의 정확한 道程은 시대와 경우에 따라서 조금씩 달랐다. 唐代의 宰相 賈耽의 『道里記』51)에는 다음과 같은 道程이 실려 있다.

---

46) 申瀅植은 『新唐書』 卷43下, 志33下, 地理7下 嶺南道條 에 나오는 "唐置覊
   縻諸州 皆傍塞外或寓名於夷落 而四夷之與中國通者甚衆 (中略) 其入四夷
   之路與關戍走集最要者七 一曰營州入安東道 二曰登州海行入高麗渤海道 三
   曰夏州塞外通大同雲中道" 라는 기사를 근거로 이 항로를 고려발해항로라
   고 부르고 있다(申瀅植, 1989, 「韓國古代의 西海交涉史」『國史館論叢』 2,
   7쪽). 尹明喆은 이 항로를 환황해연근해항로라고 정의하고 있다(尹明喆,
   2000, 「新羅下代의 海洋活動研究－해양환경 및 대외항로를 중심으로－」
   『國史館論叢』 91, 219쪽).
47) 申瀅植은 백제에 의해서 개척되고 신라의 공식적인 朝貢路였던 이 항로
   를 신라항로라고 부르고 있다(申瀅植, 1989, 앞의 글, 9~19쪽). 尹明喆은
   이 항로를 황해중부횡단항로라고 정의하고 있다(尹明喆, 2000, 앞의 글,
   223~229쪽).
48) 윤명철은 이 항로를 황해남부사단항로라고 정의하고 있다(尹明喆, 2000,
   앞의 글, 230~232쪽).
49) 金在瑾, 1985, 위의 논문, 121쪽.
50) 『史記』 卷115, 列傳55 朝鮮傳.
51) 『新唐書』 卷43下, 志33下 地理7下.

5-2. 登州 東北쪽 바다로 大謝島·龜歆島·末島·烏湖島을 지나 300
里를 간다. 북쪽으로 烏湖海를 건너 馬石山 동쪽의 都里鎮까지
200里를 간다. 여기에서 동쪽으로 바닷가를 따라 靑泥浦·桃花
浦·杏花浦·石人汪·橐駝灣·烏骨江까지 800里 길을 간다. 여
기서 남쪽해안을 따라 烏牧島와 貝江口·椒島를 지나 新羅 서북
부 長口鎮에 이른다. 다시 秦王石橋·麻田島·古寺島·得物島를
거쳐 唐恩浦口에 이르며, 여기에서 동남쪽 육로로 700里를 가면
新羅 王城에 이른다.

위의 사료에 의하면 老鐵山水道經由航路는 山東半島의 登州를 기점
으로 하여 동북방으로 大謝島·龜歆島 등을 지나 烏胡海(老鐵山水道)
를 건너 요동반도 연안을 따라 鴨綠江과 大洞江口를 경유하고 黃海道
의 椒島와 豊川, 그리고 麻田島(喬桐島)와 得物島(德積島)를 지나 唐
恩浦(京畿 南陽)에 이르는 것이었다.

이 항로를 많이 이용한 나라는 고구려였으며 그 후에는 발해인들이
많이 사용하였다. 발해 武王代인 732년에 수군을 동원하여 登州를 공
격하였는데, 이 때 이 항로를 부분적으로 활용했을 것으로 생각된다.
이후에 산동의 이정기 세력과 馬匹交易을 했는데 이때 역시 이용했을
것이다.[52]

黃海橫斷航路는 일찍이 3세기 초엽에 後漢이 멸망하고 대신에 魏가
中原을 장악하고 나서는 때마침 요동에서 공손씨가 일어나서 육로를
봉쇄하자 樂浪등의 郡縣이 魏와 연락을 취하기 위해 이용되기 시작하
였다. 이 이후 고구려와 대립하던 백제에 의해 발달됐고 삼국통일 후
발해가 興起하자 신라와 中原과의 연락은 오로지 黃海橫斷航路에 의
존할 수밖에 없었다. 신라와 당과의 긴밀한 친선관계는 9세기말에 두
나라가 모두 쇠퇴할 때까지 2백년간 지속되면서 黃海橫斷航路를 통한
연락은 사상 유례를 찾아보기 힘들만큼 성행했다. 그 때의 항로는 산

---

52) 尹明喆, 2000, 위의 글, 222쪽.

동반도와 한반도의 서해안을 직결하는 것이지만 당대의 무역선들처럼 여러 가지 정세와 항해목적에 따라 적절한 지점에 발착했다. 이 항로는 豊川(숙도)-赤山浦를 잇는 직선거리가 200Km내외로서, 신라인의 공식적인 入唐路였다. 『入唐求法巡禮行記』[53]에 다음과 같은 道程이 실려 있다.

> 5-3. 會昌 7年 9月 2日 정오에 赤山浦를 떠나 바다를 건넜다. 赤山 莫耶口를 떠나 正東으로 하루 낮 하루 밤을 가다.
> (9月 3日) 날이 밝자 동으로 신라국의 서쪽 산들이 멀리 보였다. 바람이 정북으로 바뀌어 돛을 옆으로 기울여 동남을 향하여 하루 낮 하루 밤을 갔다.
> (9月 4日) 새벽에 보니 동쪽으로 산과 섬이 끝없이 이어져 있었다. 뱃사람에게 물어보니 신라 熊州의 서해안이라고 한다. 이곳은 본래 백제 땅이었다. 동남쪽으로 내려가니 동서로 산과 섬이 아스라이 이어져 있다. 오후 9시경이 가까워질 무렵 高移島에 이르러 배를 대었다. 이곳은 武州의 서남쪽 지방이다. 섬의 서북쪽으로 100리 남짓한 곳에 흑산도가 있는데, 섬의 모습은 동서로 길다. 듣자니 이곳은 백제의 三王子가 도망하여 피난한 곳이라고 한다. 오늘날에는 3~400가구가 산 속에서 살고 있다.

위의 사료에서처럼 9월 2일 정오에 登州를 출발하여 4일 아침에 熊州海岸에 도착하였다. 이러한 黃海橫斷航路는 그 후 麗初의 北宋과의 문물교류에도 크게 이용되었다.[54]

東中國海斜斷航路는 경주에서 가까운 감포·영일만이나 울산만에서 출발하여 남해안을 지나 흑산도 부근에서 뱃길을 서북방으로 돌려 산동반도 쪽으로 가거나,[55] 서남쪽으로 바다를 건너 양자강구나 남

---

53) 『入唐求法巡禮行記』卷4, 會昌 7年 9月 2日條.
54) 孫兌鉉·李永澤, 1981, 「遣使航運時代에 關한 研究」『韓國海洋大學論文集』 16, 44쪽.
55) 元義方使新羅 發鷄林洲 遇海島上有流泉 舟人皆汲攜之 忽有小蛇自泉中出 舟師遽曰龍怒 遂發 未數里 風雨雷電皆至 三日三夜不絶 及雨霽 見遠岸城邑 問之 乃萊州也(『唐國史補』卷下).

중국으로 직항하는 해로가 이용되었다. 이 항로의 중국 측 중심 항구는 명주 정해현·대주 황암현·양주·천주·광주 등이며 신라 측에서는 무주·나주·강주가 이용되었다.[56]

> 5-4. 명주 정해로부터 순풍을 만나 3일만에 入洋하고 다시 5일 만에 흑산도에 도달해 入境한다. 黑山으로부터 島嶼와 礁石들 사이를 에돌아 지나면 舟行은 매우 빨라진다. 7일 후면 예성강에 이르는데 강은 두 산 사이에 石峽으로 묶여 있으며 물살이 세게 흘러내려 急水門이라 일컫는 가장 위험한 곳에 이른다. 다시 3일 가면 江岸에 다다르는데 여기에는 碧瀾亭이라는 館이 있다. 여기에서 상륙하여 구불구불한 산곡을 40여리 가면 비로소 國都가 있다(『宋史』 卷487, 列傳246 高麗).

그 자세한 道程은 宣和 5年(仁宗 元年 ; 1123)에 來朝한 徐兢의 『高麗圖經』[57]과 사료 5-4에 기록되어 있는 것과 같이 明州를 출발하여 白水洋·黃水洋을 지나 黑水洋을 동북으로 횡단하여 黑山島에 이르고 더욱 전진하여 서해연안의 섬들을 거쳐 禮成江에 이르는 것이었다.

끝으로 대일무역항로에 대해서 살펴보고자 한다. 일반적으로 당·일 교통로에는 南路와 北路(一名 渤海路)가 있다고 한다.[58] 北路는 難波-세토나이까이(瀨戶內海)-시모노세키(下關)-百濟沿岸-黃海-登州로 이어지는 것이고, 南路는 대개 하까다(博多)-五島列島-東中國海-長江口로 이어지는 교통로이다. 이 두 교통로는 거리에 있어서 南路가 北路보다 짧다. 뿐만 아니라 정박하는 곳이 많은 北路는 비용과 날짜가 많이 걸리는 반면, 南路는 비용과 날짜가 덜 걸린다. 그러므로 일본은 死活을 걸고 南路를 개척하려 하였다. 그리고 그 시기는 701년 이후로서, 일본이 신라와의 관계악화로 신라 영해를 통과할 수 없게 됨으로써 자체 개발한 항로가 南路였다. 8세기

---

56) 金文經, 1997, 『張保皐硏究』, 淵鏡文化社, 113쪽.
57) 『高麗圖經』 卷34~39(海道 1-6)參照.
58) 王輯五, 1959, 『中國日本交通史』, 臺灣商務印書館, 70~71쪽.

에 들어오면서 일본이 南路개발을 했다 하더라도 그것은 北路에서보다 큰 위험을 동반하였고, 또 그러한 많은 경험을 통하여 北路의 이용이 대체로 안전을 보장받는 交通路로 인정되고 있었다.

당과 일본이 소위 北路(渤海路)를 이용함에 있어서 물론 독자적인 항해가 있었을 것이지만, 일반적으로 백제인 혹은 신라인이 동승하여 그 안내에 따라 항해하고 있는 것은 항해술의 미발달이라는 문제도 있겠지만, 아직 연안항해의 범주를 크게 벗어나지 못한 데 있다 할 것이고, 그래서 특히 우리나라 서남해안에서의 밀썰물작용과 지형에 대한 지식이 부족한 데 연유하여 해로를 숙지하고 있는 신라인을 동승시킨 것이라 생각된다.[59]

이외에 발해와 일본간의 항로는 크게 네 가지 경우로 나누어 볼 수 있다. 동해북부 횡단항로는 일본과 발해교섭의 초기에 주로 이용된 것으로 그다지 활발하게 이용되지 않았고, 동해북부 사단항로는 고구려항로를 계승한 것으로 발해의 대일사절단에 의해 거의 전시기에 걸쳐 이용된 것으로 정치적인 루트였다고 할 수 있다. 동해종단항로는 일본에 도착하는 지역으로 보아 국제교역의 성격이 강한 루트였다고

---

59) 3면이 바다인 우리나라의 밀썰물작용 현상은 祖江(임진강과 한강이 합류한 곳)을 기점으로 크게 4지역으로 나눌 수 있다. ① 祖江을 중심으로 한 서해안과 康津郡의 葛頭山 서쪽까지로 밀썰물 작용은 최고 11m에서 최저 3~4m. ② 葛頭山으로부터 金海 앞바다까지로 최고 4m, 최저 2m. ③ 金海로부터 蔚山 앞바다까지를 제 3지역으로 하며 최고 2m, 최저 1m. ④ 蔚山東北의 해안지방으로 밀썰물작용이 전혀 이루어지지 않는다. 이 4개 지역 중 해상교통상 가장 요충지가 되는 곳이 제 1지역이다. 이 지역은 좁은 목을 이루는 데다 풀(바다 속에 모래가 쌓여서 물이 얕은 곳)과 등(물 속에 있는 암석이 숨겨졌다 보였다 하는 곳)이 숨겨져 있고, 좁은 목인만큼 밀썰물작용이 특이하게 일어난다. 심한 썰물일 경우 맞은편에서 바람이 불어오면 3각 파도를 일으켜 조난사고의 위협을 주는 곳이다. 특히 제 1지역이 끝나는 곳에 완도가 위치하고 있고, 또 크고 작은 섬들이 다도해를 이룸으로써 밀썰물의 이용이 더욱 복잡해지게 된다. 장보고는 이 지역 출신으로 이런 바다의 지형적 특성에 익숙해 있었으리라 생각된다(方東仁, 1985, 「淸海鎭의 戰略的 位置」 『張保皐의 新硏究』, 170~173쪽).

할 수 있다. 마지막으로 연해주항로는 주로 말갈인들을 위주로 한 민간인들의 무역에 많이 이용되었다고 할 수 있다.[60]

요컨대 원양항해에 적합한 무역선의 건조와 바다의 여러 지형조건을 이용할 수 있는 능력 및 고급항해기술자의 다수 확보는 사무역발달의 한 요인으로 작용하였다는 것을 알 수 있다.

2. 淸海鎭 設置와 발해의 대응

1) 淸海鎭의 설치와 신라의 해상무역 장악

7세기 후반에 당의 율령체계를 전격적으로 모방하여 국가의 면모를 일신한 바 있던 일본은 8세기 후반에 들어와서 집권체제의 갖가지 모순이 계속 누적되어 율령체계가 동요되기 시작하였다. 遣唐使가 803~805年의 使行이후 일시 중단되었고, 遣新羅使도 마찬가지로 끊겼다. 반면에 발해와의 사이에는 795年(元聖王 11年)부터 827年(興德王 2年)까지의 사이에 11回의 渤海使가 빈번히 왕래하였고, 遣渤海使도 집중적으로 보내졌다. 이와 같은 대외관계 안에서 당시의 지배층들은 당 문화의 重視 혹은 憧憬의 풍조가 있었다.[61]

---

60) 尹明喆, 1999,「渤海의 海洋活動과 동아시아의 秩序 再編」『高句麗研究』6
　　－발해건국 1300주년－, 학연문화사.
61) 鈴木靖民, 1985,「古代對外關係史の視覺」『古代對外關係史の研究』, 吉川
　　弘文館, 47~49쪽.

<표 16> 日本의 遣唐使[62]

차수	출 발		도 착		비 고
	출 발 연 월	항 로	도 착 연 월	항 로	
1	630년 8월	北路(?)	632년 8월	北路(?)	
2	653년 5월	北路(?)			薩摩郡 竹島 부근에서 조난
3	654년 2월	北路	655년 8월	北路(?)	
4	659년 7월	北路	661년 5월	北路	1船은 南海에서 漂着 2船만 漂着
5	665년 12월	北路	667년 11월	北路	
6	669년	北路(?)		北路(?)	
7	702년 6월	南路	704년 7월	南路(?)	
8	717년 3월	南路(?)	718년 10월	南路(?)	
9	733년 4월	南路(?)	734년 2월(1船) 736년 7월(2船)	南路	3·4船 조난
10	752년 閏 3월	南路	754년 정월(2船) 753년 12월(3船) 754년 4월(4船)	南路	1선 安南에 漂着
11	759년 2월	渤海路	761년 8월	南路(?)	
12	제1船이 難波에서 파손되어 入唐 중지				
13	순풍을 얻지 못해 중지				
14	777년 6월 24일	南路	777년 10월 12일	南路	1船 난파
15	779년 5월	南路(?)	768년 6월	南路(?)	
16	803년	南路	805년 5월 18일	南路	3船 난파
17	837년 7월	南路	840년 7월 23일	南路	2선 南海에 표착 新羅船을 타고 귀국

※ ?는 추정.

대일무역은 처음에는 발해가 주도했던 듯하다. 그 가운데서도 771년(惠恭王 7)의 사절이 325人이라는 전에 없던 수효로 일본에 간 것은 무역에 대한 목적이 분명해졌음을 나타내는 것이라 할 수 있다.[63] 일본에서 발해에 의한 중개무역이 번영을 구가한 것은 寶龜年間(770~781) 이후 9세기 초 무렵까지의 기간일 것으로 추측된다. 이 동

62) 森克己, 1928,『遣唐使』, 至文堂, 57~58쪽의 표 참조.
63) 東野治之, 1984,「日唐間における渤海の中繼貿易」『日本歷史』438, 吉川弘文館.

안은 발해사절이 왕래한 횟수가 가장 많았던 시기이며, 이것을 규제하기 위해 826年(興德王 元年)에는 12년마다 한번씩 조공하는 원칙이 발해에 제시되고 있다.[64] 그러나 828년(興德王 3) 청해진 설치이후 발해사절의 도착은 시간적으로 멀어졌다.

〈표 17〉 발해 중흥기 발해 사절의 일본왕래

차수	출국시기	귀국시기	사절단	관직·관등	비고
19	宣王 建興 2년(819)		李承英		方物을 바침
20	宣王 建興 4년(821)		王文矩		方物을 바침
21	宣王 建興 6년(823) 11월		高貞泰		別貢物, 契丹 大狗 2口, 倭子 2口 등을 바침
22	宣王 建興 8년(825) 12월		高承祖외 103인		
23	宣王 建興 10년(827) 정월		王文矩외 100인		大使이하 梢工이상 絹綿을 차등 있게 하사
24	大彝震 咸和 12년(841)	842년 4월	賀福延등 105인		私獻方物
25	大彝震 咸和 19년(848) 12월	849년 4월	王文矩외 100인		信物을 바침
26	大虔晃 3년(859) 1월	859년 6월	烏孝愼외 104인		
27	大虔晃 4년(860) 1월		李居正외 105인		
28	大玄錫 원년(871) 12월		楊成規외 105인	慰軍大將軍	大蟲皮7장·豹皮6장·熊皮7장·蜜5斛 등을 바침, 私交易을 함

---

64) 『類聚國史』 卷194, 殊俗·渤海下 天長 3年 3月 戊辰朔條.

29	大玄錫 6년(876) 12월	877년 6월	楊中遠외 105인	政堂省 孔目官	玳瑁酒盃 등을 바치려 했으나 거절당함
30	大玄錫 12년(882) 11월	883년 3월	裵頲 등 105인		方物을 바침, 私交易을 금함
31	大玄錫 21년(891)		王龜謀		
32	大玄錫 24년(894)		裵璆		

이러한 渤海使의 왕래 回數가 감소되는 것과 거의 표리를 이루는 것이 新羅船의 출현이다. 신라와의 공적인 교통의 단절 후 弘仁頃 (810~823)으로부터 商船이 나타나고,[65] 840年(文聖王 2) 왕래한 장보고[66]로 대표되는 활발한 大宰府貿易이 전개되었다. 당시 일본정부는 대외적으로 극히 폐쇄적인 쇄국정책을 취하고 있어서 무역의 관리를 大宰府에 일임하고 있었다.

위의 표는 발해 중흥기 발해사절의 일본왕래를 나타내는 것이다. 이 표에서 주목되는 점은 청해진이 설치된 828년에서 장보고가 암살되는 841년까지 발해 사절의 일본왕래가 보이지 않는다는 것이다. 즉 장보고의 청해진에 의한 동아시아 해상무역 장악에 의해 그 이전시기까지 활발했던 발해사절의 일본 왕래[67]가 나타나지 않는다는 것이다.

한편 일본에서는 장원제의 발전에 의해 궁정귀족들은 사치스런 생활을 하고 있어서 舶來品에 대한 욕구가 크게 증가하고 있었기 때문에, 치외법권적인 장원 안의 항구에서 사무역이 증가하고 있었다. 이는 大宰府의 관영무역 보다 이윤이 많아서 筑前의 博多・肥前의 平戶・薩摩의 坊津・越前의 敦賀등지의 항구에서는 사무역이 성행하고

---

65) 『日本後紀』卷21, 弘仁 2年 8月 甲戌 ; 『日本後紀』卷22, 弘仁 3年 春 正月 甲子 ; 『日本後紀』卷22, 弘仁 3年 3月 己未朔 ; 『日本後紀』卷22, 弘仁 3年 9月 甲子 ; 『日本後紀』卷24, 弘仁 5年 10月 丙辰 ; 『日本後紀』卷24, 弘仁 5年 10月 庚午.

66) 『續日本後紀』卷10, 承和 7年 12月 癸卯.

67) 본서 3장 2절의 〈표〉 왕권 강화기 발해 사절의 왕래와 4장 3절의 〈표〉 왕권 동요기의 발해사절 참고.

있었다.[68] 그리고 843年(文聖王 5)에는 장보고의 商船과 사무역을 한 文室宮田麻呂가 죽은 장보고를 대신하여 온 사신이 상품의 몰수·반환을 요구하자 이에 반대하여 모반을 일으키려다 발각된 일이 있었다.[69] 당시에는 文室宮田麻呂 같이 사무역에서 이윤을 추구하는 在地勢力이 성장해 가고 있었고, 그것을 억제하는 중앙권력과 대립을 일으키고 있었다. 결국 9세기 중반에 정치적 교류에 대신한 경제적 교류를 매개로 하는 계기가 재지세력 측에 작용하고 있었다.

다음으로는 청해진의 설치를 계기로 해상무역을 장악하게 된 신라의 기반이 되는 해외교포사회에 대해 살펴보겠다.

日本의 求法僧 圓仁은 838년 7월부터 847년 초겨울까지 9년 반 동안이나 당의 동해안 일대와 광대한 제국의 내륙 등지를 여행하면서 상세한 기록을 남겼다. 『入唐求法巡禮行記』라고 알려진 이 책은 당을 여행하였던 일본 승려의 일기지만 전권을 통하여 등장하는 인물의 반 이상은 신라 사람들이다. 이를 통해 당시 당에 거주하던 신라인 마을의 분포나 조직, 그리고 그들의 생업과 믿음이 무엇이었던가를 생생히 밝힐 수 있다.

7세기 중엽 이후 한반도의 많은 사람들이 자의 혹은 타의에 의하여 당나라 곳곳에 이주하였다. 그들은 한반도와 지리적으로 가깝고 또 왕래가 비교적 용이하던 산동반도와 강회지방의 연해안은 물론이고, 關內道와 隴右道 혹은 돌궐방면과 같은 당나라 內地에도 이주하였다. 그런데 당 內地로의 이주는 주로 강제적으로 사천된 경우가 많았고 또 후속적인 이주가 이루어지지 않은 일회성으로 그친 것이 대부분이었다. 이에 따라 그곳에서는 삼국인의 촌락이 형성·유지되기 어려

---

68) 中村榮孝, 1966, 『日本と朝鮮』, 至文堂, 49～52쪽.
69) 散位從五位上文室朝臣宮田麻呂之從者陽侯氏雄 告宮田麻呂將謀反 遣內竪 喚宮田麻呂 卽副使忝於藏人所 卽禁宮田麻呂于左衛門府 分遣勅使左中弁正 五位下良岑朝臣木連 右中弁正五位下伴宿祢成益 少納言從五位下淸瀧朝臣 河根 左兵衛大尉藤原朝臣直道等於京及難破宅 搜求反具(『續日本後紀』 卷13, 承和 10年 12月 丙子).

웠다. 반면 산동반도와 강회지방에서는 남북국시대에 걸쳐 꾸준하게 본국과 접촉이 이루어졌고 또 이주가 지속적으로 이어졌으므로 곳곳에 신라인 집단거주지가 형성·유지될 수 있었다.[70]

당의 촌락 형태는 坊과 村으로 크게 나누어진다. 『舊唐書』에 의하면, 당에는 지방의 말단 행정기구로서 鄕과 里가 있고 다시 그것은 상호 감찰과 연대책임을 지는 隣과 保가 구성되어 있었는데, 성내의 邑은 坊으로 구획되고 성밖의 들판에 흩어져 있는 마을을 村이라 했다고 한다.[71] 그리고 같은 책(卷43) 직관지2 戶部郞中條에는 '兩京及州縣之郭內 分爲坊 郊外爲村'이라 하여 坊과 村을 더욱 명확하게 구분해 놓았다. 재당 신라인들도 성곽의 안과 성밖 여러 곳에 흩어져 坊과 村을 형성하였을 것이다.[72]

唐王朝는 太宗 貞觀 6年(632)에 천하를 10道로 나누었다. 그 중 신라와 해상교통에서 밀접한 관계가 있는 河南과 淮南의 두 道는 당이 망할 때까지 변하지 않았다. 河南道와 해상교통관계에서 밀접한 州는 萊·登·密·海의 4개주이고, 淮南道에는 楚州와 揚州가 있다. 때문에 淮南道의 楚州와 揚州는 淮河를 이용한 남북운하의 중심지이며 해상교통의 요충지로써, 하남과 嶺南道에도 중요한 곳이다. 당시 楚州는 淮河하류에 있고, 대운하와 淮河에 인접하여 경제와 전략의 요충지였다. 淮·泗·汴·蔡·潁·渦河 등 많은 하류가 직접 혹은 간접으로 이 곳에서 합류하고, 남으로 揚州를 지나 長江에 도달하였다. 게다가 蘇州·抗州·明州등 무역항구와 통할 수 있었다. 서쪽으로는 渦河·汴

---

70) 卞麟錫은 蕃客의 集住는 玄宗 天寶연간(742~755)에 시작되고, 廣州 蕃坊의 설치연한을 太和 말년(835)으로 보는 설을 제기하여 신라방의 설치가 광주의 번방보다 빨랐을 것으로 추정하였다(卞麟錫, 1993, 「試論九世紀唐朝新羅坊的性質」『第二回國際唐代學術會議論文集』下冊, 台北, 文津出版社).

71) 百戶爲里 五里爲鄕 四家爲隣 五家爲保 在邑居者爲坊 在田野者爲村 村坊隣里 遞相督察(『舊唐書』卷48, 食貨志上).

72) 權悳永, 2001, 「在唐 新羅人 社會의 形成과 그 實態」『國史館論叢』95, 76~77쪽.

河를 거슬러 올라가 中原에 도달한다.

 그러나 淮南道의 治所는 揚州였다. 당시 楊州는 淮南의 요충지로서, 강남과 회남운하의 요충지와 長江과 淮河의 河口를 장악했다. 또한 동남의 큰 도시를 오가며, 국제통상의 大港으로서 큰 번영을 구가하였다. 결국 신라와 淮南의 왕래는 실제적으로는 揚州와의 왕래였다.[73]

 淮南道의 楚州·揚州지역의 신라인사회를 살펴보도록 하겠다. 우선 대운하변과 회하유역을 살펴보겠다. 圓仁과 일본의 조공사선단의 첫번째 배가 揚子江口 북쪽연안의 東梁豊村에 도착한 것은 開成 3年(838) 7月 2日이다. 圓仁이 揚州府에 체류하던 동안 신라인 국제무역상 王靖의 방문을 받았고, 후일 일본정부가 파견한 '圓仁搜索隊'의 한 사람인 性海의 書信도 양주의 신라무역상 王宗을 통해서 접수하였다.[74] Alexander C. Soper도 『唐朝名畵錄－唐代의 유명한 화가들』이란 책에서, 揚州의 신라상인이 당나라의 저명한 詩文이나 그림을 비싼 가격으로 구입해 간 이야기를 전하고 있다.[75] 당시 揚州는 長江하류의 정치·사회·경제·문화의 심장부이기도 하였다. 따라서 신라인뿐만 아니라 서방세계의 波斯國·占波國·大食國 상인들도 이곳에서 거류하고 있었다. 이로써 동서를 대표하는 상인들이 揚州에서도 무역했으리라는 짐작을 할 수 있다. 『三國史記』雜志에 보이는 수많은 외래 사치상품은 이들 異國商人을 통한 문물교류의 한 면을 잘 나타내 주고 있다.[76]

 신라인취락은 산동반도 남안일대에서 海州, 그리고 대운하변을 따

---

73) 朱江, 1993, 「唐과 新羅의 海上交通」 『張保皐 해양경영사연구』, 圖書出版 李鎭, 247~249쪽.

74) 『入唐求法巡禮行記』 卷4, 會昌 6年 4月 27日條.

75) Alexander C. Soper, Tʻang Chaʻo Ming Hua Lu, The famous painters of the Tʻang Dynasty, Archives of Chinese Art Society of America 4, p.11 ; 金文經, 1969, 「在唐 新羅人의 集落과 그 構造」 『李弘稙博士 回甲紀念 韓國史學論叢』, 65쪽에서 재인용.

76) 金文經, 1969, 「在唐 新羅人의 集落과 그 構造」 『李弘稙博士 回甲紀念 韓國史學論叢』, 106~107쪽 ; 1984, 『唐代의 社會와 宗敎』, 崇田大學校 出版部.

라 집중되어 있었다. 이 연안에 산재해 있던 촌락을 연결해 보면 신라
와 당의 중심부를 이어주는 자연의 수로가 형성된다. 그리고 운하의
심장부는 楚州였음을 알 수 있다. 楚州 신라인 지역은 新羅坊이라 하
여 勾當新羅所가 설치되어 행정을 관장하고 그 장을 憁官이라 하였다.
楚州는 당시 회하하류에 위치하여 대운하와 회수를 연결하는 경제
적·전략적 요충지였다.

楚州에서 35Km 떨어진 漣水縣은 옛 회하하류의 북안에 위치한 내
륙수운의 중심지였다. 이곳에도 신라인 집단거주지인 신라방이 있었
다. 圓仁은 會昌 5年(845) 7月 9日 귀국길에 이곳 신라방을 방문하였
다. 그곳에서 일찍이 장보고 휘하에서 淸海鎭 '兵馬使'였던 崔暈第十
二郎[77]을 만나 큰 도움을 받았다.[78] 圓仁에 의하면 이곳에 '憁官'과
'專知官'이 있었던 것으로 보아 초주 신라방의 크기와 비슷했으리라
생각된다.[79] 그리고 운하연변에 거주하던 다른 신라인들처럼 대부분
은 운수업·무역·조선업·상업 등에 종사하고 있었다.

다음으로 산동연해안지역을 살펴보겠다. 圓仁 일행은 海州 東海縣
宿城村연안에 이르러 조공사선박에서 下船했다. 이곳에서 圓仁일행은
密州로부터 楚州로 목탄을 수송해 가던 우호적인 신라상인들을 만나
이들의 안내로 인근 신라인 마을인 宿城村으로 안내되었다.[80]

宿城村은 바다에 면한 마을로 이곳 신라인들은 주로 소금생산에 종
사하고 있었다. 圓仁도 마을주변에 '取鹽處'가 있었다고 기술하고 있
다.[81] 그리고 일부 목탄생산에 관계하는 자도 있었다. 이것은 촌락주

---

77) 崔暈十二郎은 본래 淸海鎭의 兵馬使였던 崔暈이다. 그는 본국으로 귀국했
   을 때, 정치적인 어려움을 만나 新羅坊으로 돌아와, 이곳에 정착한 정치
   적 망명자였다(『入唐求法巡禮行記』卷4, 會昌 5年 7月 9日條).
78) 『入唐求法巡禮行記』卷2, 開成 4年 6月 28日·5年 2月 15日·5年 2月
   17日條.
79) 金文經, 1993,「장보고 해상왕국의 사람들」『張保皐 해양경영사연구』, 도
   서출판 李鎭, 99~100쪽.
80) 『入唐求法巡禮行記』卷1, 開成 4年 4月 5日條.
81) 『入唐求法巡禮行記』卷1, 開成 4年 4月 7日條.

변이 산림지대였고 또한 주민들이 목탄업과도 깊은 관계를 맺고 있었기 때문이었다.[82] 한편 大珠山 일대는 많은 목탄이 생산되었고 駁馬浦에 집결되어 楚州·漣水 등지로 운송되었다.

신라인촌락의 흔적은 駁馬浦북쪽, 靑島 동북 35Km, 지금의 八水河로 추정되는 승가庄에서도 찾아볼 수 있다. 圓仁 일행은 일본무역에서 돌아온 金子白·欽良暉·金珍 등을 찾아 이곳에 정박하였다. 이들은 지난 5월 1일 蘇州 松江口 吳松海口를 출발하여 일본에 다녀온 당·일간의 무역업자들이었다.[83] 당시 이곳은 국제무역업자들만이 아니라 明州·蘇州에서 산동반도에 이르는 연해안 무역업자들의 선박도 붐비고 있었던 것 같다.

신라인 촌락은 산동반도 남쪽 연안일대에서 가장 많이 형성되어 있었다. 牟平縣의 邵村浦 陶村, 海陽縣 동북의 유산포 등이 대표적인 곳이다. 이곳 유산포 주변은 넓은 평야를 끼고 있어 신라인들은 해운업·상업보다 농업에 종사한 듯하다. 開成 4年(839) 4月 26日 일본조공선이 정박했을 때 30여명의 신라인들이 말과 노새를 타고 선박을 조사할 신라인 압아 장영을 마중하여 왔던 사실과 일본조공사신이 필요로 하였던 식량을 邵村에서 구매할 수 있었던 사실[84]이 이를 뒷받침해 주고 있다.

文登縣 淸寧鄕 赤山村은 산동반도일대 신라인들의 중심지였을뿐 아니라 당 내륙·연해안 교통과 羅·唐·日 3國을 잇는 무역의 중심지였다. 이곳에는 장보고가 건립한 赤山法華院이 있어 신라인들의 마음의 고향이기도 하였다. 법화원은 年間 500石의 곡식을 수확하는 庄田을 소유하고 장보고휘하의 張詠·林大使·王訓 등 3인에 의하여 경영되었다. 839년 11월 16일에 시작하여 다음해 1월 15일에 끝난 강회에는 매일 40명 안팎의 男女道俗 老少尊卑와 유연시주들이 강청했다.

---

82) 『入唐求法巡禮行記』卷1, 開成 4年 4月 6日條.
83) 『入唐求法巡禮行記』卷4, 會昌 7年 6月 9日條.
84) 『入唐求法巡禮行記』卷2, 開成 4年 4月 26日條.

〈그림 20〉 중국 산동성 영성시 석도진에 복원된 법화사전경

이 강연의 마지막 2일간은 250명과 200명이 각각 참여하였다.[85] 법화원은 이외에도 고국에서 온 여행자라든가 무역관계종사자들을 위한 숙박소로도 제공되었던 듯하다.[86]

요컨대 당에는 7세기 이래 고구려 및 신라유이민이 이주하여 재당신라인사회를 형성하고 있었다. 당에 건너가 무녕군 소장으로 일단의 성공을 거둔 장보고는 이 재당신라인사회를 자기통제 아래 둠으로써 중국 내에 기반을 다지게 된다. 재당신라인사회에 거주하던 신라인들은 주로 바다와 관련된 생업에 종사하면서 장보고무역선단의 주요 구성원이 된다. 그는 당시 동아시아 해상교통의 요충지였던 완도에 거점을 마련하고 항로를 장악하여 중개무역을 통해 막대한 부를 축적했다.

일본에서도 중국에서처럼 신라인사회의 존재가 주목된다. 신라인은 7세기 이전부터 일본에 집단적으로 거주하고 있었다. 8세기부터 9세기까지의 신라인 관계 사료를 뽑아보면 다음과 같다.

5-5. 尾張國人 外從8位下 席田君邇近과 新羅人 74家를 美濃國에 貫籍시켜 비로소 度田郡을 두었다(『續日本紀』 卷6, 靈龜 元年 秋7月 丙午).

5-6. 武藏國 崎玉郡의 新羅人 德師 等 男女 53人을 請에 의해 金姓으로 하였다(『續日本紀』 卷11, 天平 5年 6月 丁酉).

5-7. 귀화한 新羅人 加羅布古伊等 6인을 美濃國에 안치하였다(『日本

85) 『入唐求法巡禮行記』 卷2, 開成 5年 正月 15日條.

86) 李基東, 1985, 앞의 글, 108쪽.

後紀』卷24, 弘仁 5年 8月 丙寅).
5-8. 신라인 20명을 보내어 여러 國에 배치하였다. 淸倍・鳥昌・南卷・安
　　長・全連 等 5人을 武藏國에, 승려 香嵩과 사미승 傳僧・關海・元
　　昌・卷才 等 5人을 上總國에, 潤淸・果才・甘參・長焉・才長・眞
　　平・長淸・大存・倍陳・連哀 等 10人을 陸奧國에 배치하였다(『日本
　　三代實錄』卷18, 貞觀 12年 9月 甲子).

　　위의 사료에 의하면 신라인이 끊임없이 일본의 각 지역 즉 下毛野
國・武藏國・美濃國・近江國・駿河國 등에 이주하여 신라인사회를
형성하여 신라인의 姓을 갖고 생활을 하였음을 알 수 있다. 이러한 신
라인사회의 명칭은 新羅郡 또는 度田郡 등으로 불렸다. 이러한 신라
인사회를 형성하는데 주도적 역할을 한 사람은 신라의 승려나 관리
등 이었으며 그 官位는 17官位중 9또는 10位의 비교적 높은 官位의
관인이었다.
　　또한『日本三代實錄』에는 大宰府 管內인 9國・2島에도 신라인 사
회가 존재함을 기록하고 있다.

5-9. 大宰府에 勅을 내려 新羅人 潤淸・宣堅 等 30人과 원래 관내에
　　거주하던 무리들로 하여금 水陸 두 길로 식량과 말을 주어 서울
　　에 들어오게 하였다. (中略) 潤淸 등은 오랫동안 交關에 종사하
　　면서 이 땅에 살면서 여러 가지 사정을 잘 살필 수 있었으므로,
　　우리의 방비가 없음을 알고 저들 나라로 돌아가도록 한다면 우
　　리의 약함을 적에게 보이게 될 것입니다. 이는 편안할 때 위험을
　　잊지 않는다는 뜻에 이미 어긋납니다. 또 종래부터 관내에 거주
　　하던 자들은 또한 이외에도 여러 명 있습니다. 이들 무리는 모두
　　겉으로는 귀화한 것 같지만, 내심으로는 역모할 뜻을 품고 있습
　　니다(『日本三代實錄』卷17, 貞觀 20年 2月 壬寅).

　　재일신라인사회와 신라본국간의 연락은 빈번히 이루어지고 있었다.
한편 재일신라인사회와 재당신라인사회간의 왕래와 상호협력이 긴밀
하였음은 遣唐日本使節使船에 동승한 신라역어와 재당신라인들이 긴

밀히 협조하여 중국과 외교절충을 하거나 일본 사절이 귀국하기 위하여 초주에서 배 9척과 선원 60명을 마련한 데서도 알 수 있다.[87] 또한 筑前太守가 圓仁을 보호하여 달라고 장보고에게 書信을 쓰고 그 편지를 중국으로 가는 圓仁이 지참할 뿐만 아니라 圓仁 자신이 장보고와 그의 부하에게 애원하는 편지를 쓰는 것[88]에서도 나타나고 있다.

재일신라인들도 재당신라인들처럼 주로 무역에 관련된 일에 종사했던 것으로 생각된다. 재일신라인들은 일본정부가 필요로 하는 각종 고급인력을 제공해 주었다. 『入唐求法巡禮行記』에 나타난 譯語·선원·승려·노 젓는 사람 등은 재일신라인들이었다. 이외에도 귀국할 日本朝貢使船의 준비·항해의 지휘 등을 수행하였다.

9세기 초에 기근이 들어 신라인들이 다수 일본에 이주하였다. 따라서 그 이전 시기에 신라인사회가 존재했을 것이다. 또한 신라인 王請이 819년에 무역을 하기 위해 일본의 出羽國을 다녀온 사실도 이것을 뒷받침한다.[89] 그리고 위에서 서술한 것처럼 항해에 필요한 고급인력을 제공해 줄 수 있는 신라인 사회가 일본에 없다면 일본은 당에 조공사절을 파견할 수 없었을 것이고, 일본이 遣唐使를 파견하였다는 것은 그 선박을 造船하고 運航하고 중국과의 외교를 담당할 신라인과 그들이 거주하는 신라인사회가 있었다는 것을 나타내는 것이고 이러한 재일신라인사회는 九州와 武藏·上總·神奈川縣(武藏·相模)·岐阜縣(美濃·飛彈)과 遠江·駿河[90] 등에 있었다.

장보고는 중국 번진에서 고급장교로 복무하던 시절부터 일본과의 무역활동에 주목하고 있었다. 그리고 그는 청해진을 설치하기 전에 이미 일본에 건너가 구주지방을 다스리고 있던 筑前太守와 접촉한 듯하다. 圓仁은 적산원에서 일본어 통사로 일하고 있던 신라인 還俗僧

---

87)『入唐求法巡禮行記』卷1, 開成 4年 3月 22日條.
88)『入唐求法巡禮行記』卷2, 開成 5年 2月 17日條.
89)『入唐求法巡禮行記』卷1, 開成 4年 正月 8日條.
90)『日本紀略』卷14, 弘仁 11年 2月 14日에 遠江·駿河의 신라인이 叛逆하여 三國兵으로도 이기지 못하였다고 기록하고 있다.

李信惠에 대해서 언급
하면서, '張大使'가 824
년 일본에 갔다 온 사
실을 기록하고 있다.[91]
이 '張大使'는 적산 신라
인사회의 우두머리인 張
詠으로 보기보다는,[92] 文
意上 장보고를 가리키는
것으로 해석된다.[93] 따
라서 장보고는 무역을

〈그림 21〉 일본 大宰府 옛터

위해 筑前太守 뿐만 아니라 그 상관인 北九州 大宰府의 요인과도 접
촉했을 가능성이 크다.

청해진이 설치된 후 장보고의 대일무역활동은 본격화되었다. 그가
당시 일본에 보낸 무역사절단은 廻易使라 불려 졌는데, 이들의 무역
활동은 大宰府 뿐만 아니라 일본정부의 묵인 아래서 이루어졌다.

5-10. 大宰府에서 "蕃國 新羅의 신하 張寶高가 사신을 보내어 方物을
바쳤는데, 바로 鎭西로부터 쫓아 버렸습니다. 신하된 자로서 바
깥나라와 교류할 수 없기 때문입니다"라고 하였다(『續日本後紀』
卷9, 承和 7年 12月 27日條).

5-11. 太政官이 大宰府에 명을 내려 "新羅人 張寶高가 작년 12월에 말
안장 등을 바쳤는데, 張寶高는 다른 나라의 신하로서 감히 공물
을 바치니 옛 규정을 살펴보면 정당한 물건이 아니다. 마땅히 禮
로써 거절하여 조속히 물리쳐 돌려보내도록 하라. 그들이 가지고
온 물건은 임의대로 민간에 맡겨 교역할 수 있게 하라. 다만 백성
들로 하여금 물건을 구매하는 값을 어기고 앞 다투어 家産을 기
울이지 않도록 하라. 또한 후하게 도와서 路程의 식량을 지급하

91) 『入唐求法巡禮行記』 卷4, 會昌 5年 9月 22日條.
92) 李永澤, 1979, 앞의 글, 75쪽.
93) 小野勝年, 1969, 『入唐求法巡禮行記の研究』 卷4, 鈴木學術財團 243쪽.

되 前例에 따라서 하라"고 말하였다(『續日本後紀』卷10, 承和 8年
2月 27日條).

일본정부는 장보고가 요청한 무역을 다른 나라의 신하와는 할 수
없다고 거절하면서도 민간의 사무역을 허용하고 있다. 장보고의 무역
선단에 의한 물품은 인기가 매우 좋고 또한 고가품이어서 일부 백성
들이 파산하는 것에 대하여 禁令을 내리고 있다.

한편 장보고의 죽음으로 말미암아 생긴 신라와 일본간의 분쟁을 통
해서도 대일무역의 번성함을 알 수 있다. 즉 장보고의 죽음으로 말미
암아 이제는 廻易使로부터 수취해 오던 부증품의 이익을 잃게 된 筑
前地方 관헌들이 廻易使의 所持品을 모조리 몰수하여 그 손실에 충당
하려 한 것이라든지 또는 장보고를 암살한 閻長의 부하 李少貞이 일
본에 와서 大宰府에 대하여 회역사 이충·양원 등이 가지고 온 貨物
을 신라 쪽으로 되돌려 줄 것을 요청한 것[94]등은 당시 장보고 무역선
단의 무역품이 大量·高價였음을 나타내는 것이라 할 수 있다.

이상을 정리하면 다음과 같다. 8세기 중엽 이래 일본은 당·신라와
공적인 관계는 사실상 끊겨서 무역의 관리를 大宰府에 일임하고 있었
다. 한편 일본에서는 莊園制의 발달에 의해 在地勢力에 의한 治外法權
的인 장원 안에서의 사무역이 증가하고 있었다. 게다가 사치스런 생
활을 하고 있던 궁정귀족들의 舶來品에 대한 욕구가 크게 증가하고
있었다. 일본에서도 백제의 멸망이후 건너간 유이민과 자연재해로 인
해 이주한 신라인들에 의해 재일신라인사회가 형성되어 있었다. 장보
고는 재일신라인사회와 청해진 및 재당신라인사회를 연결하는 일련
의 네트워크를 구축하고 있었던 것으로 생각된다.

---

94)『續日本後紀』卷11, 承和 9年 正月 2日條.

2) 신라의 해상무역독점에 대한 발해의 대응

청해진이 설치된 828년 당시 발해의 왕은 10대 宣王(大仁秀 ; 81
8~830)이었다. 그는 9대 簡王의 從父이면서 대조영의 동생 大野勃
의 4세손이었다. 이전까지는 대조영의 직계손으로 왕위가 이어지다가
이때부터 그의 동생인 대야발의 후손으로 바뀐 것이다. 한편 이 시대
의 연호가 建興이었음은 그가 앞에서 이루지 못한 중흥을 재차 시도
하였음을 암시한다. 그리고 시호가 선왕인 것은 그가 평소에 善政을
베풀었기 때문일 것이다.

발해의 대외정복활동은 선왕 때에 거의 마무리되었다. 그 결과 사
방의 경계가 이 무렵에 완성되었고, 『新唐書』 渤海傳에 보이는 5京
15府 62州의 행정구역도 완비되었다. 내부적인 안정에 따라 대외관
계도 아주 적극적이었다. 그가 재위한 12년 동안 일본에 5번이나 사
신을 파견하여[95] 그 어느 때보다도 빈번하였고, 그 성격도 더욱더 상
업성을 띠게 되었다.

선왕은 819년에 일본과의 외교를 공식적으로 개시하기 이전에 이미
일본과의 관계를 설정해 놓았던 것 같다. 818년 簡王代 어느 시기엔
가 파견되었던 외교사신 慕感德을 선왕이 맞이하였기 때문이다.[96]
모감덕은 그가 지참한 국서가 무례하다는 이유로 嵯峨天皇으로부터
받아들여지지 않았던 사신이었다. 이 때 선왕은 모감덕의 귀국을 통
하여 당시 일본의 내부사정을 어느 정도 분석하였을 것으로 보인다.

선왕은 즉위한 지 1년 6개월만인 819년 11월에 대일본외교를 실시
하였다.[97] 이 때 선왕이 李承英을 파견한 이유는 발해자체의 王系변
화와 말갈복속에 따른 동아시아의 정세변화를 일본에게 인식시키고,

---

95) 〈표 17〉 발해 중흥기 발해사절의 일본왕래 참조.
96) 『類聚國史』 卷194, 弘仁 10年 11月 甲午.
97) 『類聚國史』 卷194, 弘仁 10年 11月 甲午 ; 『類聚國史』 卷194, 弘仁 11年 正
　　月 甲午.

소원해진 일본과의 외교관계를 보다 강화해 나갈 목적이 더욱 컸다고
생각된다.

선왕은 희왕대 대당유학의 경험이 있는 王孝廉과 승려 仁貞 등이
일본 당대의 문인들과 문예를 겨루면서 양국외교관계를 개선해 나간
것과 같이 이승영을 중심으로 일본과의 외교를 전개해 나갔을 것으로
생각된다. 이 외에도 발해는 당시 일본을 방문중이던 唐 월주인 周光
翰과 言升則 등이[98) 渤海路를 통하여 귀국할 수 있도록 협조해 줌으
로써 당과 발해, 일본을 연결하는 외교형태를 계속 유지해 나갔다.

821년에 파견된 사람은 正4品上의 政堂省左允 王文矩였다.[99) 그의
파견은 발해의 정치적·외교적 성장을 일본에게 인식시키기 위한 목
적이 반영된 것이었다. 그러한 분위기 속에서 발해는 양국이 문물교
류를 통하여 우호관계를 지속적으로 유지해 나갈 것을 제안하였을 것
으로 보인다.

결국 약 2년마다 열린 선왕 전기의 그것은 정치적인 이유보다는 주
로 문물교류에 더 많은 비중을 두면서 당과 발해, 일본을 연결하는 대
외관계를 지향해 나갔다. 그 결과 선왕은 강왕대의 일시 소원했던 대
일본외교를 다시 회복하고, 향후 발해가 대일본외교를 적극 강화해
나갈 수 있는 외교적 기반을 마련해 놓았다고 할 수 있다.

823년 11월에 발해는 高貞泰를 대사로 임명하여 101명의 사신을
일본에 파견했다.[100) 고정태 또한 왕문구나 뒤이은 고정소의 경우와
마찬가지로 政堂省左允 혹은 정당성과 관련이 있는 인물이었을 가능
성이 매우 높다. 왜냐하면 선왕은 즉위초기에 이미 대일본외교에 대
한 나름대로의 외교적 기준을 마련해 놓고 그것을 이후 계속 일관하
였을 것이기 때문이다.

한편 선왕대 대일본외교의 특징 가운데 하나는 발해의 대표적인 우

---

98) 『日本紀略』 卷14, 弘仁 11年 正月 乙未.
99) 『類聚國史』 卷194, 弘仁 12年 11月 乙巳 ; 『類聚國史』 卷194, 弘仁 13年
    正月 戊申.
100) 『類聚國史』 卷194, 弘仁 14年 11月 壬申.

성귀족인 고씨가 집중적으로 개입하고 있다는 점이다. 그러나 당시 발해의 대일본외교는 순조롭게 진행되지 못하였다. 심한 폭설로 고정 태일행이 빠른 시일 내에 入京하는 것이 불가능하기도 하였지만, 823년 嵯峨天皇에 이어 순화천황이 즉위한 이후 일본의 새로운 정세 변화와도 관련이 있었던 것 같다.

이와 같은 분위기 속에서 고정태 일행이 비록 入京은 못하였지만, 일 본과의 외교는 가능하였다. 순화천황은 기본적으로 발해에 대한 嵯峨 天皇의 정치적 · 외교적 노선을 그대로 계승하고자 하였기 때문이다.

일본은 발해를 통하여 보다 다양한 물품을 얻을 수 있었기 때문에 발해와의 교섭을 외면하는 것이 쉬운 일은 아니었다. 특히 양국이 귀 족들을 상대로 전개한 외교라는 측면에서 볼 때 더욱 그러하다. 발해 가 異域物인 동물까지 교역품에 포함시킨 것은 기본적으로 일본의 관 심을 높이고, 향후 일본과의 외교관계를 차츰 교역중심으로 이끌어 나가려는 의도를 지니고 있었기 때문으로 판단된다.

선왕은 일본 측의 요구를 거부하고 825년 12월에 사신을 또 다시 파견하였다.[101] 발해는 大使 1인, 副使 1인, 判官 2인, 綠事 2인, 譯語 2인을 포함한 103명의 사신을 파견하였는데, 이 때에는 경제적인 목 적이 고정태의 경우보다 더욱 강조되었던 것 같다. 결국 825년 고승 조 일행의 파견은 발해의 대일본외교가 교역이라는 본 궤도에 본격적 으로 진입하였음을 시사하는 것이라고 할 수 있으며, 이러한 까닭에 일본에게 상인으로 인식되었던 것으로 판단된다.[102] 藤原緒嗣는 일 본의 경제사정으로 볼 때 거의 2년마다 열린 발해와의 외교가 큰 이 익이 되지 못한다고 판단하였다. 따라서 12년의 聘期요구는 발해와의 외교를 경계하기 위한 외교적 조치였다고 말할 수 있다.

한편 발해는 일본과의 관계를 유지하기 위한 방편으로 在唐留學僧 靈仙[103]을 계속 주목하였다. 藤原緒嗣의 강한 반발에도 불구하고 발

---

101) 『類聚國史』 卷194, 天長 2年 12月 辛丑.
102) 『類聚國史』 卷194, 天長 3年 3月 戊辰.

해가 일본과 외교를 펼칠 수 있었던 것은 발해승려 貞素가 일본 유학
승 靈仙으로부터 사리 만 알과 새로운 경전 2부, 조칙 5통과 表文을
일본에 전달하였기 때문이다.[104]

이와 같은 외교변화에 직면한 발해는 당과의 외교도 적극 강화해
나갔다. 818년부터 822년까지 2년마다 열었던 대당외교를 824년부
터 829년까지 매년 전개해 나간 것이다. 이처럼 발해가 집중적으로
당에 사신을 파견한 이유는 당과의 외교관계를 보다 긴밀하게 유지하
기 위한 목적이 컸기 때문이었다. 장보고는 일본뿐만 아니라 산동지
방을 무대로 하여 주변지역과의 유대관계 속에서 대규모 해상무역을
전개하고 있었던 까닭에 발해의 대당외교 또한 적극 추진될 수밖에
없었던 것이다. 登州에 新羅館과 渤海館이 설치된 것은 발해와 재당신
라인, 특히 장보고와의 경쟁관계를 짐작케 해준다.

828년 발해는 4년 전 파견되었던 政堂省左允 王文矩를 재차 투입
하였다.[105] 왕문구가 일본에 건너간 이유는 唐 평로치청절도사의 교
통사절에 있었다. 이 때의 목적은 발해와 당과의 긴밀한 관계 속에서
일본과 외교적으로 연결될 수 있다는 사실을 강조하기 위해서였던 것
같다. 이것은 동시에 장보고를 통한 일본의 대당외교를 견제하는 것
이기도 하였다.

그러나 일본이 태도를 바꾸어 발해를 냉대한 것은 장보고, 신라의
영향력이 그만큼 커졌기 때문이 아닐까 한다. 이것은 향후 발해와 일
본과의 외교관계에 큰 장애로 작용하는 것이었다. 왕문구가 일본 귀
족들이 선호하는 물품을 공급하여, 그들과의 교역을 적극 전개해 나

---

103) 일본 나라(奈良) 고후쿠사(興福寺)에서 법상종을 닦은 학문승으로, 延曆
    23년(804) 조공사와 함께 입당하여 장안 예천사 반야삼장 아래서 譯經에
    종사하였다(810). 그 뒤 오대산의 여러 선원에 머물렀다가 828년 이전에
    靈境寺 浴室院에서 독살되었다고 한다. 그의 행적에 관하여는 『入唐求
    法巡禮行記』에 전하는 내용이 거의 모두이며 유일한 것이다(김문경 역
    주, 2002, 『엔닌의 입당구법순례행기』, 중심, 292쪽).
104) 『入唐求法巡禮行記』 卷2, 開成 5年 7月 3日.
105) 『類聚國史』 卷194, 天長 5年 正月 甲戌.

가자, 일본이 발해와의 사사로운 교역을 금지하면서 관리가 이를 어기면 무거운 죄로 처벌하고, 서민이 어겼을 경우에는 100대의 매로 대신한다는 법을 정한 것[106]은 발해와의 외교를 크게 제한하였음을 의미한다.[107]

大彝震은 즉위 초 정국운영과 관련하여 먼저 정치·외교 담당 층에 대한 개편을 시도한 듯하다. 이것은 王弟와 王子層이 정치권에 참여하면서 대외적으로 주도적인 역할을 행사하고 있다는 점에서 쉽게 짐작할 수 있다. 예컨대 왕자 大明俊은 832년과 837년 두 차례나 대당외교를 담당하였으며, 大先晟·大延廣·大之萼 등도 각각 833년·839년·846년에 당에 파견된 바 있다.

발해가 왕자층을 중심으로 대당외교를 추진한 것은 僖王 3년(815) 大庭俊[108] 이후 17년만의 일로, 대이진대 왕자들의 집중적인 활약은 정치적으로 매우 중요한 의미를 부여하고 있다. 결국 왕족들은 대내적으로 뿐만 아니라 외교부분까지 직접 참여하는 정국운영상의 변화를 도모하였던 것이다. 한편 대이진대에 활약한 왕족 이외의 전문외교 담당 층으로 賀守謙과 王文矩를 들 수 있다. 이들은 모두 오랫동안 대외적인 업무에 종사하면서 정치적으로 성장한 부류에 포함시킬 수 있다.

賀守謙은 841년에 吳秩大夫 政堂春部卿으로 승진하여 王弟 대건황과 함께 中臺省牒에 서명할 정도로 대일본외교에 깊이 관여하였다. 반면에 王文矩는 선왕대에 대일본외교를 두 차례나 수행한 경험이 있는 인물로, 그가 848년에 또 다시 대일본외교에 참여하고 있는 것은 그의 외교적 역할이 그만큼 중요함을 반증해 주는 것이라고 할 수 있다. 결국 하수겸이 大虔晃과 직접적으로 연결되고, 왕문구가 계속해서 대일본외교에 관여하였다는 사실을 통하여 그들은 왕을 정점으로 한

106)『類聚三代格』卷18, 夷俘并外蕃人事.
107) 朴眞淑, 1998,「渤海 宣王代의 對日本外交」『韓國古代史硏究』14, 408~422쪽.
108)『册府元龜』卷972, 外臣部 朝貢 5.

왕족중심의 정국운영을 뒷받침해 주는 외교실무자였다고 말할 수 있
을 것이다.

당시 발해가 학사 층의 고급지식인을 선발하여 당에 파견한 것은
당의 새로운 문물을 적극 수용하는 동시에, 관료양성을 통한 왕권강
화를 의도한 것으로 볼 수 있다. 예컨대 대이진이 解氏, 趙氏, 劉氏와
같은 신흥세력을 주목한 사실은 상대적으로 기존의 정치세력을 경계
하고 있음을 시사해 준다.

발해가 이 무렵 도당유학정책을 강화해 나간 일차적인 이유는 대내
적으로 유학생들의 정치적 · 외교적 활동이 장차 정국운영에 부합되
었기 때문일 것이고, 대외적으로는 신라의 도당유학정책을 크게 의식
하였기 때문으로 보인다. 대이진대의 대당외교는 도당유학정책 이외
에 장보고집단의 대당 · 대일본외교를 견제하는 차원에서도 적극 전
개되었다.

한편 대이진대의 대당관계는 상대적으로 일본과의 외교를 멀리하
는 가운데 전개되었다는 점이 특징이다. 828년 이후 장보고를 중심으
로 한 신라의 무역활동은 보다 왕성해지고, 836년 일본이 紀三津을
신라에 파견하여 그들의 견당사문제를 논의할 정도로[109] 신라에 대
한 일본 측의 관심은 매우 고조되었다. 따라서 발해로서는 대일본외
교를 추진하기보다 장보고집단의 외교적인 활동을 견제하기 위하여
대당외교를 강화해 갈 수밖에 없는 처지였다.

이와 같은 상황에서 대이진이 841년 선왕대 왕문구가 파견 된지
13년 만에 일본에 관심을 보인 이유는 신라내부의 정치적 상황이 여
의치 않고, 장보고를 둘러싼 정치적 갈등에 따른 해상무역상의 변화
를 예측하고 있었기 때문으로 판단된다.

결국 장보고의 사망은 일본의 외교노선을 바꾸어놓을 가능성을 더
욱 크게 하였다. 이것은 841년 12월에 도착한 발해사신 일행이 장보고
의 사망소식을 전달한 지 얼마 안 되어 入京하였다는 사실에서 알 수

---

109)『續日本後紀』卷5, 承和 3年 閏5月 辛巳.

있다. 나아가 천황이 발해사신들에게 연회를 베풀어주면서 대사 하복연 이하 20명에게 관위를 주는 각별한 대우를 해준 것도 이와 무관하지 않다. 따라서 대이진은 장보고의 사망으로 미약해진 일본과의 관계를 역이용하여 선왕대 유지했던 당-발해-일본의 외교관계를 다시 회복해 나감으로써 해동성국으로서의 외교적 위상을 유지해 나갔다고 할 수 있다.[110]

이상에서 살펴보았듯이 선왕의 중흥 노력에 힘입어 그 다음에 즉위한 11대왕 大彝震(831~857)으로부터 12대왕 大虔晃(857~871), 13대왕 大玄錫(871~894)에 이르기까지 발해는 크게 융성하여 마침내 중국으로부터 '海東盛國'이란 영예의 칭호를 얻게 되었다.

첫째로 주목할 것은 사신들의 자격문제이다. 9세기에 들어와서 문인들이 다수 파견되고 있는 사실이다. 처음에 무관이 중심을 이루다가, 8세기 중반 이후에는 문관이 중심을 이루었으며, 특히 9세기중반에 들어서는 문학에 소양이 있는 인물들이 다수 파견되었다.

둘째, 발해 대사의 소속 관청과 관직의 변화이다. 선왕시대부터는 소속 관청이 중앙의 政堂省과 文籍院으로 좁혀지고 있고, 관직도 左允과 少監으로 한정되어 있다. 이러한 추세는 발해 내부에서 각 관청과 관직의 역할과 기능이 고정되어 갔음을 반영하는 것이다. 따라서 『新唐書』 渤海傳에 기재된 관직체제는 선왕 무렵에 완성되었을 것이다.

셋째, 발해에서 파견된 사신단의 규모문제이다. 역시 8세기에는 최저 23명에서 최고 325명으로 들쭉날쭉하여 고르지 않다. 그러나 선왕 시대에 오면 100명 정도로 고른 분포를 보이고 있고, 대이진이나 대현석 시기부터는 105명으로 고정되었다. 105명의 사신단이 어떤 직책들로 구성되었는가 하는 점은 24차 사절의 중대성첩을 통해 확인할 수 있다. 이 때에 大使 1인, 副使 1인, 判官 1인, 錄事 1인, 譯語 2인, 史生 2인, 天文生 1인, 大首領 65인, 梢工 28인으로 구성되었다.

---

110) 朴眞淑, 1999, 「渤海 大彝震代의 對日本外交」 『韓國古代史硏究』 15, 239~249쪽.

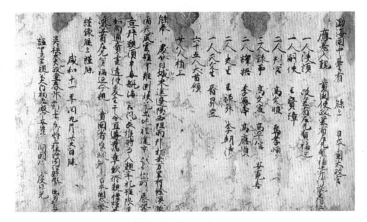

〈그림 22〉 중대성첩 사본

넷째, 중대성 첩의 휴대 문제이다. 중대성에서 첩을 보내면 일본 太政官에서 답장을 하는 형식으로 일관되어 있어서, 형식면에서 본다면 일본 측이 피동적인 위치에 있었던 점을 발견할 수 있다. 따라서 발해 사신이 왕서와 첩을 휴대하기 시작한 배경은 일본 측의 요구에서보다는 발해 쪽의 제도 완비에서 찾는 것이 옳을 것이다.

발해사회는 9세기에 들어서 앞 시기와는 다른 변화가 나타났으니, 이러한 사실은 사신의 자격, 소속 관청과 관직의 변화, 사신단의 규모, 중대성 첩의 휴대라는 네 가지 점에서 찾아볼 수 있었다. 특히 이러한 조짐은 선왕 시대에 나타나기 시작하여 大彛震이나 大玄錫 이후에 뚜렷하게 되었다. 이것은 대이진에서 대현석에 이르는 시기에 발해의 문물제도가 완비되었음을 의미한다.

그리고 이러한 융성은 14대왕 大瑋瑎 시기까지도 지속되었다. 그러다가 마지막 왕 大諲譔이 즉위하면서 내외의 혼란에 따라 멸망기에 접어들었던 것으로 생각된다.[111]

이상에서 살펴보았듯이 왕권동요기의 혼란와중에 즉위한 宣王은

---

111) 宋基豪, 1995, 「9세기 海東盛國의 실현과 國家位相」『渤海政治史硏究』, 一潮閣, 135~158쪽.

말갈부족의 재정복과 지방행정구역의 완비를 통해 '海東盛國'이란 호
칭을 들을 정도로 전성기를 구가하게 된다. 그러나 828년 청해진설치
를 계기로 한 장보고에 의한 해상무역 독점에 대응하기 위해, 발해는
대당무역에 치중할 수밖에 없는 상황이 되었다.[112]

---

112) 이렇게 신라가 해상무역을 장악했다는 것은 항해횟수를 통해서도 알 수
있다(尹載云, 2005, 「남북국시대의 네트워크」 『韓國硏究センター年報』 5,
九州大學 韓國硏究センター, 56쪽)

신라 무역융성기의 왕래

도착지 출발지	발 해	신 라	당	일 본	계
발해		?	12	2	14
신라	?		11	?	11
당				7	7
일본	0	0	1		1

제6장

9세기후반 교역질서의 혼란 및 경쟁기

1. 청해진의 혁파와 그 영향

中代末 惠恭王代(765~780)에 일어난 6차례에 걸친 귀족의 大亂은 武烈王系 專制主義 王權에 대한 奈勿王系 汎眞骨 聯合勢力의 打倒運動으로 흔히 이해되고 있다. 伊湌 金志貞의 반란을 진압한다는 구실로 惠恭王 16年(780) 4월에 擧兵한 上大等 金良相은 金志貞을 주살 했을 뿐 아니라 惠恭王까지 弑害하고 新王으로 즉위하였다. 그가 곧 宣德王(780~785)이다. 이로써 중대 왕통은 끊어지고 下代가 시작되었다.

826년 10월 憲德王이 薨去하자 그의 同母弟로서 822년 이래 副君의 자리에 있던 金秀宗이 즉위하였다.[1] 그가 興德王(826~836)이다.

---

1) 『三國史記』卷10, 憲德王 18年 10月條의 同王 薨去 關係 記事 끝에 細註로 인용된 古記에는 同王의 죽음을 寶曆 2年 丙午, 즉 826년 4월이라고 하였다. 『三國遺事』王曆 興德王條에도 丙午에 즉위하였다고 하였으며 역시 同 紀異 興德王 鸚鵡條에도 寶曆 2年 丙午에 즉위하였다고 되어 있다. 한편 中國側 史書에는 憲德王의 薨年이 830~831년간의 사실인양 記錄되어 있다. 이는 831년 4월의 홍덕왕 책봉을 기준으로 상정된 연대인 듯하다.

興德王은 즉위 당시 50세의 老年이었으며, 憲德王代에 上大等・副君을 역임하는 등 정치에 대한 풍부한 경험을 쌓아왔다. 그가 즉위 후 同王 3년(828) 4월에 장보고의 청원을 받아들여 청해진설치를 허가하고, 이로써 해적퇴치의 임무를 부여한 것[2]은 비범한 결단으로 보아야 할 것이며, 同王 4年(829) 2月에 唐恩郡을 唐城鎭으로 고쳐 이를 鎭守하게 한 것이나 다시 同王 9年(834)에 진골귀족의 사치풍조를 금지하기 위해 色服・車騎・器用・屋舍 등 사회생활전반에 걸쳐 제한령을 공포한 것[3]도 역시 이와 마찬가지로 보아야 할 것이다.

그런데 그는 836년 12월 후계자를 지명하지 않은 채 갑자기 사망했다. 그리하여 왕위계승을 둘러싸고 치열한 쟁탈전이 벌어지게 되었다. 원래 왕위는 관례대로라면 上大等 자리에 있는 사람이 되어야 한다. 왕자가 없었던 이 興德王代에 왕의 개혁정치를 보필하면서 차대의 후계자로 예정되었던 사람은 왕의 동생인 上大等 角干 金忠恭이었다. 그는 憲德王 14年(822) 1월에 상대등이었던 兄 金秀宗이 副君이 되어 月池宮에 들어가자, 그 뒤를 이어 상대등에 취임하였다. 그리고 그로부터 두 달 만에 김헌창의 반란이 일어나자 그는 迊湌 允膺과 더불어 蚊火關門을 수비하는 등 반란 진압에 적극 대처하였다. 그는 826년 흥덕왕의 즉위 후에도 계속 상대등직에 재임하면서 정치의 실권을 장악하였다. 上大等 金忠恭은 憲德王 10年(818) 2月 직전에 사망한 듯하다. 그것은 이해 2월 金均貞이 상대등직에 임명된 것으로 짐작할 수

이것은 前王에 대한 弔祭를 겸하여 新王에 대한 册封使로서 신라에 온 源寂의 使行이 831년 4월인 것에 의심을 품지 않았으며, 이를 827년 1월의 기사 속에 집어넣은 것으로『三國史記』卷10, 興德王 2年條의 기사는 잘못이 분명하다. 역시 源寂의 使行을 唐穆宗 長慶 年間(821~824)이라 한 『舊唐書』卷186 馮定傳의 기사도 文宗 太和 年間(827~835)의 잘못일 것이다(李基東, 1984,「新羅下代 賓貢及第者의 出現과 羅唐文人의 交驩」『新羅 骨品制社會와 花郎徒』, 一潮閣, 293쪽).

2)『三國史記』卷10, 興德王 3年 4月條 ;『三國史記』卷44, 張保皐・鄭年傳 ; 『樊川文集』卷6, 張保皐傳.
3)『三國史記』卷33, 雜志2 色服條.

있다.[4]

金均貞은 禮英太子의 아들로 興德王·金忠恭과는 사촌형제 관계에 있었으며, 동시에 金忠恭의 女壻(後妻)이기도 하였다. 그는 일찍이 哀莊王 3年(802) 12월에 大阿湌을 제수 받아 일본에 假王子로 파견될 예정이었으나 본인의 固辭로 실현되지 않았으며, 그 후 시중직을 역임했다. 金忠恭의 死後 興德王은 후임 상대등을 가능하다면 仁謙太子系에서, 즉 자신의 조카들 가운데서 지명하고 싶었을 것이나 835년 당시 그의 조카는 金忠恭의 子인 大阿湌 金明 한사람 밖에는 없었던 것 같으며, 한편 그는 당시 弱冠 19세로서[5] 부친의 자리를 계승하기에는 연령과 관록이 모자랐다. 따라서 興德王으로서는 비록 禮英太子系이기는 하지만 그자신의 侍中경력과 軍功을 갖추었을 뿐 아니라 자신의 姪壻이기도한 金均貞 이외에 달리 상대등 후보자를 발견할 수 없었을 것이다.

이러한 仁謙·禮英 兩太子間의 견제와 균형은 興德王의 在世時에는 그런대로 유지되었다. 그러나 그로부터 2년이 채 지나지 않은 836년 12월 興德王이 章和夫人과의 合葬을 유언할 뿐, 후계자에 대한 아무런 언급도 없이 薨去하자 곧바로 격렬한 왕위계승쟁탈전이 벌어졌다. 하대에 들어와 거의 고정된 왕위계승법에 따른다면 상대등직에 있던 金均貞이 마땅히 즉위했어야 했을 것이다. 金均貞은 그 아들 金祐徵, 妹壻 金禮徵, 金周元系의 金陽 등의 후원을 받았으나 여기에는 시중직에 있던 金明의 반발이 컸다. 金明은 阿湌 李弘, 裵萱伯 등을 自派로 끌어들여 金均貞의 조카이며 동시에 자신의 妹夫인 金悌隆을 형식상

---

4) 『三國史記』 卷10, 興德王 10年 2月條, 이기백은 흥덕왕이 죽은 뒤 왕위계승 쟁탈전에 김충공의 이름이 나타나지 않고, 그의 子(金明)가 대신 나타나는 사실을 들어 이 점을 지적하였다(李基白, 1974, 「新羅 下代의 執事省」 『新羅政治社會史研究』, 一潮閣, 180쪽).

5) 金明(閔哀王)은 桐華寺 昆盧庵 三層石塔에서 발견된 舍利壺의 銘文에 839년 1월 23일 23세로 죽은 사실이 보여 835년 당시에 19세였던 것을 알 수 있다(韓國古代社會研究所編, 1992, 『譯註 韓國古代金石文』 Ⅲ, 355~360쪽).

왕으로 추대하여 金均貞과 무력대결을 꾀하였다.

金均貞과 金明의 대립은 왕실내부의 혈족관계로 본다면 仁謙太子系와 禮英太子系 사이의 싸움이며, 金均貞과 金悌隆의 그것은 禮英太子系 내부의 싸움이라고 할 수 있다. 사실 같은 禮英太子系라고 해도 그 두 아들 金憲貞과 金均貞은 각기 독립된 家系를 이루어왔다.

결국 金均貞은 金明一派에게 피살당하고 金悌隆이 즉위하게 되었는데 그가 僖康王(836~838)이었다. 그는 즉위와 동시에 侍中 金明을 上大等에, 阿湌 利弘을 侍中에 각각 임명하였거니와 정치적 실권은 金明이 장악한 듯하다. 결국 同王 3年(838) 1月 僖康王은 金明·利弘 두 사람의 逼迫을 받아 궁중에서 자살하고, 그 뒤를 이어 22세의 金明이 新王으로 즉위하였다. 한편 金明一派와 싸우던 중 탈출에 성공한 金祐徵은 청해진에 와서 장보고에 몸을 의지하였다. 청해진에서 재기를 꾀하고 있던 金祐徵은 장보고에 도움을 청하였다. 이에 장보고는 5천명을 동원하여 김우징을 돕게 하였다.

장보고가 후원하는 반정부군은 平東將軍 金陽의 휘하에 鄭年·閻長 등 6명의 장수를 배치하여 경주를 향해서 진격했다. 838년 12월 반정부군은 武州 鐵冶縣(현재의 羅州郡 南平面)에서 閔哀王의 군대를 격파한 뒤 신속히 이동하여 다음해 정월 19일에 達丘伐(大邱)에서 閔哀王의 10만 대군을 격파하였다. 閔哀王은 반정부군에 의하여 살해되고[6] 金祐徵이 즉위했다. 그가 神武王이다. 왕은 장보고의 공로를 인정하여 그를 感義軍使로 삼고, 食實封 2千戶를 내려 주었다.

그러나 神武王은 즉위 후 6개월만인 7월 23일에 병으로 죽고 文聖王이 즉위한다. 그는 즉위 직후인 8월에 敎書를 내려서 장보고를 鎭海將軍으로 봉하고 章服을 하사했다. 또한 禮徵에게는 上大等을 除授하고 金陽에게는 蘇判 兼 兵部令을 주었다. 『三國史記』에 의하면 845년 3월

---

6) 『三國遺事』 王曆 閔哀王條에는 同王이 839년 1월 22일에 죽었다고 하였으나, 소위 敏哀大王石塔記의 碑文(黃壽永編, 1976, 『韓國金石遺文』, 151쪽)에는 23일로 되어있다.

에 文聖王은 장보고의 딸을 次妃로 맞으려다가 신하들의 반대에 부딪혀 본래의 계획을 취소했다고 한다. 원래 장보고 딸의 납비 문제는 신무왕이 청해진에 피신하고 있을 때에 神武王과 장보고와의 약속이었다.[7] 그러나 神武王은 즉위한지 겨우 반년 만에 돌아갔으므로 이 약속을 이행할 겨를이 없었을 것이다. 이에 장보고는 이 문제를 神武王의 뒤를 이어 즉위한 文聖王에게 이행하도록 요구하였을 것이 틀림없다. 이러자 文聖王은 장보고의 딸을 次妃로 맞아들이려고 하였으나 朝臣들이 海島人의 딸이라고 하여 극력 반대함으로써 이 일은 이루어지지 못하였다.[8] 즉 朝臣들은 王都中心的인 골품제도의 偏狹한 관념에 사로잡혀 功臣인 장보고의 딸을 왕비로 맞아들일 수 없게 된 것이다.[9]

그러나 여기에는 단순히 골품제도적인 이유만은 아니었을 것이다. 장보고가 반란을 일으켰음에도 불구하고 중앙의 귀족들이 그와 정면충돌을 두려워하고 있었다는 것을 알 수 있다.[10] 따라서 중앙귀족들이 장보고 딸을 왕비로 맞아들이는데 반대한 진정한 이유는 여기에 있다고 보여 진다. 즉 해상세력으로 인한 경제력과 청해진의 군사력을 바탕으로 하여 독자적인 세력을 갖고 있던 장보고가 왕실과 맺어짐으로써 중앙에까지 그 세력이 확대되는 것을 중앙귀족들은 달갑게 생각할 수가 없었을 것이다.[11]

6-1. 7年 春 3月에 淸海鎭大使 弓福의 딸을 취하여 次妃로 삼으려 하

---

7) 神武大王潛邸時 謂俠士弓巴曰 我有不同天之讐 汝能爲我除之 獲居大位 則娶爾女爲妃(『三國遺事』卷2, 紀異2 神武大王·閻長·弓巴條).

8) 春三月 欲娶淸海鎭大使弓福女爲次妃 朝臣諫曰 夫婦之道 人之大倫也 … 則國之存亡 於是乎在豈可不愼乎 今弓福海島人也 其女豈可以配王室乎 王從之(『三國史記』卷11, 文聖王 7年條).

9) 李永澤, 1979, 「張保皐海上勢力에 관한 考察」『韓國海洋大學論文集』14, 90쪽.

10) 春 淸海弓福 怨王不納女 據鎭叛 朝廷將討之 則恐有不則之患 將置之 則罪不可赦 憂慮不知所圖(『三國史記』卷11, 文聖王 8年條).

11) 尹炳喜, 1982, 「新羅 下代 均貞系의 王位繼承과 金陽」『歷史學報』96, 70쪽.

였다(『三國史記』卷11, 文聖王 7年).

6-2. 3年 秋 7月에 唐의 武宗이 신라에 귀국할 관리로서, 앞서 신라에
　　들어간 宣慰副使·充兗州都督府司馬賜緋魚袋 金雲卿으로 淄州長
　　史를 삼고 그를 勅使로 삼아 新王을 책봉하여 開府儀同三司·檢
　　校太尉·使持節大都督·鷄林州諸軍事·兼持節充寧海軍使·上柱
　　國·新羅王을 삼고, 妻 朴氏로 王妃를 삼았다(『三國史記』卷11,
　　文聖王 3年).

6-3. 4年 春 3月에 伊飡 魏昕의 딸을 들이어 妃로 삼았다(『三國史記』
　　卷11, 文聖王 4年).

6-4. 閻長이 거짓으로 나라를 배반하고 淸海鎭에 투항하니, 弓福은 원
　　래 壯士를 아끼던 터라 아무 의심 없이 그를 맞아 上客을 삼고
　　함께 술을 먹으며 歡樂을 다하였다. 弓福이 취하자 閻長은 그의
　　칼을 빼어 목을 벤 후 그의 무리를 불러놓고 설득하니 그들은 땅
　　에 엎드려서 감히 움직이지 못하였다(『三國史記』卷11, 文聖王 8年 春).

　위의 기록 중에서 장보고가 죽은 뒤에 바로 金陽의 딸이 文聖王의
妃가 되었다는 것을 알 수 있다. 그런데 사료 6-2를 통해 볼 때 金陽
의 딸이 왕비가 되기 이전에 이미 文聖王에게는 朴氏妻가 있었다. 그
러므로 金陽의 딸은 文聖王의 次妃였다. 결국 文聖王이 장보고의 딸을
맞아들이려고 하던 그 자리에 金陽의 딸이 들어갔다는 것을 알 수 있
다. 이 사실은 金陽이 장보고를 제거하는데 공을 세워 이로 인하여 자
신의 딸을 왕비로 만들 수 있었던지, 또는 역으로 자신의 딸을 왕비로
만들기 위해서 장보고를 제거하는데 적극적이었을 것이라고 생각할
수 있다.
　장보고제거에 있어서 金陽의 역할을 살펴보기 위해서는 武州人 閻
長의 역할을 밝혀야 한다.

6-5. 冬 12月에 金陽이 平東將軍이 되어 閻長·張弁·鄭年·駱金·張
　　建榮·李順行 등과 함께 군사를 거느리고 武州 鐵冶縣에 이르
　　렀다(『三國史記』卷10, 閔哀王 立).

　이 기록에서 보면 金陽과 閻長은 모두 왕위계승쟁탈전에서 祐徵을

도와 出戰한 사람들이다. 그러나 이 기록만가지고는 閻長이 金陽의
부하인지 혹은 鄭年과 같이 장보고사람인지 알 수 없다. 그러나 다음
과 같은 장보고와 閻長과의 대화에서 그 실마리를 찾을 수가 있다.

> 6-6. 弓巴가 말을 듣고 크게 노했다. "너희들이 왕에게 諫해서 내 딸
> 을 廢하고 어찌 나를 보려 하느냐?" 閻長이 다시 사람을 통해서
> 말했다. "그것은 여러 신하들이 간한 것이요. 나는 일에 간여하
> 지 않았으니 그대는 나를 의심치 마십시오"(『三國遺事』 卷2, 紀
> 異2 神武大王・閻長・弓巴).

이 대화 중에서 장보고가 閻長에게 '爾輩諫於王'이라고 말한 대목에
서 閻長이 장보고의 부하는 아니었다는 것이 분명하다. 그러므로 閻
長은 金陽의 밑에 있었다고 보는 것이 타당할 것이다.[12] 즉 金陽은 부
하인 閻長을 시켜서 장보고를 암살하고 장보고의 딸 대신에 자신의
딸을 文聖王의 妃로 들여앉혀 왕실과 관계를 맺어서 자신의 세력기반
을 탄탄하게 하고자 하였다고 생각할 수 있다. 특히 金周元系라는 약
점을 보완하기 위해서라도 金陽은 왕실과의 通婚을 꾀하였을 것이다.
당시 元聖王系중에서 文聖王의 叔父인 義琮은 文聖王이 즉위하자
곧 侍中이 되었다가,[13] 文聖王 11年에 上大等에 올랐다.[14] 그리고 그
는 文聖王이 19年에 사망할 때까지 계속해서 상대등으로 지내다가,
文聖王의 뒤를 이어 憲安王으로 즉위하였다. 한편 僖康王의 아들인 啓
明은 文聖王이 죽을 때까지 侍中에 있었다.[15] 이 義琮과 啓明은 元聖
王의 후손일 뿐만 아니라, 두 사람의 母가 모두 忠恭의 딸로 이 두 사
람은 쉽게 밀착할 수 있는 조건을 가지고 있었다. 결국 이 두 사람은

---

12) 이영택은 염장이 우징을 따라 경주로 철수한 軍士라는 것을 인정하면서
　　동시에 장보고의 부하로 추측하고, 또 염장이 장보고를 암살한 근본적인
　　이유로 자체 내의 분열을 들고 있다(李永澤, 1979, 앞의 글, 91~92쪽).

13) 春正月 義琮爲侍中(『三國史記』 卷11, 文聖王 2年).

14) 春正月 伊湌義正爲上大等(『三國史記』 卷11, 文聖王 11年).

15) 春夏 旱 侍中魏昕退 波珍湌金啓明爲侍中(『三國史記』 卷11, 文聖王 10年).

서로 결합하여 왕의 총애를 받았던 金陽이 죽자 왕을 逼迫하여 이에 文聖王은 왕위를 義琮에게 계승시킨다는 遺詔를 내리고 죽게 만들었다.16) 따라서 金周元系인 金陽은 均貞系를 왕위에 오를 수 있도록 도와준 최고의 공신이면서, 또 그의 딸이 文聖王의 妃가 되었음에도 불구하고, 金周元系라는 제약으로 인하여 중앙에서 정치적으로 크게 활약하지 못하고 있었다. 장보고의 몰락을 초래한 직접적인 원인은 그의 중앙정치에로의 진출 야망, 특히 납비 문제가 유산된 데 있었으나, 이 밖에도 서남해안지방의 군소해상세력들의 장보고에 대한 반발을 생각할 수 있다. 이들은 청해진의 설치로 말미암아 장보고의 통제 아래 들어감으로써 종전에 자신들이 누리던 해상무역의 이익을 대부분 잃게 되었던 것이다. 특히 노예무역으로 巨利를 취해 왔던 해상 세력가들이 입은 타격은 매우 컸을 것으로 짐작된다. 이들은 그간 신라 조정에 대해서 노예무역을 다시금 허가해 줄 것과 청해진의 무역 독점행위를 是正해 줄 것을 요구했을 가능성이 크다.17)

장보고의 사망연대에 대해서는 국내자료와 일본 측 자료와의 사이에 약간의 차이가 있다. 『三國史記』에는 그가 846년 봄에 죽었다고 되어 있는데 반하여 일본 측 기록에는 841년 11월중에 죽었다고 되어 있다.18) 한편 圓仁은 그의 일기에서 지난날 장보고의 大唐賣物使로서 중국에 가서 무역을 한 바 있었던 淸海鎭 兵馬使 崔暈十二郞이 '國亂'을 당해서 845년 7월 현재 중국 연수의 新羅坊에서 망명생활을 하고 있음을 기록하고 있는데,19) 이 '國亂'이란 바로 장보고 암살사건을 가리키는 것으로 볼 수 있다. 이처럼 일본 측 자료를 기준으로 해서 본다면 그의 암살사건은 841년 11월 중의 일로 판단된다.

---

16) 秋九月 王不豫 降遺詔曰 … 顧惟舒弗邯誼靖 … 久處台衡 挾贊王政 … 付託得人 夫復何恨 … 越七日 薨(『三國史記』 卷11, 文聖王 19年條).
17) 日野開三郞, 1960, 「羅末三國の鼎立と對大陸海上交通貿易」(2) 『朝鮮學報』 17, 106쪽.
18) 『續日本後紀』 卷11, 842年 正月 乙巳條.
19) 『入唐求法巡禮行記』 卷4, 會昌 5年 7月 9日條.

장보고가 암살당한 뒤 그의 副將이었던 李昌珍 등이 반란을 일으키려 했으나, 염장에 의해 진압되었다고 한다.[20] 그 뒤 한동안 청해진은 閻長의 통제 아래 놓여 있었다. 이에 장보고의 심복들은 중국 혹은 일본으로 떠나고 말았다. 결국 851年(文聖王 13) 2月에 신라 조정은 청해진을 폐쇄하고 그곳 백성들을 碧骨郡(金堤)으로 집단 이주시켜[21] 청해진은 국제무역항으로서의 기능이 사실상 정지되고 말았다.

다음으로는 청해진혁파 뒤의 해상세력과 그에 대한 신라조정의 대응을 살펴보겠다. 장보고는 서남연안 지역의 군소해상세력을 노예무역의 근절이라는 구호아래 철저히 단속해 왔다. 장보고의 제거는 이러한 서남해안의 군소해상세력에 대한 통제력의 상실을 의미하는 것이었다. 신라정부는 이러한 힘의 공백을 메워줄 필요성을 절실히 느꼈을 것이다.

弘弼의 모반 발각 후 海島로의 逃走는 장보고의 딸 납비 문제로 일어난 신라조정과 청해진간의 알력과 때를 같이 하고 있다. 이러한 사실은 장보고가 제거된 文聖王 3年(841) 당시 해안지역에 신라조정의 공권력이 전혀 미치지 못한다는 것을 말해준다. 게다가『新唐書』新羅傳에는 다음과 같은 기록이 보인다.

6-7. 會昌(841~846)이후에 朝貢은 다시 오지 않았다.

이 기록은 해상을 통한 당으로의 조공이 文聖王 3年이후 단절된 것을 기록하고 있는 것이다. 弘弼의 반란과 그의 海島로의 逃走는 신라조정의 공권력이 해안지방에 미치지 못했다는 것을 말한다. 따라서 당에 대한 신라의 조공은 해로를 이용한 것이기 때문에 5년간의 조공단절은 자연스러운 귀결점이 된다. 그러면 장보고가 제거되었음에도 불구하고 당에 대한 사신의 단절은 어떻게 된 것일까? 장보고의 제거

---

20)『續日本後紀』卷11, 842年 正月 乙巳條.
21)『三國史記』卷11, 文聖王 13年 2月條.

는 대두해 오는 지방 세력들 특히 해상세력들을 통제하겠다는 중앙정부의 의지표명으로 보여 진다. 청해진의 혁파이후 신라조정은 서남해안의 힘의 공백을 메워줄 필요성을 절감했을 것이고, 會昌年間(841~846)에 장보고의 통제 아래에 있던 군소해상세력들에 대한 정리에 들어간 것으로 생각된다.[22] 文聖王 6年(844) 江華島에 穴口鎭을 설치하고 阿湌 啓弘을 파견하는 등의 조치가 그것이다.[23]

그런데 會昌 7年(847) 당에서의 귀국길에서 신라 武州 해안지방을 경유했던 圓仁의 기록에 의하면 상황은 상당히 호전된다.

> 6-8. 나라는 평화스럽습니다. 요즈음에는 당나라의 사신 500여명이 서울에 머무르고 있습니다. 지난 4월에는 일본 대마도 백성 6명이 낚시를 하다가 이곳에 표착하여 武州로 끌려갔는데, 이미 국왕에게 이를 보고했으나 아직까지 왕의 처분이 내려오지 않았습니다. 그 사람들은 지금 武州에 감금되어 본국으로 돌아갈 날을 기다리고 있는데, 그 여섯 명중 한 명은 병으로 죽었습니다(『入唐求法巡禮行記』卷4, 847年 9月 6日條).

위의 기록은 文聖王 3年 弘弼이 반란을 일으키고 海島로 逃走해도 체포할 수 없었던 상황과 비교된다. 文聖王 3年 중앙의 통제력이 해안지역에 전혀 미치지 못하고, 또 당에 사신을 파견할 수 없을 만큼 상황이 혼란스러웠던 것이 同王 8年(846)을 고비로 해안지역에 대한 중앙의 통제력이 회복되었다는 것을 말해 준다.

文聖王 10年 夏에 金啓明이 侍中으로 임명되고, 그 이듬해 10월 金誼貞이 上大等에 임명되었다. 그 후 政局은 이들 근친왕족이 주도하였으며, 전보다 정치적 안정기에 접어들었다.[24]이들의 등장과 함께 서남해안의 통제에 활기를 띠기 시작했다. 同王 13년 2월에 청해진을 완전히

---

22) 徐榮敎, 1994, 「9世紀 중반 新羅朝廷의 海上勢力 統制」『慶州史學』13, 18~19쪽.
23)『三國史記』卷11, 文聖王 6年條.
24) 李基東, 1984, 앞의 글, 169쪽.

폐쇄하고, 14년에 波珍湌 眞亮을 熊州都督으로 파견하고 있다. 그리고 同王 17년에 서남의 州郡에 사신을 파견하여 백성을 撫問하고 있다. 이 撫問은 興德王 7年(832) 이후 23년 만에 처음 있는 일이었다.

文聖王代에 국가존립을 위한 지방 세력들에 대한 통제정책을 주도한 인물들이 當代의 정치사회를 이끌어 갔다고 할 수 있다. 文聖王代에 재상의 지위에 있었던 인물들은 上大等·兵部令·侍中 등을 역임한 인물이 될 것이다. 文聖王代의 재상급 인물로는 왕의 叔父인 誼靖과 禮徵, 金陽, 金茹, 良順, 景文王의 父인 金啓明 등을 들 수 있다.

誼靖은 金均貞의 子로서 神武王의 異母弟이다. 그는 金陽이 兵部令에 임명되기 전까지 兵部令을 역임하면서 文聖王 초반기의 군사 분야 전반을 담당했고, 同王 3년에 장보고가 제거된 후 서남해안의 군소해상세력이 跋扈하자 兵部令으로서 이들을 통제하는 정책을 金陽과 함께 주도했을 것으로 보여 진다. 또한 文聖王 13년 2월에 청해진이 혁파될 때 그가 상대등직에 보임하고 있었던 것으로 보아 이것을 결정하는데 직접 참여했을 가능성이 크다.

金陽은 836년의 왕위계승쟁탈전에서 金祐徵의 父인 均貞을 받들었고, 이 과정에서 패한 후 청해진으로 망명한 金祐徵을 도와 閔哀王을 타도하고 金祐徵이 神武王으로 즉위하는데 결정적인 역할을 했다. 나아가 납비 문제로 청해진측이 신라조정에 위협의 대상이 되자, 자객을 보내 장보고를 암살하여 왕실에 대항하는 최대의 정적을 제거하는데 주도적인 역할을 했다. 당시 장보고의 암살 뒤에도 신라조정은 해상세력의 대두로 위협받고 있었고, 서남해안의 군소해상세력은 여전히 건재하였다. 이러한 상황을 타개하는데 군사상의 경험을 가진 金陽의 역할이 필요했다. 따라서 金陽은 장보고를 제거하는 등의 해상세력통제책을 주도했다.

金啓明은 僖康王의 아들로 왕위쟁탈전의 와중에서도 건재하여 文聖王의 누이 光和夫人과 결혼하였으며 그 후 同王 10年에 執事省 侍中에 임명되었다. 이처럼 그는 과거에 상쟁했던 金均貞·金憲貞 양계파의 화해무드 속에 등장하였다. 따라서 그는 文聖王 후반기 또는 최소한 憲安王代에 와서는 執事省 侍中으로서 일반근친왕족의 예우에 따라 兵部令이나 宰相 또는 內省私臣을 겸직했을 가능성이 높다.

文聖王 10年이래로 金啓明과 金誼靖은 각각 侍中·上大等에 보임해 있었고, 이들이 文聖王代 후반기를 주도한 것으로 보인다. 따라서 서남해안의 군소해상세력에 대한 중앙정부의 적극적인 단속·통제정책이 이들에 의해 추진된 것으로 보여 진다. 이러한 정책을 추진하는 과정에서 그들의 정치적 입지는 더욱 강화되었고 서로 긴밀히 밀착할 수 있었을 것으로 생각된다. 즉 金啓明의 子인 膺廉(景文王)과 憲安王의 女 寧花夫人의 혼인이 그것이다.

해상세력이 대두해 오는 위협적인 현실아래서 국가체제 존립을 위한 해상세력의 통제·단속과 같은 적극적인 노력이 文聖王 이후 지속되었을 때 신라의 국가체제는 유지되었고 景文王·憲康王代의 번영을 가져올 수 있었다. 신라조정의 서남해안통제책은 전국적인 농민반란이 일어난 眞聖女王 3年(889) 이전까지는 유지되었던 듯하다. 즉 憲康王在位 후반기 또는 定康王代까지는 해상세력통제책이 성공한 것으로 생각된다.

2. 鎭의 성격변화

신라 하대에는 주로 북방의 변경지역과 해상·육상교통의 요지에 진을 설치하였다. 이 가운데 지금까지 가장 많은 연구가 진행된 것은 패강진과 청해진이었다. 즉 특정한 한두 개의 진에 대한 연구가 집중되어 있고, 나머지에 대해서는 구체적인 연구가 이제 시작되고 있다.

鎭은 원래 중국에서 유래한 것이다.[25] 중국 唐代의 번진휘하 주력

---

25) 중국 唐代의 藩鎭에 관한 연구성과는 다음과 같다. 濱口重國, 1930, 「府兵

군은 衙(牙)軍으로 會府(藩鎭의 治所)에 주둔하는 군대였다. 아군에
는 군단명칭을 조정으로부터 부여받은 것이 많았다. 이를 軍號 혹은
軍額이라 불렀다. 아군이 군호를 가진 경우, 그 번진은 일반적으로 군
호명을 관칭했다. 또 아군의 군호는 동시에 그 번진관하의 전군을 총
칭하는 의미로도 사용되었다. 아군은 번진막하의 주력군으로서 수가
많고 질도 비교적 우수하였다. 아군 중에 藩帥의 신뢰를 받는 정예부
대가 牙內(內牙)軍으로 아군이란 말은 때로는 아내군 만을 가리키는
것으로 쓰였다.[26]

아군과 아울러 번군의 구성요소를 이루는 것이 外鎭軍이다. 번진은
관내의 방비 및 치안을 확보하기 위해 휘하의 군대를 나누어 관내의
요지에 주둔시키고 부하장교를 파견하여 이를 통솔하였다. 이 주둔병
단을 鎭이라 하고, 이를 통솔하는 장교를 鎭將(鎭遏將·鎭使·鎭遏兵
馬使·鎭遏都知兵馬使·鎭兵馬使·鎭都知兵馬使)이라 한다. 진 및 진
장도 부병제도하의 변방조직으로서 당초 이래 설치된 것이지만 이것
과 외진과는 전연 성질을 달리하는 것이었다. 鎭戍의 鎭은 府兵 500
인 이하의 변방병단이었지만 外鎭은 병사수에 한정이 없고, 병사 또
한 官健·土團으로 구성되어 수천 명을 넘는 鎭도 드물지 않았다. 외
진 중에는 守捉이라 불리 우는 것도 있었다. 이 또한 군진처럼 안사의

制度より新兵制へ」『史學雜誌』41-11·12(1966,『秦漢隋唐史の研究』上, 東
京大學出版會에 재수록) ; 日野開三郎, 1939·1940,「唐代藩鎭の跋扈と鎭將」
『東洋學報』26-4, 27-1·2·3(1980,『日野開三郎 東洋史學論集』1－唐代藩鎭
の支配體制－에 재수록) ; 日野開三郎, 1942,『支那中世の軍閥』, 三省堂
(1980, 앞의 책에 재수록) ; 谷川道雄, 1952,「唐代の藩鎭について－浙西の
場合－」『史林』35-3 ; 菊池英夫, 1961,「節度使制確立以前における'軍'制
度の展開」『東洋學報』44-2 ; 王壽南, 1969,『唐代藩鎭與中央關係之研究』,
嘉新水泥公司 ; 栗原益男, 1971,「安史の亂と藩鎭體制の展開」『岩波講座
世界歷史』6, 岩波書店 ; 金文經, 1975,「唐代 藩鎭의 한 硏究－高句麗遺民
李正己一家를 中心으로－」『省谷論叢』6 ; 1984,『唐代의 社會와 宗敎』,
崇田大學校 出版部 ; 章羣, 1987,『唐代蕃將硏究』, 聯經.
26) 日野開三郎, 1980, 앞의 책, 51쪽.

난 이전부터 변방에 두어지고, 안사의 난후 內地에도 列置되었던 것
이다. 外鎭중에는 戌라 불리 우는 것도 있었는데, 戌란 명칭은 鎭戌의
戌에서 유래한 것이라 보여 진다.

이상과 같이 번진의 외진에는 軍·鎭·守捉·戌·營이라 불리는
것이 있고, 營이외의 것은 안사의 난 이전부터 이미 변경에 다수 두어
지고, 안사의 난 뒤에는 번진의 內地列置와 함께 內地에 보급되었던
것이다. 진·수착·수·영은 이름은 다르지만 성질·목적은 동일하
고, 따라서 진은 때때로 수착·수·영이라 불리는 예가 있고, 수
착·수·영도 진이라 불리는 경우도 있었다. 반면에 군은 그 액을 수
여받는 관계로 진·수착·수등과 혼용되지 않았을 뿐 아니라 한 단계
높은 것으로서 구별되었다. 그러나 외진으로서의 성질목적은 동일했
기 때문에 진·수착을 올려 군으로 하거나 군을 진으로 하는 경우도
자주 있었다.[27]

신라 하대 진에 관한 기존의 연구성과는 진을 하나의 특수 지방행
정단위로 보려는 견해와 군사적 성격을 강조하는 견해로 나누어 볼
수 있다. 그런데 기존의 연구성과에서 간과하고 있는 것은, 진이라는
것이 원래 중국에서 연유한 것인 만큼 중국에서의 진의 개념과 변천
과정의 검토를 통한 신라 진과의 비교가 부족하다는 점과 청해진을
특수한 예의 하나로서만 언급하고 있다는 점이다. 후자의 문제는 진
에 관한 사료가 패강진에 국한해서 남아있는 것도 다른 이유로 작용
하였다.

청해진 설치 이전의 진은, 2세기 중엽부터 5세기 후반에 설치되었
던 長嶺·臨海·長峰鎭과 무열왕 5년(658)에 悉直(삼척)에 두어진
北鎭, 경덕왕대에 설치된 浿江鎭 등을 들 수 있다. 이 중에서 長嶺·臨
海·長峰鎭은 당시의 일반적 행정단위였던 城과 커다란 차이가 없다.
그리고 北鎭과 浿江鎭 등은 각각 동북·서북면 일대를 방어하는 최전
선 기지였다.

---

27) 日野開三郞, 1980, 앞의 책, 53~54쪽.

종래에는 진을 지방의 특별 행정조직으로 이해하는 것이 일반적이었다. 사실 진이 지방 행정조직의 하나였는지, 아니면 순수한 군사기지에 불과하였는지는 진의 성격을 해명하는데 중요한 의미를 지닌다. 『三國史記』地理志 新羅條의 내용을 보면, 진에 관한 내용이 전혀 보이지 않는다. 『三國史記』편찬자들이 지리지에 진의 置廢와 관련된 내용을 기술하지 않은 이유는 그것이 지방의 행정조직으로서 기능하지 않았기 때문이었을 것이다. 또한 진이 지방행정조직으로서 기능하지 않았을 것이라는 추정은 당시 진에 파견된 최고 책임자나 군관조직의 성격을 통해서도 보완할 수 있다. 즉 신라시대에 진의 책임자를 頭上大監(都護), 大使, 鎭頭 등 다양하게 불렀는데, 이들은 모두 군사적인 성격이 강한 직명이라는 공통점을 지닌다. 이것은 진의 성격 자체가 대규모 군대가 주둔하던 군사기지, 즉 軍營이었다는 사실과 잘 부합되는 측면이다. 아마도 진이 설치된 지역의 경우 그 장관은 통상적으로 軍政을 관할하고, 그 지역의 태수나 현령은 民政을 관할하였던 것으로 추정된다.

신라는 패강지역에 진을 설치한 이후 주로 해안지역에다 여러 개의 진을 설치하였다. 淸海鎭(흥덕왕 3년, 828), 唐城鎭(흥덕왕 4년, 829), 穴口鎭(문성왕 6년, 844), 長口鎭 등이 그것이다. 청해진은 전남 완도에, 당성진은 경기도 화성군 남양면에, 혈구진은 강화도에, 장구진은 황해도 장연군 장산곶 근처에 위치하였다. 이처럼 해상교통의 요지에 대규모의 군대가 주둔하는 鎭을 설치하였다는 점에서 신라는 일차적으로 안전한 해상교통로를 확보할 목적으로 해안지역에 진을 설치하였던 것으로 보인다. 여기서 주목되는 점은 진의 원래 설치 목적인 군사기지의 의미에다가 청해진 설치를 계기로 경제적인 성격이 더해졌다는 것이다. 이하에서는 현재 기록이 남아있는 청해진·패강진·당성진을 통해 진의 성격변화과정을 살펴보겠다.

① 淸海鎭의 경우

전술했듯이 신라 하대의 진은 중국 번진휘하의 外鎭과 성격이 비슷하다는 것을 알 수 있다. 그런데 외진은 州와 縣의 치소·교통의 요지, 그리고 草市 같은 경제적 요충지에 설치되어 있었다. 그러한 진의 대표적인 경우로써 청해진을 들 수 있다.

『三國史記』에 의하면 828년(홍덕왕 3) 4월에 장보고가 중국에서 돌아와 홍덕왕을 알현하고 사졸 1만인으로써 완도에 設鎭했다고 한다.[28] 청해진 설치의 배경으로는 우선 시중이었던 김우징의 도움이 있었다는 것을 들 수 있다. 그리고 김우징의 심복인 김양은 홍덕왕 3년에 고성군 태수로 재직하다가 이어 중원 대윤을 거쳐 무주도독으로 전임되어 재직한 바가 있다.[29] 따라서 홍덕왕대에 청해진 설치를 전후로 하여 시중 우징·무주도독 김양과 청해진대사인 장보고사이에는 어떤 모종의 관계가 이루어졌을 것이라는 추측을 해볼 수 있을 것이다.[30] 이상의 정치적인 목적 외에도 경제적인 측면도 고려해 볼 수가 있다.

정창원에는 '買新羅物解'라는 문서가 남아 있다. 이 문서가 제출된 날자는 752년(경덕왕 11)의 15·16·17·20·21·23·24·26일이다. 이는 김태렴 등 신라 사절단 일행이 평성경에 머물고 있었던 기간과 일치하고 있다.

그런데 주목할 만한 일은 김태렴 일행 가운데는 일본에서의 무역을 목적으로 온 사람들이 많았다는 사실이다. 752년에 온 신라사신은 7척의 배에 700여인을 헤아린다. 이 대규모의 신라 사신단 중에는 상당

---

28) 淸海大使弓福 姓張氏一名保皐 入唐徐州 爲軍中小將 後歸國謁王 以卒萬人 鎭淸海淸海今之莞島(『三國史記』卷10, 興德王 3年 4月) ; 後保皐還國 謁大 王曰 遍中國以吾人爲奴婢 願得鎭淸海 使賊不得掠人西去 淸海新羅海路之 要 今謂之莞島 大王與保皐萬人 此後海上無鬻鄕人者(『三國史記』卷44, 列 傳4 張保皐).

29) 『三國史記』卷36, 地理志3에 의하면 莞島는 陽武郡에 속하며 양무군은 武 州의 관할 하에 있었다.

30) 尹炳喜, 1982, 「新羅 下代 均貞系의 王位繼承과 金陽」 『歷史學報』 96, 68~69쪽.

수의 무역상인이 있었던 듯하다. 김태렴에 의하면 경덕왕은 370인을 일본에 파견했다고 한다. 신라의 공식적인 사신 370인과 거의 同數에 가까운 王城의 상인 또는 도중에 합류한 무역상인이 다수 있었으리라 생각된다.[31]

이상을 통해서도 청해진이 설치되기 이전에 경주의 진골귀족들은 무역의 이윤에 대해서 알고 있었으리라 생각된다. 그리고『三國史記』에 나오는 흥덕왕대의 금령은 당시의 활발한 무역의 실상을 보여주는 예라고 할 수 있다.[32] 따라서 청해진의 설치 목적은 안전한 무역로의 확보와 경제적 이윤에 있지 않았을까 생각된다.

② 浿江鎭의 경우

패강진의 경제적 성격을 살펴보기 위해서는 우선 郡監의 문제가 주목된다.〈谷城大安寺寂忍禪師照輪淸淨塔碑〉에는 다음과 같이 나와 있다.

> 6-9. (中略) 처음 당나라에 갈 때 죄인의 무리와 함께 같은 배로 取城郡에 도착하자 郡監이 이를 알고 칼을 씌워 가두고 추궁하였다. 禪師는 黑白을 말하지 않고 또한 같이 下獄되었는데, 郡監이 사실을 갖추어 아뢰고, 敎를 받아 30여 명을 목을 베었다. 마침내 순서가 禪師에게 이르자 禪師는 얼굴이 온화하여 죄인 같지 않았고, 스스로 형장에 나아가자 감사가 차마 바로 죽이라고 하지 못하였다. 곧 다시 명령이 있어 석방되니, 오직 禪師만이 (죽음을) 면하였다.[33]

---

31) 東野治之, 1977,「正倉院氈の墨書と新羅の對外交易」『正倉院文書と木簡の研究』, 塙書房, 354쪽.
32) 이우성은 이 규정들이 당시의 진골귀족들이 퇴폐적인 사치풍조를 알려준다는 것으로 설명하였고(李佑成, 1969,「三國遺事所載 處容說話의 一分析」『金載元博士回甲記念論叢』), 이용범은 이 규정에 나오는 물품을 통해 당시 신라의 무역활동을 알 수 있다고 하였다(李龍範, 1969,「三國史記에 보이는 이슬람商人의 貿易品」『李弘稙記念韓國史學論叢』).
33) 韓國古代社會硏究所編, 1992,『譯註 韓國古代金石文』3, 38쪽.

신라영토의 최북단에 위치한 취성군에는 군의 책임자인 '郡監'의 존재가 확인된다. 또 사료에 보이는 그의 행동으로 볼 때 '군감'의 직위는 이 지방 해상교통로의 경비에 있었다고 생각된다. 취성군은 대동강 하구에 위치하고 있는데, 이는 등주로부터 당은포에 이르는 항로에 해당하는 곳이다. 특히 이 지역이 발해와 군사적으로 대치하고 있던 곳임을 감안하면 취성군의 '군감'은 단순한 해상교통로의 경비만이 아니라 중요한 임무도 띠었을 것으로 보여 진다. 따라서 취성군의 '군감'을 패강진전의 대감과 동일시할 수 있다고 생각된다.[34]

한편 패강진의 관할범위 중 한 지역인 개성지방에서 해외무역을 포함한 상업 활동이 일어나기 시작한 것은 신라가 당과의 대립기간을 지나 안정된 700년경이며, 800년경부터는 중앙정부와 귀족세력의 간섭으로부터 벗어나 자유로이 중국각지와 사무역을 활발히 전개하였다. 개성은 신라 서북지방의 중심지로서 강대한 지방 세력을 이루고 있었으며 왕건의 집안은 이 지방 제일의 재력을 바탕으로 지도적 위치를 점하고 있었다. 그리고 왕씨 집안은 대대로 이 지방 각처의 부호들과 혼인관계를 맺음으로써 개성지방 세력의 단결을 공고히 하고 기반을 튼튼히 하였다. 한편 이 지방의 상업세력은 강력한 군사력을 가진 궁예가 나타나자 재빨리 귀순함으로써 그들의 무역기반을 유지할 수 있었으며 이것은 뒤에 고려시대의 벽란도활동으로 연결되었다.[35]

③ 唐城鎭의 경우

신라와 당과의 행로는 경주와 입·출항지간의 육로, 황해 항로, 중국에서의 육·수로 등 3구간으로 구성되어 있다. 신라에서의 육로를 추적하기 위해서는 우선 신라 견당사의 주요 입·출항지를 찾을 필요가 있다. 三面이 바다로 둘러싸인 신라 지형상 동남해 연안에도 良港들이 많이 있었다. 헌강왕대 처용이 來泊한 지금의 蔚山灣과 희강왕대

---

34) 李成市, 1998, 앞의 책, 277～278쪽.
35) 朴漢卨, 1989,「羅末麗初의 西海岸交涉史硏究」『國史館論叢』7.

김우징이 화를 피하여 청해진으로 떠난 黃山津은 당시 대표적인 동남
해 연안의 항구였다. 그러나 이곳들은 지리적으로 신라의 동남쪽에 치
우쳐 있으므로, 황해를 횡단해야 하는 견당사들에게 있어서는 남해안
을 우회하는 불편함과 그에 따른 해상조난의 위험이 있다. 뿐만 아니
라 대만 동쪽 해역으로부터 연중 내내 일본열도와 대한해협으로 북상
하는 대마완류도 입당하는 견당선으로서는 부담스런 존재였다. 그러
므로 동남해 연안의 항구는 신라 견당선의 입·출항지로서 적당치 않
고, 서해안에서 그것을 찾는 것이 타당하지 않을까 보여 진다.

　서해안은 지리적으로 중국과 가깝다. 여러 문헌기록을 통해서도 당
을 왕래하는 나당인 들은 대부분 서해안 항구를 이용하였음을 알 수
있다. 경덕왕 23년(764)에 일본의 入唐 학문승 戒融의 본국 귀국여부
를 알아보기 위하여 발해를 거쳐 신라에 온 당나라 사신 韓朝彩가 자
기 나라로 돌아가던 중 신라의 '西津'에 일시 머물렀다고 하는데,[36]
'西津'은 바로 신라 서해 연안의 어느 항구였을 것이다. 나말의 禪僧
大鏡大師 麗嚴이 당나라에 가는 배를 얻어 타기 위하여 靈覺山에서
내려와 서해 연안을 서성거렸다는 것[37] 역시 중국으로 들어가는 선박
들의 출항지가 주로 서해안에 있었음을 암시해 준다.

　당시 서해 연안의 항구로는 지금의 경기도 화성군 남양만에 있던
唐恩浦, 충남 당진군의 大津, 전북 옥구군 금강 하구의 鎭浦, 전북 부
안군의 변산반도 남단인 당시의 喜安縣 연안, 그리고 지금의 나주군
영산강 하구에 있던 會津 등을 들 수 있다. 이 가운데 당은포와 회진
이 나당 왕래 시 가장 빈번히 이용되었다. 신라가 진흥왕 14년 11월
에 당항성을 자국의 영토로 삼은 이래 당은포는 줄곧 나당 교통의 관
문 역할을 하였다. 선덕왕 12년에 백제와 고구려가 연합하여 당항성
을 빼앗아 신라의 대당 조공로를 막으려고 하자, 선덕왕이 급히 당에

---

36) 其朝彩者 上道在於新羅西津 本國謝恩使蘇判金容 爲取大宰府報牒 寄附朝
　　彩 在京未發(『續日本紀』卷25, 天平寶子 8年 7月 甲寅條).
37) 由是 擲守株之念 抛緣木之心 挈瓶下山 沿其西海 乘査之客 邂逅相逢(崔彦
　　撝,「菩提寺 大鏡大師碑銘」).

사신을 보내어 구원을 요청한 것38)은 나당간의 왕래에 있어서 당은
포의 중요성을 잘 보여준다. 특히 朗慧和尙 無染이 헌덕왕 14년(822)
에 당은포에서 출발하는 조정왕자 金昕의 배를 타고 入唐했다는
것39)은 당은포가 견당사의 출항지로서 이용되었음을 단적으로 말해
준다.

入唐뿐만 아니라 당으로부터 신라에 들어올 때도, 登州에서 황해도
서단을 경유할 경우, 당은포는 해로의 최종 기착지였고 신라 입국의
관문이었다. 문무왕 8년(668)에 유인궤가 이끈 당의 고구려 정벌 수
군은 산동반도에서 출항하여 당항진 즉 당은포에 도착하였다.40) 그리
고 『新唐書』 卷43, 地理志 말미에 인용된 가탐의 지리서 내용에 의하
면, 당에서 신라로 들어가는 길은 등주를 출발하여 요동반도 서남단의
老鐵山을 경유, 서해안을 따라 남하하여 菽島·麻田島·德物島 등을
거쳐 당은포에 다다랐다가 육로를 따라 동남쪽으로 700리를 가면 신
라 서울에 이른다고 하였다.41) 그러므로 당은포는 삼국시대부터 신라
하대에 이르기까지 나당간을 왕래하는 선박들의 중요한 입·출항지였
다고 하겠다.42) 따라서 당성진도 역시 청해진·패강진과 마찬가지로
경제적 요지에 설치된 鎭으로 볼 수 있을 것이다.

청해진의 설치를 계기로 鎭의 성격이 변화한 것은 다음과 같은 이
유 때문이라고 생각된다. 첫째 중국에서 활동한 장보고의 건의에 의
해 설치된 청해진의 성공에 고무된 신라조정의 대응으로 인한 당성진
을 비롯한 잇단 해상교통 요충지에의 鎭 설치, 둘째 9세기 당시 활발

---

38) 新羅遣使於唐 言百濟攻取我四十餘城 復與高句麗連兵 謀絶入朝之路 乞兵
救援(『三國史記』 卷21, 寶藏王 2年 9月條).
39) … 泊長慶初 朝正王子昕 艤舟唐恩浦 請寓載 許焉 … (崔致遠, 「聖住寺 朗
慧和尙碑銘」).
40) 遼東道安撫副大使·遼東行軍副大摠管·兼熊津道安撫大使·行軍摠管·右
相·檢校太子·左中護·上柱國·樂城縣開國男 劉仁軌 奉皇帝勅旨 與宿
衛沙飡金三光 到黨項津(『三國史記』 卷6, 文武王 8年 6月 12日條).
41) 內藤雋輔, 1961, 『朝鮮史研究』, 東洋史研究會, 369~370쪽.
42) 權悳永, 1997, 『古代韓中外交史』, 一潮閣, 189~191쪽.

했던 대외무역을 보호하기 위한 안전한 해상교통로의 확보, 그리고
한반도의 서남부 지역에 계속된 자연재해와 지방 세력의 성장에 의한
중앙정부 재정의 악화 등을 들 수 있다. 이러한 상황에서 신라조정은
육상·해상교통의 요충지 장악과 아울러 재정확보 차원에서 경제적
요충지에 진을 설치한 것이 아닐까 생각된다. 위에서 살펴본 세 鎭이
외에도 穴口鎭·長口鎭 등이 해상교통의 요지에 설치되었다는 점으로
보아, 경제적인 목적으로 설치되었을 가능성이 크다고 보여 진다.

결국 신라의 上古期의 鎭은 당에서 安史의 亂 이전에 설치된 소규
모 병력이 배치된 군사기지의 의미와 같다. 이후 설치된 신라 하대 진
의 관할범위는 청해진·패강진 등의 예외가 있으나 대체로 1개 군 정
도의 범위로 볼 수 있다고 생각된다. 그리고 기존에는 鎭의 조직체계
에 대해 유일하게 기록이 남아있는 패강진을 근거로 나머지 鎭의 조
직체계를 추정해 왔었다는 것을 알 수 있었다. 그러나 중국에서 군 생
활을 한 장보고의 건의에 의해 설치된 청해진과 하대에 설치된 진들
은 청해진 설치이후에 설치되었다는 점, 패강진의 장관 명칭도 9세기
에 바뀐다는 점 등을 볼 때 신라 하대의 진은 당의 外鎭과 성격이 비
슷하다는 것을 알 수가 있었다.

신라 하대 鎭을 구성하는 군사력은 외적의 방어 임무를 수행하는
屯田兵的 토착 주민[43]과 왕경인과 內地 군현의 지방민 가운데 3년을
기한으로 赴防한 방수군[44]으로 구성되어 있었다고 보여 진다. 이는
중국 당나라 번진의 군사력이 사병중심의 牙軍과 평상시에는 농사에
종사하다가 유사시에 전투에 참여하는 둔전병으로 구성되어 있는 것
과 같다.

끝으로 신라 하대 鎭의 성격변화과정을 시기별로 나누어 살펴보았

---

43) 選人壯健者 悉入軍 烽戍邏俱有屯營部五(『隋書』 卷81, 新羅傳).

44) 甄萱尙州加恩縣人也 本姓李 後以甄爲氏 父阿慈介 以農自活 後起家爲將軍
初萱生孺褓時 父耕于野 母餉之 以兒置于林下 虎來乳之 鄕黨聞者異焉 及
壯 體貌雄奇 志氣倜儻不凡 從軍入王京 赴西南海防戍 枕戈待敵 其勇氣恒
爲士卒先 以勞爲裨將(『三國史記』 卷50, 列傳10 甄萱).

다. 우선 상고기의 鎭과 北鎭·浿江鎭 등 청해진설치 이전의 鎭들은
국경의 요충지를 방어하기 위한 군사기지적인 성격이 강했다는 것을
알 수가 있었다. 다음으로 청해진의 성공, 활발한 대외무역을 위한 안
전한 항로 확보, 부족한 재정확보[45] 등을 이유로 해안 요충지에 鎭이
설치되었다는 것을 알 수가 있었다. 이후 후삼국기에는 해안 요충지
를 비롯한 영토의 상실로 인해 당시의 국경을 방어하기 위해 군사기
지적 성격을 가진 鎭으로 성격이 변화하였는데, 이는 결국 고려시대
의 北界 分道制의 선행형태라고 이해된다.[46]

3. 9世紀後半 交易秩序의 變化

전술했듯이 장보고는 재당신라인사회와 재일신라인사회 그리고 청
해진을 연결하는 일련의 무역망을 구축하고 있었고, 이를 바탕으로
단기간에 동아시아 해상권을 장악할 수 있었다. 장보고의 사후 그 세
력에 속했던 이들의 동향은 크게 두 갈래로 나타나며 서로 반대되는
입장을 보이고 있다.

> 6-10. … 장보고가 죽고 그의 副將 李昌珍 등이 반란을 일으키고자 함
> 에, 武珍州 別駕 閻丈이 군사를 일으켜 토벌하여 평정하였으므
> 로 지금은 이미 아무 걱정이 없습니다. 다만 적의 무리들이 망
> 을 빠져나가 문득 당신들 나라에 도착하여 백성들을 소란스럽
> 게 할까 두렵습니다. 만약 그 쪽에 도착한 배 중에서 공식문서
> 를 가지지 않는 자가 있으면, 청컨대 있는 곳에 엄히 명하여 심
> 문하여 붙잡아 들이십시오. … 또 말하기를 "李忠 등은 廻易의
> 일을 마치고 본국으로 돌아갔는데, 그 나라에서 난리를 만나 무
> 사히 도착할 수 없어 다시 筑前大津에 온 것이다. 그 후 於몹系

---

45) 국가재정과의 관련성여부나 商稅문제는 본서 7장 2절 참고.
46) 尹載云, 1999, 「新羅下代 鎭의 再檢討」『史學硏究』58·59.

등이 귀화하여 와서 '우리들은 장보고가 다스리던 섬의 백성입
니다. 장보고가 작년 11월중에 죽었으므로 평안하게 살 수 없는
까닭에 당신 나라에 온 것입니다'라고 하였다…"(『續日本後紀』
卷11, 承和 9年 正月 10日 乙巳).
6-11. 일찍이 淸海鎭 兵馬使였던 崔暈十二郞을 만났다. 登州 赤山院
에 머물러 있을 때 한 차례 서로 만났다. (中略) 그 사람이 다시
돌아가 신라에 이르렀을 때 國難을 만나 도망하여 漣水에 이르
러 머물고 있었다(『入唐求法巡禮行記』卷4, 會昌 5年 7月 9日).

6-10 사료는 842년 염장의 부하였던 李少貞이 廻易使 李忠의 물
품을 돌려줄 것을 요구한 것에 대해 일본정부가 논의한 내용이다. 염
장의 요구에 대한 일본정부의 조치는 결국 이충 등을 본국으로 귀환
시키는 것이었지만, 이들이 보인 반염장 태도로 보아 그들이 신라로
돌아갔을 가능성은 그리 높지 않다.

사료 6-11도 같은 양상을 보이고 있다. 崔暈이 망명하여 머물러
있었다고 하는 漣水縣은 재당신라인들의 중심지였다. 그가 재당신라
인들이 거주하면서 교역활동을 하던 해운교통지 漣水縣에 망명했다
고 하는 것은 그가 遣唐賣物使로 활동했던 지역이기 때문이기도 했겠
지만, 재당신라인들의 親張保皐 성향 때문이기도 할 것이다. 이는 곧
재당신라인들이 장보고가 암살당한 후 신라에 반감을 가지고 있었을
것이라는 의미로도 볼 수 있을 것이다.

한편 9세기 전반에 비해 후반에 두드러지게 나타났던 당과 일본간
교역질서의 또 다른 특징은 9세기 전반까지 계속하여 당과 일본간의
교역을 주도했던 신라상인들이 850년대 초에 당상인과 混在하는 양
상을, 그 이후에는 사료에 나타나지 않는 경향을 보이고 있다는 점이
다. 특히 853년 발해인으로 추정되지만 唐人으로 기록된 李延孝와 함
께 당과 일본을 왕래했던 신라인 王超의 기록 이후에는 日本史書에
신라인에 대한 기록은 나타나지 않는다.[47]

---

47) 南漢鎬, 1997, 「9世紀 後半 新羅商人의 動向」『靑藍史學』創刊號, 134~135

이외에도 국적이 혼동되어 표기된 경우가 주목된다. 우선은 欽良暉를 들 수 있다. 圓仁이 귀국하기 위해 일본으로 돌아가는 선편을 수소문하던 중 847년 6월에 唐人 江長과 신라인 金子白, 欽良暉, 金珍[48] 등이 蘇州에서 일본으로 갈 것이라는 편지를 받고, 이들의 배를 이용하여 귀국하게 된다.[49] 이렇게 『入唐求法巡禮行記』에 신라인으로 나오던 흠량휘는 『圓珍傳』에는 '大唐國商人'으로 나오고 있다.[50] 862년 張支信[51]과 동행했던 金文習의 경우 『頭陀親王入唐略記』에서는 唐人으로 기록하고 있지만 신라인으로 보아야 할 것이다.[52]

자 그렇다면 在唐 발해와 신라상인들은 장보고 사후(841) 왜 당나라 국적을 칭하였을까? 여기에 대해서 기존에는 9세기 후반에 당을 거점으로 활동했던 신라상인들이 장보고 사후 신라에 대한 반감과 함께 860년대 이후 보다 유리하게 일본과 교역하기 위해 스스로를 당상인이라 칭하면서 大宰府를 중심으로 일본의 관리 하에 대일교역활동

쪽. 여기서 서술한 國籍은 日本史書에 나오는 것을 기준으로 한 것이다. 후술하겠지만, 日本史書에는 신라인 · 발해인이 확실한 경우에도 唐人으로 서술한 경우가 적지 않다. 이것은 일본에 입국할 당시에 본인들의 주장에 의거해서 기록이 남아있기 때문으로 생각된다.

48) 『續日本後紀』卷17, 承和 14年 10月 甲午條에는 '唐人 42人'으로 되어 있어 김진이 신라인이 아니라 당인으로 기록되어 있다.

49) 『入唐求法巡禮行記』卷4, 大中 元年 6月 9日.

50) 김문경 역주, 2002, 『엔닌의 入唐求法巡禮行記』, 중심, 522쪽.

51) 『續日本後紀』에는 張友信으로 기록되어 있다(卷17, 承和 14年 7月). 일본의 많은 사서에는 장지신을 당나라사람으로 기록하고 있다. 그는 항해업자일 뿐만 아니라 조선업에도 관여하고 있다(『頭陀親王入唐略記』). 그런데 장우신은 재당신라인으로 생각되는 점이 많다. 그것은 당 대 당 · 일 무역업자간의 통역 업무는 대부분 신라 사람이 맡아왔는데 장우신이 원래 '통사 장우신'이었던 것으로 보면 명주에 거점을 둔 재당 신라인이었을 가능성이 크다(김문경 역주, 2002, 위의 책, 523쪽).

52) 김문습의 경우에는 당나라에는 없는 고유의 신라성씨를 사용하고 있음을 볼 때, 신라인으로 보아도 틀림이 없을 것이다(李炳魯, 1996, 「고대일본열도의 '신라상인에 대한 고찰'-장보고 사후를 중심으로-」『日本學』15, 26쪽).

을 전개하였을 것으로만 생각했다.53)

6-12. 大宰大貳 從4位上 藤原朝臣衛가 4조목의 건의문을 임금에게 올
려 아리었다. "신라에서 조공한 것은 그 유래가 오래되어 聖武
天皇 때부터 시작하여 聖朝에까지 이릅니다. 그러나 옛날에 하
던 대로 하지 않고 항상 간사한 마음을 품으며, 조공물을 바치
지 않고 장사하는 일에 기대어 우리나라의 사정을 엿봅니다. 바
야흐로 지금은 백성이 곤궁하고 식량이 모자랍니다. 만약 뜻하
지 않는 일이 있게 되면 무엇으로써 막을 것입니까. 바라건대
신라 사람들을 일절 금지하여 나라 안에 못 들어오게 하십시
오"라 하였다. 대답하기를 "은택이 멀리까지 미쳐 바깥 번방에
서 귀화하여 오는데, 우리나라에 들어오는 것을 일절 금하는 것
은 인자스럽지 못한 일이다. 마땅히 근자에 표류해 오는 사람에
게는 양식을 주어서 돌려보내고 장사하는 무리들이 돛을 날려
와서 도착하면 그들이 가지고 온 물건을 민간에 맡겨 유통하게
하되 끝나면 속히 돌려보내라"고 하였다(이하생략)(『續日本後
紀』卷12, 承和 9年 壬戌 초하루 丙子).

그러나 여기에는 다음과 같은 이유도 있을 것이라고 생각된다. 산
동반도에 세력기반을 가지고 대두한 장보고의 신라에서의 입장은 불
안정하고, 따라서 그 인격에 의해 지탱해온 청해진체제에 의지해온
일본의 외교관계나 교역제도도 당연히 안정되지 않았다. 841년에 장
보고가 죽자, 신라의 소란과 무역관계의 파산에 의해 大宰府나 瀨戶
內海지역에 혼란이 생겨 일본 정부는 842년(承和 9년) 8월에 신라인
入境을 금지하고, 鴻臚館에서 신라인과의 무역관계를 폐쇄하는데 이
르렀다.

이리하여 842년(承和 9) 교역통제에 의해 大宰府 鴻臚館에서 배제
된 신라연해지역의 상인집단 일부는 다른 교역장소를 찾거나, 해적이
되어 일본 연해안에 출몰하였다.54) 즉 재당신라인은 국적을 唐으로
하여 일본정부의 신라인 入境 禁止 조치를 피할 수 있었지만, 신라국

---

53) 南漢鎬, 1997, 앞의 논문, 135쪽.
54) 山崎雅稔, 2001, 「九世紀日本の對外交易」 『アジア遊學』 26, 93쪽.

내에 기반을 둔 신라상인들은 이를 피할 수가 없어서 부득이 하게 무력을 사용하게 되었던 것이다.

> 6-13. 大宰府가 "지난달 22일 밤, 신라해적선 2척이 하카다(博多, 지금의 후쿠오카)를 침입하여 부젠국(豊前, 지금의 후쿠오카현의 동반부와 오이타현의 북부지방)의 年貢인 絹綿을 탈취하여 도망하였으므로 병사를 동원하여 추격하였으나 잡지 못하였다"고 보고하였다(『日本三代實錄』 卷16, 貞觀 11年 6月 15日).
>
> 6-14. 이날 大宰府의 관리를 문책하는 칙령을 다음과 같이 내렸다. "諸國의 貢調使들은 동시에 같이 출발하여야 하며, 서로 거리를 두지 말고 무리를 지어 항해를 하여야 한다. 그럼에도 불구하고 부젠국 만은 혼자서 먼저 출발하여 신라해적의 표적이 되어 약탈을 당하게 되었다. 이것은 단순히 官物을 잃어버린 것만이 아니라 국가의 위신을 추락시킨 것이다. 이러한 사건이 이전의 역사에 있었는지 살펴보아도 있었다는 이야기를 들은 적이 없다(이하생략)"(『日本三代實錄』 卷16, 貞觀 11年 7月 2日).

860년대까지 일본에서의 무역을 주도해 온 주체는 당나라의 산동반도 또는 한반도의 서남부에 근거한 지역세력, 즉 민간상인층이었다. 이들 신라상인은 한반도의 서남해를 거점으로 하여 당나라와 일본을 왕래하면서 교역활동을 계속하고 있었다. 하지만 唐商人(엄밀하게 말하면 순수 唐人과 재당 신라인)이 貞觀期(859~876)부터 당일간을 본격적으로 왕래하면서 교역을 행하게 됨에 따라 당나라와 신라상인 간에는 보이지 않는 경쟁관계에 돌입하게 되었다. 이러한 가운데 벌어진 사건이 바로 869년의 신라인 해적사건이다.

위와 같은 신라해적사건에서 주목할 만 한 점은, 그 당시 大宰府에 거주하면서 순수한 교역활동에 종사하고 있던 신라상인들까지도 이 해적사건에 연루되어 일본정부로부터 철저한 탄압을 받았던 것이다.

> 6-15. 大宰府에 칙령을 내려, 신라인 潤淸·宣堅 등 30명과 원래부터 大宰府 관내에 거주하던 무리들이 통과하는 지방에서는 그들의

양식을 공급하여 京都로 압송하게 하였다. 이에 앞서 大宰府에서, "신라흉적이 貢綿을 약탈하였을 때 潤淸 등에게 그 혐의를 씌어 그들을 구금하였다. 하지만 太政官은 仁恩을 베풀어 그들에게 양식을 제공하여 추방토록 하였다. 그러나 潤淸 등은 순풍을 얻지 못하고 귀국을 하지 못하였다. 그때 對馬島司가 신라인 7명이 표착하였다는 신라의 소식을 보고하였다. 대재부에서는 例에 따라 식량을 주어 돌려보냈습니다. 다만 좁고 작은 신라가 흉독함이 이리와 같이 사나우며, 또한 최근 대마도사람인 卜部乙屎麻呂가 신라에 구금되어 있다가 도망을 와, 신라 병사들이 훈련을 받고 있다는 보고를 하였다. 그의 말을 참조한다면 대마도에 표착한 7명은 정탐을 하기 위해 일부러 표착하였다고 말하였을 가능성도 있지 않는가. 게다가 潤淸 등은 오랫동안 일본에 머물면서 교역활동을 하였기 때문에 일본의 경비가 허술함을 잘 알고 있다. 따라서 지금 그들을 보낸다면 적에게 우리의 약함을 알려주는 것이다. 또한 大宰府에 거주하고 있던 많은 무리들도 겉으로는 귀화한 것처럼 행동하나 속으로는 언제나 역모를 품고 있어 만약 침입이 있으면 반드시 내응할 것이다. 따라서 바라옵기는 天長 원년(824) 8월 20일의 格旨에 의거하여 그들을 모두 무쯔(陸奧, 현재의 동북지방)의 빈 땅으로 이주시켜 그들의 奸心을 끊도록 하십시오"라고 하여, 이에 따랐다(『日本三代實錄』卷17, 貞觀 12年 2月 20日).

869년의 신라해적사건을 직접적인 계기로 하여 일본 지배층은 신라상인들을 탄압하여 무쯔(陸奧, 현재 일본의 동북지방) 등으로 강제 이주시켰으며, 大宰府에서 신라상인과 교섭을 가졌던 일본인 관인들과 호족 층조차도 모반사건에 연루시켜 추방령을 내렸던 것이다.[55]

일본 사서에 보이는 신라해적 관련기사의 특징은, 첫째로 해적의 습격은 893·894년에 집중해 있다는 점, 둘째로 그들은 처음에 마쯔우라(松浦)郡·對馬島 등 西海道지역을 습격하였으나, 점차 山隱

---

55) 『日本三代實錄』卷13, 貞觀 8年 7月 15日 ; 『日本三代實錄』卷16, 貞觀 11年 10月 26日 ; 『日本三代實錄』卷18, 貞觀 12年 11月 13日 ; 『日本三代實錄』卷18, 貞觀 12年 11月 17日.

道·山陽道까지 북상하고 있다는 점, 셋째로 여전히 신라해적의 습격이 일본지배층에 상당히 심리적으로 위협을 주고 있다는 점 등이다.

893년경부터 활발히 전개되기 시작한 신라해적의 움직임은 한반도에 있어서 후삼국시대의 국내사정과 밀접한 관계가 있다고 생각된다. 이에 대한 이유는 첫째로, 이 시기 일본의 조정에서 의논된 遣唐使 파견 정지의 문제와의 관련이며, 다른 하나가 실은 이쪽이 보다 중요하다고 생각되지만, 한반도의 국내정세의 현격한 변화이다.

830년대에 파견된 '承和遣唐使'의 예에서도 알 수 있듯이, 遣唐使에 임명되었다는 것은 생사의 기로에 서는 것으로 보아야 할 것이며, 894년 '寬平遣唐使'로 임명된 사람들의 의식 속에도 당연히 그러한 관념이 있었다고 하여도 전혀 이상할 것이 없다고 하겠다. 따라서 그들이 당나라에 파견되는 것을 바라지 않는다고 한다면 하나의 수단으로서 신라해적 문제를 크게 부각시키는 것은 당연한 것이 아닐까 생각된다.

또 한 가지 해적습격이 일시적이었던 이유로서 생각할 수 있는 것은 한반도의 정세 변화라고 할 수 있겠다. 892년부터 한반도의 혼란상태를 야기한 '在地勢力' 또는 해상세력은 점차 고려와 후백제의 지배 하에 들어가게 되었으며, 그들은 삼국간의 세력다툼에, 특히 왕건과 견훤간의 해상전에 동원되었다. 그것이 寬平期(889~898)에 일본을 침입했던 해적집단이 감소된 또 하나의 이유라고 생각된다.[56]

이상에서 살펴보았듯이 9세기 초까지 국가의 관리 하에서 전개되었던 신라의 대외교역질서는 청해진의 설치를 계기로 장보고의 청해진과 재당신라인·재일신라인을 기반으로 한 상인들이 주도하는 대외교역으로 바뀌게 되었다. 그러나 장보고가 암살되면서 그를 정점으로 했던 대외교역질서는 변화를 맞게 된다.

대외교역을 담당했던 세력들의 변화양상으로는 먼저, 장보고 사후 청해진을 통해 계속 대외교역을 장악하려 했던 염장의 의도에 대해

---

56) 李炳魯, 1996, 「寬平期(890년대) 일본의 대외관계에 관한 일고찰」『日本學誌』16, 32~34쪽.

청해진의 잔존세력들이 반발하면서 신라상인의 이탈이 두드러지게 나타났다. 그와 함께 9세기 후반 재당신라인들은 당과 일본간의 교류에서 신라를 경유하지 않고 南路[57]를 이용하여 일본과 직접 교역활동을 전개하였다. 그들은 신라에 대한 반감에서 뿐만이 아니라 일본과 보다 유리하게 교역을 하기 위해 스스로를 唐商人이라 칭하면서 교역활동을 하게 되었던 것이다.

이에 반해 신라 내 해상세력들은 청해진 혁파이후 대외교역의 중심지역을 거점으로 하여 보다 확대된 시장을 배경으로 독자적인 교역활동을 전개하면서 성장하였을 것으로 추측되고 이것이 日本史書에 나오는 新羅海賊事件이라고 생각된다.

眞聖女王 3년(889)에 상주지방에서 터진 농민반란이 전국적으로 확산되어 가는 가운데 신라의 쇠퇴는 결정이 되고 끝내 회복할 수 없는 절망적인 처지에 놓이게 되었다. 이로써 후삼국시대가 열리게 된다.

---

57) 9세기 전반까지 당과 일본을 연결하는 주된 교역로인 北路는 847년 입당승 圓仁이 귀국할 때까지도 이용되었다. 북로는 당에서 출발하였을 때 산동반도에서 곧바로 서해를 횡단하여 한반도 서해안에 이르게 되며, 서해안을 따라 남하한 후 남해안을 거쳐 對馬島, 九州에 이르기 때문에 서해 횡단을 제외하고는 계속 육지를 따라 항해한다는 점에서 비교적 안전이 보장된다는 이점을 갖고 있다. 이에 반해 南路는 北路와는 달리 일본에서 출발하였을 때 値賀島를 지난 뒤 양쯔강 유역에 이르기까지 표지물이나 대피할 곳이 없는 상태로 항해한다는 점에서 상당한 위험을 안고 있었다. 일본이 당과 교류를 하기 위해서는 북로가 선호될 수밖에 없었을 것인데, 이를 위해서는 신라의 도움이 절대적이었다. 그러나 852년을 기점으로 당과 일본의 왕래에 北路가 이용된 예는 보이지 않고 전적으로 南路를 이용하게 된다(坂上早魚, 1988, 「九世紀の日唐交通と新羅人-圓仁の"入唐求法巡禮行記"を中心に-」『Museum Kyushu』 28, 10~11쪽). 이런 이유에 대해 장보고의 죽음을 계기로 청해진의 통제에서 벗어나게 된 대외교역 담당자의 활동거점이 청해진에서부터 중국과 일본 등 교역대상국과 보다 쉽게 교역할 수 있는 지역으로 옮겨져 갔다고 추측한 견해가 있다(南漢鎬, 1997, 앞의 논문, 133쪽). 그러나 이는 청해진의 혁파 후 염장에 대해 반감을 가지고 있던 재당신라인들이 신라영해지역인 서남해안을 피하기 위해 南路를 선택할 가능성이 크다고 생각한다.

그런데 후백제와 고려의 건국자들이 모두 해상활동의 경험자였던 것은 주목되는 점이다. 즉 甄萱은 신라 말 젊은 군인으로 서남해안의 해상경비 곧 海防 임무에 종사하다가 농민반란이 터지자 세력을 모아 후백제를 세웠다. 한편 王建은 바로 송악지방의 해상무역업자의 가문에서 태어나 후고구려를 세운 궁예의 부하가 되어 주로 水軍을 지휘, 軍功을 세운 인물이다. 그는 貞州로부터 남하하여 서해안 일대를 공제하면서 영산강 하구 羅州에 교두보를 확보하는 데 성공함으로써 후고구려 조정에서 두각을 나타냈다. 그는 영산강 하구에서 가까운 壓海島에 근거를 갖고 있던 能昌 등을 비롯한 다도해상의 해적 소탕에도 성과를 거두었는데, 이 과정에서 그는 槥城, 靈巖, 羅州, 珍島 등 서해안 일대의 해상세력가들을 자신의 휘하에 집결시킬 수 있었다.

다만 그는 궁정 쿠테타를 통해서 새로운 왕조를 개창했고, 이에 따라 그에 협력한 많은 해상세력가들이 개성에 와서 궁정의 귀족 관료가 됨으로써 그들의 활동무대인 바다를 등지게 된 것은 장보고 시대의 상황과는 크게 다른 점이다. 요컨대 왕건에 의한 해상세력 통합작업은 해상세력의 청산작업으로 귀결되고 만 것이다. 더욱이 궁정 귀족이 된 이 서남해안지역 출신 해상세력은 惠宗(943~945) 말년에 일어난 왕위계승 쟁탈전에서 패배함으로써[58] 마침내 역사의 무대에서 퇴장하고 말았다. 소위 麗宋貿易의 주도권을 남중국 상인들이 장악하게 된 사정의 이면에는 이 같은 점이 크게 작용했을 것으로 생각된다.[59]

6장의 논의를 정리하면 다음과 같다. 우선 9세기에 私貿易이 발달하게 된 원인으로는 羅唐日 동아시아 삼국의 정치적 혼란과 造船術·航海術의 발달, 海商勢力의 성장 등을 들 수 있다. 이 가운데 가장 결정적인 요인은 바로 828년 淸海鎭의 설치였다.

---

58) 姜喜雄, 1977,「高麗 惠宗朝 王位繼承亂의 新解釋」『韓國學報』7 ; 鄭淸柱, 1996,『新羅末高麗初 豪族研究』, 一潮閣.
59) 李基東, 1997,「羅末麗初 南中國 여러 나라와의 交涉」『歷史學報』155, 12~13쪽.

828년 청해진의 설치를 계기로 신라는 동아시아무역의 주도권을 장악하게 되었다. 재당신라인사회와 재일신라인사회 청해진을 연결하는 일련의 네트워크 건설에 성공한 신라는 이전에 동아시아무역을 장악하고 있던 발해를 대신해 새롭게 동아시아 무역의 주도권을 장악하게 된다. 즉 '황해무역권', '서부일본무역권' 등을 장악하게 되었던 것이다. 이는 9세기 초 당시 '海東盛國'이라는 호칭을 받으며 중흥기를 맞이하고 있던 발해의 대일사절단이 장보고가 청해진을 중심으로 활동하던 828~841년에는 파견되지 않는다는 점에서도 알 수가 있다.

군소해상세력의 불만과 納妃問題를 둘러싼 중앙정부와의 갈등으로 841년 장보고가 암살되고, 851년 청해진이 혁파되기에 이른다. 청해진 혁파 후 즉 9세기 후반 동아시아 교역질서는 唐城鎭·穴口鎭·浿江鎭·長口鎭 등 鎭의 설치를 통해 서해안 일대를 장악한 신라정부와 신라정부에 반감을 가지고 독자적으로 대일무역을 전개했던 재당신라인, 신라해적사건으로 일본사서에 나오는 신라국내 해상세력들, 발해·중국 상인 등 다양한 주체들에 의한 경쟁체제에 접어들게 된다.[60]

---

60) 9세기후반 무역의 혼란 및 경쟁기의 동아시아 제국의 항해횟수는 다음과 같다(尹載云, 2005, 「남북국시대의 네트워크」『韓國硏究センター年報』5, 九州大學 韓國硏究センター, 56쪽).

9세기후반 교역질서 혼란기의 왕래

출발지 \ 도착지	발해	신라	당	일본	계
발해		1+α	3	9	13+α
신라	?		18	?	18+α
당	0	0		7	7+α
일본	0	0	0		0

※ 907년 唐멸망 이후 신라와 5代의 교섭은 미포함

南北國時代 貿易의 性格

1. 南北國時代 貿易의 變化양상

남북국시대 무역의 변화를 일으킨 첫 번째 사건으로는, 安史의 亂을 들 수 있다. 安史의 亂을 계기로 지방분권적인 세력을 가진 藩鎭體制, 즉 절도사체제가 성립하게 된다. 安史의 亂 이전에는 국가에 의해서만 관리되던 대외교역이, 절도사의 재원확보를 위해 상인층에게 대외교역의 자격을 주는 것에 의해 대외교역의 담당자가 늘어나게 된다. 즉 安史의 亂이 일어난 760년대를 경계로 해서 왕권이 주도하는 국가전략에 의한 전술적·정책적인 방법으로서의 교역(公貿易)이 후퇴하고, 왕권의 권력집중이 이완됨에 따라 새로운 세력의 등장과 그들의 강한 움직임에 의한 상업적 성격이 강한 교역(私貿易)으로 이행해 간다.[1]

아울러 安史의 亂이 일어나는 기간에, 발해가 신라보다 무역과 국제정치에서 우위에 서게 되는 계기를 마련하게 되었다는 점도 주목된

---

1) 李成市, 1997, 『東アジアの王權と交易』, 靑木書店.

다. 즉 발해는 安史의 亂 기간에 당 중앙정부와 반란군사이의 중립적 입장, 고구려 유민 李正己의 淄靑藩鎭과 당 중앙정부사이의 적절한 외교를 바탕으로 국제정치·무역면에서 신라보다 우위에 서게 되었다. 이것은 공무역의 가늠자인 遣唐使의 파견회수나 산동반도지역과의 絹馬貿易, 발해상인들의 활약을 통해 알 수가 있다. 대중국무역에서 발해의 신라에 대한 우위는 이르면 淄靑藩鎭의 소멸시기인 819년, 늦어도 청해진이 설치되는 828년까지는 지속된 것으로 추정된다.

828년 청해진의 설치를 계기로 다음과 같은 변화가 있었다. 첫째, 당과 일본에 형성되어 있던 재당신라인사회와 청해진, 재일신라인사회를 유기적으로 연결하는 일련의 네트워크가 형성되어 동북아시아지역 무역의 번영을 촉진하였다.[2]

둘째, 신라 鎭의 성격이 변화하였다. 즉 중국에서 활동한 장보고의 건의에 의해 설치된 청해진의 성공에 고무된 신라조정의 대응으로 인한 당성진을 비롯한 잇단 해상교통 요충지에의 鎭 설치, 9세기 당시 활발했던 대외무역을 보호하기 위한 안전한 해상교통로의 확보, 그리고 한반도의 서남부 지역에 계속된 자연재해와 지방세력의 성장에 의한 중앙정부 재정의 악화 등을 들 수 있다. 이러한 상황에서 신라조정은 육상·해상교통의 요충지 장악과 아울러 재정확보 차원에서 경제적 요충지에 진을 설치한 것이 아닐까 생각된다.[3]

셋째, 당·일본을 아우르는 동북아시아 지역 무역의 주도권을 신라가 장악하게 되었다는 점이다. 이는 청해진이 설치되었던 828년에서 장보고가 암살당한 841년까지 활발했던 발해의 遣日使가 전혀 파견되지 않았다는 점에서도 알 수가 있다.

청해진의 혁파는 장보고에 의한 무역독점이 해소되었고, 전국 각지에서 해상세력이 대두하게 되는 계기가 되었다. 해상세력은 호족중의 일부로 보여 지는데, 康州의 왕봉규, 金州의 李彦謨, 울산의 박윤웅,

---

2) 尹載云, 1996, 「9世紀前半 新羅의 私貿易에 관한 一考察」『史叢』45.

3) 尹載云, 1999, 「新羅下代 鎭의 再檢討」『史學硏究』58·59합집.

개성지방의 왕건 집안, 나주 오씨, 영암 최씨 등을 들 수 있다. 아울러 신라 중앙정부에 의한 무역 장악노력(해상요충지의 鎭)도 보이고 있고, 민간무역업자들의 등장도 엿보인다. 결국 각계각층에 의한 활발한 무역활동이 나타나게 되는 계기로 작용하였다.

청해진혁파의 영향으로 또 하나 들 수 있는 것은 청해진에 의한, 신라에 의한 동북아시아 무역독점의 주도권이 바뀐다는 점이다. 이는 일본에 왕래한 상인의 명단과 일본에서 출토되는 도자기를 통해서도 알 수 있다. 일본의 鴻臚館이 史書에 처음 보이는 것은 847년 入唐僧 圓仁 등이 귀국한 사료로, '홍려관 앞에 이르렀다'라고 나온다. 그 후 貞觀年間(859~876)에 집중해서 보이지만, 1091년 大宋商人 季居簡이 다라니경을 비교한 기사를 최후로 모습을 감춘다. 따라서 홍려관의 전신인 筑紫館 시대를 포함하여 홍려관이 두어진 시기는 400년이고, 외교기관과 교역의 거점으로서 지위를 차지하였다.

이 오랜 기간을 陶瓷貿易의 관점으로 나누면 두 시기로 나눌 수 있다. ① 8세기말에서 9세기전반, ② 9세기후반에서 11세기 전반이다. 이같이 시기구분 하는 것은 각 시기의 도자무역 상인이 다르다고 생각되기 때문이다. ②시기는 중국에서 당상인이 교역의 중심을 담당하던 시기이고, ①시기는 신라상인이 중심이었던 시기이다.[4]

다음으로 들 수 있는 것은 일본에 간 상인관련 자료이다. 이를 정리하면 다음의 표와 같다. 9세기의 $\frac{1}{4}$분기와 그 이전 8세기 대에 당상인의 내항사료는 보이지 않는다. 또 하나 유의할 것은 承和年間(834~847)까지 일본에 간 상인은 당·신라인이 混在하고 있어서, 그 뒤에 일반적인 당상인만의 경우와는 다르다는 점이다.

---

4) 龜井明德, 1992, 「唐代陶磁貿易の展開と商人」『アジアのなかの日本史』 Ⅲ―海上の道―, 東京大學出版會, 131쪽.

〈표 18〉 민간상인의 일본왕래5)

船主와 船員	출발장소	도착장소	출발일시	도착일시	便乘者	出典
唐人 張賞濟 新羅人 王請·李信忠		出羽國 (漂着)		弘仁 10년(819)		入唐求法巡禮行記
唐人 李隣德	明州		承和 9년(842)		惠萼	入唐求法巡禮行記
唐人 李處人	肥前 值嘉島		承和 9년 8월(842)		惠運	安祥寺惠運傳
新羅人 張公靖 등 26人	楚州	長門國	承和 10년(843)	同 12월 癸亥	仁好, 順昌	入唐求法巡禮行記, 續日本後紀
日本人 神御井 등	明州		承和 14년 4월(847)			入唐求法巡禮行記
新羅人 張支信, 元淨등 37人	楡州 望海鎭	肥前國 值嘉島 那留浦	承和 14년 6월 22일(847)	同 6월 24일	惠運, 仁好, 惠萼	安祥寺惠運傳, 續日本後紀
新신신羅人 金珍 等 44人, 唐人 江長·新羅人 金子白·欽良暉·金珍	蘇州 松江口	肥前國 鹿島	承和 14년 5월 11일(847)	同 9월 10일	圓仁, 惟正, 性海, 丁雄万	入唐求法巡禮行記
唐商人 53人				嘉祥 2년 8월(849)		續日本後紀
唐客 徐公祐	明州	鴻臚館	大中 6년(852)			高野雜筆集
新羅商人 欽良暉				仁壽 2년 閏 8월(852)		智証大師傳
唐人 秀英覺, 陳太信	廣州		齊衡 3년(856)			智証大師將來目錄
渤海人 李延孝	明州	值嘉島 旻美樂	天安 2년 6월 8일(858)	同 6월 19일	圓珍	智証大師傳
渤 발해인 李延孝 등 43人	明州			貞觀 4년 7월 23일(862)		日本三代實錄

新羅商 張支信	明州	貞觀 5년 4월(863)		현賢賢眞, 惠萼, 忠全 등	頭陁親王入 唐略記
唐商 詹景全		貞觀 6년(864)			上智慧輪三 藏決疑表

　이 경우 흥미 있는 것은 초기무역도자기의 출토지가 平城京과 大宰府 관내에 집중하고 있다는 것이고, 그 가운데 후자에 많다는 점이다. 이런 실태는 신라사가 가져온 화물이 平城京과 대부분은 鴻臚館에서 매매되었다는 것을 여실히 보여주는 것이라 할 수 있다. 大宰府를 중심으로 西海道 관청이나 관내 사원에서의 舶載貨物의 유통이 가능했을 것이라 추측된다.

　청해진혁파의 영향으로 또 하나 들 수 있는 것은, 대일무역의 양상이 변화했다는 점이다. 장보고 사후 청해진을 통해 계속 대외교역을 장악하려 했던 염장의 의도에 대해 청해진의 잔존세력들이 계속 반발하면서 신라상인의 이탈이 두드러지게 나타났다. 그와 함께 재당신라인들은 당과 일본간의 교류에서 신라를 경유하지 않고 南路를 이용하여 일본과 직접 교역활동을 전개하였다. 그들은 신라에 대한 반감에서뿐만 아니라 일본과 보다 유리하게 교역을 하기 위해 스스로를 당상인이라 칭하면서 교역활동을 하게 되었던 것이다.[6]

---

5) 龜井明德, 1992, 위의 글, 134~135쪽의 표와 木宮泰彦, 1955, 『日華文化交流史』, 富山房, 123~127쪽 표 참조. 龜井明德의 논문에 唐商人으로 표기된 李延孝를 馬一虹, 1999, 「渤海と唐の關係」 『アジア遊學』 6, 52쪽에 의거 발해인으로 수정한다. 아울러 장지신은 『續日本後紀』에는 장우신으로 기록되어 있다. 그런데 장우신은 재당신라인으로 생각되는 점이 많다. 그것은 당대 당·일 무역업자간의 통역 업무는 대부분 신라 사람이 맡아왔는데 장우신이 원래 '통사 장우신'이었던 것으로 보면 명주에 거점을 둔 재당 신라인이었을 가능성이 크다(김문경 역주, 2002, 『엔닌의 入唐求法巡禮行記』, 중심, 523쪽). 한편 欽良暉를 龜井明德은 唐人으로 파악하고 있으나, 『入唐求法巡禮行記』에 신라인으로 나오고 있어 정정한다(卷4, 大中 元年 6月 9日).

〈그림 23〉 복원된 鴻臚館의 내부모습 1

〈그림 24〉 복원된 鴻臚館의 내부모습 2

즉 9세기에 신라와 당, 그리고 일본을 대상으로 대외교역을 담당했던 신라상인들의 동향은 9세기 전반까지는 청해진을 정점으로 한 거점교역에서, 9세기후반에는 재당신라인과 한반도의 신라상인으로 나뉘어져 각기 대일교역에 참가하는 교차교역의 양상을 띠게 되었다.

841년에 장보고의 사후, 신라의 소란과 무역관계의 파산에 의해 大宰府나 瀬戸内海지역에 혼란이 생겨 일본정부는 842년 8월에 신라인 入境을 금지하고, 鴻臚館에서 신라인과의 무역관계를 폐쇄하는데 이르렀다.

이리하여 842년 교역통제에 의해 大宰府 鴻臚館에서 배제된 신라 연해지역의 상인집단 일부는 다른 교역장소를 찾거나, 해적이 되어 일본 연해안에 출몰하였다.[7]

이후 후백제, 태봉(후고구려), 신라에 의한 후삼국의 정립은 난립하던 해상세력의 재편을 요구하게 되었다. 각각의 해상세력들은 세

---

6) 南漢鎬, 1997,「9世紀 後半 新羅商人의 動向」『青藍史學』創刊號.

7) 李炳魯, 1996,「寬平期(890년대) 일본의 대외관계에 관한 일고찰」『日本學誌』16 ; 山崎雅稔, 2000,「貞觀八年應天門事件と新羅賊兵」『人民の歴史學』146 ; 山崎雅稔, 2001,「貞觀十一年新羅海賊來寇事件の諸相」『國學院大學大學院紀要』32.

나라로 흡수통합 되어간다. 하지만 후백제 지역에 있던 나주 오씨와, 영암 최씨는 왕건에 협력하여 왕건의 나주공략에 적극 협조하게 된다. 이후 고려의 후삼국통일에 의해 중앙귀족화한 나주 오씨와 영암 최씨는 해상의 기반을 떠남으로서 서남해안의 무역활동은 소강국면으로 접어들게 된다.[8]

2. 貿易의 交換手段과 國家財政과의 관련

1) 교환수단

무역의 교환수단 가운데 우선 들 수 있는 것은 철기 소재이다.

> 7-1. 나라에서 韓, 濊, 倭가 모두 이를 가져간다. 무릇 물품을 매매할 때는 鐵을 사용하는데 중국에서 錢을 사용하는 것과 같다(『三國志』卷30, 魏書30 弁辰).

변·진한 지역에서 생산된 철은 板狀鐵斧나 鐵鋌의 형태로 주변국과 漢 郡縣에 공급되는 한편 대내적으로도 유통되고 있었다. 板狀鐵斧는 일부가 弧形을 띠고 나무 자루가 장착된 상태로 출토된 예도 있다. 따라서 板狀鐵斧는 鐵斧로 쓰였으며 중간소재로 활용되었을 가능성도 있다고 한다.[9]

이에 비해 鐵鋌은 4세기 중엽~6세기 중엽의 한반도, 그리고 일본 고분 시대에도 유물로 출토되는 楔形의 철판을 지칭한다. 이것은 인

---

8) 姜喜雄, 1977, 「高麗 惠宗朝 王位繼承亂의 新解釋」『韓國學報』7.
9) 宋桂鉉, 1995, 「洛東江下流域의 古代鐵生産」『伽倻諸國의 鐵』, 신서원, 135~139쪽.

부가 직선형이고 단면이 점차 얇아져 鐵斧로서의 기능을 할 수 없으므로 철기의 중간소재이면서 화폐로 쓰였다고 한다.[10]

시기에 따른 가치의 변화는 있었지만, 鐵鋌은 비교적 다양한 교환가치를 가지고 있었고, 계산의 편의도 고려하여 크기와 중량이 규격화되어 있었던 듯하다. 『三國志』기록에 의하면 3세기 대 변·진한 지역의 철은 이미 현물화폐로 유통되고 있었고, 5세기 단계가 되면 규격성이 높아지고 소형·경량화 되면서 화폐로서의 기능이 한 단계 진전된다고 볼 수 있다.[11]

철과 함께 金銀 등의 귀금속도 고액 현물화폐로 사용된 듯하다. 4세기경부터 조영되기 시작하는 신라의 적석목곽분에서는 다량의 金工品이 출토되고 있다. 금은제품은 이제 피장자의 지위와 부를 과시하는 수단이 될 정도로 중시되었고, 교역의 매개물로서 종래의 철을 대신하기도 했던 것으로 보인다.[12]

제철기술이 발달하고 철기가 보급되면서 철의 희소성은 감소된다. 이와 함께 종래 鐵鋌이 가졌던 고위 화폐로서의 기능이 약화되고 새로운 귀금속인 금은이 서서히 이를 대신하게 되었을 것이다. 6세기 전반~중엽으로 비정되는 호우총, 은령총을 하한으로 鐵鋌이 부장되지 않는 것도 鐵鋌의 교환수단으로의 의미가 현저히 약화된 현실을 반영한다고 생각된다.[13]

金銀은 국제적으로도 교환가치가 인정되어 중국에 대한 주요한 조공품목의 하나였고 신라 말까지도 일종의 국제통화로 유통되었다. 869년(경문왕 9) 도당유학생에게 서적 구입비용으로 국가에서 은 300량을 하사한 사례[14]는 이를 잘 보여준다.

---

10) 東潮, 1995, 「弁辰과 伽倻의 鐵」 『伽倻諸國의 鐵』, 신서원, 94~106쪽.
11) 김창석, 2001, 「삼국 및 통일신라의 현물화폐 유통과 재정」 『역사와 현실』 42, 10쪽.
12) 朱甫暾, 1998, 「麻立干時代 新羅의 地方統治」 『新羅 地方統治體制의 整備過程과 村落』, 신서원, 32~33쪽.
13) 김창석, 2001, 위의 논문, 11~12쪽.

한국 고대무역의 교환수단에 대해서 구체적으로 나와 있는 자료는 현재로서는 買新羅物解가 유일하다. 買新羅物解는 일본어로 '바이시라기모쯔게'라고 불리는데, 752년에 일본의 귀족들이 당시 신라사절들이 가지고 온

〈그림 25〉일본 正倉院 전경

물품을 매입하기에 앞서, 자신들이 매입할 물품과 수량, 그리고 물품들의 총 가격을 기록하여 일본정부에 제출한 '신라물품의 매입허가를 신청한 문서'이다. 이 '바이시라기모쯔게'는 문서의 용도가 다하여 폐기된 후, 그 일부가 현재 쇼소인(正倉院)에 소장되어 있는 '또리게리쯔죠병풍(鳥毛立女屛風)'의 배접지로 활용되었고, 병풍의 전세 과정에서 이미 떨어져 나와 일찍부터 알려진 것도 있고, 최근의 병풍 조사시에 새로이 발견된 것도 있다. 현재까지 약 30건 이상의 문서가 발견되었다.

　신라는 나당전쟁 이후 일본과 당의 연결을 우려하여, 일본에 대해 저자세의 태도를 취하였다. 668년부터 700년까지 신라는 25회에 걸쳐 일본에 사신을 파견하였고, 사절단의 대표도 대아찬 이상의 진골 왕족이나 고위인사를 자주 임명하였다. 그러나 신라와 당의 관계가 점차 호전되면서, 이와 반비례하여 신라와 일본의 관계는 점점 소원하게 된다.

　그러면 신라는 왜 752년에 대규모의 사절단을 일본에 파견하였을까? 신라가 끊임없이 일본에 사절을 파견하려고 한 점에 주목해야 한다. 비록 放還되었지만 752년까지 신라는 732년·734년·738년·742년·743년 등 5번에 걸쳐 사절을 파견하였다. 특히 이 무렵의 사행은

_____

14)『三國史記』卷11, 景文王 9년.

그 이전과는 비교가 되지 않을 정도로 사절단의 규모가 크며, 그것도 시간이 지날수록 계속해서 증가하고 있다. 결국 752년에 700여명이 파견된 것은 이러한 증가추세의 결과라고 생각된다.

內省은 신라왕실의 업무를 총괄하던 관청인데, 그 예하에는 특히 수공업 관련 관청이 매우 많다. 일본과의 외교를 전담한 倭典도 이들 수공업 관련 관청과 나란히 기록되어 있다. 이는 倭典의 주요 임무가 이들 수공업 관청과 밀접히 관련되어 있음을 의미한다.

733년 이전에 일본에 파견된 신라사절은 신라왕이 공식적으로 일본 국왕에게 올리는 '調' 이외에도 별도의 물품을 가져갔다. 調와 뚜렷이 구별되는 이 물품들은 대개 신라사신의 이름으로 일본국왕에게 전해 졌는데, 그 종류와 양이 매우 다양하고 많다. 이와 마찬가지로 일본국 왕이 신라사신에게 수여한 많은 양의 綿도 개인에게 준 것이 아니라, 교역의 대가를 지불한 것이라고 생각된다.

대일교역에는 왕실만이 아니라 진골귀족도 참여한 것으로 생각된 다. 특히 당시의 정국을 장악한 上臣, 上宰와 같은 부류들이 왕실과 밀착하여 대일교역을 적극적으로 주도하고 있다.

그러나 733년 이후 신라는 당과의 관계가 호전되면서, 일본과의 외 교관계를 대등한 관계로 전환시키려 하였다. 733년 이후 신라와 일본 의 관계가 악화되면서 그동안 활발히 전개되던 신라의 대일교역은 정 지될 수밖에 없었다. 이로 인해 신라의 지배층에게는 상업적 손실이 가중되었을 가능성이 크다.

일본 측은 신라와의 힘겨루기가 진행되는 와중에 遣唐使나 渤海使 를 통해 신라를 대신하는 새로운 해외물품의 유입로를 마련하려고 노 력하였지만, 큰 효과를 거두지 못하였다. 결국 일본은 이후 신라와 공 식적인 사절교환을 포기하고, 다자이후를 창구로 한 양국의 교역관계 만을 인정하는 형태로 新羅物을 다시 받아들이게 된다.[15]

---

15) 윤선태, 1997, 「752년 신라의 대일교역과 '바이시라기모쯔게(買新羅物解)'」 『역사와 현실』 24, 42~43쪽.

　여기서 주목되는 것은 新羅物을 구입하기 위한 물가이다. 일련의
買新羅物解 가운데 판명되는 것은 14점이다. 그 내용은 綿 12例, 糸
7例, 絁 4例, 絹 1例이다(가격이 복수인 경우는 별개로 계산). 이는
두 그룹으로 나눌 수 있다. 섬유제품인 絹・絁와 그 원재료인 綿・糸
이다.

　그중에서도 원재료인 綿・糸가 많은 것이 주목된다. 이 점에서 참
고가 되는 것은 정창원 紫色氈에 붙어있는 麻布조각의 墨書이다. 여기
에 주목한 東野治之는 追記부분이 있는 것을 지적하고, 이 마포는 氈
을 산 쪽이 물품의 가격을 糸 또는 綿으로 지정하여 신라상인에게 판
매를 위탁시킨 것으로, 追記는 구입자 측에서 기입한 것이라 한다. 이
에 따르면 氈의 실제 가격은 판매한 측이 지정한 綿과 糸 가운데 綿이
었을 것이다. 즉 綿과 糸가 물품의 가격으로 지정되었지만, 綿이 우선
시 되었다는 것을 알 수 있다.

　당시 견직물생산에서는 당이 높은 수준이었다는 것은 말할 필요도
없다. 신라의 견직물도 우수했지만 蠶桑기술이 충분히 발전하지 못했
기 때문에 원재료를 다른 곳에서 구할 필요가 있었다. 여기서 일본의
綿・糸는 품질이 좋은 듯했다.

　이 같은 8세기 일본과 신라의 무역을 둘러싼 관계로 보아, 화폐가
동아시아 국제무역에 있어서 통화가 될 가능성은 낮다고 생각된다.
한 개의 가치가 작은 개원통보 동전은 고급품이 많은 국제무역의 통
화로서는 그다지 적당하지 않다고 생각된다.[16]

---

16) 榮原永遠男, 1992, 「錢貨の多義性－日本古代錢貨の場合－」『アジアのな
　　かの日本史』Ⅲ－海上の道－, 東京大學出版會, 70~71쪽.

〈표 19〉買新羅物解에 나오는 일본귀족의 신라상품 구입내용[17]

	구매일자	구매자 신분	구입대가로 지급한 일본물품	신라물품 종류 수
1	752. 6. 15	知家事資人 大初位	綿 610斤	3종
2	상동	右大舍人 大初位	綿 180餘斤・黑綿 20斤	16종
3	상동	?	?	?
4	752. 6. 16	?	綿 100斤	9종
5	752. 6. 17	從4位下	直絹30匹, 絲100斤, 綿300斤	9종
6	상동	事業從7位	?	?
7	752. 6. 20	?	直綿 200톤	9종 이상
8	752. 6. 21	左大舍人	絲100斤, 絁□匹, 綿150斤	21종
9	752. 6. 23	?	綿500斤, 絲300斤	23종
10	상동	?	絹13匹, 綿100斤, 絲120斤	14종
11	752. 6. 24	事業從8位	綿650斤, □拾匹	43종 이상
12	752. 6. 26	正6位上	絲 100斤, 綿 □	1종(황금)
13	?	?	絁 10匹, 絲20斤	9종
14	752. 6	?	直綿 400斤	8종
15	?	?	?	6종 이상
16	?	?	?	7종 이상
17	?	?	?	?
18	?	?	?	?
19	?	?	絲□	?
20	?	?	?	2종 이상
21	?	?	?	12종 이상
22	?	?	?	2종 이상
23	?	?	直綿 1000斤	?
24	?	?	?	2종 이상
25	?	?	?	1종 이상
26	?	?	?	1종 이상
27	752. 6. 25	從5位 地邊王	絁20匹, 綿620斤, 絲105斤	47종
28	752. 6. 22	從5位下 阿倍朝臣	綿450斤, 絲120斤	25종

17) 崔在錫, 1996, 『正倉院 소장품과 統一新羅』, 一志社.

| 29 | 752. 6. 21 | ? | 綿200斤 | 22종 이상 |
| 30 | 752. 7. 8 | 正6位上 | 綿300斤 | 15종 이상 |

이외에도 『續日本紀』에 보면 대재부가 入關된 신라물품을 구매하고자 하는 左·右大臣을 비롯하여 大官·王女들에게 구매대금조로 綿 7만여屯을 하사하고 있다.[18] 이를 통해 당시 대외교역에 있어 면이 주요 결재수단으로 사용되고 있음을 알 수 있다. 또한 『延喜式』에 견당사가 출발할 때 絁와 綿을 경비로 지급하고 있는 규정을 통해서도[19] 비단과 綿이 결재수단으로 사용되고 있음을 확인할 수 있다. 비단과 綿 이외에 다른 결재수단으로는 砂金을 들 수 있다. 이는 『入唐求法巡禮行記』의 기록을 통해 圓仁이 사용하고 있는 경비를 통해 확인할 수 있다.[20]

한편 위에처럼 현물로 물품이나 상품을 구입하는 경우가 있는 반면에 신용거래를 통해 구입하는 경우도 있다.

> 7-2. 또 말하기를 "李忠 등은 廻易의 일을 마치고 본국으로 돌아갔는데, 그 나라에서 난리를 만나 무사히 도착할 수가 없어 다시 筑前大津에 온 것이다. 그 후 於呂系 등이 귀화하여 와서 '우리들은 장보고가 다스리던 섬의 백성입니다. 장보고가 작년 11월중에 죽었으므로 평안하게 살 수 없는 까닭에 당신 나라에 온 것입니다'라고 하였다. 이 날 전 筑前國守 文室朝臣宮田麻呂가 李忠 등이 가지고 온 여러 가지 물건들을 빼앗았다. 그가 말하기를 '장보고가 살아있을 때 당나라 물건을 사기 위하여 비단을 두고 그 대가로 물건을 얻을 수 있었는데, 그 수는 적지 않았다. 그런데 바로 지금 장보고가 죽어 물건을 얻을 수 없게 되었다. 이 때문에 장보고의 사신이 가지고 온 물건을 빼앗은 것이다'고 하였다. 설령 나라 밖의 사람이 우리의 토산물을 좋아하기 때문에 우리 땅에 도래한다 할지라도, 모름지기 그 마음을 흔쾌히 여겨 그들

---

18) 『續日本紀』 卷29, 神護景雲 2년 10월.
19) 『延喜式』 卷30, 大藏省.
20) 『入唐求法巡禮行記』 卷1, 開成 3년 8월 26일조.

이 갖고자 하는 바를 얻을 수 있도록 해야 한다. 그런데 廻易使
편에 가지고 온 물건을 빼앗고 장사하는 권리를 끊었다. 이는 府
司에서 조사·감독을 하지 않았기 때문에 마음대로 겸병하게 된
것이다. 상인의 재화를 잃게 함이 없으면 군주의 憲章에 제약함
이 없음을 깊이 드러내는 것이다"라고 하였다(『續日本後紀』卷
11, 承和 9년 春 正月 丙寅 초하루 乙巳).

위 기사는 장보고가 죽고 난 직후인 842년에 筑前國守인 文室宮田
麻呂가 그 전해 장보고가 보낸 사신 李忠 등이 가져온 교역품을 압수
하고 있다. 그 이유는 자신이 당나라 상품을 구입하기 위해 이미 비단
을 대금으로 지불했기 때문이라는 것이다. 여기서 장보고가 선금을
먼저 받고 중계무역을 행한 것을 알 수가 있다.

결국 무역의 교환수단은 크게 板狀鐵斧나 鐵鋌같은 철 소재 단계에
서, 금은 같은 귀금속 단계로 발전해 갔던 것임을 알 수 있다. 그리고
'買新羅物解'를 통해 볼 때, 일본에서는 고가의 新羅物을 구입하기 위
해 絁와 綿을 결제수단으로 사용했음을 알 수 있었다. 따라서 남북국
시대 무역의 주요 교환수단은 현물화폐이고 그중에서도 金銀과 絁,
綿 등이었다는 것을 알 수 있다.

2) 국가재정과의 관련성

신라하대 재정사 연구는 토지제도나 조제세도 등 제도사연구를 통
하여 간접적으로 이루어졌을 뿐이다.[21] 그리고 제도의 성립·변천 배

---

21) 안병우, 1994, 「신라통일기의 경제제도」『역사와 현실』14 ; 이병희, 1995,
    「전시과제도와 농장」『한국역사입문』②, 풀빛 ; 박종진, 1995, 「국가재정
    과 부세제도」『한국역사입문』②, 풀빛 ; 김창석, 2001, 「삼국 및 통일신
    라의 현물화폐 유통과 재정」『역사와 현실』42 ; 구문회, 2001, 「신라 통
    일기 지방재정의 구조」『역사와 현실』42 ; 박찬흥, 2001, 「신라의 결부제
    와 조의 수취」『역사와 현실』42.

경이나 이를 둘러싼 정치적인 역관계가 주로 다루어졌다. 이러한 기존의 연구성과에서 간과하고 있는 것은 신라하대에 발달한 상업 특히 무역과 국가재정과의 관련성에 대한 문제이다.

무역과 국가재정과의 관련성은 청해진의 경우를 통해 알 수 있다. 『三國史記』에 의하면 828년(흥덕왕 3) 4월에 장보고가 중국에서 돌아와 흥덕왕을 알현하고 사졸 1만인으로써 완도에 設鎭했다고 한다.[22] 청해진 설치의 배경으로는 우선 시중이었던 김우징의 도움이 있었다는 것을 들 수 있다. 그리고 김우징의 심복인 김양은 흥덕왕 3년에 고성군 태수로 재직하다가 이어 중원 대윤을 거쳐 무주도독으로 전임되어 재직한 바가 있다.[23] 따라서 흥덕왕대에 청해진 설치를 전후로 하여 시중 우징·무주도독 김양과 청해진대사인 장보고사이에는 어떤 모종의 관계가 이루어졌을 것이라는 추측을 해볼 수 있을 것이다.[24]

한편 장보고의 청해진 설치에 淄靑節度使의 추천이 있었을 것이라는 최근의 견해가 있다.[25] 海運押新羅渤海兩蕃使로서는 황해해상무역을 원활하게 수행해서 교역규모가 커지면 커질수록 그를 통한 세수가 증대되어 재정이 튼튼해지므로 황해해상무역을 적극적으로 전개하기 위하여 나당일 삼국항로의 주요거점에 무역기지를 둘 필요성을 느꼈

---

22) 淸海大使弓福 姓張氏一名保皐 入唐徐州 爲軍中小將 後歸國謁王 以卒萬人 鎭淸海淸海今之莞島(『三國史記』卷10, 興德王 3年 4月) ; 後保皐還國 謁大王曰 遍中國以吾人爲奴婢 願得鎭淸海 使賊不得掠人西去 淸海新羅海路之要 今謂之莞島 大王與保皐萬人 此後海上無鬻鄕人者(『三國史記』卷44, 列傳4 張保皐).

23) 『三國史記』卷36, 地理志3에 의하면 莞島는 陽武郡에 속하며 양무군은 武州의 관할 하에 있었다.

24) 尹炳喜, 1982, 「新羅 下代 均貞系의 王位繼承과 金陽」『歷史學報』96, 68~69쪽.

25) 王杰, 1994, 『中國古代對外航海貿易管理史』, 大連海事大學出版社 ; 민성규·최재수, 2001, 「唐나라의 貿易管理制度와 黃海海上貿易의 管理機構」『해상왕 장보고의 국제무역활동과 물류』, 해상왕장보고기념사업회, 156~159쪽에서 재인용.

을 것이다. 이런 필요성 때문에 평로치청절도사는 당에서 활동 중이던 장보고가 신라로 진출하여 청해진을 중심으로 무역기지를 확보하는데 어떤 형태로든지 지원을 아끼지 아니하였을 것이라는 것이다.

이를 뒷받침할만한 논거로서 평로치청절도사가 신라 양민들이 납치되어 노예로 팔리고 있는 사실을 황제에게 보고하고 이를 칙령으로 금해 줄 것을 요청한 것을 들 수 있다. 황제가 이를 수락하여 노예거래 금지령을 내린 것과 장보고가 홍덕왕을 알현하여 신라인이 노예로 팔려가고 있다는 사실과 이를 막기 위해 완도에 진을 설치할 것을 奏請하여 홍덕왕의 승낙을 받아내는 것이 일맥상통하고 있다.

특히 장보고의 해상무역이 주로 평로절도사 산하의 산동반도 일대의 신라인들과 밀접하게 연관되며, 장보고 스스로가 재당활동기간 중 적산 등 평로절도사 산하에서 재당신라인을 이끌고 무역활동에 종사하였을 가능성이 높은 점 등으로 장보고는 평로절도사와 업무상 매우 긴밀한 유대관계를 가지고 있었을 것으로 보이며, 그 때문에 청해진 설치에는 당의 평로치청절도사의 적극적인 지원이 있었을 것으로 추정할 수 있다.

또 하나 논거로서 들 수 있는 것은 神武王卽位 축하사절단의 파견이다. 원인일기에 의하면 평로절도사는 신라의 정치정세의 변화에 매우 민감하게 반응하고 있다. 즉『入唐求法巡禮行記』839년 6월 28일조에 의하면 "당나라의 천자가 새로 즉위한 왕을 축하하기 위하여 신라에 사신으로 보냈던 靑州兵馬使 吳子陳과 崔副使, 그리고 王判官 등 30여 명이 절로 올라와 함께 만나 보았다"라고 한다. 신무왕이 민애왕을 몰아내고 왕위에 오른 것이 그해 정월 윤 정월이므로 왕의 즉위시점과의 사이가 4~5개월에 불과하다.

그 이유는 신라외교의 일선창구담당관인 평로절도사는 황해해상무역과 깊은 관련이 있고, 장보고의 신라에서의 지위를 확고히 하는 것은 바로 황해해상무역의 안정에 깊은 관련이 있었다고 보아야 한다. 평로절도사로서는 장보고가 관여한 왕위쟁탈전의 성공을 빨리 기정

사실화하여 장보고의 지위를 확고히 해줄 필요가 있었던 것이다.

또 한 가지 신라왕의 즉위를 축하하기 위해 파견하는 사절단의 책임자가 청주병마사 오자진이라는 것에 유의할 필요가 있다. 오자진은 평로절도사의 바로 밑의 부하이며, 무관직이다.

이상의 정치적인 목적 외에도 경제적인 측면도 고려해 볼 수가 있다. 청해진이 설치되기 이전에 경주의 진골귀족들은 무역의 이윤에 대해서 알고 있었으리라 생각된다. 그리고『三國史記』에 나오는 흥덕왕대의 금령은 당시의 활발한 무역의 실상을 보여주는 예라고 할 수 있다.26) 따라서 청해진의 설치 목적은 안전한 무역로의 확보와 경제적 이윤에 있지 않았을까 생각된다.27)

청해진의 설치이후에도 唐城鎭, 浿江鎭 등이 설치되었다. 이는 다음과 같은 이유가 있었으리라 생각된다. 첫째 중국에서 활동한 장보고의 건의에 의해 설치된 청해진의 성공에 고무된 신라조정의 대응으로 인한 당성진을 비롯한 잇단 해상교통 요충지에의 鎭 설치, 둘째 9세기 당시 활발했던 대외무역을 보호하기 위한 안전한 해상교통로의 확보, 그리고 한반도의 서남부 지역에 계속된 자연재해와 지방 세력의 성장에 의한 중앙정부 재정의 악화 등을 들 수 있다. 이러한 상황에서 신라조정은 육상·해상교통의 요충지 장악과 아울러 재정확보 차원에서 경제적 요충지에 진을 설치한 것이 아닐까 생각된다. 淸海鎭, 唐

---

26) 이우성은 이 규정들이 당시의 진골귀족들이 퇴폐적인 사치풍조를 알려준다는 것으로 설명하였고(李佑成, 1969,「三國遺事所載 處容說話의 一分析」『金載元博士回甲記念論叢』), 이용범은 이 규정에 나오는 물품을 통해 당시 신라의 무역활동을 알 수 있다고 하였다(李龍範, 1969,「三國史記에 보이는 이슬람商人의 貿易品」『李弘稙記念韓國史學論叢』).

27) 청해진의 설치와 관련하여 흥덕왕과 장보고 사이에 이루어졌을 협상의 내용을 다음과 같이 추측한 견해가 있다. 즉 장보고가 신라 조정의 재정난을 타개할 수 있는 경제적 지원을 해주고, 그 대신 자기 고향 완도에 군사·무역기지의 건설을 승인 받았다는 것이다(강봉룡, 2001,「해상왕 장보고의 동북아 국제 해상무역체제」『해상왕 장보고의 국제무역활동과 물류』, 재단법인 해상왕 장보고 기념사업회, 212쪽).

城鎭, 浿江鎭의 세 鎭이외에도 穴口鎭·長口鎭 등이 해상교통의 요지
에 설치되었다는 점으로 보아, 경제적인 목적으로 설치되었을 가능성
이 크다고 보여 진다.[28]

그렇다면 구체적으로 국가재정에 얼마나 기여를 했을까가 문제로
남는다. 우리나라에는 구체적인 자료가 남아 있지 않기 때문에 唐이나
日本의 경우가 참고가 된다. 唐은 755년 安史의 亂 이후 이를 진압하
기 위해 동원되었던 절도사들이 跋扈하여 지방분권적인 세력이 각 지
방에 할거하게 되는데 이 역시 조공무역을 쇠퇴시키는 원인이 되었다.

절도사들은 당 조정의 통제력이 약화되자 중앙의 지휘통솔에 승복
하지 않고 독자적인 행동을 하는 독립적인 성격을 가지게 되었다. 그
들은 자신들의 군사력을 확대할 수 있는 한 확대하려고 노력하였다.
그러나 군사력의 확대는 재정적인 뒷받침이 필요하였다. 그 일환으로
관내의 상인들을 통한 무역활동을 전개하게 된다. 그리고 상인들에게
무역을 촉진시키기 위한 수단으로 상인들의 편의를 위해 관직을 부여
하기도 한다.

唐에서는 중엽이후 남방의 해로를 통하여 다수의 아라비아상인들
이 와서 廣州·揚州·泉州 등의 항구가 번영하였다. 그래서 唐 이후에
는 이 지역에 市舶使가 두어졌지만 唐에서는 714년에 광주에 嶺南市
舶使가 두어진 것이 확인 될 뿐이다. 唐代에는 市舶使는 아직 常設되
지는 않았고, 보통 지방관인 절도사·자사가 외국선을 관리하여 收
市·進奉을 관장하였다.[29]

당에서 신라·발해의 사신이나 상인들을 접대한 곳은 산동반도 登
州에 있던 新羅館·渤海館이다. 新羅館·渤海館은 당 측이 설치한 互
市, 즉 공무역의 場이며 신라·발해인들에게 제공되었던 迎賓·宿泊
시설이자 재당거점이기도 했다.

이와 관련하여 중국 南宋政府도 국가재정의 주요한 재원으로 외국

---

28) 尹載云, 1999, 「新羅下代 鎭의 再檢討」『史學研究』 57·58.
29) 堀敏一, 1993, 『中國と古代東アジア世界』, 岩波書店, 266쪽.

무역의 진흥을 도모했고, 그 직접적인 수단이 抽解와 和買에 의한 것이라는 점이 주목된다. 추해는 市舶司가 일정비율에 의해 積載品의 일부를 취하고, 무상으로 현물징수 하는 것이다. 그 비율은 단가가 높은 고급품과 하급품이 다르지만, 남송시대를 통하여 화물의 1/10∼1/15의 抽解가 행해졌다.

和買 또는 博買라고 하는 것은 市舶司가 저렴한 가격에 강제적으로 사는 것이다. 외국사신이나 상인들에게 '安置供給' 즉 宿泊을 제공하는 이유는 抽解 및 和買(내지 和布)에 의한 국가수입의 대가로서의 대우조치로 보인다. 남송정부의 경우는 綱首를 여러 蕃國에 보내어, 入貢을 유도하거나, 관직을 주거나 연회를 베풀어주는 등 강수를 대우했지만, 그 목적은 市舶司 수입을 높이려 했던 것이다.[30]

결국 당나라 후반 경부터 국가 주도로 商稅를 거두려는 시도가 있었지만, 安史의 난 이후에 발호한 藩鎭의 영향력이 커짐에 따라 절도사나 자사 등의 지방 관리들이 독자적으로 외국무역상인들에게 세금을 거두었고, 南宋代에는 국가에 의해 정형화·제도화되었다는 것을 알 수가 있었다.

일본의 경우도 大宰府에 왕래했던 외국사신이나 상인들에게 '安置供給' 즉 숙박과 각종 편의를 제공하였는데, 이것도 중국의 경우처럼 국가 재정수입의 증대를 위한 것이었다고 한다.[31]

신라는 景德王 16년(757) 녹읍의 부활과 진골귀족들의 田莊확대가 맞물리면서 국가재정에 어려움을 겪고 있었다. 이를 타개하기 위해 浿江이남 지역에 대한 개간을 단행하기도 했으나 실효를 거두지 못하였던 것으로 보인다.[32] 아울러 국경부근에 唐의 新羅館·渤海館, 일본의 大宰府와 같은 迎賓시설이 기록이 보이지 않는 신라는[33] 해상교통의

---

30) 龜井明德, 1992, 「唐代陶磁貿易の展開と商人」『アジアのなかの日本史』 Ⅲ―海上の道―, 東京大學出版會, 141쪽.

31) 龜井明德, 1992, 위의 글.

32) 朴贊興, 2002, 『新羅 中·下代 土地制度 硏究』, 고려대학교 사학과 박사학위논문, 129∼131쪽.

요충지에 설치되었던 鎭들이 그 역할을 대신했던 것이라 추측된다.

따라서 당의 藩鎭體制하의 外鎭과 성격이 유사한 鎭을 국내에 도입한 장보고는,[34] 해상무역의 이점과 이를 통한 이윤의 배분을 신라 중앙정부에 제의하여 청해진의 설치를 허가받을 수 있었던 것으로 보인다. 그러나 納妃문제를 비롯한 중앙정부와의 갈등으로 인해 결국 청해진은 폐쇄되었다. 이후 文聖王代의 서남해안통제정책의 성공과 부족한 국가재정의 확보를 위해, 신라는 唐城鎭 등의 軍鎭을 해상교통의 요지에 설치하여 직접 商稅 확보에 나서게 되는 것으로 추정된다.

7장의 논의를 정리하면 다음과 같다. 남북국시대 무역의 변화기점으로는 크게 세 가지를 들 수 있다. 우선 安史의 亂을 계기로 해서 국가관리주도의 관무역 혹은 공무역체제에서 사무역체제로 전환된다는 것과, 청해진의 設鎭을 계기로 동아시아 무역의 주도권이 신라로 넘어갔다는 것, 청해진의 혁파를 계기로 무한경쟁체제로 나아갔다는 것을 알 수가 있었다.

다음으로 무역의 교환수단에 대해서는 현재 남아있는 거의 유일한 자료인 '買新羅物解'를 통해 볼 때, 綿・糸 같은 원재료가 결제수단으로 사용되었다는 것을 알 수가 있었다. 이외에 砂金 등이 쓰였고, 신용거래도 일부 있었던 것으로 보인다.

마지막으로 무역과 국가재정과의 관련성에 대해서는 다음과 같은 결론을 거두었다. 당나라 후반 경부터 국가 주도로 商稅를 거두려는 시도가 있었지만, 安史의 亂 이후에 발호한 藩鎭의 영향력이 커짐에 따라 節度使나 刺史 등의 지방 관리들이 독자적으로 외국상인들에게 세금을 거두었고, 南宋代에 정형화・제도화되었다는 것을 알 수가 있었다. 따라서 당의 藩鎭體制와 유사한 鎭을 국내에 도입한 장보고는, 해상무역의 이점과 이를 통한 이윤의 배분을 신라 중앙정부에 제의하여 청해진의 설치를 허가받을 수 있었던 것으로 보인다. 그러나 納妃

---

33) 외교・무역을 위해 설치된 領客府・倭典은 신라의 수도 경주에 있었다.
34) 尹載云, 1999, 앞의 논문 참조.

문제를 비롯한 중앙정부와의 갈등으로 인해 결국 청해진은 폐쇄되었지만, 청해진의 성공에 고무된 신라정부는 唐城鎭 등의 軍鎭을 해상교통의 요지에 설치하여 직접 商稅 확보에 나서게 되는 것으로 추정된다.

결 론

　지금까지 무역이란 관점을 통해, 삼국시대부터 남북국시대의 무역이 성립하는 삼국통일전쟁이후의 신라후기와 발해의 성립부터 발해의 멸망과 후삼국시기까지 고찰해 보았다. 본 연구는 한국고대의 무역을 삼국시대의 각국의 각축과, 남북국시대 신라와 발해 두 나라의 경쟁을 통해 동북아시아 무역의 주도권이 변하는 과정을 국내외적 배경을 통해 살펴보아, 한국고대의 무역을 종합적·체계적으로 파악하려는데 그 궁극적인 목적이 있었다. 이하에서는 본서의 논지를 요약하고 이를 통해 한국고대 무역의 특징을 도출하여 결론에 대신하고자 한다.

　한국고대 무역의 형태는, 무역 주체에 의해 公貿易과 私貿易으로 나누어 볼 수 있다. 公貿易을 담당했던 사람들은 바로 빈번히 중국의 여러 왕조에 파견된 사절단이었다. 특히 遣唐使들은 본국의 왕을 대신하여 貢獻品을 獻上하고, 그 과정에서 본국왕에게 주는 回賜品과 사절단 개인에게도 관등의 高下에 따라 주는 回賜品을 받았다. 따라서 公貿易의 주체는 남북국시대의 王室과 遣唐使로 파견된 중앙귀족들이었다고 할 수 있다. 私貿易은 주체에 의해 공무역에 의한 부수적 무역, 지방 세력에 의한 무역, 민간무역업자 즉 상인들에 의한 무역 등으로 나누어진다는 것을 알 수 있었다.

　기존 무역관련 성과의 비판적 검토를 통해, 朝貢을 매개로 형성된 남북국시대 무역 네트워크는 중국을 중심으로 하는 광역시장과 각 지역에 형성된 지역시장으로 나누어 볼 수 있다. 신라·발해상인들에

의해 산동반도에서 행해진 무역은 黃海를 주무대로 행해졌기 때문에
'黃海貿易圈'으로 정의할 수 있을 것이다. 다음으로는 일본의 경우이
다. 중국의 경우에 비해서 빈도수나 양은 적지만 대일본무역은 적지
않은 의미를 가지고 있다. 대일본무역의 장소는 크게 두 곳으로 나누
어 볼 수 있다. 하나는 大宰府를 중심으로 하여 신라사절단과 신라상
인들에 의해 행해진 것이고, 다른 하나는 발해사절단에 의해 일본의
동북부 지방의 발해객원·객관에서 행해진 경우이다. 전자는 대한해
협을 거쳐 일본의 서쪽지역에서 행해졌기 때문에 '西部日本貿易圈'으
로 정의하고, 후자는 동해를 사이에 두고 행해졌기 때문에 '東海貿易
圈'이라 정의할 수 있을 것이다. 결국 남북국시대의 무역과 관련된 지
역시장은, 중국 중심의 광역시장 아래 '黃海交易圈'·'西部日本海交易
圈'·'東海交易圈' 등이었다.

신라후기의 무역의 발달배경으로는, 우선 수도 경주에의 시전 增
置·지방의 거점인 州治·小京에서의 시전설치·서남해도서지방의 재
장악을 통한 대중국교통로의 확보, 5通으로 대변되는 국내유통망의 발
달 등을 들 수 있다. 다음으로 들 수 있는 것은 무역품의 조달을 위한
수공업 발달이다. 공무역과 사무역의 주체인, 왕·진골귀족·지방세
력·민간무역업자 각각에 의한 무역품의 조달은 발전된 수공업발달을
전제로 한 것이었다. 셋째로 들 수 있는 것은 공무역의 주체이자 사무
역의 주체이기도 한 진골귀족들의 경제적 기반 등이다. 진골귀족들은
관직복무의 대가로 받은 祿邑·食邑 등의 대토지와 목장 등을 통해 독
자적인 무역을 경영할 수 있는 기반을 가지고 있었다. 이를 토대로 남
북국시대 활발한 무역활동을 영위할 수 있었던 것으로 보여 진다.

발해는 건국초기 당과의 껄끄러웠던 관계를 개선하면서, 정치제도
의 정비·말갈 부족 정복 등을 이루고, 新羅道의 개통·대일무역의
활성화 등을 이룬 문왕 전기로 보았다. 文王이전 高王·武王때부터
중국·일본과 외교·무역을 한 기록은 보이지만, 안정적이고 항속적
인 외교·무역관계가 시작된 것은 文王 전기부터라고 생각된다. 발해

는 신라와는 달리 지방 세력이나 민간무역업자들의 무역행위가 잘 보이지 않는 것이 특징이다. 이것은 재지세력가인 수령이 문왕 전기인 8세기 전반 경에는 발해 중앙정부에 의해 일률적으로 편제되기 때문이다. 이들은 발해왕권에 의해 대중국·대일본 사절단의 구성원으로 편성되어 무역활동에 참여하게 된다.

동아시아의 중심 국가인 당에서 일어난 安史의 亂을 통해, 당 중앙정부의 통제력이 약화되면서 藩鎭體制가 성립하게 된다. 이는 국가전략적인 무역(公貿易)에서 다양한 주체들에 의한 무역(私貿易)으로 무역의 성격이 변하는 계기로 작용하였다.

남북국시대 무역의 주도권을 먼저 장악한 것은 발해였다. 발해는 安史의 亂기간의 당 중앙정부와 반란군사이의 중립적 입장, 고구려 유민 李正己의 淄靑藩鎭과 당 중앙정부사이의 적절한 외교를 바탕으로 국제정치·무역면에서 신라보다 우위에 서게 되었다. 이것은 공무역의 가늠자인 遣唐使와 대일본사절단의 파견회수나 산동반도지역과의 絹馬貿易, 발해상인들의 활약을 통해 알 수가 있다. 아울러 760년대에 재개통된 新羅道를 통해 신라와도 활발한 교류를 하였다. 남북교섭의 근거로는 견직물의 교류를 들 수 있다. 한편 일본에서도 외교갈등을 일으키던 신라와는 달리, 渤海客院을 바탕으로 활발한 대일본무역을 전개하였다. 이러한 대중국무역과 대일본무역에서 발해의 신라에 대한 우위는 이르면 淄靑藩鎭의 소멸시기인 819년, 늦어도 청해진이 설치되는 828년까지는 지속된 것으로 생각된다.

청해진의 설치를 계기로 무역의 주도권은 신라로 넘어가게 된다. 무역의 주도권이 발해에서 신라로 넘어갔다는 사실은, 발해의 대일본 사절단이 장보고가 활동하던 시기(828~840)에는 전혀 파견되지 않았다는 사실에서도 알 수가 있었다. 장보고는 청해진을 근거지로 재당신라인사회와 재일본신라인사회를 연결하는 네트워크를 통해 무역을 독점하게 된다. 이러한 신라의 무역장악에 대해 발해는 대중국무역에 치중하는 소극적인 자세에 치중하고 있었다.

청해진의 혁파는 장보고에 의한 무역독점의 해소를 의미한다. 우선 발해는 장보고가 암살당한 다음해부터 渤海客院을 중심으로 하는 대일무역을 재개한다. 신라국내에서는 각지에 군소해상세력이 발호하는 계기를 마련하게 되었다. 게다가 851년 청해진 혁파 후부터 중국상인들의 일본진출이 이루어지고, 서남해안의 해상교통 요충지에 진을 설치하여 군소해상세력의 통제를 시도했던 신라 중앙정부의 노력 등으로 인해 동북아시아 지역은 무역의 무한경쟁 시기로 진입하게 된다.

南北國時代 무역의 변화기점은 크게 세 가지로 나누어 볼 수 있는데, 安史의 亂을 계기로 公貿易에서 私貿易체제로 변하였다는 것과, 청해진의 설치를 계기로 신라가 무역의 주도권을 장악했다는 사실, 후삼국의 정립과 고려의 후삼국 통일은 군소해상세력의 재편을 가져왔고, 무역의 이윤을 누구보다도 잘 알고 있던 왕건에 의한 후삼국통일은 결국 무역의 국가통제체제제로의 전환을 가져왔고, 중국왕조의 무역진흥책과 맞물려 무역의 주도권이 중국으로 넘어갔다는 것 등이다.

신라의 무역품의 특징은 중국에는 金屬工藝品・金銀銅 및 銅製品・織物工藝品・絹織物・藥材・애완용 생물 등, 대체로 신라 내에서의 생산품을 수출하였고, 중국에서의 수입품은 工藝品・絹織物・南海品・茶・書籍 등이었다. 일본의 경우에도 거의 비슷하나 西域産 물품을 중국을 통해 중개 무역한 것이 많은 것이 다른 점이라 할 수 있다. 중국과 일본의 경우가 다른 것은 신라의 자신감의 발로라고 생각된다. 신라 무역품은 대부분 생필품과는 거리가 먼 사치품이 주종을 이루고 있는 것이 특색이라 할 수 있다. 따라서 무역이 경제전반에서 가지는 비중이나, 무역을 통한 상인층의 정치사회적 성장이라는 측면 등에서 상당한 한계를 가질 수밖에 없었을 것으로 생각된다.

발해의 무역품은 중국의 경우 의례용 물품을 주로 수입하였고, 수공업제품과 농산물 같은 특산물을 주로 수출하였다. 일본의 경우는 주로 특산물을 수출하고, 원재료를 많이 수입한 것이 특징이라 할 수 있다. 그리고 이러한 무역품들은 발해의 土城이나 都城을 통해 교환하고, 가공하였다. 이러한 물품의 집산·가공·유통에는 재지세력이었던 首領의 역할이 절대적이었던 것으로 생각된다.

남북국시대무역의 결제수단은 '買新羅物解'를 통해 볼 때, 현물화폐이고 그중에서도 金銀과 絁, 綿 등이었다는 것을 알 수 있었다. 마지막으로 무역의 국가재정 관련 여부는 구체적인 자료가 남아있지 않아 중국·일본의 경우와 비교하여 추정해 보았다.

당나라 후반 경부터 국가 주도로 商稅를 거두려는 시도가 있었지만, 安史의 난 이후에 발호한 藩鎭의 영향력이 커짐에 따라 절도사나 자사 등의 지방 관리들이 독자적으로 외국무역상인들에게 세금을 거두었고, 南宋代에는 국가에 의해 정형화·제도화되었다는 것을 알 수가 있었다. 일본의 경우도 大宰府에 왕래했던 외국사신이나 상인들에게 '安置供給' 즉 숙박과 각종 편의를 제공하였는데, 이것도 중국의 경우처럼 국가 재정수입의 증대를 위한 것이었다고 한다.

신라는 景德王 16년(757) 녹읍의 부활과 진골귀족들의 田莊확대가 맞물리면서 국가재정에 어려움을 겪고 있었다. 이를 타개하기 위해 浿江이남 지역에 대한 개간을 단행하기도 했으나 실효를 거두지 못하였던 것으로 보인다. 아울러 국경부근에 唐의 新羅館·渤海館, 일본의 大宰府·渤海客院과 같은 迎賓시설이 기록이 보이지 않는 신라는 해상교통의 요충지에 설치되었던 鎭들이 그 역할을 대신했던 것이라 추측된다.

따라서 당의 藩鎭體制하의 外鎭과 성격이 유사한 鎭을 국내에 도입한 장보고는, 해상무역의 이점과 이를 통한 이윤의 배분을 신라 중앙정부에 제의하여 청해진의 설치를 허가받을 수 있었던 것이다. 그러나 納妃문제를 비롯한 중앙정부와의 갈등으로 인해 결국 청해진은 폐쇄되었다. 이후 文聖王代의 서남해안통제정책의 성공과 부족한 국가재정의 확보를 위해, 신라는 唐城鎭 등의 軍鎭을 해상교통의 요지에 설치하여 직접 商稅 확보에 나서게 되는 것으로 추정된다. 끝으로 청해진의 성공에 고무된 신라 중앙정부에 의해 해상교통의 요충지에 鎭

이 설치되었는데, 이는 무역에서 나오는 이윤 즉 商稅를 부족한 국가 재정에 반영하려는 국가의 의지로 생각된다.

결국 南北國時代 무역의 양상은 크게 네시기로 나누어 볼 수 있다. 먼저 남북국시대가 성립하는 발해의 성립부터 安史의 亂(755～763)이 일어나기 전까지의 시기이다. 이 시기는 발해와 신라가 각각 체제정비에 주력하면서 貿易網이 성립하는 남북국시대 貿易網의 성립기로 판단된다. 다음은 安史의 亂 이후 山東半島에 李正己일가에 의한 淄青藩鎭이 세워지고 그것이 혁파되기까지의 시기(755～818)이다. 이 시기는 발해가 安史의 亂기간의 당 중앙정부와 반란군사이의 중립적 입장, 고구려 유민 李正己의 淄青藩鎭과 당 중앙정부사이의 적절한 외교를 바탕으로 국제정치·무역면에서 신라보다 우위에 서게 된다. 이 시기는 발해의 무역 우위기라고 할 수 있다. 셋째는 청해진 설치이후 장보고가 암살되고 청해진이 혁파되는 시기이다(828～851). 이 시기는 신라에 의해 무역의 독점이 이루어지는 시기이다. 마지막으로는 청해진의 혁파와 발해의 멸망, 후삼국시대의 시작 등으로 인한 무한경쟁의 시기이다. 결국 남북국시대가 사실상 끝나는 10세기 초반을 경계로 동북아시아 무역의 주도권이 중국으로 넘어가게 되었다.

이상에서 본서가 밝힌 내용을 정리했지만, 연구의 한계 또한 분명하다. 여러 가지 방법론상의 모색에도 불구하고 자료의 한계를 극복하기 어려웠다. 이 때문에 많은 부분을 관련 자료를 통한 우회적 추정과 논리적 추론으로 메울 수밖에 없었다.

그림 출전

⟨그림 1⟩ 국립중앙박물관, 1999, 『特別展 백제』.
⟨그림 2⟩ 국립중앙박물관, 1999, 『特別展 백제』.
⟨그림 3⟩ 국립중앙박물관, 1999, 『特別展 백제』.
⟨그림 4⟩ 국립중앙박물관, 1999, 『特別展 백제』.
⟨그림 5⟩ 국립중앙박물관, 2003, 『特別展 첫 번째 통일 새로운 나라 統一
      新羅』.
⟨그림 6⟩ 필자 촬영.
⟨그림 7⟩ 국립중앙박물관, 2003, 『特別展 첫 번째 통일 새로운 나라 統一
      新羅』.
⟨그림 8⟩ 국립중앙박물관, 2003, 『特別展 첫 번째 통일 새로운 나라 統一
      新羅』.
⟨그림 9⟩ 국립중앙박물관, 2003, 『特別展 첫 번째 통일 새로운 나라 統一
      新羅』.
⟨그림10⟩ 필자 촬영.
⟨그림11⟩ 필자 촬영.
⟨그림12⟩ 필자 촬영.
⟨그림13⟩ 필자 촬영.
⟨그림14⟩ 필자 촬영.
⟨그림15⟩ 김현희·윤상덕·김동우, 2005, 『고대문화의 완성 통일신라·발
      해』, 국립중앙박물관.
⟨그림16⟩ 필자 촬영.
⟨그림17⟩ 필자 촬영.
⟨그림18⟩ 필자 촬영.
⟨그림19⟩ 국립해양유물전시관, 1998, 『물·바다·사람·배·꿈·삶·그
      자국』.
⟨그림20⟩ 필자 촬영.
⟨그림21⟩ 필자 촬영.

〈그림22〉 김현희 · 윤상덕 · 김동우, 2005,『고대문화의 완성 통일신라 · 발해』, 국립중앙박물관.
〈그림23〉 필자 촬영.
〈그림24〉 필자 촬영.
〈그림25〉 필자 촬영.

참 고 문 헌

1. 史 料

『三國史記』,『三國遺事』,『高麗史』,『東國輿地勝覽』,『新增東國輿志勝覽』,『類聚國史』,『朝鮮金石總覽』,『韓國金石遺文』,『崔文昌侯全集』

『管子』,『史記』,『隋書』,『舊唐書』,『新唐書』,『唐會要』,『大唐開元禮』,『册府元龜』,『翰苑』,『唐國史補』,『樊川文集』,『宋史』,『高麗圖經』,『東坡全集』,『資治通鑑』

『日本書紀』,『續日本紀』,『日本後紀』,『續日本後紀』,『日本三代實錄』,『日本文德天皇實錄』,『日本紀略』,『入唐求法巡禮行記』,『延喜式』,『類聚三代格』

古典研究會, 1972,『大唐開元禮』, 汲古書院.
國史編纂委員會, 1987,『譯註中國正史朝鮮傳』一·二.
김문경 역주, 2002,『엔닌의 入唐求法巡禮行記』, 중심.
三品彰英, 1975,『三國遺事考證』上, 塙書房.
孫進己·郭守信 主編, 1990,『東北古史資料叢編』三, 遼瀋書社.
楊家駱 編, 1968,『唐國史補』, 世界書局.
李基白 編, 1987,『韓國上代古文書資料集成』, 一志社.
朝鮮總督府 內務部 地方局 編, 1911,『朝鮮寺刹史料』上.
韓國古代社會研究所 編, 1992,『譯註韓國古代金石文』1·2·3.

2. 研究書

1) 國 內

姜晋哲, 1980,『高麗土地制度史研究』, 一潮閣.
權悳永, 1997,『古代韓中外交史－遣唐使研究－』, 一潮閣.

金文經, 1984, 『唐代의 社會와 宗敎』, 崇田大學校出版部.

_____, 1997, 『張保皐研究』, 淵鏡文化社.

_____, 1998, 『淸海鎭의 張保皐와 東亞細亞』, 향토문화진흥원.

金文經·金成勳·金井昊 編, 1993, 『張保皐 해양경영사연구』, 도서출판 李鎭.

金庠基, 1948, 『東方文化交流史論考』, 乙酉文化社.

_____, 1989, 『東方史論叢』, 서울大學校出版部.

金在瑾, 1984, 『韓國船舶史硏究』, 서울大學校出版部.

金哲埈, 1990, 『韓國古代社會硏究』, 서울大學校出版部.

대륙연구소, 1994, 『러시아 연해주 발해유적』.

盧重國, 1988, 『百濟政治史硏究』, 一潮閣.

盧泰敦, 1999, 『고구려사 연구』, 사계절.

리태영, 1991, 『조선광업사』 (1), 공업종합출판사.

무함마드 깐수, 1992, 『新羅·西域 交流史』, 檀國大學校出版部.

朴南守, 1996, 『新羅手工業史』, 신서원.

朴賢洙 譯, 1983, 『人間의 經濟』 Ⅰ·Ⅱ, 도서출판 풀빛.

方東仁, 1997, 『韓國의 國境劃定硏究』, 一潮閣.

방학봉, 1989, 『발해사연구』, 정음사.

북한 사회과학연구소 편, 1979, 『조선전사』 5-발해 및 후기신라사-

사회과학원, 2002, 『동해안일대 발해유적에 대한 연구』, 중심.

宋基豪, 1995, 『渤海政治史硏究』, 一潮閣.

申瀅植, 1981, 『三國史記硏究』, 一潮閣.

_____, 1984, 『韓國古代史의 新硏究』, 一潮閣.

李基東, 1984, 『新羅 骨品制社會와 花郞徒』, 一潮閣.

_____, 1997, 『新羅社會史硏究』, 一潮閣.

李基東 外, 1985, 『張保皐의 新硏究』, 莞島文化院.

李基白, 1968, 『高麗兵制史硏究』, 一潮閣.

_____, 1974, 『新羅政治社會史硏究』, 一潮閣.

李文基, 1997, 『新羅兵制史硏究』, 一潮閣.

李仁淑, 1993, 『한국의 古代유리』, 創文.

李賢惠, 1998, 『韓國 古代의 생산과 교역』, 一潮閣.

李弘稙, 1973, 『韓國古代史의 硏究』, 新丘文化社.

임상선 편역, 1990, 『발해사의 이해』, 신서원.

全海宗, 1977, 『韓中關係史硏究』, 一潮閣.

鄭良謨, 1991,『韓國의 陶磁器』, 文藝出版社.

鄭淸柱, 1996,『新羅末高麗初 豪族硏究』, 一潮閣.

조성을 옮김, 1991,『중국 중세사회로의 여행』, 한울.

조영록 편, 1997,『한중문화교류와 남방해로』, 국학자료원.

朱甫暾, 1998,『新羅 地方統治體制의 整備過程과 村落』, 신서원.

하세봉, 2001,『동아시아 역사학의 생산과 유통』, 아세아문화사.

韓國史硏究會 編, 1987,『古代韓中關係史의 硏究』, 三知院.

韓圭哲, 1994,『渤海의 對外關係史』, 신서원.

허일·최재수·강상택·이창억 외 공저, 2001,『張保皐와 황해해상무역』, 국학자료원.

홍희유, 1989,『조선상업사』, 과학백과사전종합출판부.

_____, 1989,『조선중세수공업사연구』, 지양사.

李仁哲, 1993,『新羅政治制度史硏究』, 一志社.

崔在錫, 1996,『正倉院 소장품과 統一新羅』, 一志社.

재단법인 해상왕 장보고 기념사업회, 2001,『해상왕 장보고의 국제무역활동과 물류』.

2) 國 外

綱野善彦 外, 1990,『海と列島文化』1－日本海と北國文化－, 小學館.

堀敏一, 1993,『中國と古代東アジア世界』, 岩波書店.

_____, 1998,『東アジアのなかの古代日本』, 硏文出版.

今西龍, 1933,『新羅史硏究』, 國書刊行會.

內藤雋輔, 1961,『朝鮮史硏究』, 京都大學 東洋史硏究會.

唐代史硏究會 編, 1999,『東アジア史における國家と地域』, 刀水書房.

東野治之, 1977,『正倉院文書と木簡の硏究』, 塙書房.

藤間生大, 1966,『東アジア世界の形成』, 春秋社.

木宮泰彦, 1955,『日華文化交流史』, 富山房.

浜下武志, 1997,『朝貢システムと近代アジア』, 岩波書店.

森克己, 1928,『遣唐使』, 至文堂.

_____, 1975,『續日宋貿易の硏究』, 國書刊行會.

三上次男, 1987,『陶磁貿易史硏究』上, 中央公論美術出版.

森浩一 外, 1991,『海と列島文化』2－日本海と出雲世界－, 小學館.

西嶋定生, 1985,『日本歷史の國際環境』, 東京大學出版會.

石見淸裕, 1998,『唐の北方問題と國際秩序』, 汲古書院.

石井正敏, 2001,『日本渤海關係史の硏究』, 吉川弘文館.

小野勝年, 1969,『入唐求法巡禮行記の研究』卷4, 鈴木學術財團.

新妻利久, 1969,『渤海國史及び日本との國交史の研究』, 學術書出版會.

鈴木靖民, 1985,『古代對外關係史の研究』, 吉川弘文館.

李成市, 1997,『東アジアの王權と交易』, 靑木書店.

_____, 1998,『古代東アジアの民族と國家』, 岩波書店.

李成市 著 박경희 역, 2001,『만들어진 고대』, 삼인.

日野開三郎, 1980,『日野開三郎東洋史學論集』1-唐代藩鎭の支配體制-, 三一書房.

_____, 1984,『日野開三郎東洋史學論集』9-北東アジア國際交流史の研究(上)-,
       三一書房.

井上秀雄, 1974,『新羅史の基礎研究』, 東出版.

酒寄雅志, 2001,『渤海と古代の日本』, 校倉書房.

中村榮孝, 1966,『日本と朝鮮』, 至文堂.

土田直鎭 外, 1986,『海外視點・日本の歷史』4-遣唐使と正倉院-, きょうせい.

方學鳳, 2000,『中國境內 渤海遺蹟研究』, 백산자료원.

陽保隆, 1988,『渤海史入門』, 淸海人民出版社.

楊昭全・韓俊光, 1992,『中朝關係簡史』, 遼寧民族出版社.

王 杰, 1994,『中國古代對外航海貿易管理史』, 大連海事大學出版社.

王壽南, 1969,『唐代藩鎭與中央關係之研究』, 嘉新水泥公司.

王承禮 著・宋基豪 譯, 1987,『발해의 역사』, 한림대학 아시아문화연구소.

林天蔚・黃約瑟 主編, 1987,『古代韓中日關係研究』, Centre of Asian Studies
       University of Hong Kong.

章 羣, 1987,『唐代蕃將研究』, 聯經.

E. O. Reischauer, 1955, Ennin's Travels in T'ang China, Ronald PressCompany.

K. Polanyi, C. M. Arensberg, and H. W. Pearson, 1971, Trade and Market in the
       Early Empires.

Karl Polany, 1977, The Livelihood of Man, Academic Press.

3. 論 文

1) 國 內

姜鳳龍, 1997,「新羅 下代 浿江鎭의 設置와 運營－州郡縣體制의 擴大와 관련하여」
　　　『韓國古代史研究』 11.

_____, 2001,「해상왕 장보고의 동북아 국제 해상무역체제」『해상왕 장보고의 국
　　　제무역활동과 물류』, 재단법인 해상왕 장보고 기념사업회.

강봉원, 1998,「원거리 무역의 이론과 방법론－복합사회 형성과정 연구와 관련하
　　　여－」『韓國考古學報』 39.

姜喜雄, 1977,「高麗 惠宗朝 王位繼承亂의 新解釋」『韓國學報』 7.

H. W. KANG, 1986,「Wang Kon and the Koryo Dynastic Order」『韓國文化』 7.

구문회, 2001,「신라 통일기 지방재정의 구조」『역사와 현실』 42.

具山祐, 1992,「羅末麗初의 蔚山地域과 朴允雄」『韓國文化研究』 5.

具孝宣, 2001,「6～8세기 新羅 宰相의 性格」, 고려대학교 사학과 석사학위논문.

權悳永, 2001,「在唐 新羅人 社會의 形成과 그 實態」『國史館論叢』 95.

權五榮, 1988,「4세기 百濟의 地方統制方式 一例：東晋靑磁의 流入經緯를 中心으
　　　로」『韓國史論』 18.

_____, 1988,「考古資料를 중심으로 본 百濟와 中國의 文物交流」『震檀學報』 66.

_____, 2001,「伯濟國에서 百濟로의 전환」『역사와 현실』 40.

_____, 2002,「풍납토성 출토 외래유물에 대한 검토」『百濟研究』 36.

金光洙, 1985,「張保皐의 政治史的 位置」『張保皐의 新研究』, 莞島文化院.

金基興, 1987,「고구려의 성장과 대외교역」『韓國史論』 16.

金文經, 1967,「赤山 法華院의 佛敎儀式」,『史學志』 1, 1967.

_____, 1969,「在唐新羅人의 集落과 그 構造」,『李弘稙博士 回甲紀念 韓國史學論
　　　叢』, 新丘文化社.

_____, 1975,「唐代 藩鎭의 한 研究－高句麗遺民 李正己一家를 中心으로－」,『省
　　　谷論叢』 6 ; 1984,『唐代의 社會와 宗敎』, 崇田大學校 出版部.

_____, 1995,「당일에 비친 장보고」『東洋史學研究』 50.

_____, 1997,「장보고시대의 해상활동과 교역」『한중문화교류와 남해항로』, 국학
　　　자료원.

_____, 1998,「해상활동」『한국사』 9－통일신라－, 국사편찬위원회.

김병남, 2001,「백제의 국가 성장과 대외 교역」『全州史學』 8.

金庠基, 1933·1934, 「古代의 貿易形態와 羅末의 海上發展에 對하여」『震檀學報』
1·2 : 1948, 『東方文化交流史論攷』, 乙酉文化社.

_____, 1960, 「羅末地方群雄의 對中通交-특히 王逢規를 중심으로-」『黃義敦先
生古稀紀念史學論叢』 ; 1989, 『東方史論叢』, 서울대학교 出版部.

_____, 1987, 「朝貢의 經濟的 意義」『古代韓中關係史의 硏究』, 三知院.

金相溶, 1974, 「文獻으로 본 古代의 織物-新羅時代를 中心으로」『織物檢査』 2-1,
韓國織物試驗檢査所.

김수태, 2001, 「百濟의 對外交涉權 掌握과 馬韓」『百濟硏究』 33.

金承玉, 2000, 「漢城百濟의 形成過程과 對外關係」『百濟史上의 戰爭』, 書景文化社.

金恩國, 1999, 「新羅道를 통해 본 渤海와 新羅 관계」『白山學報』 52.

金恩淑, 1991, 「8세기의 新羅와 日本의 關係」『國史館論叢』 29.

_____, 1996, 「백제부흥운동이후 天智朝의 국제관계」『日本學』 15.

_____, 1998, 「일본과의 관계」『한국사』 8-통일신라-, 국사편찬위원회.

金在瑾, 1981, 「中世의 船舶에 대하여」『文化財』 14, 文化財管理局.

_____, 1985, 「張保皐時代의 무역선과 그 航路」『張保皐의 新研究』, 莞島文化院.

_____, 1989, 「韓國·中國·日本 古代의 船舶과 航海術」『第2回 環黃海韓中交涉
史研究심포지엄』, 百濟文化開發研究院.

金井昊, 1992, 「海流와 韓中航路」『張保皐 해양경영사연구』, 도서출판 李鎭.

김종복, 1996, 「발해 초기의 대외관계」『한국고대사연구』 9-고조선과 부여의 제
문제-, 신서원.

_____, 2001, 「발해 폐왕·성왕대 정치세력의 동향」『역사와 현실』 41.

金昌錫, 1991, 「통일신라기 田莊에 관한 연구」『韓國史論』 25.

_____, 2001, 「신라 倉庫制의 성립과 租稅 運送」『韓國古代史研究』 22.

_____, 2001, 「삼국 및 통일신라의 현물화폐 유통과 재정」『역사와 현실』 42.

_____, 2002, 『三國 및 統一新羅의 商業과 流通』, 서울대학교 국사학과 박사학위
논문.

金泰植, 1995, 「『三國史記』 地理志 新羅條의 史料的 檢討」『三國史記의 原典檢討』,
한국정신문화연구원.

_____, 1997, 「百濟의 加耶地域 關係史」『百濟研究論叢』 5-百濟의 中央과 地方-,
忠南大學校 百濟研究所.

南豊鉉, 1979, 「第2 新羅帳籍에 대하여」『美術資料』 19.

南漢鎬, 1997, 「9世紀 後半 新羅商人의 動向」『靑藍史學』 創刊號.

盧德浩, 1983, 「羅末 新羅人의 海上貿易에 關한 研究」『史叢』 27.

盧重國, 1988, 「統一期 新羅의 百濟故地支配-『三國史記』 職官志·祭祀志·地理志 의百濟關係記事 分析을 中心으로-」 『韓國古代史研究』 1.

盧泰敦, 1976, 「統一期 貴族의 經濟基盤」 『한국사』 3, 국사편찬위원회.

_____, 1978, 「羅代의 門客」 『韓國史研究』 20·21合輯.

_____, 1981, 「渤海 建國의 背景」 『大丘史學』 19.

_____, 1989, 「高句麗 渤海人과 內陸아시아 住民과의 交涉에 관한 一考察」 『大東 文化研究』 23 ; 1999, 『고구려사 연구』, 사계절.

_____, 1996, 「발해의 발전」 『한국사』 10-발해-, 국사편찬위원회.

_____, 1996, 「발해의 성립」 『한국사』 10-발해-, 국사편찬위원회.

文秀鎭, 1987, 「高麗建國期의 羅州勢力」 『成大史林』 4.

민성규·최재수, 2001, 「唐나라의 貿易管理制度와 黃海海上貿易의 管理機構」 『해 상왕 장보고의 국제무역활동과 물류』, 해상왕장보고기념사업회.

閔泳珪, 1967, 「예루살렘入城記」 『延世春秋』 456·457.

朴南守, 1992, 「新羅 宮中手工業의 成立과 整備」 『東國史學』 26.

_____, 1992, 「新羅 上代 手工業과 匠人」 『國史館論叢』 39.

_____, 1993, 「統一新羅 宮中手工業의 運營과 變遷」 『素軒南都泳博士古稀紀念史 學論叢』 ; 1996, 『新羅手工業史』, 신서원.

_____, 1994, 「新羅 官營手工業 官司의 運營과 變遷」 『新羅文化』 10·11 ; 1996, 『新羅手工業史』, 신서원.

_____, 1998, 「수공업과 상업의 발달」 『한국사』 9-통일신라-, 국사편찬위원회.

朴淳發, 1999, 「漢城百濟의 對外關係」 『百濟研究』 30.

_____, 2001, 「馬韓 對外交涉의 變遷과 百濟의 登場」 『百濟研究』 33.

朴宗基, 1987, 「신라시대 鄕·部曲의 性格에 대한 試論」 『韓國學論叢』 10.

박종진, 1995, 「국가재정과 부세제도」 『한국역사입문』 ②, 풀빛.

朴眞淑, 1997, 「渤海 文王代의 對日本外交」 『歷史學報』 153.

_____, 1998, 「渤海 康王代의 對日本外交」 『忠南史學』 10.

_____, 1998, 「渤海 宣王代의 對日本外交」 『韓國古代史研究』 14.

_____, 1999, 「渤海 大彝震代의 對日本外交」 『韓國古代史研究』 15.

_____, 2001, 『渤海의 對日本外交研究』, 충남대학교 박사학위논문.

朴泰祐, 1987, 「統一新羅時代의 地方都市에 對한 研究」 『百濟研究』 18.

박찬흥, 2001, 「신라의 결부제와 조의 수취」 『역사와 현실』 42.

_____, 2002, 『新羅 中·下代 土地制度 研究』, 고려대학교 사학과 박사학위논문.

朴漢卨, 1965, 「王建世系의 貿易活動에 對하여-그들의 出身究明을 中心으로-」

『史叢』10.

朴漢卨, 1985, 「羅州道大行臺考」『江原史學』1.

_____, 1989, 「羅末麗初의 西海岸交涉史研究」『國史館論叢』7.

方東仁, 1979, 「浿江鎭의 管轄範圍에 관하여」『靑坡盧道陽博士古稀紀念論文集』: 1997, 『韓國의 國境劃定研究』, 一潮閣.

_____, 1985, 「淸海鎭의 戰略上 位置」『張保皐의 新研究』, 莞島文化院.

方善柱, 1963, 「新唐書 新羅傳所載 長人記事에 대하여」『史叢』8.

방학봉, 1989, 「발·일무역에 대한 역사적 고찰」『발해사연구』, 정음사.

배종도, 1989, 「新羅 下代의 地方制度 改編에 대한 考察」『學林』11.

白承忠, 1989, 「1~3세기 가야세력의 성격과 그 추이」『부대사학』13.

徐吉洙, 1999, 「渤海의 手工業製品에 대하여」『高句麗研究』6.

徐榮敎, 1994, 「9世紀 중반 新羅朝廷의 海上勢力 統制」『慶州史學』13.

徐榮洙, 1987, 「三國時代 韓中外交의 전개와 성격」『古代韓中關係史의 研究』, 三知院.

徐榮一, 1999, 「新羅 五通考」『白山學報』52.

成正鏞, 2002, 「大伽倻와 百濟」『大加耶와 周邊諸國』, 高靈 高靈郡·韓國上古史學會.

孫兌鉉, 1980, 「古代에 있어서 海上交通」『韓國海洋大學論文集』15.

孫兌鉉·李永澤, 1981, 「遣使航運時代에 關한 研究」『韓國海洋大學論文集』16.

宋基豪, 1989, 「발해사 연구의 문제점－발해와 신라의 외교관계를 중심으로－」『韓國上古史의 제문제』, 민음사.

_____, 1993, 「渤海 文王代의 개혁과 사회변동」『韓國古代史研究』6.

_____, 1996, 「발해의 융성」『한국사』10－발해－. 국사편찬위원회.

宣石悅, 1996, 「3세기 후반 弁辰韓 勢力圈의 變化」『가라문화』13. 경남대학교 가라문화연구소.

辛聖坤, 1989, 「唐宋變革期論」『講座 中國史』Ⅲ. 지식산업사.

申瀅植, 1989, 「韓國 古代의 西海交涉史」『國史館論叢』3.

안병우, 1994, 「신라통일기의 경제제도」『역사와 현실』14.

余昊奎, 1995, 「3세기 후반 4세기 전반 고구려의 교통로와 지방통치조직－남도와 북도를 중심으로－」『韓國史研究』91.

_____, 2000, 「4세기 동아시아 국제질서와 대외정책의 변화」『역사와 현실』36.

禹在柄, 2002, 「4~5世紀 倭에서 伽倻·百濟로의 貿易루트와 古代航路」『湖西考古學報』6·7合.

魏恩淑, 1995, 「나말 무역사 연구동향과 과제」『貿易評論』2. 慶星大學校 貿易研究所.

尹明喆, 1999, 「渤海의 海洋活動과 동아시아의 秩序 再編」『高句麗研究』6.

尹明喆, 2000, 「新羅下代의 海洋活動研究－해양환경 및 대외항로를 중심으로－」 『國史館論叢』 91.

尹炳喜, 1982, 「新羅 下代 均貞系의 王位繼承과 金陽」 『歷史學報』 96.

윤석효, 1998, 「大伽耶 對外關係와 倭地進出에 대하여」 『민족문화』 9.

윤선태, 1997, 「752년 신라의 대일교역과 '바이시라기모쯔게(買新羅物解)'」 『역사와 현실』 24.

尹載云, 1996, 「9世紀前半 新羅의 私貿易에 관한 一考察」 『史叢』 45.

_____, 1999, 「新羅下代 鎭의 再檢討」 『史學研究』 58·59합집.

_____, 1999, 「韓國 古代의 貿易形態」 『先史와 古代』 12.

_____, 2001, 「渤海의 王權과 對日貿易」 『韓國史學報』 11.

_____, 2003, 「8~9세기 동아시아의 교역－장보고의 청해진활동을 중심으로」 『白山學報』 66.

_____, 2004, 「발해의 왕권과 대중국무역」 『白山學報』 68.

_____, 2004, 「신라하대 무역관련 기구와 정책」 『先史와 古代』 20.

_____, 2004, 「삼국시대의 무역」 『한국무역의 역사』, (재)해상왕장보고기념사업회.

_____, 2004, 「남북국시대의 무역」 『한국무역의 역사』, (재)해상왕장보고기념사업회.

_____, 2005, 「남북국시대의 네트워크」 『韓國研究センター年報』 5, 九州大學韓國研究センター.

李蘭英, 1998, 「百濟 지역 출토 中國陶瓷 研究－古代의 交易陶瓷를 중심으로－」 『百濟研究』 28.

李基東, 1976, 「新羅 下代의 浿江鎭」 『韓國學報』 5 ; 1984, 『新羅骨品制社會와 花郎徒』, 一潮閣.

_____, 1980, 「新羅 下代의 王位繼承과 政治過程」 『歷史學報』 85.

_____, 1984, 「新羅 金入宅考」 『新羅骨品制社會와 花郎徒』, 一潮閣.

_____, 1985, 「張保皐와 그의 海上王國」 『張保皐의 新研究』, 莞島文化院.

_____, 1989, 「9-10世紀에 있어서 黃海를 무대로 한 韓中日 三國의 海上活動」 『第3回 環黃海韓中交涉史研究 심포지엄』, 百濟文化開發研究院.

_____, 1989, 「黃海를 통한 古代 韓中交涉史의 展開」 『第2回 環黃海韓中交涉史研究 심포지엄』, 百濟文化開發研究院.

李基東, 1997, 「羅末麗初 南中國 여러 나라와의 交涉」 『歷史學報』 155.

李基白, 1958, 「高麗 太祖時의 鎭」 『歷史學報』 10 ; 1968, 『高麗兵制史研究』, 一潮閣.

李道學, 1991, 「百濟의 交易網과 그 體系의 變遷」 『韓國學報』 63.

李道學, 1992, 「伯濟國의 성장과 소금 交易網의 확보」『百濟研究』23.

_____, 1999, 「百濟의 交易과 그 性格」『STRATEGY21』 2-2, 서울 한국해양전략 연구소.

李文基, 1994, 「統一新羅期의 '北鎭'과 軍事的 位相」『九谷 黃鍾東敎授停年紀念 史學論叢』.

李炳魯, 1995, 「9世紀초기의 '環지나海무역권'의 고찰」『日本學誌』15, 啓明大學校 國際學研究所 日本研究室.

_____, 1996, 「고대일본열도의 '신라상인'에 대한 고찰」『日本學』15, 東國大學校 日本學研究所.

_____, 1996, 「寬平期(890년대) 일본의 대외관계에 관한 일고찰」『日本學誌』16.

_____, 1996, 「8세기의 羅・日관계사－中華사상과 교역을 중심으로－」『日本學年報』4.

_____, 1998, 「"續日本紀"에 나타난 韓國古代史像」『韓國古代史研究』14.

이병희, 1995, 「전시과제도와 농장」『한국역사입문』②, 풀빛.

李永澤, 1979, 「張保皐海洋勢力에 關한 考察」『韓國海洋大學論文集』14.

_____, 1982, 「9世紀 在唐 韓國人에 대한 考察」『韓國海洋大學論文集』17.

李龍範, 1969, 「三國史記에 보이는 이슬람商人의 貿易品」『李弘稙博士 回甲紀念 韓國史學論叢』, 新丘文化社.

李鎔賢, 1999, 「統一新羅の傳達體系と'北海通'－韓國慶州雁鴨池出土の15号木簡の解釋－」『朝鮮學報』171.

李佑成, 1969, 「三國遺事所載 處容說話의 一分析」『金載元博士回甲記念論叢』.

이유진, 2001, 「8～9세기 동아시아 세계의 대외관계와 교역」『해상왕 장보고의 국제무역활동과 물류』, 해상왕장보고기념사업회.

李晶淑, 1993, 「新羅 眞平王代의 對中交涉」『釜山女大史學』20・21合輯.

李在賢, 2000, 「加耶地域出土 銅鏡과 交易體系」『韓國古代史論叢』9.

李春植, 1969, 「朝貢의 起源과 意味」『中國學報』10.

李海濬, 1989, 「新安島嶼地方의 歷史文化的 性格」『島嶼文化』7.

李杏九, 1989, 「東大寺의 창건과 審祥」『日本學』8・9.

李賢惠, 1988, 「4세기 加耶社會의 交易體系의 변천」『韓國古代史研究』1.

_____, 1994, 「三韓의 對外交易體系」『李基白先生古稀紀念 韓國史學論叢』上.

임상선, 1996, 「발해의 사회・경제구조」『한국사』10－발해－, 국사편찬위원회.

_____, 2000, 「渤海人 李光玄과 그의 道敎書 檢討」『韓國古代史研究』20.

林永珍·黃鎬均·徐賢珠, 1995, 「光州 樓門洞 統一新羅 建物址 收拾調査 報告」 『湖南考古學報』 2.

全德在, 1997, 「新羅 下代 鎭의 設置와 性格」 『軍史』 35.

_____, 2000, 「4세기 국제관계의 재편과 신라의 대응」 『역사와 현실』 36.

전영률, 1997, 「발해의 대일관계」 『발해사연구논문집』 2.

鄭淸柱, 1991, 「新羅末 高麗初의 羅州豪族」 『全北史學』 14.

鄭泰憲, 1985, 「淸海鎭과 他軍鎭과의 비교적 考察」 『張保皐의 新研究』, 莞島文化院.

朱甫暾, 1996, 「麻立干時代 新羅의 地方統治」 『嶺南考古學』 19.

_____, 1998, 『新羅 地方統治體制의 整備過程과 村落』, 신서원.

千寬宇, 1979, 「馬韓諸國의 位置試論」 『東洋學』 9.

채태형, 1997, 「발해의 수상운수」 『발해사연구논문집』 2.

崔 健, 1987, 「韓國 靑磁 發生에 관한 背景的 考察」 『古文化』 31.

최광식, 1995, 「韓國 古代國家의 支配이데올로기」 『韓國史의 時代區分-古代·中世-』, 신서원.

崔夢龍, 1981, 「都市·文明·國家」 『歷史學報』 92.

_____, 1985, 「古代國家成長과 貿易」 『韓國古代의 國家와 社會』, 一潮閣.

崔柄憲, 1972, 「新羅 下代 禪宗九山派의 成立」 『韓國史研究』 7.

崔源植, 1992, 「新羅 義寂의 梵網菩薩戒觀」 『何石金昌洙敎授華甲紀念 史學論叢』.

_____, 1993, 「太賢의 菩薩戒 이해와 現實問題 인식」 『伽山學報』 2.

최의광, 1999, 「渤海 文王代의 對唐關係」 『史叢』 50.

崔在錫, 1992, 「9世紀 新羅의 西部日本進出」 『韓國學報』 69.

_____, 1992, 「9世紀의 在唐新羅租界의 存在와 新羅租界의 日本·日本人 保護」 『東方學志』 75.

_____, 1994, 「수출품을 통해 본 통일신라와 일본의 미술공예」 『民族文化論叢』 15.

_____, 1994, 「日本 東大寺 '獻物帳'을 통해 본 正倉院 물품의 제작국」 『韓國學報』 75.

_____, 1994, 「日本 正倉院의 大刀와 그 제작국」 『韓國學報』 77.

_____, 1994, 「日本 正倉院의 銅鏡과 그 제작국에 대하여」 『民族文化研究』 27.

崔在錫, 1995, 「正倉院 소장의 자(尺)와 그 제작국에 대하여」 『韓國學報』 78.

秋萬鎬, 1992, 「나말려초 새김돌(塔碑)건립에 보이는 사찰장인」 『新羅文化祭學術發表會論文集』 13.

河創國, 1999, 「朝鮮の渤海遺跡」 『アジア遊學』 6.

한규철, 1996,「발해의 대외관계」『한국사』10-발해-, 국사편찬위원회.

2) 國 外

岡田正之, 1923,「慈覺大師の入唐紀行就いて」『東洋學報』13-1.

高瀨重雄, 1978,「日本海をおわった椿油-日渤交涉史上の一事實-」『富山史壇』69.

──────, 1982,「日本と渤海國との交易物資」『金澤經濟大學論集』16-1.

──────, 1986,「古代の日本海交通-とくに日本と渤海の交流」『季刊 考古學』15
　　　　: 임상선 편역, 1990,『발해사의 이해』, 신서원.

古畑徹, 1999,「環日本海諸地域間交流史の中の渤海國」『東アジア史における國家
　　　　と地域』, 刀水書房.

谷川道雄, 1952,「唐代の藩鎭について-浙西の場合-」『史林』35-3.

菊池英夫, 1961,「節度使制確立以前における'軍'制度の展開」『東洋學報』44-2.

堀敏一, 1957,「黃巢の亂」『東洋文化研究所紀要』13.

龜井明德, 1992,「唐代陶磁貿易の展開と商人」『アジアのなかの日本史』Ⅲ-海上の
　　　　道-, 東京大學出版會.

吉岡完佑, 1979,「高麗靑磁의 發生에 關한 研究」崇田大學校 碩士學位論文.

──────, 1994,「고려청자의 출현」『張保皐 해양경영사연구』, 도서출판 李鎭.

東野治之, 1984,「日唐間における渤海の中繼貿易」『日本歷史』438, 吉川弘文館.

東 潮, 1995,「弁辰과 加耶의 鐵」『가야연구소 학술총서』1, 인제대학교 가야문화
　　　　연구소.

藤田亮策, 1953,「新羅九州五京攷」『朝鮮學報』5.

馬一虹, 1999,「渤海と唐の關係」『アジア遊學』6.

末松保和, 1965,「百濟の故地に置れた州縣について」『靑丘史草』.

──────, 1975,「新羅の郡縣制」『學習院大學文學部研究年報』21 : 1995,『新羅の
　　　　政治と社會』下.

木村誠, 1979,「統一新羅の郡縣制と浿江鎭經營」『朝鮮歷史論集』上.

尾崎元春, 1978,「正倉院大刀個別解說」『正倉院の大刀外裝』, 日本經濟新聞社.

保科富士男, 1988,「古代日本の對外關係における贈進物の名稱-古代日本の對外意
　　　　識に關聯して-」『白山史學』25.

濱口重國, 1930,「府兵制度より新兵制へ」『史學雜誌』41-11·12 : 1966,『秦漢隋唐
　　　　史の研究』上, 東京大學出版會.

浜田耕策, 1983,「新羅の中·下代の內政と對日本外交-外交形式と交易」『學習院史
　　　　學』21.

浜田耕策, 1999, 「新羅王權と海上勢力－特に張保皐の淸海鎭と關聯して－」『東アジア史における國家と地域』, 刀水書房.

浜下武志, 1986, 「朝貢と移民－中國の對外統治と日本－」『統治機構の文明學』, 中央公論社.

_____, 1989, 「東アジア國際體系」『講座國際政治』1 －國際政治の理論－.

山崎雅稔, 2000, 「貞觀八年應天門事件と新羅賊兵」『人民の歴史學』146.

_____, 2001, 「九世紀日本の對外交易」『アジア遊學』26.

_____, 2001, 「貞觀十一年新羅海賊來寇事件の諸相」『國學院大學大學院紀要』32.

三池賢一, 1971·1972, 「新羅內政官制考」(上)(下)『朝鮮學報』61·62.

石見淸裕, 1997, 「唐代外國貿易·在留外國人をめぐる諸問題」『魏晋南北朝隋唐時代史の基本問題』.

石井正敏, 1974, 「初期日渤交涉における一問題－新羅征討計劃中止との關聯をめぐって－」『對外關係と政治文化』 1, 森克己博士古稀記念會, 吉川弘文館 ： 2001, 『日本渤海關係史の研究』, 吉川弘文館.

_____, 1987, 「八·九世紀の日羅關係」『日本前近代の國家と對外關係』, 吉川弘文館.

_____, 1992, 「10世紀の國際變動と日宋貿易」『新版 古代の日本』2－アジアからみた古代日本－, 角川書店 ： 2001, 『日本渤海關係史の研究』, 吉川弘文館

_____, 1999, 「渤海と西方社會」『アジア遊學』6 ： 2001, 『日本渤海關係史の研究』, 吉川弘文館.

小嶋芳孝, 1990, 「高句麗·渤海との交流」『海と列島文化』1－日本海と北國文化－, 小學館.

_____, 1995, 「日本海を越えてきた渤海使節」『日本の古代』3, 中央公論社.

_____, 1999, 「渤海の産業と物流」『アジア遊學』6.

松井透, 1999, 「商人と市場」『岩波講座 世界歴史』15－商人と市場－, 岩波書店.

新川登龜男, 1988, 「日羅間の調(物産)の意味」『日本歴史』481 ： 辛鍾遠 譯, 2002, 「일본·신라 사이 調(物産)의 의미」『江原史學』17·18合輯.

鈴木靖民, 1998, 「渤海の國家構造」『しにか』9월호.

_____, 1999, 「발해와 일본·당의 무역」『장보고와 21세기』, 혜안.

榮原永遠男, 1992, 「錢貨の多義性－日本古代錢貨の場合－」『アジアのなかの日本史』 Ⅲ－海上の道－, 東京大學出版會.

栗原益男, 1971, 「安史の亂と藩鎭體制の展開」『岩波講座 世界歴史』6, 岩波書店.

李成市, 1981, 「新羅兵制における浿江鎭典」『早稻田大學大學院文學研究科紀要』別

册7：1998,『古代東アジアの民族と國家』, 岩波書店.

李成市, 1982,「正倉院寶物氈貼布記を通して見た八世紀の日羅關係」『朝鮮史研究會會報』67.

_____, 1991,「八世紀新羅・渤海關係の一視角-≪新唐書≫新羅傳長人記事の再檢討-」『國學院雜誌』92-4；1998,『古代東アジアの民族と國家』, 岩波書店.

日野開三郎, 1939・1940,「唐代藩鎭の跋扈と鎭將」『東洋學報』26-4, 27-1・2・3；1980,『日野開三郎東洋史學論集』1-唐代藩鎭の支配體制-, 三一書房.

_____, 1960・1961,「羅末三國の鼎立と對大陸海上交通貿易」『朝鮮學報』16・17・19・20；1984,『日野開三郎東洋史學論集』9, 三一書房.

_____, 1968・1972,「國際交流史上より見た滿鮮の絹織物」『朝鮮學報』48・63；1984,『日野開三郎東洋史學論集』9-北東アジア國際交流史の研究(上)-, 三一書房.

田村專之助, 1939,「6世紀中葉以後における日羅貿易研究」『靑丘學叢』30.

佐伯有淸, 1964,「9世紀の日本と朝鮮-來日新羅人の動向をめぐって」『歷史學研究』287.

酒寄雅志, 1979,「七・八世紀の大宰府-對外關係を中心として-」『國學院雜誌』80-11.

中野政樹, 1962,「奈良時代の鏡-唐樣式の資料-」『Museum』141.

_____, 1962,「奈良時代の鏡-佛敎と鏡」『Museum』137.

_____, 1967,「奈良時代の鏡-政倉院文書-'東大寺鑄鏡用度文案'について(1)」『Museum』192.

村中一郎, 1998,「後期日渤交涉における私的交易の實態について」『富山史壇』125.

坂上早魚, 1988,「九世紀の日唐交通と新羅人-圓仁の"入唐求法巡禮行記"を中心に-」『Museum Kyushu』28.

平野卓治, 1994,「日本古代國家の成立・展開と對外'交通'」『歷史學研究』664.

浦生京子, 1979,「新羅末期の張保皐の擡頭と反亂」『朝鮮史研究會論文集』16.

강소성문물공작대, 1961-6,「揚州施橋發見了古代木船」『文物』.

南京博物院, 1974-5,「如皐發現的唐代木船」『文物』.

卞麟錫, 1993,「試論九世紀唐朝新羅坊的性質」『第二回國際唐代學術會議論文集』下册, 台北, 文津出版社.

孫玉良, 1982,「略述大欽茂及其統治下的渤海」『社會科學戰線』4.

王　勇, 1999, 「渤海商人李光玄について」 『アジア遊學』 6.

朱　江, 1993, 「唐과 新羅의 海上交通」 『張保皐 해양경영사연구』, 圖書出版 李鎭.

朱越利, 1993, 「唐氣功師百歲道人赴日考-以‘金液還丹百問訣’爲據-」 『世界宗敎硏
　　　　究』 3期, 中國社會科學院出版社.

陳顯昌, 1983-2, 「渤海國史槪要(二)」 『齊齊哈爾師範學院報』.

Hugh R. Clark, 1993, 「한반도와 남중국간의 무역과 국가관계」 『장보고 해양경영
　　　　사연구』, 도서출판 李鎭.

E・V・シヤフクノフ, 1998, 「北東アジア民族の歷史におけるソグド人の黑貂の道」
　　　　『東アジアの古代文化』 96.

【부 록】

〈표〉 남북국시대 한국·중국·일본 삼국의 항해 사례(종합)

시 기	항 해 자	출발지	도착지	목 적	내 용
668. 9	金東嚴	신라	일본		김유신에 船 1척, 신라왕에 船, 絹, 綿, 韋 사여
668. 9	小山下 道守臣麻呂	일본	신라		新羅使 金東嚴과 동행
669		일본	唐		
669. 9	督儒	신라	일본		
670. 9	阿曇連頰垂	일본	신라		
671. 6		신라	일본		別獻 水牛, 山鷄
671.10	金萬物	신라	일본		신라왕에 絹, 絁, 綿, 韋 선사
672.11	金押實	신라	일본		筑紫에서 연회, 신라 사절단에게 船 1척 사여
673.閏6	金承元	신라	일본		賀登極使, 中客 이상 27인 入京
675. 2	金忠元	신라	일본		送使 奈末金風那 筑紫 귀국, 級湌 金比蘇 등 4인 동행, 難波에서 귀국
675. 3	朴勤修	신라	일본		大奈末 金美賀 동행
675. 7	小錦上 大伴連國麻呂	일본	신라		
676.10	大乙上 物部連麻呂	일본	신라		
676.11	金淸平	신라	일본		김청평 이하 13인 入京, 送使 奈末被珍那 筑紫에서 귀국, 표류민 동행
676.11	金楊原	신라	일본		고구려 使人 筑紫에 送使
678	金消勿	신라	일본		送使 加良井山이 新羅使의 해중조난을 알림.

					消勿 등 不來
679.10	金項那	신라	일본		筑紫에서 연회. 調物 10여종. 別獻物
680. 5	考那	신라	일본		高句麗使人을 筑紫에 送使
680.11	金若弼	신라	일본		習言者 3인 동행. 筑紫에서 연회, 賜祿物
681. 7	小錦下 采女臣竹羅	일본	신라		
681.10	金忠平	신라	일본		調物. 金銀銅鐵, 錦絹, 鹿皮, 細布之類各有數. 別獻. 天皇, 皇后太子 金銀, 錦, 霞幡, 皮之類, 各有數. 文武王 告喪. 筑紫에서 연회
682. 6	金釋起	신라	일본		高句麗使人 送使
683.11	金主山	신라	일본		
684. 4	小錦下 高向臣麻呂	일본	신라		學文僧 觀常·雲觀 귀국, 신라왕 賜物, 馬·犬·鸚鵡·鵲及種種寶物
684.12	金物儒	신라	일본		大唐學生 土師宿禰甥 등을 送使
685.11	金智祥	신라	일본		請政, 進調. 細馬一疋, 騾一頭, 犬二狗, 鏤金器及金銀, 霞錦, 綾羅, 虎豹皮及藥物之類幷百餘種. 別獻物, 金銀, 霞錦, 綾羅, 金器, 屛風, 鞍皮, 絹布, 藥物之類, 各六十餘種, 別獻皇后, 皇太子, 及諸親王等之物 各有數 筑紫에서 연회, 연회를 위해 川原寺의 伎樂을 筑紫로 옮김, 祿物 사여

686. 2		신라	唐		禮記·문장요청, 圓測 방환요청
687. 1	直廣肆 田中朝臣法麻呂	일본	신라		天武天皇의 告喪使
687. 9	金霜林	신라	일본		奏請國政, 獻調賦, 金 銀, 絹布, 皮銅鐵之類十 餘物, 別所獻佛像, 種種 彩絹, 鳥馬之類十餘種. 所獻金銀, 彩色, 種種珍 異之物, 八十餘物. 筑紫에서 연회, 級飡 金薩擧·金仁述 및 大 舍 蘇陽信 동행
689. 4	金道那	신라	일본		天武天皇 弔問使, 學問 僧 明聰, 觀智等 送使. 別獻金銅阿彌陀像, 金 銅觀世音菩薩像, 大勢 至菩薩像, 彩帛錦綾. 筑 紫에서 연회, 新羅 學 問僧 明聰, 觀智의 師 友에게 보낼 綿 사여, 사신에게 賜物
690. 9	金高訓	신라	일본		大唐學問僧 智宗·義 德·淨願·大伴部博麻 등을 送使. 筑紫에서 연회, 사신에 賞賜
692.11	朴億德	신라	일본		難波館에서 연회, 新 羅調 5社에 헌납, 표류 민 37명 송환
693. 2	金江南	신라	일본		신라왕에 絹, 絁, 綿, 韋 선사
693. 3	直廣肆 息長眞人老	일본	신라		신라왕에게 선물, 學 問僧 弁通·神叡 동행
695. 3	金良林	신라	일본		奏請國政, 進調獻物. 薩 飡 朴强國, 韓奈麻 金 周漢·金忠仙 동행
695. 9	直廣肆 小野朝臣毛野	일본	신라		

697.10	金弼德	신라	일본		貢調物. 新羅使 大極殿 新年賀禮, 新羅 공물 神社・天武陵에 헌납
699. 2		신라	唐		
700. 5	直廣肆 佐伯宿禰麻呂	일본	신라		신라에서 孔雀・珍物 하사
700.11	金所毛	신라	일본		孝昭王母의 告喪使, 金所毛 사망, 絁・綿・布 사여, 新羅使 水夫 이상 賜祿
702. 6		일본	唐		
703. 1	金福護	신라	일본		孝昭王의 告喪使, 難波館에서 연회, 표류 신라인 동행
703. 1		신라	唐		
703	金思讓	신라	唐		
703.10	從5位下 波多朝臣廣足	일본	신라		신라왕에게 綿・絁 선물
705. 3	金志誠	신라	唐		
705. 9		신라	唐		
705.10	金儒吉	신라	일본		新羅使 大極殿 新年賀禮, 朝堂 연회, 新羅調 伊勢 및 7道諸社에 헌납
706. 4		신라	唐		
706. 8		신라	唐		
706.10		신라	唐		
706.11	從5位下 美努連淨麻呂	일본	신라		學問僧 義法, 義基, 惣集, 慈定, 淨達 귀국
707.12		신라	唐		
709. 3		신라	일본		貢方物, 朝堂에서 연회, 賜祿, 신라왕에게 絁・射・綿 사여
709. 6		신라	唐		
710. 1		신라	唐		
711.12		신라	唐		

712. 2		신라	唐		
712.10	從5位下 道君守名	일본	신라		
712.12		신라	唐		
713. 2		신라	唐		
713. 6		신라	唐		
714. 2	朴裕, 金守忠	신라	唐	賀正, 宿衛	朝堂 연회, 朴裕 朝散大夫 員外奉御 受爵, 김수충은 716년 9월 귀국
714.10		신라	唐		內殿 연회, 宰臣 및 4품 이상 淸官 참석
714.11	金元靜	신라	일본		入京, 中門에서 연회, 賜綿
714		발해	唐		唐使 崔忻·學生 동행
716. 3	金楓厚	신라	唐	賀正	員外郎 受爵
717. 3		일본	唐		
717. 5		신라	唐		
718. 2		신라	唐		守中郎將 受爵
718. 5	正5位下 小野朝臣馬養	일본	신라		
719. 1		신라	唐	賀正	帛 50필 受領
719. 5		신라	唐		도중 卒, 太僕卿 追贈, 絹 100필 賻物
719. 5	金長言	신라	일본		獻貢物, 騾馬·牧牝 각 1필. 신라왕과 長言에게 賜祿
719. 8	從6位上 白猪史廣成	일본	신라		
721. 1	鞨鞨大首領	발해	唐		折衝 受爵
721.12	金乾安	신라	일본		元明天皇 사망으로 筑紫에서 방환
722. 5	正6位下 津史主治麻呂	일본	신라		
722.10	金仁壹	신라	唐	賀正	
722.11	大臣 味敎計	발해	唐		鷹헌상, 大將軍 受爵, 錦袍金魚袋 受領
723. 4		신라	唐		果下馬·人蔘·牛黃·表文 헌상

723. 8	金貞宿외 15인	신라	일본		朝堂에서 연회
724. 2	金武勳	신라	唐	賀正	遊擊將軍 受爵, 帛 50匹 수령
724. 2	賀作慶	발해	唐	賀正	
724. 8	從5位上 土師宿禰豊麻呂	일본	신라		
724.12		신라	唐		抱貞·貞苑 헌상
725		신라	唐		封禪儀式 慶賀
725. 1	大首領 烏借芝蒙	발해	唐	賀正	
725. 4	首領 謁德	발해	唐		果毅 受爵
725. 5	王弟 大昌敎價	발해	唐		左威衛員外將軍·襄平縣開國男 受爵, 紫袍金帶魚袋, 帛50필, 무왕의 綵練 100필 수령
726. 4	從弟 金忠信	신라	唐	賀正, 宿衛	帛 100필 수령
726. 4	長子 大都利行	발해	唐		貂鼠皮 헌상, 左武衛大將軍員外置 受爵, 在唐卒, 特進兼鴻臚卿追贈, 絹 300필·粟300석 賻物, 官造靈轝 본국송환
726. 5	王弟 金欽質	신라	唐		郎將 受爵
726. 5	薩湌 金造近	신라	일본		入京, 朝堂에서 연회
726.11	王子 大義信	발해	唐		
727. 1		신라	唐	賀正	奉御 受爵, 緋袍銀帶魚帶 수령
727. 8	王弟 大寶方	발해	唐		
727. 9	大使 高仁義 외 24명	발해	일본		出羽國 도착
728. 2	引田虫麻呂	일본	발해		送使
728. 7	從弟 金嗣宗	신라	唐		果毅 受爵
728. 9	菸夫須計	발해	唐		果毅 受爵
729. 1		신라	唐	賀正	
729. 2	王弟 大胡雅	발해	唐		遊擊將軍 受爵, 紫袍金帶 수령

729. 3		발해	唐		帛 20필 수령
729. 8	王弟 大琳	발해	唐		中郎將 受爵
729. 9		신라	唐		
730. 1	王弟 大郎雅	발해	唐	賀正, 宿衛	在唐 嶺南에 유배
730. 2	王姪 金志滿	신라	唐		小馬·狗·頭髮 헌상. 太僕卿員外置同正員 受爵, 絹 100필, 紫袍 銀帶魚帶 수령
730. 2	大首領 知蒙	발해	唐		馬 헌상. 中郎將 受爵, 絹 20필, 緋袍銀帶 수령
730. 5	烏那達利	발해	唐		海豹皮·貂鼠皮·瑪瑙 杯·馬 헌상. 果毅 수 작, 帛 수령
730.10		신라	唐		
731. 2	金志良	신라	唐		牛黃·金銀 등 헌상. 太僕小卿員外置 受爵, 詔書·帛 60필 수령
731. 2		발해	唐	賀正	장군 受爵, 帛 100필 수령
731. 4	馬文軌, 蔥勿雅	발해	唐	大門藝 주살 요청	唐에 억류
731.10	大耶珍 등 120인	발해	唐		果毅 受爵, 帛 30필 수령
732. 1	金長孫	신라	일본		進種種財物, 幷鸚鵡· 鳩鴿·獨狗·獵狗· 驢·騾. 김장손 등 40인 入京, 朝堂에서 연회
732. 1		신라	唐	賀正	
732. 2	從5位上 角朝臣家主	일본	신라		
732. 9		신라	唐	宿衛	在唐 病死
733. 4		일본	唐		4척 가운데 3·4船 조난
733.12	王姪 金志廉	신라	唐	謝恩, 宿衛	表文·馬·牛黃·人蔘

					헌상. 內殿연회, 鴻臚 小卿員外置 受爵, 束帛 수령, 在唐病死
734. 4	大臣 金丹竭丹	신라	唐	賀正	內殿연회, 衛尉小卿 受 爵, 緋蘭袍平漫銀帶, 絹 60필 수령
734.12	金相貞	신라	일본		入京後 王城國으로 국호변경 때문에 返却
735. 1	金義忠, 金榮, 金義質	신라	唐	賀正	金榮 在唐 卒, 光祿小 卿 추증, 浿江鎭 사여, 詔書 수령
735. 2	金思蘭	신라	唐	謝恩	太僕卿員外置 受爵, 당에 잔류
735.12	金(忠)相	신라	唐		도중 卒, 衛尉卿 추증
735	大茂慶	발해	唐		
736. 3	大蕃	발해	唐	宿衛교체요청	太子舍人員外 受爵, 帛 30필 수령, 大郎雅 동행 귀국
736. 4	從5位下 阿倍朝臣繼麻呂	일본	신라		
736. 6		신라	唐	賀正, 謝恩	
737. 1	大首領 木智蒙	발해	唐		
737. 2	金抱質	신라	唐	賀正	
737. 4	公伯計	발해	唐		將軍 受爵
737. 8	大首領 多蒙固	발해	唐		左武衛將軍 受爵, 紫袍 金帶・帛 100필 수령
737.12		신라	唐	告哀, 告嗣位	
738. 1	金想純외 147명	신라	일본		大宰府 연회, 放還
738. 3	金元玄	신라	唐	賀正	
738. 6		발해	唐		『唐禮』, 『三國志』, 『晉 書』, 『36國春秋』 필사 요청
738.閏7		발해	唐		貂鼠皮・乾文魚 헌상
739. 2	王弟 大晟進	발해	唐	宿衛	鷹 헌상. 內殿연회, 左 武衛大將軍外置同正

					受爵, 紫袍金帶·帛 100 필 수령
739. 7	大使 胥要德, 副使 己珎蒙	발해	일본		出羽國 도착
739.10	受福子	발해	唐	謝恩	果毅 受爵, 紫袍銀帶 수령
740. 1	大伴犬養	일본	발해		專使
740. 4	外從5位下 紀朝臣必登	일본	신라		
740.10		발해	唐		貂鼠皮·昆布 헌상
741. 2	失阿利	발해	唐	賀正	郎將 受爵
741. 4		발해	唐		鷹鶻 헌상
742. 1		일본	신라		日本國使 신라에서 不納
742. 2	金欽英외 187명	신라	일본		新京 미완성으로 放還
742. 5		신라	唐		
743. 3	金序貞	신라	일본		調를 土毛라고 개칭, 大宰府에서 返却
743. 7	大蕃	발해	唐	宿衛	左領軍衛員外大將軍 受爵
744.閏2		신라	唐	賀正	
744. 4		신라	唐	謝恩	馬·보물 등 헌상
744.10		신라	唐	賀正	左淸道率府員外長史 受爵, 紫袍銀帶 수령
745. 4		신라	唐		
746. 2		신라	唐	賀正	
746. 3		발해	唐	賀正	馬 헌상
747. 1		신라	唐	賀正	
747. 1		발해	唐	賀正	
748		신라	唐		金銀, 牛黃, 人蔘, 布 등 헌상
749. 3		발해	唐		鷹 헌상
750. 3		발해	唐		鷹 헌상
752. 1	正5位下 山口忌寸人麻呂	일본	신라		
752.閏3	金泰廉외 700인	신라	일본		朝堂에서 연회, 大安寺·

					東大寺 예불
752.閏3		일본	唐		4착 가운데 1船은 安南에 漂着
752. 9	慕施蒙외 75인	발해	일본		越後國 도착
753. 1		신라	唐	賀正	
753. 2	從5位下 小野朝臣田守	일본	신라		日本國使 신라왕이 不見
753. 3		발해	唐	賀正	
754. 1		발해	唐	賀正	
755. 4		신라	唐	賀正	
757. 1		신라	唐	賀正	成都에서 賀正, 당 현종 五言十韻詩 수령
758. 2	小野田守	일본	발해		專使
758. 8		신라	唐		
758. 9	대사 楊承慶, 부사 楊泰師 외 23인	발해	일본		越前國 도착
758		발해	唐	唐帝還宮 여부 확인	
759. 1	高元度	일본	발해		送使
759. 2		일본	唐		
759.10	대사 高南申, 부사 高興福	발해	일본		對馬島 漂着
760	揚方慶	발해	唐	賀正	일본인 高元度 등 11인 동행
760. 2	陽侯玲璆	일본	발해		送使
760. 9	金貞卷	신라	일본		放還
761. 2	金嶷	신라	唐	宿衛	
761.10	高麗大山	일본	발해		專使
762. 9		신라	唐		
762.10	대사 王新福, 부사 李能本 외 23인	발해	일본		越前國 加賀郡 도착
763. 2	金體信외 211인	신라	일본		
763. 4		신라	唐		檢校禮部尙書 受爵
763.11	多治比小耳	일본	발해		送使

764	金容	신라	唐	謝恩	唐使 韓朝彩 동행 入唐
764. 7	金才伯외 91인	신라	일본		
765. 4		신라	唐		檢校禮部尙書 受爵
767. 冬	金隱居	신라	唐		
767. 7		발해	唐		
767. 8		발해	唐		
767. 9		발해	唐		
767.11		발해	唐		
767.12		발해	唐		
768. 9		신라	唐		
769. 1		발해	唐		
769. 3		발해	唐		
769.11		신라	唐		
771. 6	대사 壹萬福, 부사 慕昌祿 외 325명	발해	일본		常陸國 도착
772. 2	武生鳥守	일본	발해		送使
772. 5	金標石	신라	唐		1월 신라출발. 衛尉員外小卿 受爵
772. 秋		발해	唐		
772.12		발해	唐		
773. 4		신라	唐	賀正	金銀·牛黃 등 헌상
773. 4		발해	唐	賀正	
773. 6		신라	唐	謝恩	
773. 6		발해	唐	賀正	
773. 6	대사 烏須弗 외 40인	발해	일본		能登國 도착
773.11		발해	唐		
773. 閏11		발해	唐		
773.12		발해	唐		
774. 1		발해	唐		2월 延英殿 귀국 인사, 大英俊 동행 귀국
774. 4		신라	唐		
774.10		신라	唐	賀正	延英殿 引見, 衛尉員外

					郞 受爵
774.10	金三玄외 235인	신라	일본		大宰府도착. 遣唐大使 藤原河淸의 서간을 가 지고 옴. 貢調를 國信物이라고 함, 放還
774.12		발해	唐		
775. 1		신라	唐		
775. 1		발해	唐		
775. 5		발해	唐		
775. 6		신라	唐		
775. 6		발해	唐		
775.12		발해	唐		
776. 7		신라	唐		
776.10		신라	唐		
776.12	대사 史都蒙외 166인	발해	일본		越前國 加賀郡 도착
777. 1		발해	唐		일본 舞女 11인 헌상
777. 2		발해	唐		鷹 헌상
777. 4		발해	唐		
777. 5	高麗殿嗣	일본	발해		送使
777. 6		일본	唐		1船 난파
777.12		발해	唐		
777.12		신라	唐		
778. 9	張仙壽	발해	일본		越前國 坂井郡 三國湊 도착
778.12	大網廣道	일본	발해		送使
779. 5		일본	唐		
779. 9	押領 高洋粥, 通事 高 說昌 외 359인	발해	일본		出羽國 도착
779.10	金蘭蓀	신라	일본	賀正	入京, 金嚴·薛仲業· 金貞樂·金蘇忠 등 入京
779.12	從6位上 下道朝臣長人	일본	신라	탐라에 표류한 견당사를 귀환 시키기 위해	

780.10		발해	唐		
782.閏1		신라	唐		
782. 5		발해	唐		
784	金讓恭, 道義	신라	唐		
786. 4	金元全	신라	唐		唐 칙서, 답례품 수령
786. 9	李元泰외 65인	발해	일본		越後國 도착
787. 2		일본	발해		送使
789	金俊邕	신라	唐		
790	金彦昇	신라	唐		
791. 1	大常靖	발해	唐	賀正	衛尉卿同正 受爵
791. 8	王子 大貞翰	발해	唐	宿衛	
792		신라	唐		7월 본국 출발
792.閏12	楊吉福 등 30인	발해	唐		
794. 1	王子 大淸允 등 30인	발해	唐		右衛將軍同正 受爵, 수행인 30인 官爵 수령
795.11	呂定琳외 68인	발해	일본		越後國에 도착
795.12	密阿古 등 30인	발해	唐		中郞將 受爵
796. 5	御長廣岳	일본	발해		送使
798. 初		발해	唐	康王 官爵加授 요청	
798. 4	王姪 大能信	발해	唐	官爵加授요청	左驍衛中郞將 受爵
798. 4	內藏賀茂麻呂	일본	발해		專使
798.12	大昌泰	발해	일본		隱岐國 智夫郡 도착
799		신라	唐	告哀	人蔘헌상
799. 4	滋野船白	일본	발해		送使
803		일본	唐		3船 난파
804.11	眞鑑禪師 동행	신라	唐	賀正	
804.11		발해	唐		
805. 5		발해	唐		
806. 8		신라	唐		
806.12		신라	唐		
806.12		발해	唐		
807. 4	楊光信	발해	唐	端午節 경축	

807.12		발해	唐		
808. 7	金力奇	신라	唐	謝恩, 故昭成王 册封書 요청	2월 본국출발. 소성왕 册封書·門戟 수령
809	金陸珍	신라	唐	謝恩	7월 본국출발
809. 1		발해	唐		麟德殿 引見
809.10	高南容	발해	일본		
810. 1	高才南	발해	唐		
810. 9	高南容	발해	일본		
810.10	왕자 金憲章, 僧 沖虛 동행	신라	唐	順宗 명복 기원	佛像·佛經 헌상, 勅書 수령
810.11	왕자 大延眞	발해	唐		
810.12	林東仁	일본	발해		送使
812. 1		발해	唐		麟德殿 引見, 官告 35 통, 의복 각 1벌 수령
812. 4	金昌南	신라	唐	告哀, 賀正, 請册封	54명 入京, 門戟 수령
812.12		발해	唐		
813.12	왕자 辛文德 등 97인	발해	唐		연회, 錦綵 수령
814. 1	高禮進 등 37인	발해	唐		금은불상 헌상. 麟德 殿 연회, 선물 수령
814. 9	대사 王孝廉 부사 高景秀	발해	일본		出雲國 도착
814.11		발해	唐		鷹鶻헌상
814.12	大孝眞 등 59인	발해	唐		
815. 1		신라	唐		南詔使 共同引見, 연회, 선물 수령
815. 1	印貞壽	발해	唐		官告 수령
815. 2	大呂慶	발해	唐		2월 22일, 3월 5일 官告 수령
815. 7	왕자 大庭俊 등 101인	발해	唐		
816	金士信	신라	唐	宿衛	11월 楚州 鹽城縣 漂着
816. 2	고숙만 등 20인	발해	唐		錦綵, 銀器, 官告 수령
816.11		발해	唐		

817	金張廉	신라	唐	노비금지요청	明州 漂着
817. 2	大誠愼	발해	唐		錦綵 수령
818		신라	唐		樂工 헌상, 6월 본국출발
818. 3	李繼常 등 26인	발해	唐	告哀	官告 수령
818. 4	慕感德	발해	일본		
819	唐人 張賞濟, 新羅人 王請・李信忠	唐	일본		出羽國 漂着
819.11	대사 李承英	발해	일본		
820.閏1		발해	唐		麟德殿 연회
820. 2		신라	唐		麟德殿 연회, 선물 수령
820.11		신라	唐		麟德殿 연회
820.12		발해	唐		麟德殿 연회
821.11	王文矩	발해	일본		
822. 1		발해	唐		麟德殿 引見
822.12	金昕, 金柱弼, 無染禪 師 동행	신라	唐	賀正, 宿衛, 본국인 노비방 환요청	金昕 金紫光祿大夫 試太常卿 受爵
823.11	대사 高貞泰 부사 璋璿외 101인	발해	일본		越前國 도착
824. 2	大聰叡 등 50인	발해	唐	宿衛요청	
825. 3		발해	唐		
825. 5	金昕, 金允夫・金立之・ 朴亮・道允 동행	신라	唐	國學입학 및 放還 요청	
825.11	대사 高承祖 부사 高如岳외 103인	발해	일본		隱岐國 도착
826. 1		발해	唐		
826.12		신라	唐		麟德殿 送別宴會, 선물수령
827. 4		신라	唐		
827. 4	승려 貞素 동행	발해	唐		11인 入京, 麟德殿 연회, 선물 수령
827.12	王文矩외 100인	발해	일본		但馬國 도착
828		신라	唐		2월 본국출발

828.12	金大廉	신라	唐		麟德殿 引見, 선물 수령, 茶종자 지참 귀국
828.12		발해	唐		麟德殿 引見
830.12		신라	唐		
830.12		발해	唐		
831. 2	金能儒, 승려 9명 동행	신라	唐		
831.12		신라	唐		
831.12		발해	唐		
832. 3	왕자 大明俊	발해	唐		麟德殿 引見, 宴會
833. 1	同中書右平章事 高寶英, 解楚卿·趙孝明· 劉寶俊 동행	발해	唐	謝恩, 학생 입학 및 방환 요청	李居正·朱承朝·高壽海 동행 귀국
833. 2	왕자 大先晟	발해	唐		麟德殿 宴會
836. 6	왕자 金義琮, 梵日 동행	신라	唐	謝恩 겸 宿衛	정월 본국출발, 玄昱 동행 귀국
836.12		신라	唐	宿衛, 학생 放還 및 처우 요청	金義琮 동행 귀국
836.12		발해	唐		
837. 1	왕자 大明俊 외 19인	발해	唐	賀正, 국학 입학 요청	麟德殿 연회
837. 7		일본	唐		2船 南海에 漂着 신라선을 타고 귀국
838		발해	唐		麟德殿 引見, 錦綵銀器 수령
839. 7		신라	唐	淄靑節度使에게 노비헌상	體澄 동행 귀국
839.12	왕자 大延廣	발해	唐		唐使 동행 귀국
840. 4		신라	唐	告哀, 宿衛학생 방환요청	
841		발해	唐		瑪瑙樻, 紫瓷盆 헌상
841.12	대사 賀福延 부사 王宝璋외 105인	발해	일본		長門國 도착
842	唐人 李隣德	唐			惠萼 동승

		明州			
842. 8	唐人 李處人	唐	일본		肥前 値嘉島 도착. 惠運 동승
843.12	新羅人 張公靖외 26인	唐 楚州	일본		長門國 도착. 仁好·順昌 동승
846. 1	왕자 大之萼	발해	唐		宣政殿 朝會, 麟德殿 引見, 內亨子 연회, 錦綵器皿 수령
846. 2	金國連	신라	唐		
847	일본인 神御井 등	唐 明州	일본		
847. 6	신라인 張支信등 37인	唐 明州	일본		肥前國 値嘉島 도착. 惠運·仁好·惠萼 동승
847. 9	신라인 金珍외 44인	唐 蘇州	일본		圓仁, 惟正, 性海, 丁雄 万 동승
849. 8	唐商人 53인	唐	일본		
848.12	대사 王文矩 부사 烏孝愼외 100인	발해	일본		能登國 도착
850	元弘	신라	唐		佛經, 佛牙 지참귀국
852	唐客 徐公祐	唐 明州	일본		大宰府 도착
852	新羅商人 欽良暉	唐	일본		
856	圓朗禪師 동행	신라	唐	賀正	
856	唐人 秀英覺, 陳太信	唐 廣州	일본		
858	了悟禪師 동행	신라	唐		
858. 6	발해인 李延孝	唐 明州	일본		圓珍 동승. 値嘉島 도착
859. 1	烏孝愼외 104인	발해	일본		加賀國 도착
861. 1	대사 李居正외 104인	발해	일본		出雲國 嶋根郡 도착
862	富良	신라	唐		7월 본국출발, 8월 入唐도중 익사
862. 7	李延孝 등 43인	唐 明州	일본		

863	新羅商人 張支信	唐	일본		賢眞, 惠蕚, 忠全 등 동승
864		신라	唐	告哀, 請册封	
864	唐商 詹景全	唐	일본		
869	金胤, 李同 등 동행	신라	唐	謝恩, 국학생 입학요청	馬·金銀·牛黃 등 헌상, 국학생 입학요청, 7월 본국출발
870	金因, 金緊榮, 朗空大師 동행	신라	唐	宿衛	2월 본국출발
871.12	대사 楊成規 부사 李興晟외 105인	발해	일본		加賀國 도착
873	崔宗佐, 大陳潤, 門孫宰 등 60인	발해	唐	徐州平定 축하	2척의 배, 일본 薩摩國 甑嶋郡 漂着, 본국송환
876		신라	唐		7월 본국출발
876.12	대사 楊中遠외 105인	발해	일본		出雲國 嶋根郡 도착
878		신라	唐		7월 본국출발, 황소의 난으로 중단
882	金直諒, 朴仁範	신라	唐		
882.11	대사 裵頲 부사 高周封외 105인	발해	일본		加賀國 도착
884	金仁圭	신라	唐		최치원 동행 귀국
885	金僅, 金茂先·崔渙 등 동행	신라	唐	황소의 난 평정경하, 국학생 입학요청	10월 본국 출발, 唐帝 勅書 2통 수령, 金紹遊 등 동행 귀국
891	崔元, 崔霙·先覺大師 동행	신라	唐	昭宗登極 慶賀, 숙위학생 입학 요청	초봄 본국 출발
892. 1	王龜謀외 105인	발해	일본		出雲國 도착
893	金處誨	신라	唐	納旌節	入唐도중 익사
893	金峻, 崔致遠	신라	唐	告奏, 賀正	도로불통 還國
894.12	대사 裵頲외 105인	발해	일본		伯耆國 도착
896		신라	唐	崔藝熙, 眞澈大師 동행	
897	金穎	신라	唐	賀正, 告讓位,	

				숙위학생 입학 및 방환 요청	
897. 7	왕자 大封裔	발해	唐	賀正, 발해의 신라상석 요청	
진성 왕대	良貝	신라	唐		
효공 왕대 초		신라	唐	謝恩, 告嗣位	
906	재상 烏炤度	발해	唐	賓貢科 석차변 경 요청	
908. 1	대사 裵璆	발해	일본		伯耆國 도착
919.11	대사 裵璆외 105인	발해	일본		越前國 도착
929.12	대사 裵璆외 93인	東丹國	일본		丹後國 竹野郡 大津浜 도착

찾아보기

윤 재 운 尹載云

고려대 사학과와 동대학원 석사 및 박사 졸업(문학박사)
고려대 아세아문제연구소와 민족문화연구원 연구원 역임
고구려연구재단 부연구위원을 거쳐 현재 동북아역사재단
부연구위원으로 재직중

주요저서
「신라 하대 무역관련 기구와 정책」,『천년을 여는 미래인 해상왕 장보
고』(공저) 외 다수의 논문이 있음

고려사학회 연구총서 ⑱
한국 고대무역사 연구

정가 : 19,000원

2006년 12월 30일   초판발행
2007년 9월 10일   재판발행

저   자 : 尹載云
회   장 : 韓相夏
발 행 인 : 韓政熙
발 행 처 : 景仁文化社
편   집 : 金荷琳
서울특별시 麻浦區 麻浦洞 324-3
電話 : 718-4831~2, 팩스 : 703-9711
www.kyunginp.co.kr / 한국학서적.kr
E-mail : kyunginp@chol.com
登錄番號 : 제10-18호(1973. 11. 8)

ISBN : 978-89-499-0462-7 93910
ⓒ 2006, Kyung-in Publishing Co, Printed in Korea
* 파본 및 훼손된 책은 교환해 드립니다.